V&R

Das Alte Testament Deutsch

Neues Göttinger Bibelwerk

In Verbindung mit Walter Beyerlin, Walther Eichrodt,
Karl Elliger, Erhard Gerstenberger, Siegfried Herrmann,
H. W. Hertzberg, Jörg Jeremias, J. A. Loader, Martin Metzger, Siegfried Mittmann,
Hans-Peter Müller, Martin Noth, Norman W. Porteous, Gerhard von Rad,
Helmer Ringgren, Werner H. Schmidt, Hans-Christoph Schmitt, Timo Veijola,
Artur Weiser, Peter Welten, Claus Westermann, A. S. van der Woude,
Ernst Würthwein, Walther Zimmerli

herausgegeben von Otto Kaiser und Lothar Perlitt

Teilband 13

Das Buch Hiob

1988
Vandenhoeck & Ruprecht
Göttingen und Zürich

Das Buch Hiob

übersetzt und erklärt

von

Artur Weiser

8. Auflage

1988
Vandenhoeck & Ruprecht
Göttingen und Zürich

Plan des Gesamtwerkes

1. Einführung in das Alte Testament
2-4. Gerhard von Rad, Das erste Buch Mose/Genesis
5. Martin Noth, Das zweite Buch Mose/Exodus
6. Martin Noth, Das dritte Buch Mose/Leviticus
7. Martin Noth, Das vierte Buch Mose/Numeri
8. Gerhard von Rad, Das fünfte Buch Mose/Deuteronomium
9. Hans Wilhelm Hertzberg, Die Bücher Josua, Richter, Ruth
10. Hans Wilhelm Hertzberg, Die Samuelbücher
11,1. Ernst Würthwein, Die Bücher der Könige: 1.Kön.1-16
11,2. Ernst Würthwein, Die Bücher der Könige: 1.Kön.17 - 2.Kön.25
12. Peter Welten, Die Bücher der Chronik, Esra, Nehemia
13. Artur Weiser, Das Buch Hiob
14. Artur Weiser, Die Psalmen 1-60
15. Artur Weiser, Die Psalmen 61-150
16,1. Helmer Ringgren, Sprüche. Walther Zimmerli, Prediger
16,2. Helmer Ringgren, Das Hohe Lied. Otto Kaiser, Klagelieder. Helmer Ringgren, Das Buch Esther
17. Otto Kaiser, Das Buch des Propheten Jesaja Kap. 1-12
18. Otto Kaiser, Der Prophet Jesaja Kap. 13-39
19. Claus Westermann, Das Buch Jesaja Kap. 40-66
20. Artur Weiser, Der Prophet Jeremia Kap. 1-25,14
21. Artur Weiser, Der Prophet Jeremia Kap. 25,15-52,34
22,1. Walther Eichrodt, Der Prophet Hesekiel Kap. 1-18
22,2. Walther Eichrodt, Der Prophet Hesekiel Kap. 19-48
23. Norman W. Porteous, Das Danielbuch
24. Artur Weiser, Das Buch der zwölf Kleinen Propheten I: Die Propheten Hosea, Joel, Amos, Obadja, Jona, Micha
24,1. Jörg Jeremias, Das Buch der zwölf Kleinen Propheten I: Der Prophet Hosea
24,2. Jörg Jeremias, Die Propheten Joel, Amos, Obadja, Jona, Micha (in Vorber.)
25. Karl Elliger, Das Buch der zwölf Kleinen Propheten II: Die Propheten Nahum, Habakuk, Zephanja, Haggai, Sacharja, Maleachi

---

CIP Titelaufnahme der Deutschen Bibliothek

Das *Alte Testament deutsch* : neues Göttinger Bibelwerk / in Verbindung mit Walter Beyerlin ... hrsg. von Otto Kaiser u. Lothar Perlitt. - Göttingen ; Zürich : Vandenhoeck u. Ruprecht.
Teilw. mit Nebent.: ATD. - Teilw. hrsg. von Artur Weiser. - Teilw. mit Erscheinungsort Göttingen. - Literaturangaben. - Teilw. in Fraktur
NE: Kaiser, Otto [Hrsg.]; Weiser, Artur [Hrsg.]; NT
Teilbd. 13. Weiser, Artur: Das Buch Hiob. - 8. Aufl. - 1988

Weiser, Artur:
Das Buch Hiob / übers. u. erklärt von Artur Weiser. - 8. Aufl. - Göttingen : Vandenhoeck u. Ruprecht, 1988
(Das Alte Testament deutsch ; Teilbd. 13)
ISBN 3-525-51160-4 kart.
ISBN 3-525-51163-9 Gewebe

© Vandenhoeck & Ruprecht, in Göttingen 1951 - Printed in Germany.
Alle Rechte vorbehalten. Ohne ausdrückliche Genehmigung des Verlages ist es nicht gestattet, das Buch oder Teile daraus auf foto- oder akustomechanischem Wege zu vervielfältigen. -
Gesamtherstellung: Hubert & Co., Göttingen

Dem Andenken

meines Freundes

Dr. ing. h. c. Karl Schaller

Vorwort zur 6. Auflage

Für freundliche Hilfe bei der Korrektur danke ich meinem Assistenten, Herrn cand. theol. Walther Strohal.

A. Weiser

Einleitung

Das Buch Hiob ist eines der bedeutendsten Werke der Weltliteratur. Sein monumentaler Aufbau, die Kraft und Plastik seiner Sprache, der unerbittliche Ernst wahrheitsuchender und lebensnaher Beobachtung und Fragestellung bestimmen seinen hohen Wert als Kunstwerk, das die größten Dichter und Denker immer wieder in seinen Bann gezogen hat. Noch eindrücklicher ist aber die Weite und Tiefe seines Inhalts, das gigantische Ringen des leidenden Menschen um einen letzten Halt angesichts der Widersprüche, die in der Krisis des Lebens seine äußere und innere Existenz in Frage stellen. Kein Wunder, daß dieses Buch durch die Jahrhunderte hindurch bis auf den heutigen Tag mit der unverminderten Kraft seiner Aktualität seine Leser gefesselt hat.

Die Hiobtradition. Das Hiobbuch ist ein anonymes Werk, benannt nach seinem Helden Hiob (hebr. Ijjôb; griech. u. lat. Job; deutsch seit Luther Hiob). Ob dieser eine geschichtliche Gestalt war, ist nicht zu ermitteln. Der Name Hiob ist jedenfalls keine freie Erfindung des Dichters und deshalb auch nicht symbolisch vom Inhalt des Hiobbuchs aus zu deuten (siehe zu 1,1). Als Heimat der Hiobsgestalt, die nach 1,3 zu den „Söhnen des Ostens" gerechnet wird (vgl. 2,11ff), ist das Land Us angegeben, das im Osten des Jordan oder des Toten Meers zu suchen ist. Der edomitisch-arabische Hintergrund tritt an verschiedenen Stellen des Buches hervor. Die Bewohner dieses Landstrichs waren durch ihre „Weisheit" bekannt (vgl. 1. Kö. 5,10; Jer. 49,7; Ob. 8f.). Die spätere Zeit hat die Hiobtradition weiter nördlich in der Nukra und im nördlichen Syrien lokalisiert. Vermutlich hat es eine volkstümliche Tradition über Hiob gegeben, auf die in Ez. 14,14.20 angespielt ist, wo Hiob neben Noah und Daniel als Beispiel besonderer Frömmigkeit genannt wird. Spätere Überlieferungen über Hiob (z. B. in G Hi. 42,17a—e; und im apokryphen Testament des Hiob) setzen ihn mit dem edomitischen König Jobab (1. Mose 36,33) gleich, woraus sich jedoch keine Folgerung für die Geschichtlichkeit der Hiobgestalt ergibt. Die alte Tradition, die dem Wandel mündlicher Überlieferungsgeschichte unterworfen war, ist von dem Dichter des Hiobbuches verwendet worden und hat in der Rahmenerzählung des Buches ihre Spuren hinterlassen (vgl. zu 42,11). Die jetzige Form von Prolog und Epilog geht jedoch auf die gestaltende Hand des Verfassers des Gesamtwerkes zurück und ist daher nicht als „das sog. Volksbuch von Hiob" (Wellhausen, Budde, Duhm) von diesem zu trennen.

Der Aufbau des Hiobbuches. Der Bau des Buches Hiob ist vergleichbar mit einem dreiteiligen Flügelaltar: Zwei Außenflügel in Gestalt eines Prologs (1,1—2,13) und eines Epilogs (42,7—17), die in Prosaerzählung mit knappen Strichen die wesentlichen Züge des äußeren Geschehens der Leidensgeschichte des Hiob und ihres himmlischen Hintergrunds holzschnittartig andeuten, umrahmen den mittleren Hauptteil, die Hiobdichtung, die in gebundener

Sprache die Innenseite dieses Geschehens, die eigentliche „Passion" des Hiob enthüllt und darlegt, auf welchem Wege Hiob dazu kommt, in seinem unverstandenen Leid Gott die Ehre zu geben, wie es der Prolog 1, 21 f.; 2, 10 mit geradezu unwahrscheinlicher Wortkargheit andeutet. Der Hauptteil selbst gliedert sich in der Fassung, die wir für die ursprüngliche halten, in zwei Teile: I. Kap. 3—27 ein dreimaliger Redewechsel zwischen Hiob und seinen drei Freunden (eine letzte Rede des Sophar fehlt); II. Die durch Hiobs Klage und Reinigungseid (Kap. 29—31) eingeleitete Theophanie mit den Reden Jahwes (Kap. 38—42, 6), an die sich unmittelbar der die Dichtung abrundende Epilog in Prosa anschließt. Hinter das Rundgespräch Hiobs mit den Freunden ist ein anonymes Gedicht über die Unerforschlichkeit der „Weisheit" eingefügt (Kap. 28; siehe die Erklärung). Als sekundäre Erweiterung sind auch die sog. Reden des Elihu zu beurteilen (Kap. 32—37), die, in dem übrigen Werk nirgends verankert, den Zusammenhang des Ganzen stören (siehe die Erklärung zu Kap. 32—37).

Der Text des Hiobbuches bietet dem Übersetzer besondere Schwierigkeiten. Die eigenwillige Sprache des Dichters enthält häufig Worte, die sonst im Alten Testament nicht vorkommen und der Wortforschung weiten Spielraum gewähren (vgl. z. B. die Vorschläge bei Dhorme und Stier). Dazu kommt der schlechte Überlieferungszustand des Textes sowie Lese- und Schreibfehler, über deren Umfang allerdings keine Einigkeit herrscht.

Der Wert der Septuaginta für die Rekonstruktion des Textes, der von Wutz überschätzt wird, ist dadurch beschränkt, daß die griechische Übersetzung, die vielfach den Text verkürzt oder durch freie Paraphrase umschreibt, ihn gelegentlich gar nicht mehr verstanden und einfach durch Transskriptionen wiedergegeben hat, durch eine theologische Tendenz gekennzeichnet ist, die sich in dogmatischen Korrekturen, in der Retouchierung des Gottesbildes (z. B. 1, 16; 2, 5; 23, 8; 26, 13), der Idealisierung der Hiobgestalt oder der Eintragung der Auferstehungshoffnung (14, 14; 19, 25 f.) erkennen läßt (vgl. Gerleman, Studies in the Septuagint I. Book of Job. Lunds Univ. Årsskrift Bd. 43 No. 2, 1946).

Andere Schwierigkeiten hinsichtlich der Gedankenfolge hat man durch Textumstellungen bzw. -streichungen zu beseitigen versucht. Daß solche Umredigierungen des Textes weithin den Gefahren des subjektiven Geschmacksurteils ausgeliefert sind, beweisen z. B. die Arbeiten von Buttenwieser und Torczyner, dessen Neukonstruktion, obwohl sie außer den Elihureden den gesamten Hiobtext zu halten sucht, wenig mehr mit dem vorliegenden Text gemein hat[1].

Aus diesem Grunde versucht die folgende Auslegung, soweit irgend möglich, mit dem Text in seiner überlieferten Gestalt auszukommen und gegenüber Umstellungen und Konjekturen zurückhaltend zu sein.

---

[1] Zu den verschiedenen literarkritischen und form- und traditionsgeschichtlichen Versuchen, das Buch Hiob in wesentlich mehr heterogene Elemente zu zerlegen (Baumgärtel, Volz, Stevenson, Kraeling, Fullerton, Torczyner, Buttenwieser, Peters, Lindblom u. a.) vgl. die Einleitung in das Alte Testament.

Auch auf dem Gebiet der Metrik, Strophenbildung und anderer dichterischer Formgebung ist trotz vielfacher Behandlung der einschlägigen Fragen für die Hiobdichtung noch kein eindeutiges Kriterium gefunden. Um jedoch den unbestrittenen Eindruck der Sprachgewalt der Dichtung einigermaßen zu vermitteln, wurde bei der Übersetzung eine der deutschen Sprache entsprechende Versform gewählt.

Die Eigenart des Hiobbuches nach Form und Inhalt. Man rechnet das Buch Hiob zur Gattung der Weisheitsliteratur, die im Alten Testament in dem Buche der Sprüche, des Predigers und Jesus Sirach hauptsächlich vertreten ist. Da es im Unterschied zu den kurzen Merksprüchen der Spruchliteratur längere nach einer einheitlichen Grundlinie orientierte Reden enthält, so pflegt man es ein L e h r g e d i c h t zu nennen. Der Ausdruck ist irreführend. Gewiß ist im Buch Hiob viel von der Lehre der „Weisheit" die Rede, und es finden sich mancherlei Formelemente der sog. Weisheitsliteratur; aber der Inhalt des Buches stellt etwas ganz anderes dar als eine Lehre; und wenn man überhaupt von einer Absicht des Dichters sprechen will, dann ist es jedenfalls nicht die, zu belehren. Auch die angeblichen Parallelen, die man aus der sumerischen, ägyptischen und babylonischen Weisheitsliteratur herangezogen hat[1], haben, neben einigen allgemeinen Merkmalen internationaler Weisheitsdichtung, lediglich die Dialogform oder eine gewisse Kritik am Leben unter dem Eindruck des Leidens mit dem Hiobbuch gemeinsam, können aber keineswegs das Verständnis der Eigenart der Hiobdichtung fördern. Denn diese steht sowohl innerhalb als auch außerhalb des Alten Testaments einzig da und läßt sich als Ganzes nicht in irgendeine der bekannten Kategorien der Weisheitsliteratur einreihen. Die häufige Verwendung der Gebetsform (Klagegebet, Hymnus, Bekenntnis) zeigt eine Verwandtschaft mit den kultischen Gattungen und Vorstellungen der Psalmenliteratur. Und nicht nur nach seinen literarischen Formen, sondern auch nach seinem Inhalt sprengt das Buch Hiob den engen Rahmen der Weisheitsliteratur; es greift mit seinen Fragestellungen und Vorstellungsformen in Höhen und Tiefen, die nirgends in den sog. Parallelen auch nur geahnt werden[2].

Die Eigenart des Buches Hiob ist sein dramatischer Charakter, nicht im Sinne einer äußerlich fortschreitenden Handlung[3] — wer danach sucht, wird

---

[1] Siehe Kuhl, ThR 1953, S. 294ff. und Kramer "Man and his God" A Sumerian Variation on the "Job" Motiv, VT Suppl. Vol. III, 1955, S. 170ff.; Schmökel, Hiob in Sumer, Forschungen u. Fortschritte 30/3 (1956), S. 74ff.; vgl. auch Gese, Lehre und Wirklichkeit in der alten Weisheit, 1958, S. 74ff. Auch die immer wieder erörterten Beziehungen zwischen dem Hiobbuch und dem abendländischen Denken, besonders zur griechischen Philosophie und Tragik (Jastrow, Lindblom, Irwin), sind z. T. aus der allgemein menschlichen Problematik zu erklären, ohne daß eine Abhängigkeit zu erweisen wäre, die zur Klärung der biblischen Fragestellungen beitragen könnte.

[2] Diesen auch gegenüber der sonstigen Denk- und Redeweise des Alten Testaments in verschiedener Hinsicht geradezu revolutionären Charakter der Hiobdichtung hat Humbert unter dem Thema „Le modernisme de Job" (VT Suppl. Vol. III, 1955) herausgehoben.

[3] Aus diesem Grund leugnet Pedersen den dramatischen Charakter des Hiobbuches (Israel, its Life and Culture I—II [1926], S. 363); dagegen mit Recht neuerdings Humbert (a.a.O. S. 152f.). Westermann, Der Aufbau des Buches Hiob (Beiträge z. histor.

bald das Buch enttäuscht aus der Hand legen —, wohl aber im Sinne eines seelischen Geschehens von geradezu atemraubender Wucht und Spannung. Das Hiobbuch ist nicht ein Lehrgedicht, sondern ein Lebensbuch, dem Leben unmittelbar abgelauscht und daher auch aus dem eigenen Leben des Dichters hervorgegangen. In überlieferte Formen des Streitgespräch und andere aus der Tradition übernommene Vorstellungs- und Gedankenreihen kleidet der Dichter seine persönlichen Glaubenskämpfe auf dem Weg des Leidens und gibt auf diese Weise ein Bekenntnis, hinter dem überall eigene mit letztem Einsatz gewonnene Erfahrungen stehen. Sowohl in den Worten des Hiob wie auch in denen der Freunde kommt der Dichter selbst zu Wort wie Goethe in Faust und Mephisto, oder in Tasso und Antonio. Darum geht es auch nicht an, wie es oft geschieht, das Hiobproblem auf eine theologische Denkfrage beschränken zu wollen, etwa auf die Frage nach dem Sinne des Leidens oder der Theodizee oder der Auseinandersetzung mit dem Vergeltungsglauben. Diese Fragen werden zwar alle auch berührt; aber das, worum es im Hiobbuch geht, quillt aus tieferen Schichten des Daseins, in die kein logisches oder theologisches Denken mehr hinabreicht. Es handelt sich um die letzten Fragen der gesamten menschlichen Existenz, die, durch das unverstandene Leid in das Stadium der Lebens- und Glaubenskrise gerückt, nur im gelebten Leben unter Einsatz dieser Existenz entschieden werden. Darin liegt die dramatische Wucht und der unausweichliche Ernst dieses eigenartigen Buches, das der Dichter mit seinem eigenen Herzblut geschrieben hat[1].

Doch dies ist nur die eine Seite des Dramas. Wie schon in den beiden himmlischen Szenen des Prologs, die natürlich dem Hiob und seinen Freunden verborgen bleiben, angedeutet wird, und was im zweiten Teil der Hiobdichtung und im Epilog mit zunehmender Klarheit in Erscheinung tritt, vollzieht sich das menschliche Seelendrama von einem verborgenen göttlichen Hintergrund aus, der erst mit der Theophanie sich dem Hiob enthüllt. Der eigentlich Handelnde im Hiobdrama ist nicht der Mensch, sondern Gott. Das Buch Hiob ist im Grunde eine Divina Commedia; und ebenso ist das eigentliche Thema nicht der leidende Hiob, sondern Gott, dessen Ehre auf dem Spiel steht. Um die Ehre Gottes geht es letztlich bei der Frage des Satans, die den Stein ins Rollen bringt und durch das ganze Buch hindurch mitschwingt: „Ist Hiob umsonst gottesfürchtig?" 1,9, bei der Frage nach Gottes „Gerechtigkeit" in dem Dialog, bei der Selbstoffenbarung Gottes in der Theophanie sowie in dem

---

Theologie, 1956) charakterisiert das Buch Hiob als „dramatisierte Klage". Aber auch dieser Begriff ist zu eng, um Form und Gehalt des gesamten Buches zu erfassen. Zur Kritik an Westermann vgl. Fohrer V.T. 7 (1957), S. 107ff., und Richter, Erwägungen zum Hiobproblem Ev.Th. 1958, S. 302ff.

[1] Möller (Sinn und Aufbau des Buches Hiob [1955]), der S. 109 die obige Charakterisierung des Buches als Lebensbuch zwar akzeptiert, bleibt jedoch in seiner gesamten Darstellung der üblichen Auffassung als Lehrgedicht verhaftet, was ihn dazu veranlaßt, den genannten Unterschied zu verwischen, und ihm verwehrt, der lebendigen, oft widerspruchsvollen und plastischen Dramatik der Hiobdichtung gerecht zu werden. Siehe auch Stier (S. 261 f.), der mit Nachdruck auf die eigenen Lebenserfahrungen des Dichters als Weg zum Verständnis der Dichtung hinweist.

Gotteshandeln, mit dem das innere Geschehen des Hiobdramas seine äußere Abrundung im Epilog findet. Bei Gott liegt das eigentliche Grundmotiv, das die einzelnen Teile des Hiobbuches zu einer letzten Einheit zusammenschließt. Will man den Inhalt dieses eigenartigen Buches auf einen Nenner bringen, dann handelt es sich um das göttliche Mysterium, das am Leiden des frommen Dulders in Erscheinung tritt und sich auswirkt.

Geistesgeschichtliche Voraussetzungen. Die geistesgeschichtlichen Voraussetzungen, auf denen das Hiobbuch beruht und ohne die es nicht zu verstehen ist, sind einerseits die „Weisheit" und anderseits die Ideologie der alttestamentlichen Bundeskulttradition.

1. **Die „Weisheit".** Unter Weisheit ist hier nicht nur die Literaturgattung zu verstehen, sondern die Geisteshaltung und Lebensanschauung, die dahinter steht. In der Morphologie der Geistesgeschichte ist sie eine typische Aufklärungserscheinung, deren Kennzeichen eine gewisse Emanzipierung des menschlichen Denkens und Willens zum Zwecke praktischer Lebensgestaltung ist. Ihr ethischer Rationalismus ist eine allgemeine Erscheinung menschlicher Geistesgeschichte und weder an die Grenzen bestimmter Nationen noch Epochen gebunden. Wir finden sie in Ägypten so gut wie in Syrien und Griechenland durch lange Zeiträume des überschaubaren Geschehens vertreten. Auch im israelitischen Bereich ist sie seit der Zeit Salomos bis in die spätjüdische Ära bezeugt. Sie folgt den großen Umwälzungen auf dem Gebiet der Geschichte der Völker und ihres Geistes und trägt insofern epigonenhaften Charakter, als sie bestrebt ist, nachträglich zu deuten und zu sichern, was durch schöpferische Taten von Männern und revolutionäre Wandlungen Wirklichkeit geworden ist. Dem eruptiven Leben folgt die Lehre, den Katastrophen die Lebenssicherung, der Offenbarung in der persönlichen Gottesbegegnung das Dogma der religiösen Gemeinschaft der Anhänger. Die „Weisheit" ist im Grund der Versuch des Menschen, mit den Mitteln seiner Vernunft und seines Willens der Wirklichkeiten sich zu bemächtigen, die aus dem Bereich des Irrationalen überraschend seine Existenz in Frage stellen. Auf dem Wege einer rationalen Weltanschauung und Geschichtsdeutung und mit Hilfe einer nach vernünftigen Grundsätzen geregelten Erziehung glaubt er der Krisis seiner Existenzbedrohung Herr zu werden und den explosiven Einbruch des Irrationalen unschädlich zu machen, indem er es in ein System einzufangen versucht. Das ist die Situation der Freunde als Vertreter der Weisheit gegenüber dem Hiob, dem dieses System unter den Händen zerbricht in dem Augenblick, wo er selbst von dem Wirbel eines ihm unbegreiflichen Geschehens mit fortgerissen wird. Das Buch Hiob bezeichnet die Situation einer geistesgeschichtlichen Krise der Weisheit, der ihre Theologie und Ethik nicht mehr gewachsen ist. Das religiöse Fundament der alttestamentlichen Weisheit hat in der Ausformung ihrer rational-ethischen Lebensdeutung und -gestaltung zum Dogma von der „Gerechtigkeit Gottes" im Sinne der doppelten Vergeltung geführt, nach dem man den Gang des Lebens unter dem Gesichtspunkt von Lohn und Strafe verstehen und gestalten zu können glaubte; ein in seiner Einfachheit und durch die Wucht seiner ethischen Impulse im-

ponierender Gedanke, der bis auf die Gegenwart Gemeingut menschlichen Denkens und Verhaltens geblieben ist, der aber gerade da versagen muß, wo wie im Buch Hiob diese Logik des Geschehens durchbrochen wird von einer Wirklichkeit her, die der Mensch nicht mehr begreifen kann, so daß er sich, selbst in diese irrationale Wirklichkeit hineingestellt, überall in Widersprüche verwickelt sieht, sei es, daß er sein Leben, das er durch sein Verhalten gesichert glaubte, von einer unheimlichen Macht in Frage gestellt sieht, sei es, daß er an dem Gott, den er mit brennendem Herzen als seinen Helfer sucht, irre wird und in ihm nur den unerbittlichen Gegner zu erkennen vermag, vor dessen furchtbarer Wirklichkeit ihm die Fundamente seines Glaubens, die im Grunde die gleichen sind wie bei den Freunden, nacheinander zerbrechen.

2. Die Ideologie des Bundeskultes. Wie für die Problemstellung des Hiobbuches die Weisheit die Voraussetzung ist, so für die Problemlösung die Ideologie, die in der Tradition des alttestamentlichen Bundeskults ihre Wurzeln hat. Man hat bislang wohl erkannt, daß neben den Formen der Weisheitsliteratur auch die literarischen Gattungen des Hymnus und Klagelieds im Hiobbuch Verwendung finden; der innere Zusammenhang dieser formgeschichtlichen Elemente mit dem Gesamtaufbau des Werkes und ihr Ursprungsort blieb jedoch unaufgehellt. Sowohl die „Klage" als auch der „Hymnus" haben ihren ursprünglichen Sitz im alttestamentlichen Bundeskult, aber ebenso auch der „Reinigungseid", die Vorstellung des Gottesgerichts, von dem Hiob Gottes Urteil und seine Rechtfertigung erhofft, und vor allem die Theophanie, die im Festkult wie im Hiobbuch als der Höhepunkt erscheint, an dem durch die persönliche Gegenwart Gottes die Entscheidung über Heil oder Unheil fällt (vgl. Weiser, Psalmen,[7] 1966, S. 18ff., 24ff., 36ff.). Im Rahmen dieser traditionsgebundenen Vorstellungsreihen, der das Drama zwischen Gott und Mensch im Buch Hiob zusammenhält, ist das Verhältnis Hiobs zu Gott zu verstehen nach der Analogie der Situation der Klage- und Dankpsalmen, die ein Stück persönlicher „Heilsgeschichte" in der Perspektive widerspiegelt, in welcher der Leidensweg des Menschen zugleich der Heilsweg Gottes ist. Von daher fällt Licht auf den heilsdramatischen Aufbau des Hiobbuches, ohne daß daraus der Schluß gezogen werden kann, daß dieses Buch selbst aus dem Kult hervorgegangen sei oder ursprünglich dort Verwendung gefunden habe[1].

Die Entstehung des Buches Hiob. Entstehungszeit und -ort des Buches Hiob sind nicht mehr genau zu bestimmen. Anspielungen auf geschichtliche Ereignisse fehlen; direkte Zitate von zeitlich festliegenden Quellen sind nicht mit Sicherheit zu ermitteln. Die Kenntnis des Buches Hiob wird in Sir. 49,9[2] vorausgesetzt, so daß als untere Grenze der Entstehungszeit etwa das Jahr 200 v. Chr. an-

---

[1] Wenn Kuhl (ThR 1953, S. 187) in diesen Erwägungen das Bemühen sehen will, „mit der Theorie vom Jahwebundesfest alles auf einen gemeinsamen Nenner zu bringen", so irrt er sich. Es liegt mir nur daran, die Wurzeln einiger, meist als heterogen empfundener Bestandteile des Hiobbuches in der alttestamentlichen Tradition aufzuzeigen, um von der Traditionsgeschichte her die Probleme zu erhellen, die auf dem Wege der Literarkritik allein nicht zu lösen sind.

[2] Vgl. Smend, Die Weisheit des Jesus Sirach, 1906, S. 471.

zunehmen wäre. Auf Grund der aramäischen Spracheinflüsse und allgemeiner form- und geistesgeschichtlicher Erwägungen wird man mit der oberen Grenze nicht über das Exil hinaufgehen dürfen, weshalb für die Entstehung des Hiobbuches der Zeitraum zwischen dem 5. und 3. vorchristlichen Jahrhundert in Frage kommt. Die **Heimat des Dichters** zu bestimmen, fehlen beweiskräftige Anhaltspunkte. Neben Palästina hat man auch Ägypten oder das edomitische Gebiet als Ort der Entstehung erwogen. Da jedoch nach 1, 3 die Heimat des Dichters nicht mit dem Schauplatz der Hiobsgeschichte identisch sein dürfte, anderseits die Kenntnis ägyptischer Verhältnisse keineswegs zwingend auf Ägypten als Entstehungsort des Buches weist, sondern ebensogut auf Reisen oder andern Bildungswegen vom Verfasser erworben sein kann, so bleibt die Herkunft des Hiobbuches aus Palästina immer noch das wahrscheinlichste.

Der Sinn des Buches Hiob. Der Sinn der Hiobdichtung läßt sich wie bei jedem Drama nur erkennen, wenn man der dramatischen Entwicklung folgt, d. h. den Hiob auf dem Weg seines Leidens begleitet. Und zwar verläuft dieser Weg nicht in fortdauernd aufsteigender Richtung, sondern in einem ständigen Auf und Nieder, im Ringen zwischen Zweifel und Gewißheit, zwischen Glaube und Unglaube, in Gegensätzen, die hart nebeneinanderliegen, ja ineinander verschlungen sind: **Es ist der Mensch in seinem Widerspruch**, der sich in dem ersten Teil der Dichtung seiner verzweifelten inneren und äußeren Lage bewußt wird. Daher die merkwürdige Duplizität bei Hiob: sein Kampf gegen Gott und seine Hoffnung auf ihn; seine Flucht vor Gott und seine Sehnsucht, ihm zu begegnen. Dem entspricht die ebenso merkwürdige Dialektik des inneren Geschehens, daß Hiob einerseits immer wieder tiefer in die Leidensnot hinabsteigen muß, und doch anderseits gerade dann, wenn er den Halt verloren hat, sich in immer steilere Höhen kühner Glaubenshoffnung aufschwingt, daß die innere Überwindung des Leids nur auf dem Weg erfolgt, der erst ganz in das Leid hineinführt, um an seinen tiefsten Punkten ihn immer näher an das Geheimnis der Wirklichkeit Gottes heranzubringen: Wo die Not am größten, ist Gott am nächsten!

Der Prolog dient der Exposition; er enthält in gedrängter Darstellung die notwendigen Voraussetzungen zum Verständnis des Hintergrunds, auf dem sich die Hiobdichtung entfaltet. Diese setzt ein mit Hiobs Klage (Kap. 3), dem Aufschrei des an seinem Leben verzweifelten Menschen. In der Gefährdung seines Daseins erkennt Hiob die Fragwürdigkeit seiner gesamten geschöpflichen Existenz. Daß er trotzdem nicht die von seinem Weibe ihm nahegelegte Konsequenz der freiwilligen Aufhebung dieser Existenz zieht, rührt daher, daß die Existenzfrage für ihn die Gottesfrage ist: Der an die Grenzen seines Daseins geschleuderte Mensch ist mit unsichtbaren Fäden an den Gott gebunden, der ihn in Frage stellt, und läuft, indem er Gott zu entfliehen sucht, ihm direkt in die Hände. Darin, daß Hiob die Verlorenheit seiner Existenz ganz ernst nimmt, spürt er den Griff Gottes nach ihm, den er allerdings zunächst nur als den Angriff Gottes zu empfinden vermag.

Der Versuch des Eliphas (Kap. 4—5), den Hiob mit den üblichen Mitteln des Menschentrostes über sein Leiden hinwegzutrösten, ihn durch Erinnerung an seine frühere Frömmigkeit oder den Ausblick auf eine bessere Zukunft aufzurütteln, ist von vornherein zum Scheitern verurteilt; denn er geht gerade von den Voraussetzungen aus, die dem Hiob durch sein Unglück in Frage gestellt sind. Hiob besitzt eben nicht mehr die Selbstsicherheit des Vertreters der Weisheit, der an seinen eigenen Glauben glauben könnte; und die auf das Dogma von Lohn und Strafe gegründete Verheißung und Warnung des Freundes rückt in gefährliche Nähe des Versuchs des Satans, die Echtheit der Frömmigkeit durch Aufweis ihrer egoistischen Motive in Zweifel zu ziehen. In seiner Antwort (Kap. 6—7) wehrt sich Hiob dagegen, sein Leiden in ein Schema nach Maß und Zahl oder einer ausgewogenen Theologie einordnen zu lassen. Es sprengt alle Begriffe und Ordnungen und hat ihn selbst aus dem Sinn des Lebens herausgeworfen. Denn schlimmer als die körperliche Qual ist ihm, erkennen zu müssen, daß Gott selbst ihn bekämpft, dem gegenüber alle Widerstandskraft versagt, so daß er — ein bemerkenswerter Unterschied zu seiner in Kap. 3 geäußerten Todessehnsucht — in dem Gnadenstoß Gottes, der seinem Leben ein Ende machen würde, einen letzten Beweis göttlicher Gnade erblicken könnte, der seine Treue zu Gott rechtfertigt. In der Auseinandersetzung mit den Freunden geht Hiob aus der Verteidigung zum Angriff über. Die bittere Enttäuschung über die Seltenheit der Freundestreue, die auch ihm in der Not nicht erspart bleibt, verschärft sein Leid. Unter dem schmerzlichen Eindruck, von seinen Freunden nicht einmal ernst genommen zu sein, wendet sich Hiob an Gott, ein typischer Zug der Hiobreden, daß sie häufig im Gebet enden! Die Klage offenbart den Widerstreit der Haltung und Gefühle, unter denen Hiob leidet: Er sieht sich als den Gefangenen Gottes, dem er entfliehen möchte und doch wieder gehalten wird von einer geheimen Sehnsucht nach der verborgenen Liebe Gottes, nach seiner „höheren Gerechtigkeit" jenseits von Gut und Böse.

Die Rede des Bildad (Kap. 8) sucht, ohne tieferes Verständnis dafür, daß dem Hiob die Frage nach Gott zum Kernpunkt seines Leidens geworden ist, die Tradition der Väter der Weisheit als die undiskutierbare Voraussetzung und als das Ergebnis der Theologie der Weisheit demgegenüber zur Geltung zu bringen, ohne zu merken, daß er sich dabei in einem Zirkel bewegt und daß die der Weisheit geläufige Scheidung zwischen fromm und gottlos bei Hiob nicht verfängt, da die Grenzlinie zwischen beidem mitten durch jedes Menschen Herz hindurchgeht. Die Frage der „Gerechtigkeit Gottes", die Bildad mit seinem Rückgriff auf die Weisheitstradition aufgeworfen hatte, nimmt Hiob (Kap. 9—10) auf. Aber er nimmt sie ernster als die Freunde, weil es ihm wirklich um Gott geht und nicht nur um einen Begriff von ihm. Weil es die Gerechtigkeit Gottes ist, ist sie etwas total anderes, von allen menschlichen Begriffen Abgelöstes, d. h. eine absolute Gerechtigkeit, an die die menschlichen Vorstellungen von Recht und Gerechtigkeit nicht mehr heranreichen und darum auch nicht als Norm gelten können, an die Gott gebunden wäre. Sein freier Wille ist das unbegreifliche Gesetz seines Handelns; Macht und Recht fallen bei ihm zusammen:

"Unschuldig oder schuldig bringt er um" (9, 22), so daß dem gebundenen Blick des Menschen das Walten der göttlichen Gerechtigkeit bisweilen geradezu als un=gerecht erscheint. Der rationalen Deutung des Geschehens durch die Freunde setzt Hiob mit dem gleichen Anspruch die Erfahrung der Irrationalität der Geschichte entgegen, wo Katastrophen wie Seuchen, Hunger, Krieg, die Paarung von Macht und Frevel Schuldige und Unschuldige treffen; und er zieht un= erbittlich die theologische Folgerung: "Wenn er's nicht ist, wer ist's denn sonst?" (9, 24). Hier ist Gott als Gott ganz ernst genommen, selbst auf die Gefahr der Gotteslästerung hin. In solchen Gedankengängen zeigt sich der Ansatz zu einer Gottesfurcht ohne eigensüchtige Hintergedanken, die der Satan dem Hiob nicht zuerkennen will. Auch darüber muß sich Hiob klar werden, daß es den Bankrott des Menschen bedeutet, von sich aus die Brücke zu diesem Gott schlagen zu wollen. Der Mensch kann nicht sein eigener pontifex sein! Überall ist ihm "der Weg verzäunt"; es gibt keinen Zugang des Menschen zu diesem Gott, weder auf dem Weg des Ethos noch der kultisch=rituellen Sühne noch der Rechts= entscheidung in einem Schiedsgericht. Nur eine letzte Möglichkeit bliebe, wenn Gott selbst aus einem unbegreiflichen Erbarmen heraus die Brücke schlagen würde über die Kluft, die den Menschen von ihm trennt! Aber noch vermag Hiob diesen Gedanken nicht festzuhalten; das Licht leuchtet ihm auf, um im gleichen Augenblick wieder zu verlöschen. Und trotzdem wagt Hiob — die bezeichnende und lebenswahre Inkonsequenz des Menschen in seinem Widerspruch! — das Gebet. Der Lebensdrang des gottsuchenden Glaubens erweist sich stärker als alle theologischen Erwägungen. Ein absichtsloses Frommsein, das einfach da ist, weil es muß, auch wenn es dem Denken aussichtslos erscheinen mag. Hiob kann von Gott nicht lassen; er sucht ihn aus seinem Leiden heraus zu verstehen in den Motiven seines Handelns, um freilich sofort zu erkennen, daß alle mensch= lichen Analogien, die er heranzieht, (Was hat Gott davon? Ist er kurzsichtig, daß er sich täuscht? oder ungeduldig wie ein grausamer Inquisitor, der nicht warten kann, bis die Dinge von selbst sich klären?) versagen vor der unnahbaren Größe Gottes. Aber auch der Versuch, Gott vom Gedanken der Schöpfung her zu verstehen, endet im unfaßlichen Widerspruch, den Hiob in Gott zu sehen glaubt: Gott, der das Werk seiner eigenen Hände vernichtet! So steht Hiob im Widerstreit zwischen Zweifel und Glaube: Indem er Gott als seinen Feind be= argwöhnt, sucht er in ihm seinen Freund!

Das jugendlich aufbrausende Ungestüm des Sophar (Kap. 11), dessen Em= pörung sich in Scheltworten und schulmeisterlich hochfahrender Zurechtweisung Ausdruck verschafft, gibt der Auseinandersetzung mit den Freunden eine zu= nehmende Schärfe, die die Kluft zwischen den Gesprächspartnern immer mehr vertieft. Bezeichnenderweise nennt er das aufbegehrende Ringen des Hiob eine "Lehre"; einen anderen Zugang zu den Dingen und Menschen hat der Vertreter der "Weisheit" nicht. Zwar muß auch er die Unergründlichkeit Gottes dem Hiob zugestehen; aber in der Lehre der Vergeltung glaubt er doch den Schlüssel dazu zu besitzen und verfällt wie die anderen Freunde in Mahnung und Warnung, da er das Leiden des Hiob wie diese nicht anders deuten kann denn als

Strafe für irgendeine Schuld. Seine eigene Inkonsequenz, mit der er das Problem vergewaltigt, bleibt ihm dabei verborgen. Aber nur so kann er die Konsequenz seiner rationalen Logik aufrechterhalten.

Die scharfe Rüge und herablassende Belehrung des Freundes weckt nun auch Hiobs Stolz. Er rechnet mit den Freunden ab, die den Anspruch erheben, allein die Weisheit gepachtet zu haben. Auch diese Rede (Kap. 12—14) beginnt bei den Menschen und endet bei Gott! Was den Hiob am tiefsten trifft, ist der Spott, dem seine Frömmigkeit ausgesetzt ist. Darin liegt eine weitere Steigerung seines Leids, daß er die Schmach des Frommseins zu tragen hat und dabei immer einsamer wird. Aber dies ist gerade das Mysterium seines Leidens, daß diese Steigerung des Leids zugleich einen Schritt zu seiner Überwindung bedeutet: Er muß erst auf allen Menschentrost verzichten lernen, ehe er weiß, was es heißt, sich ganz allein an Gott zu halten. Die trostlose Einsamkeit vor den Menschen führt zur Einsamkeit mit Gott, aus der sich ihm später das letzte Geheimnis seiner Situation enthüllen wird. Hiobs Kritik an den Freunden trifft die Hintergründe ihrer Theologie und damit jede Apologetik, der es mehr um den eigenen Glauben als um Gott zu tun ist. Sie geben vor, für Gott Partei zu ergreifen, in Wirklichkeit aber verfechten sie ihre eigene Sache, und zwar mit dem bedenklichen Mittel der Lüge. Denn sowohl die Eitelkeit des Rechthabenwollens wie auch die Angst, in ihrer religiösen Selbstsicherheit erschüttert zu werden, ermangeln beide der Wahrhaftigkeit und kommen aus einer Selbstüberhebung Gott gegenüber, die glaubt, „Gott in ihre Hand gebracht zu haben". Unbewußt wird Hiob zum Propheten: Gott läßt sich nicht täuschen durch fromme Reden; wenn er in seiner Wirklichkeit erscheint, werden sie seinem Urteil verfallen (s. 42, 7 ff.). Das Gewicht altehrwürdiger Tradition entbindet nicht von der Pflicht der Selbstkritik und eigener Beobachtung und Überlegung. Hiob bestreitet die ihm von den Freunden entgegengehaltene absolute Weisheit Gottes ebensowenig wie seine absolute Gerechtigkeit. Die gesamte Schöpfung redet ja von ihr. Aber darin liegt für ihn das Rätsel, daß der Mensch diese Weisheit immer wieder als Widerspruch empfindet. Hiob weiß etwas von der Unvernunft der Geschichte, die jeder rationalen Geschichtsdeutung im Wege steht; er kennt die Tragik in der Geschichte, die hervorgerufen ist durch jene rätselhaften Hemmungen, welche es auch dem besten Menschen verwehren, sein Ziel je zu erreichen. Im Versagen der Tüchtigen, im Sturz der Mächtigen tritt diese Irrationalität des Geschehens je und dann zutage und führt zu dem Schluß, daß die Weisheit Gottes, die auch in diesen Fällen am Werke ist, jenseits aller Gesetze menschlicher Vernunft in einer Dimension sich vollzieht, die dem Menschen unzugänglich bleibt. Dieser kennt nur das „Daß"; das „Warum" liegt jenseits der Grenzen seiner Einsicht; und die Frage nach dem Zusammenhang von Schuld und Schicksal hieße nur, diese Grenze zwischen göttlicher und menschlicher Weisheit verwischen.

Hiob selbst quält eine andere Frage: Wie steht es zwischen ihm und Gott? Ist Gott sein Feind oder sein Freund? Nun, nachdem er auf Verständnis und Anerkennung durch die Freunde verzichten muß, liegt in dieser Frage allein noch die Entscheidung über die letzte Möglichkeit seiner Existenz. Deshalb erstrebt er um jeden Preis die Begegnung mit Gott, in der er nach der Ideologie der Bundeskulttradition seine Rechtfertigung im Gottesgericht erhofft, denn „ein Frevler hat keinen Zugang" zur Gegenwart Gottes in der Theophanie (13, 16). Von Gott in seinem Glaubensringen ernst genommen zu werden, vor ihm die Wahrheit sagen und von ihm die Wahrheit hören zu dürfen, das ist ihm den Einsatz des Lebens wert. Zum erstenmal erscheint hier im Blickfeld des Hiob der Punkt, an dem später tatsächlich die Entscheidung fallen wird (Kap. 38 ff.). Aber er kann ihn nicht festhalten und sinkt in die Klage wieder zurück. Er, der eben noch danach trachtete, von Gott ernst genommen zu werden, beklagt sich bei Gott, daß er ihn, den vergänglichen Menschen, so wichtig nehme: „Verwehtes Laub willst du noch scheuchen!", und merkt nicht, daß gerade dieses von Gott Wichtig=genommen=werden das Siegel seiner Existenz ist, mit dem der Mensch in seiner Ohnmacht an den Allmächtigen gebunden ist. Gefangen in der Vergänglichkeit und Sünde, entringt sich dem Hiob der inhaltsschwere Ruf: „Käme doch ein Reiner vom Unreinen!" (14, 4); der könnte die Fesseln von Sünde und Tod sprengen! Aber auch dieser Wunsch erstickt ihm auf den Lippen im Blick auf das von Gott her bestimmte Todesverhängnis, daß er wieder vor Gott die Flucht ergreift und sich zufriedengeben wollte, wenn Gott „wegblicken" und ihm das bißchen Ruhe noch gönnen würde, das selbst einem Lohnknecht nach harter Arbeit nicht versagt ist. Es ist ein weiter Spannungsbogen von der kühnen Herausforderung Gottes in 13, 14 ff. bis zu dieser Flucht in die Bescheidung dürftigster Einsamkeit. Aber gerade an diesem Tiefpunkt freiwilliger Gottverlassenheit setzt die innere Dramatik neu ein zu einem Aufblitzen noch kühnerer Glaubenshoffnung: Könnte nicht Gott selbst die Todesgrenze aufheben und seinen Zorn durch die Liebe überwinden? Wenn Gott ihn in der Unterwelt vor seinem Zorn verbergen würde, bis ihn selbst wieder „nach seiner Hände Werk verlangte", so wollte Hiob im Grabe geduldig harren, bis ihn die Liebe Gottes von seinem Zorn erlöst hätte. Hiob sinkt zwar sofort wieder von dieser Höhe hinab in das Dunkel der Todeseinsamkeit, wo jeder seinen eigenen Tod zu sterben hat und der Weg zur Hoffnung von Gott selbst verlegt ist; aber der Gedanke, daß durch ein innergöttliches Geschehen, in dem die Macht des Zornes Gottes in die Kraft seiner Liebe transformiert wird, die Wandlung eintreten werde, schwingt im Untergrund des Hiobdramas weiter; in 16, 21 taucht er noch einmal in anderer Formulierung im Munde des Hiob auf, um in der Theophanie (Kap. 38 ff.) und ihren Auswirkungen als die Wirklichkeit Gottes in Erscheinung zu treten, die die letzte Entscheidung herbeiführt und den Widerspruch, aus dem Hiob durch eigene Kraft nicht herauskommt, von Gott her überwindet und aufhebt.

Im Laufe des ersten Gesprächsgangs hat sich die Kluft zwischen den Freunden und Hiob immer mehr erweitert. Zu Beginn des zweiten Rundgesprächs wird nun deutlich, daß sie unüberbrückbar geworden ist. Auch die Worte des besonnenen Eliphas (Kap. 15) machen nach Ton und Inhalt den Gegensatz offenbar, der jetzt zur Kampfsituation geworden ist. Auch dies gehört zur Steigerung des Hiobleidens, daß er die scharfe Rüge des Freundes und Verdächtigungen seiner Frömmigkeit über sich ergehen lassen muß: Hiobs Ringen mit dem Todesproblem gilt dem Rationalisten als „unnütze Worte", sein ernsthaftes Nachdenken über die Gottesfrage als Zerstörung der Religion, die Klage seines wunden Herzens vor Gott als listige Heuchelei, um seine Schuld zu verbergen. Er muß den Vorwurf mangelnder Ehrfurcht vor dem Alter, der Unbeherrschtheit seines Zornes hören, und das Schreckbild des Gottlosen wird ihm als Spiegel seines eigenen Wesens vorgehalten. Hiob sucht zwar (Kap. 16—17) die „leidigen Tröster" zurückzuweisen, indem er den Freunden ein mit-leidendes Herz abspricht und auf ihren „Trost" verzichtet; aber er kann sich nicht verheimlichen, daß ihm sein Leiden dadurch noch erschwert wird, daß es als Belastungszeuge gegen ihn auftritt bei den Menschen, die darin Gottes Strafe für den Sünder zu sehen gewohnt sind; so hat er zu den Schmerzen noch die Schmach der Verdächtigung seines Glaubens zu tragen, die er nicht abwenden kann. Es geht ihm jetzt an die Ehre seines Glaubens. Dabei zeigt sich, daß das Leiden nicht das ohnmächtige Hinnehmen des Unabänderlichen in passiver Ergebung bedeutet, sondern das Gegenteil, höchste Aktivität im Jasagen zu Spott und Tod und im Festhalten an dem Gott, der dahintersteht. Hiob, der seine Ehre bei den Menschen hat drangeben müssen, kämpft jetzt nur noch um seine Ehre vor Gott. Die Ehre seines Glaubens ist ihm zugleich die Ehre Gottes; an dem Ja Gottes zu ihm hängt sein Ja zu Gott. Und daß Hiob an dieser Frage, die im Grunde die Gottesfrage überhaupt ist, leidet, macht das Leiden des Gottesknechts zur Passion. Auch an diesem Punkt kommt Hiob nicht über den Zwiespalt des Widerspruchs hinaus: Da er kein Verhältnis von Schuld und Schicksal in seinem Leiden feststellen kann, sieht er Gott vor sich als seinen Gegner, der in der Maske des Satans „seine Augen gegen ihn wetzt" (16,9) und ihn zu vernichten droht; und er sucht doch den Gott, der zu ihm hält und ihm im Versinken einen letzten Halt geben könnte! In dieser verzweifelten Lage wagt der Glaube das Paradoxon: Hiob appelliert **an den Gott**, in dem er den Freund sucht, **gegen den Gott**, den er als Feind sieht; seine Flucht vor Gott wird zur Flucht zu Gott. Die beiden Gestalten der himmlischen Szenen des Prologs, nämlich Gott mit seinem Vertrauen in Hiobs Frömmigkeit und der Satan mit seinem Mißtrauen, die in Hiobs Leidenserlebnis in der einen Gestalt Gottes vereinigt sind, treten hier im Bild eines himmlischen Rechtsstreits auseinander, weil der menschliche Geist die gleichzeitige Vereinigung der Gegensätze in einer Person nicht zu fassen vermag. Aber mit der Ahnung, daß in der complexio oppositorum, mit der Hiob nicht fertig wird, das eigentliche Mysterium seines Leidens als ein Vorgang innergöttlicher Dynamik begründet ist und durch eine heilige Wandlung in Gott selbst (vgl. 14,13 ff.) zum Sieg der „höheren Gerechtigkeit" Gottes in seiner Liebe geführt werden könnte, ist Hiob der Wirklichkeit näher, als er weiß, und auf dem rechten Weg, der — freilich in einer anderen als von ihm erwarteten Weise — in der Gottesbegegnung (Kap. 38 ff.) an ihm als Gottes Tat Wirklichkeit wird. Zunächst glaubt er, daß der Sieg der Wahrheit bei Gott den Sieg seines Glaubens und damit auch seine Rechtfertigung mit einschließe. Auch dieser Glaube ist ein Vorgang von dynamischer

Aktivität, eine wagende Tat der Entscheidung, die alles Vertrauen auf Gott setzt und den Gang der inneren Dramatik vorwärts treibt. Dies zeigt nicht nur der Vergleich mit 9, 33, wo Hiob noch meinte, es gäbe keinen Schiedsrichter über Gott; jetzt glaubt er, diesen in Gott selbst gefunden zu haben. Hiob spürt selbst die wachsende Kraft des Glaubens: „Wer reine Hände hat, gewinnt an Kraft" (17, 19). Sie setzt ihn in den Stand, alle Illusionen von sich zu werfen und selbst mit dem Tod als einer Realität sich innerlich abzufinden, daß er zum erstenmal ihm ruhig ins Auge schauen und das Grab „mein Haus" und die Verwesung „mein Vater, Mutter und Schwester" nennen kann.

Aber auch dieser Glaube muß immer wieder neu den zersetzenden Mächten des Zweifels abgerungen werden. Die Rede des Bildad (Kap. 18) rückt ihm mit einem drastischen Schreckbild des inneren und äußeren Schicksals des Gottlosen auf den Leib und läßt in grausamen Anspielungen durchblicken, daß er ihn selbst für einen hält, „der Gott nicht kennt". Dieser erschütternde Angriff verfehlt seine Wirkung auf Hiob nicht; wieder muß er hinabsteigen in immer größere Tiefen der Niedergeschlagenheit, die ihm diesmal am Rand der Erschöpfung die weicheren Töne der Bitte um Erbarmen mit seiner trostlosen Verlassenheit entlockt. Aber auch diesen Weg der Erbärmlichkeit muß er zu Ende gehen und im Verhalten seiner Freunde den Menschen kennenlernen, der wie ein Raubtier mit unersättlicher Gier sich weidet am Unglück des andern. Und das ist der schärfste Stachel seiner Niedergeschlagenheit, daß er in dem allem die Hand Gottes spürt, die ihn gefangenhält und ihm jeden Ausweg „verzäunt" hat. Aber — darin zeigt sich die merkwürdige Dialektik der Leidensdramatik — gerade aus dieser erbärmlichen Tiefe ohnmächtiger Niedergeschlagenheit steigt der Glaube empor und schwingt sich auf zu seinem kühnsten Flug in schwindelnde Höhen (19, 25—27): „Ich weiß, daß mein Löser lebt!" Hiobs Blick geht hier über den Tod hinaus (s. die Erklärung); mag er jetzt in Schmach und Schande sterben müssen, einer lebt und wird sich über seinem Grab erheben und als sein „Löser" seine Ehre wiederherstellen. Gott hat das letzte Wort, nicht die Freunde, nicht das Urteil der Welt. Und dann wird auch das Wirklichkeit werden, was Hiob immer wieder ersehnt und herbeigewünscht hat, daß er Gott wird schauen dürfen in einer persönlichen Begegnung zu seinem Heil! Dieser letzte Akt der Theophanie jenseits des Todes ist umwoben vom göttlichen Geheimnis. „Kein Fremder" wird es sehen; und über dem „Wie" dieses Vorgangs liegt noch der Schleier der Transzendenz. Hiob läßt sich an dem „Daß" solcher Gnade genügen in der Ehrfurcht vor dem Mysterium Gottes, an dessen Pforten er hier steht.

Obwohl Hiob nun alle irdischen Wünsche aufgegeben hat und nur noch Gott allein zu suchen scheint, so daß die himmlische Wette von dem Satan endgültig verloren und Gott gerechtfertigt wäre, ist das Hiobdrama an dieser Stelle doch noch nicht zu Ende. Denn es liegt nicht in der Hand des Menschen, ob Gott sich finden läßt; und selbst die höchste Glaubensgewißheit vermag ihn nicht herbeizuzwingen. Und noch immer bleibt die Frage offen, ob Hiob wirklich Gott ganz allein um seiner selbst willen sucht oder ob nicht doch noch ein verborgener Rest frommer Selbstsucht bei ihm mitschwingt, der das Letzte, nämlich die Eigen-

2*

geltung seines Glaubens, nicht Gott allein überläßt. Tatsächlich ist in Kap. 19 noch nicht entschieden, ob Hiob an seinen eigenen Glauben glaubt oder an den wirklichen Gott. Und darum geht das Gespräch weiter. Den Freunden, die in ihrem festgefahrenen Gegensatz verharren und zur Sache nichts Neues mehr zu sagen haben, fällt nun die Aufgabe zu, die Zuspitzung der Dramatik in einer letzten Anfechtung des Hiob zu steigern und damit die Krisis herbeiführen zu helfen. Auch dabei zeigt sich noch einmal die Wirklichkeitsnähe der Dichtung, daß Glaubensgewißheit nicht fester Besitz ist, sondern durch immer neue Anfechtung hindurch im Weiterschreiten der Verhältnisse jedesmal wieder neu erworben werden muß. In diesem Zusammenhang tritt nun eine Fragestellung, die auch innerhalb der Glaubensgewißheit als Frage bestehenbleibt, in den Vordergrund. Es ist die Frage nach der Vertrauenswürdigkeit Gottes, die im Rahmen des Hiobbuches herauswächst aus der konkreten Frage, ob das Vertrauen, das Hiob auf die Gerechtigkeit und Güte Gottes setzt, nicht doch eine Illusion ist. Sie wird zur Frage nach dem Wesen der Wirklichkeit Gottes. Der dogmatische Standpunkt, den die Freunde weiterhin hartnäckig vertreten, sieht Gottes Wesen in der vergeltenden Gerechtigkeit seines Waltens verwirklicht, was sich für Hiob weder mit seiner persönlichen Leidenserfahrung deckt noch mit den Beobachtungen restlos zusammenstimmt, die sich ihm sonst im Leben aufdrängen. Damit tritt die sog. Theodizeefrage in den Gesichtskreis der Hiobdichtung. Sie ist angeregt durch die Erwiderung des Sophar (Kap. 20), die dem Hiob nichts anderes entgegenzusetzen weiß als den nochmaligen Versuch, am Schicksal der Gottlosen die Gültigkeit seiner Theorie der Strafgerechtigkeit Gottes zu erhärten und Hiobs Glaubenshoffnung als Vermessenheit abzuweisen. Im Fortgang der Leidensdramatik des Hiob hat die Theodizeefrage ihr persönliches Gewicht insofern, als Hiob (Kap. 21) an ihr die Unmöglichkeit schmerzlich erkennen muß, seine Hoffnung auf Rechtfertigung durch Gott mit irgendeiner frommen Theorie über Gottes Gerechtigkeit stützen zu können. Weder von der menschlichen Vernunft noch von der Beobachtung der widerspruchsvollen Wirklichkeit her läßt sich die Vertrauenswürdigkeit Gottes begründen. Auch in der Theodizeefrage ist der Weg des Menschen zu Gott versperrt. Die Glaubensnot, die der Blick auf das Glück der Gottlosen einem Jeremia und dem Beter des 73. Psalms bereitet hat, bleibt auch dem Hiob nicht erspart.

Der dritte Gesprächsgang steuert mit unerbittlicher psychologischer und sachlicher Folgerichtigkeit der Krisis zu. Wie die am Rande ihrer Weisheit angelangten Freunde beim Versuch, an ihrer von Hiob ins Wanken gebrachten Lehre festzuhalten, sich zu unwahrhaftigen Verleumdungen hinreißen lassen und damit den Hiob in die um der Wahrheit willen notwendige Selbstverteidigung hineindrängen, die ihrerseits unmittelbar an die Entscheidung heranführt, ist mit ebenso treffsicherer Beobachtung menschlicher Lebenswirklichkeit wie meisterhafter Beherrschung der dramatischen Entwicklung und Tiefe eigener Glaubenserfahrung vom Dichter geformt. Weil er den ruhig abwägenden Erörterungen der Theodizeefrage des Hiob keine sachlichen Argumente entgegenzusetzen hat, verfällt Eliphas in den Ton persönlicher Beschimpfung, indem er dem Hiob schwerste Einzelsünden auf den Kopf zusagt, wofür er keinen anderen Beweisgrund hat als das Postulat aus seiner Lehre von der Vergeltungsgerechtigkeit Gottes: Weil Gott den Sünder straft, darum muß der durch sein Leiden gestrafte Hiob derartige Sünden begangen haben! (Kap. 22) Das ist die äußerste Konsequenz der doktrinären Weisheitslehre und für den Dichter der Weg, auf dem sie sich selbst mit einer solchen Vergewaltigung der Wirklichkeit ad absurdum führt. Der Standort der Freunde innerhalb der Hiobproblematik zeigt sich daran, daß Eliphas es unumwunden ausspricht, daß des Weisen Frömmigkeit allein von seinem eigenen Nutzen her bestimmt ist; die versucherische Nähe des Satans in der Gestalt des Freundes ist für den Leser hier mit Händen zu greifen. Die Antwort des Hiob (Kap. 23—24) läßt aber ebenso keinen Zweifel darüber, wie weit Hiobs Frömmigkeit von der des Freundes entfernt ist: Eliphas sucht die Seligkeit im irdischen Glück, das in des Menschen Hand gelegt ist, Hiob sucht sie in Gottes Herz! Aber er verzehrt sich in dem Zwiespalt zwischen Gottessehnsucht und Gottesangst; er erstrebt die Begegnung mit Gott, an dessen „Gerechtigkeit" er glaubt, und wird doch wieder durch den Gedanken erschreckt, daß Gott seine Gerechtigkeit auch vor den Seinen verborgen hält.

Die Weisheit der Freunde ist erschöpft; in seiner kurzen Entgegnung (Kap. 25; Sophar meldet sich überhaupt nicht mehr zum Wort!) weiß Bildad nur noch bereits Gesagtes zu wiederholen, wenn er — eine unbewußte Andeutung der für den bevorstehenden Schlußakt des Dramas wesentlichen Punkte — die Erhabenheit Gottes der Selbstgerechtigkeit des Menschen gegenüberstellt. Doch der Angriff auf seine Glaubensehre hat den Hiob zu tief getroffen, als daß ihm diese Worte noch Eindruck machen und ihn zu erneuter Selbstkritik aufrütteln könnten. Er verteidigt die Echtheit und Wahrhaftigkeit seines Glaubens, der sich nicht zu „Lügen" zwingen läßt, und verharrt um so fester auf der einzigen Basis, die er noch zu haben glaubt, dem guten Gewissen seiner Unschuld. In diesem Rückzug auf sich selbst führt Hiob den Gegenangriff gegen die Freunde (Kap. 26—27), indem er sie mit ihren eigenen Waffen zu schlagen versucht.

In solcher Haltung verzweifelter moralischer Selbstbehauptung, in die ihn die böswillige Verleumdung der Freunde hineingedrängt hat, finden wir den Helden am Beginn des letzten Aktes des Hiobdramas. Jetzt treiben die Dinge der Entscheidung zu; diese kann nicht fallen zwischen den versteiften Fronten der menschlichen Gesprächspartner, die sich beide im Recht wähnen; sie muß fallen in der Begegnung zwischen Gott und Hiob, auf die Hiob in seiner großen Schlußrede (Kap. 29—31), ganz auf sich allein gestellt, zusteuert. Im Rahmen der Vorstellungen der Bundeskulttradition faßt er noch einmal im Stil der Klagepsalmen die ganze Spannungsweite seiner Not zusammen, indem er dem Bild seines einstigen Glücks (29) das seines jetzigen Unglücks (30) gegenüberstellt und in einem „Reinigungseid" (31) seine Unschuld bekennt in der Erwartung, daraufhin von Gott gerechtfertigt zu werden, den er mit kühnem Stolz zur richterlichen Entscheidung herausfordert.

„Der Allmächtige antworte mir!" lautete diese Herausforderung Gottes. Die Antwort erfolgt in der Theophanie (Kap. 38 ff.); freilich ganz anders, als Hiob sie erwartet hat. Gott ist der Frager und nicht etwa der, der dem Hiob Rede und Antwort stehen müßte. Von ihm allein geht alles aus, was nun gesagt wird und geschieht. Mit keinem Wort ist von Hiobs Leiden und seiner Selbstrechtfertigung die Rede; Gott selbst, sein Wesen und Walten als der allmächtige Schöpfer steht allein im Mittelpunkt der Gottesrede. Gottes Macht und Weisheit, seine Freude und Liebe zu seinen Geschöpfen leuchtet aus jeder Seite dieses prächtigen Bilderbuchs von Gottes Schöpfungswerk. Vor dieser Selbstvergegenwärtigung Gottes verstummt der Mensch; nicht weil ihm nun das Geheimnis enthüllt wäre; das Mysterium Gottes — auch im Blick auf Hiobs Leid — bleibt als Geheimnis bestehen. Aber Hiob muß jetzt vor Gott erkennen und von ihm hören, daß er grundlos im Widerspruch stand mit seinen verzweifelten Versuchen, Gott begreifen zu wollen; ja, daß dieser Widerspruch, in dem er den Griff Gottes nach ihm als den Angriff des Gegners beargwöhnt hat, aus der Grundhaltung einer Urschuld des Menschen hervorquillt, die in seinem Rechthabenwollen und Unschuldigseinwollen eine Scheidewand aufrichtet zwischen ihm und Gott, um sich in der Selbstrechtfertigung gegen ihn zu behaupten. Indem Hiob jetzt an Hand der Offenbarung Gottes einsieht, daß Gott im Recht wäre, wenn er den Menschen, der sich gegen ihn behaupten will, vernichten würde, vollzieht sich an ihm das G e r i c h t Gottes über die Sünde, dem er sich im Bekenntnis der Reue und Buße beugt.

Doch dieses Gericht Gottes ist nur die eine Seite des Gotteshandelns mit Hiob. Gleichzeitig geschieht noch etwas anderes: Der Gott, der den Hiob niederbeugt im Gericht, ist es, der sich zu ihm herabneigt und ihn wiederaufrichtet dadurch, daß er ihn seiner Gegenwart würdigt und die durch Hiobs Schuld abgerissene Verbindung wiederherstellt, so daß Hiob im gleichen Atem mit seinem Bußbekenntnis die Erfüllung seiner Sehnsucht bestätigen darf: „Nun haben dich meine Augen gesehen!"; ein Geständnis, das die ganze Seligkeit des in Gott zur Ruhe gekommenen und getrösteten Leids in sich birgt! In der Gegenwart Gottes verstummt aller Schmerz; Gottes Gnade ist ihm die Fülle des Glücks. Gott ist allein der pontifex! Und das ist das Mysterium seines Waltens, die geheime Grundmelodie der Divina Commedia des ganzen Hiobbuches, daß in Gott die Widersprüche zusammenfallen und ihre Auflösung finden, unter denen der Mensch leidet. Das Unbegreifliche, hier wird's Ereignis: Das Gericht Gottes ist in seinem tiefsten Grund nichts anderes als seine Gnade; denn dadurch, daß Gottes Urteil dem Hiob den letzten Halt, auf den er sich noch stützen zu können glaubte, sein „gutes Gewissen", nimmt, befreit er ihn von der letzten Hemmung, dem Selbstanspruch und Widerspruch, der als Scheidewand zwischen ihm und Gott stand. Der tiefste Punkt des Hiobleidens, wo er, jeder Sicherung beraubt, ohnmächtig und schuldbewußt vor Gott versinkt, ist der Höhepunkt der Gnade Gottes, die die Distanz der Dimensionen von sich aus aufhebt, indem sie den Sünder rechtfertigt.

Denn daß Hiob von Gott gerechtgesprochen wird, und zwar nicht auf Grund seiner Selbstrechtfertigung, sondern als Sünder, darüber läßt der Dichter keinen Zweifel in der ergänzenden Erzählung vom Urteil Gottes über Hiob und die Freunde (42, 7 ff.). Wenn Gott hier sagt, daß Hiob im Unterschied zu den Freunden „recht geredet" habe, dann kann nach dem vorausgegangenen Urteil Gottes (besonders 40, 2) und der Selbstverurteilung des Hiob (42, 2 ff.) damit nicht gemeint sein, daß Hiob von Anfang an mit seinen Reden „recht gehabt" habe. Die „Gerechtigkeit" wird ihm von Gott zugesprochen als Geschenk seiner Gnade und nicht als Lohn, auf den er sich einen Anspruch erworben hätte. Und wenn nun Hiob als „Gottes Knecht" von Gott den Auftrag erhält, durch die Fürbitte für seine Freunde, die ihn beleidigt haben, sich selbst in den Dienst der göttlichen Gnade zur Versöhnung zu stellen, die er soeben von Gott an sich selber erfahren durfte, so weist auch dieser Zug, der die Hiobdichtung abrundet, auf das sola gratia als das Grundmotiv des göttlichen Mysteriums hin, in dem sich der Sinn der Dichtung erfüllt.

Unter diesem Gesichtspunkt will auch die Wiederherstellung des irdischen Glückszustands des Hiob und sein gesegnetes Lebensende, das den äußeren Rahmen der Hiobgeschichte abschließt, verstanden sein und kann auch von Hiob, der in der Begegnung mit Gott ein anderer geworden ist, nicht anders verstanden werden: Gottes Segen in den äußeren Lebensumständen ist das sichtbare Zeichen seiner Gnade, das er zu dem Geschenk der Vergebung der Sünde noch hinzugibt aus der überreichen Fülle seiner Güte.

Durch seinen Gegenstand greift das Buch Hiob weit über seinen alttestamentlichen Rahmen hinaus und unmittelbar in unsere leiderfüllte Gegenwart ein. Aber wenn auch der Mensch von heute sich da und dort auf den Spuren des Hiob entdecken und dann in ihm einen Weggenossen des Leids finden mag, so wäre es doch falsch, Hiobs Weg durch Leiden zur Erlösung einfach nachvollziehen und darin den Trost suchen zu wollen. Wir würden diesen Weg, nicht nur wegen der andersartigen alttestamentlichen Vorstellungsformen, nicht allein zu Ende gehen können. Die alttestamentliche Gestalt des vom Leid gezeichneten und von Gott ausgezeichneten Gottesknechts weist innerhalb der Bibel über sich selbst hinaus auf die Stelle, wo für unsere „Hiobfragen" die Lösung liegt. Es ist die Stelle der Heilsgeschichte Gottes, wo er in einer anderen „Theophanie" die Brücke für uns geschlagen hat in der Gestalt des einzigen reinen Gottesknechts (vgl. Hi. 14, 4), der stellvertretend alles Erdenleid getragen und überwunden hat samt Sünde und Tod.

Die Geschichte vom frommen Dulder Hiob

Kapitel 1—2

Kapitel 1

1 Es war ein Mann im Lande Us mit Namen Hiob. Er war rechtschaffen, aufrichtig und gottesfürchtig und abhold dem Bösen. 2 Ihm wurden sieben Söhne und drei Töchter geboren. 3 Sein Herdenbesitz waren 7000 Schafe, 500 Kamele, 500 Joch Rinder und 500 Eselinnen, und sein Gesinde war sehr zahlreich, und der Mann war größer (angesehener) als alle Leute des Ostens.

4 Seine Söhne pflegten Gastmähler zu halten, jeder in seinem Hause an seinem Tag; sie ließen dazu auch ihre drei Schwestern laden, mit ihnen zu essen und zu trinken. 5 Waren die Tage des Mahls vorüber, ließ Hiob sie holen und heiligte sie: Frühmorgens stand er auf und brachte Brandopfer dar nach ihrer aller Zahl. Denn Hiob dachte: Vielleicht haben meine Söhne gesündigt und Gott ‚geflucht'[1] in ihrem Herzen. So tat Hiob allezeit.

6 Es begab sich eines Tags, als die Gottessöhne kamen, um vor Jahwe zu treten, da kam auch der Satan unter ihnen. 7 Da sprach Jahwe zum Satan: Wo kommst du her? Der Satan antwortete Jahwe und sprach: Ich habe die Erde durchstreift und bin umhergewandert auf ihr. 8 Und Jahwe sprach zum Satan: Hattest du acht auf meinen Knecht Hiob? Denn wie er ist kein Mann auf Erden: Rechtschaffen, aufrichtig und gottesfürchtig, abhold dem Bösen. 9 Da antwortete der Satan Jahwe und sprach: Ist Hiob umsonst gottesfürchtig? 10 Hast du nicht ihn und sein Haus und alles, was er hat, rings umhegt? Seiner Hände Werk hast du gesegnet, und seine Herden breiten sich aus im Land. 11 Aber strecke deine Hand aus und taste an alles, was er hat, was gilt's, er wird dir ins Angesicht ‚fluchen'[1]. 12 Da sprach Jahwe zum Satan: Sieh, alles, was er hat, sei in deiner Gewalt, nur an ihn selbst lege nicht deine Hand. Da ging der Satan fort von Jahwes Angesicht.

13 Es begab sich eines Tags, als seine Söhne und Töchter im Hause ihres erstgeborenen Bruders aßen und Wein tranken, 14 da kam ein Bote zu Hiob und sprach: Die Rinder ‚pflügten'[1], und die Eselinnen weideten neben ihnen, 15 da fielen die Sabäer ein, nahmen sie fort und erschlugen die Knechte mit dem Schwert. Ich bin entronnen, nur ich allein, um dir's zu melden. 16 Während dieser noch redete, kam ein anderer und sagte: Ein Gottesfeuer fiel vom Himmel, und es brannte bei den Schafen und ‚Hirten'[1] und verzehrte sie. Ich bin entronnen, nur ich allein, um dir's zu melden. 17 Während dieser noch redete, kam ein anderer und sprach: Die Chaldäer hatten drei Abteilungen aufgestellt, überfielen die Kamele und nahmen sie weg und erschlugen die Knechte mit dem Schwert. Ich bin entronnen, nur ich allein, um dir's zu melden. 18 Während dieser ‚noch'[1] redete, kam ein anderer und sprach: Deine Söhne und Töchter aßen und tranken Wein im Hause ihres ältesten Bruders, 19 siehe, da kam ein großer Sturm von der Wüste her und stieß auf die vier Ecken des Hauses, und es stürzte über den Kindern[2] zusammen und sie starben. Ich bin entronnen, nur ich allein, um dir's zu melden. 20 Da stand Hiob auf, zerriß sein Gewand, schor sein Haupt, fiel auf die Erde und betete an 21 und sprach:

> Nackt kam ich aus meiner Mutter Leib,
> nackt kehr' ich dorthin zurück!

---

[1] s. BH. [2] Das hebr. neʻarim schließt auch die Töchter mit ein.

Jahwe hat's gegeben, Jahwe hat's genommen,
der Name Jahwes sei gelobt!
22 Bei alledem sündigte Hiob nicht und äußerte nichts Törichtes gegen Gott.

Kapitel 2

1 Es begab sich aber eines Tags, als die Gottessöhne kamen, um vor Jahwe zu treten, da kam auch der Satan unter ihnen ‚ '¹. Da sprach Jahwe zum Satan: Wo kommst du her? Der Satan antwortete Jahwe und sagte: Ich habe die Erde durchstreift und bin umhergewandert auf ihr. 3 Da sprach Jahwe zum Satan: Hattest du acht auf meinen Knecht Hiob? Denn wie er ist kein Mann auf Erden: Rechtschaffen, aufrichtig und gottesfürchtig, abhold dem Bösen; noch immer hält er an seiner Frömmigkeit fest; du hast mich aufgereizt, ihn zu verderben, umsonst. 4 Da entgegnete der Satan Jahwe und sagte: „Haut für Haut!" Und alles, was der Mensch hat, gibt er für sein Leben. 5 Aber strecke deine Hand aus und taste sein Gebein und Fleisch an, was gilt's, er wird dir ins Angesicht ‚fluchen'¹. 6 Da sprach Jahwe zum Satan: Sieh, er sei in deiner Gewalt! Nur schone sein Leben!

7 Da ging der Satan fort vom Angesicht Jahwes und schlug den Hiob mit bösartigen Geschwüren von Kopf bis zu Fuß. 8 Der nahm sich eine Scherbe, sich damit zu kratzen, während er in der Asche saß. 9 Da sagte sein Weib zu ihm: Hältst du noch fest an deiner Frömmigkeit? ‚Fluche'¹ Gott und stirb! 10 Er aber sprach zu ihr: Wie törichte Weiber reden, so redest auch ‚du'¹.

Das Gute nehmen wir an von Gott,
und das Böse sollten wir nicht hinnehmen?
Bei alledem sündigte Hiob nicht mit seinen Lippen.

11 Als die drei Freunde Hiobs von all diesem Unglück hörten, das über ihn gekommen war, da kamen sie, jeder aus seinem Ort: Eliphas, der Temanit, Bildad, der Schuchit, und Sophar, der Naamatit; sie kamen überein miteinander hinzugehen, um ihm ihr Beileid zu bezeugen und ihn zu trösten. 12 Als sie aber von ferne ihre Augen erhoben, erkannten sie ihn nicht mehr. Da erhoben sie ihre Stimme und weinten, zerrissen ein jeder sein Gewand und streuten Asche auf ihr Haupt himmelwärts. 13 Und sie saßen bei ihm auf der Erde sieben Tage und sieben Nächte lang, und keiner sprach ein Wort zu ihm, denn sie sahen, daß die Pein sehr groß war.

Das Buch Hiob ist ein- und ausgeleitet durch eine Rahmenerzählung in Prosa, die von dem frommen Dulder Hiob handelt. Ihr Stoff ist nicht freie Erfindung des Dichters, sondern geht zurück auf eine volkstümliche Überlieferung, die auch der Prophet Ezechiel gekannt zu haben scheint (vgl. Ez. 14, 14. 20). Auch ihre Form weist noch gelegentlich das Gepräge volkstümlicher Erzählungsweise nach der Art der Patriarchengeschichten auf, mit denen sie mancherlei Züge auch in der Vorstellungs- und Gedankenwelt gemeinsam hat. Die schlichte, in kurze durch ihren Gleichbau eindrückliche Einzelbilder und -szenen aufgegliederte Darstellung, die sich auf die wesentlichen, plastisch herausgearbeiteten Züge beschränkt, ohne etwas von der lebensfrischen Farbigkeit der einzelnen Bilder einzubüßen, verrät eine hohe Erzählungskunst, der es gelingt, Phantasie und Gedanken des Lesers von Anfang bis zum Ende in Spannung zu halten und das Interesse an der auf dem Hintergrund der Ereignisse und Gestalten markant herausgearbeiteten Hauptfigur des Hiob zu wecken. Ob und wieweit der Dichter die Form der alten Volkserzählung übernommen oder sie

---

[1] s. BH.

nach eigenem Ermessen ausgestaltet und seinen Zwecken dienstbar gemacht hat, läßt sich nicht entscheiden, da wir die Urgestalt der Erzählung, die vermutlich dem Wandel mündlicher Tradition unterworfen war, nicht kennen. Die souveräne Beherrschung von Wort und Bild, die uns aus seiner Dichtung entgegentritt, läßt nicht bezweifeln, daß er auch zu letzterem befähigt war. Und es ist kaum anzunehmen, daß er ein sog. „Volksbuch von Hiob" einfach sklavisch seinem Werk einverleibt habe, oder gar, daß es nachträglich der „Hiobdichtung" beigefügt wurde. Denn die Geschichte des frommen Dulders Hiob bildet die äußere, aber auch die innere Voraussetzung für das Dichtwerk, die dramatis historia, ohne welche die Dichtung in der Luft schweben würde. Deshalb ist es auch nicht geraten, die innere Distanz zwischen der Rahmenerzählung und der Dichtung zu stark zu betonen und in beiden zwei ganz verschiedene „Lösungen" des Hiobproblems zu suchen. Aus den Anspielungen Ezechiels (vgl. Sir. 49, 9; Jak. 5, 11) auf die Hiobtradition und aus dem, was der Dichter davon in seinem Werk verarbeitet hat, läßt sich noch die paränetisch=lehrhafte Tendenz der Volksüberlieferung erschließen, der Hiob als Vorbild frommer Ergebung im Leiden galt; im Zusammenhang der Dichtung tritt diese Tendenz jedoch in den Schatten des gigantischen Ringens, das aus seelischen Tiefen zur Oberfläche drängt und so den Vordergrund des Geschehens im Prolog verwandelt in den szenischen Hintergrund des Seelendramas der Dichtung. Unter der Hand des Dichters wird so der Prolog zum notwendigen Ausgangs= und Einsatzpunkt, dem die Aufgabe der Exposition für die Dichtung zufällt, die Voraussetzungen zu umreißen, auf denen diese beruht und verständlich wird.

Fünf kurze Szenen, mit knappen Strichen prägnant gezeichnet, genügen dem Dichter zur Darstellung der Situation, aus der sich die Dichtung erhebt: Drei irdische Bilder, die das Ergehen und Verhalten des Hiob im Glück und Leid charakterisieren, wechseln mit zwei himmlischen Szenen, die dem Leser den Blick freigeben in den unsichtbaren göttlichen Hintergrund des irdischen Geschehens und das Problem andeuten, um das im ganzen Hiobbuch gerungen wird: 1, 1—5 schildern das Glück und die Frömmigkeit Hiobs; 1, 6—12 die Wette im Himmel zwischen dem Satan und Gott, den Anlaß zu Hiobs Unglück; 1, 13—22, wie Hiob die Nachricht seines dreifachen Unglücks hinnimmt; Kap. 2 berichtet die Steigerung des Unglücks, beginnend 2, 1—6 mit der zweiten Wette im Himmel, die 2, 7—10 zur Krankheit des Hiob und zu seiner Standhaftigkeit gegenüber der Versuchung durch sein Weib führt; der Besuch der Freunde 2, 11—13 leitet über von der Prosaerzählung des Prologs zu dem Gespräch in poetischer Form.

1, 1—5 **Hiobs Glück und Frömmigkeit.** Einer kurzen einführenden Beschreibung von Hiobs Glück und Frömmigkeit V. 1—3 folgt ein anschauliches Beispiel, das die Behauptungen von V. 1—3 illustriert und begründet V. 4—5. Die Erzählung beginnt im volkstümlichen Stil wie das Märchen („es war einmal"), das nicht an zeitliche, historische Zusammenhänge gebunden ist. Daß die Geschichte in der Vorzeit spiele, könnte man höchstens aus ihrem patriarchalischen Milieu und ihrer formalen Ähnlichkeit mit den Vätergeschichten der

Genesis vermuten. Daß der Dichter jedoch keine Zeitbestimmung gibt, sondern sich lediglich auf die Angabe des Namens und der Heimat des Hiob beschränkt, ohne weitere geographische oder genealogische Verbindungslinien zu ziehen, beweist, daß er auf eine historische Verankerung seiner Erzählung keinen Wert legt, und mag damit zusammenhängen, daß ihm dafür keine Überlieferung zu Gebote stand oder der fremde edomitische Hintergrund der Hiobtradition für israelitische Leser kein weiteres Interesse bot. Wahrscheinlich handelt es sich jedoch um einen bewußten Verzicht, der deutlich macht, daß nicht das konkret Historische, sondern das allgemein Menschliche in diesem Buch in Frage steht und Hiob weniger als eine in allen ihren Lebensbeziehungen scharf umrissene Einzelpersönlichkeit dabei erscheinen soll, sondern als Typus und Beispiel, in dem zugleich des Dichters eigene Erfahrungen zu Worte kommen. Daß es immer wieder hinausgreift über den geschichtlich-persönlichen Einzelfall in den Bereich des Überzeitlichen, Allgemeingültigen, darauf beruht der gewichtige Geltungsanspruch des gesamten Buches, den der mit dem Leid ringende denkende Mensch zu allen Zeiten herausgehört hat. Der gelegentlich gemachte Versuch, den Namen Hiob in diesem Zusammenhang symbolisch zu deuten, etwa als „der Angefeindete" oder „der Anfeindende" (beide Übersetzungen des auf den Stamm 'jb zurückgeführten Namens wären sprachlich möglich), wird nicht nur dadurch widerraten, daß er in diesem Sinne schlecht zur Hiobsgestalt in Erzählung und Dichtung passen würde, sondern auch durch die Tatsache, daß der Name in der Form A-ja-ab schon in den Amarnabriefen belegt ist als Name eines Königs von Pella und in den ägyptischen Achtungstexten aus dem 19./18. Jahrhundert v. Chr. als Bezeichnung eines Landes oder seiner Bewohner (Ajjabum) vorkommt[1].

Mehr als Name und Herkunft interessiert den Verfasser die Frömmigkeit des Hiob, auf deren Konstatierung er nach der knappen Einführung sofort zusteuert. Die Aussage darüber erhält ihr besonderes Gewicht dadurch, daß sie hernach zweimal mit denselben Worten von Gott selbst bestätigt wird (1, 8; 2, 3). Umbrandet von schwerster Anfechtung und in Frage gestellt durch fremde und eigene Zweifel steht diese Frömmigkeit des Hiob im Brennpunkt des gesamten Hiobbuches und bildet das im Grunde unerschütterte Fundament seines persönlichen Verhältnisses zu Gott, auf das er sich immer wieder bezieht und es nie aufgibt und worin er trotz allen aufbäumenden Ringens schließlich von Gott selbst anerkannt wird (42, 5. 7). In poetisch geprägter Form, die wahrscheinlich der Sprache der „Weisheit" entnommen ist (Spr. 29, 10; 3, 7; 14, 16; 16, 6; Ps. 25, 21; 37, 37), wird Hiob als der Typus des frommen Mannes gezeichnet; das erste Wortpaar enthält ein allgemeines zusammenfassendes Urteil und wird durch das zweite nach der religiösen und ethischen Seite näher umschrieben: „Rechtschaffen" (tam-tamîm), vielfach vom Opfertier gebraucht, bedeutet „fehlerlos", „ohne Tadel". „Aufrecht", „gerade", „redlich" ist der

---

[1] Andere Bezeugungen des verbreiteten Namens bei Albright, Northwest-Semitic Names in a List of Egyptian Slaves: Journal of the American Oriental Society 74 (1954), S. 222 ff.

Mensch, der nicht „auf krumme Wege" „abbiegt". Solche ideale Gesinnung und Haltung hat nach der Auffassung des Alten Testaments ihren Grund in der „Gottesfurcht" und äußert sich als „Meiden des Bösen" in Gesinnung und Wandel. Ethos und Religion bilden in der Bibel von Anfang an eine organische Einheit und sind nicht voneinander zu trennen. Die auffallende negative Formulierung des Frömmigkeitsideals, die im Dekalog ihre Parallele und ihr Urbild hat, rührt von der ursprünglichen Abgrenzung des israelitischen Bundesethos gegenüber den heidnischen Nachbarvölkern her.

Der Charakterisierung von Hiobs Frömmigkeit folgt in grammatischer und sachlicher Verbindung die kurze summarische Darstellung seines Reichtums und Glücks, vom Erzähler also offenbar als Gottes Segen verstanden, der dem frommen Manne zuteil geworden ist. Zuerst wird der Kinderreichtum als die beste der Gottesgaben (vgl. Pf. 127, 3 ff.) erwähnt, dann folgt der ausgedehnte Herdenbesitz, der ein zahlreiches Gesinde erfordert und die materielle Grundlage bildet für die überragende Stellung und das geradezu fürstliche Ansehen, das Hiob unter den „Leuten des Ostens" (f. Einleitung) genoß. Diese Bezeichnung, die übrigens schon in der Geschichte des Sinuhe (18. Jhdt. v. Chr., vgl. Greßmann, AOT S. 55 ff.) vorkommt, weist darauf hin, daß der Standpunkt des Erzählers nicht mit dem Schauplatz der Hioberzählung identisch ist und daß diese vielleicht im „Ostland" lokalisiert wurde, weil dessen Bewohner durch ihre „Weisheit" bekannt waren (vgl. 1. Kö. 5, 10). Auch die runden Zahlen, die einer nicht mehr ganz durchsichtigen Symbolik heiliger Zahlen entnommen sein dürften, gehören ebenso wie die Namenlosigkeit der Kinder zum Stil der volkstümlichen Erzählung.

Was in V. 1—3 in der Form konstatierender Behauptung beschrieben ist, Hiobs Glück und Frömmigkeit, wird in V. 4 durch ein konkretes Beispiel lebendig veranschaulicht; in geschickter Weise — ein Zeichen guter Erzählkunst — wird damit gleichzeitig der Fortgang der Erzählung von Hiobs Unglück vorbereitet (f. V. 13; 18 ff.). Daß Hiobs Söhne nicht wie üblich im Vaterhaus wohnen, sondern wie königliche Prinzen eigene Häuser besitzen (2. Sam. 13, 7 f.; 14, 31) und reihum zum Gastmahl zusammenkommen, wozu sie ihre wohl im Vaterhaus weilenden Schwestern einladen, illustriert sowohl den Reichtum der Lebenshaltung als auch das innere Familienglück, das sich in der einträchtig fröhlichen Gemeinschaft der Kinder Hiobs äußert. Daß all dies Glück den Hiob nicht stolz oder selbstzufrieden werden läßt, sondern daß er als Vater um die Seele seiner Kinder besorgt mit fast ängstlicher Gewissenhaftigkeit nicht etwa nur in Tat und Wort begangene Sünden, sondern selbst mögliche, auch nur in ehrfurchtslosen Gedanken auftauchende Mißachtung Gottes durch regelmäßige Opfer für seine Kinder zu sühnen gewohnt ist, charakterisiert den tiefen Ernst einer demütigen und feinfühligen Frömmigkeit, welche die Familie verbindet und trägt. Jeder einzelne Zug dient der Herausarbeitung dieses Bildes eines idealen Familienlebens, wo der Vater als Hauspriester für die „Heiligkeit" der Familie sich verantwortlich weiß und sie — nicht nur durch äußeren Ritus oder gar „kleinbürgerliche Engigkeit" (gegen Duhm) — zu wahren bestrebt ist. Mit diesem harmonischen Bild festgegründeter Frömmigkeit und in ihr ruhenden Glücks verläßt die Erzählung zunächst den irdischen Schauplatz.

1, 6—12 Die erste Wette im Himmel. Die erste Szene war Beschreibung, mit der zweiten beginnt die Handlung. Das irdische Geschehen bereitet sich im Himmel vor; ohne diesen seinen mythologisch=metaphysischen Einsatzpunkt und Hintergrund bliebe es dem Leser unverständlich. Die beiden Szenen im Himmel sind deshalb im Zusammenhang unentbehrlich und nicht etwa als spätere Erweiterung der Erzählung zu beurteilen[1]. Selbstverständlich bleibt der göttliche Aspekt, unter dem das Leiden des Hiob hier gesehen ist, den beteiligten Personen verborgen; nur unter dieser Voraussetzung, die ja auch der Wirklichkeit des Lebens entspricht, ist der Inhalt der Hiob=Erzählung und =Dichtung sinnvoll: Es soll gleich am Anfang deutlich werden, daß Gott nicht nur seine Hand im Spiel hat, sondern der eigentliche Träger der Handlung ist. Es geht hier um letzte Entscheidungen, und das eigentliche Thema des Hiobbuches ist nicht das Leiden des Unschuldigen, sondern die Gottesfrage, die an diesem Leiden sich entzündet und in ihm aufbricht, eben darum, weil Gott das ganze Geschehen in der Hand hat und es auch da in der Hand behält, wo er den Hiob dem Satan überläßt. Die Vorstellungsformen, derer sich die Erzählung hierbei bedient, sind der Mythologie entlehnt, die Spuren ihrer ursprünglichen polytheistischen Wurzeln dagegen bewußt verwischt und ihr einst heidnisches Gepräge überwunden. Ähnlich wie in der Sündenfallgeschichte ist der Gegenspieler Jahwes nicht ein selbständiger Widergott, sondern dem einen Gott unterstellt. Zwar geht der zersetzende Zweifel an Gottes Ordnung als der Uranfang aller Sünde (= A b s o n d e r u n g v o n G o t t) — begreiflicherweise — vom Satan aus (vgl. dazu die parallele Funktion der Schlange in 1. Mose 3), aber dieser handelt in der Hioberzählung mit Jahwes Einverständnis, ja sogar im göttlichen Auftrag (1, 12; 2, 6); und dadurch wird auch „der Geist, der stets verneint", „ein Teil von jener Kraft, die stets das Böse will und stets das Gute schafft". Das ist es, was dem Hiobproblem erst die theologische Tiefe und dem Glaubensringen des Helden die qualvoll verwirrende Schärfe verleiht; denn dadurch ist der bequemere Weg einer rationalen Auflösung des heillos verschlungenen Knotens in einer dualistischen Auffassung vom Kampf zwischen den Mächten des Guten und Bösen ein für allemal verbaut.

6 Die Handlung beginnt in einer himmlischen Ratsversammlung, bei der die Boten Jahwes zur Audienz vor ihrem himmlischen Herrn erscheinen. Daß diese himmlischen Wesen, die himmlischen „Heerscharen" (sᵉba'ôt, vgl. 1. Kö. 22, 19), die eine spätere Zeit in einer ausgebauten Engellehre zusammengefaßt hat, nicht als Söhne Jahwes, sondern als „Gottessöhne", d. h. als göttliche Wesen bezeichnet sind (vgl. 1. Mose 6, 2; Ps. 29, 1; 58, 2; 82, 1 ff.; 89, 8; Hi. 15, 8),

---

[1] Gegen Batten, Kuhl u. a. Es ist nicht unwahrscheinlich, daß die beiden himmlischen Szenen freie Gestaltung des Hiobdichters sind, der der rein schildernden Form der ursprünglichen Volksüberlieferung einen neuen, auf die Problematik der Dichtung hin ausgerichteten Akzent verleiht; dadurch würde sich auch die größere Ausführlichkeit der Darstellung im Unterschied zu der übrigen Prosaerzählung erklären. Schmökel, Hiob und Sumer, will die Satanszenen des „Volksbuches" auf sumerische Vorlage zurückführen.

läßt noch das Bestreben erkennen, die polytheistische Herkunft dieser Vorstellung durch Heraushebung der Distanz und alleinigen Souveränität Jahwes gegenüber seiner göttlichen Dienerschaft zu überwinden. Unter diesen Boten in Gottes Dienst befindet sich auch der Satan, eine im Alten Testament noch verhältnismäßig selten auftretende Gestalt (Sach. 3, 1 f.; vgl. 1. Chr. 21, 1 mit 2. Sam. 24, 1 und 1. Kö. 22, 21 ff.), die hier noch nicht die selbständige Bedeutung gewonnen hat wie in der spätjüdischen und christlichen Vorstellungswelt. Ihm fällt die Rolle des himmlischen Klägers zu, der die Erde durchschweift, um verborgene Schuld aufzudecken und vor Gottes Gericht zu ziehen. Das bringt es mit sich, daß sein Wesen der Geist des Zweifels ist, der im Falle des Hiob in Gegensatz tritt zu dem Vertrauen, das Gott in Hiobs Frömmigkeit setzt. Die Gestalt des Hiob steht auch in den himmlischen Szenen im Brennpunkt. Darauf steuert schon die einleitende Frage Jahwes und die Antwort des Satan über seine Tätigkeit hin, die stillschweigend jenen Geist negativer Kritik als die Funktion des Satans voraussetzt, auch wenn erst in der zweiten Frage der Name Hiobs fällt. Denn diese ist doch wohl, wie ihre „Begründung" zeigt, in dem Sinne gestellt, daß des Satans Kritik wenigstens an Hiob nichts auszusetzen habe. Schon die Bezeichnung „mein Knecht", erst recht aber das Urteil Gottes über Hiobs Frömmigkeit, das nun in höchster Instanz bestätigt, was der Erzähler nicht ohne Grund thematisch an den Anfang seiner Darstellung gestellt hat, deuten darauf hin, daß hier der „kritische" Punkt liegt, daß sich an der Frömmigkeit des Hiob entscheidet, ob Gott im Recht ist, wenn er dem Hiob sein Vertrauen und seine Güte zuwendet. Die Bezeichnung Hiobs als Gottes Knecht gewinnt im Verlauf des Gedichts erst ihre volle Bedeutung insofern, als Hiob mit seinem Verhalten ebenso — wenn auch in ganz anderer Richtung — wie der Satan im Dienste Gottes steht. Denn es geht im Hiobbuch um nichts Geringeres als um Gottes Ehre, die durch des Satans Zweifel an der Echtheit der Frömmigkeit Hiobs mit in Frage gestellt, für Hiob aber der Grund, das Problem und, wenn man so sagen darf, das Ergebnis seines Leidens ist. Das unschuldige Leiden des Hiob ist zwar der Ort, an dem das Problem zum Aufleuchten kommt, und der Schauplatz, auf dem um die Gottesfrage als die Urfrage des Lebens unter Einsatz der ganzen äußeren und inneren Existenz gerungen wird, aber im Mittelpunkt des Hiobbuches steht nicht der Mensch, sondern Gott; um ihn kreisen alle Gedanken und Gespräche der beteiligten Menschen. Die aufgeworfene Gottesfrage ist es, die dem Ganzen seine unausweichliche theozentrische Wucht verleiht. Mit der Zweifelsfrage des Satans, die sich an das Bild vom Knecht anschließt: „Ist Hiob umsonst gottesfürchtig?", wird nicht nur die Frömmigkeit des Hiob, sondern Gott selbst in Frage gestellt und das Thema des ganzen Buches angeschlagen; denn wenn Hiob für seine Frömmigkeit „entlohnt" wird, dann bleibt es in der Schwebe, ob er Gott um seiner selbst willen fürchtet und ihm die Treue hält, oder um der Gaben willen, die er von ihm erhalten hat und erwarten darf. Im letzteren Falle ist Gott entthront, zum Garanten des Glücks herabgewürdigt, nicht mehr der Herr, sondern Mittel zum Zweck. Und von der Seite des Menschen her gesehen wäre dann die Frömmigkeit lediglich ein gutes Geschäft auf der Ebene des do ut des, die nur so lange Sinn und Bestand hat, als dieses Geschäft für den Menschen gewinnbringend ist; eine durch alle Zeiten bis in die Gegenwart verbreitete Auffassung, deren „satanisches" Gepräge von denen, die ihr folgen, meist gar nicht gefühlt und erkannt wird.

10-11 Solange Hiob von Gottes Segen wie von einem Zaun umgeben und umhegt ist, muß die grundsätzliche Frage nach der Echtheit seiner Frömmigkeit offenbleiben. Ob Gott wirklich allein der Herr, Motiv und Ziel der Frömmigkeit ist, kann und muß sich erst erweisen, wenn diese schützende Mauer fällt; wenn der Mensch, aller Güter beraubt, noch an Gott als seinem einzigen Gut festhält, dann ist Gott „gerechtfertigt"; und indem er als Gott ganz ernst genommen wird, tritt in der „Ehrlichkeit" der Frömmigkeit des Hiob die Ehre Gottes zutage, die ihm als Gott gebührt. Eine unausweichliche Logik! Und zwar nicht nur die Logik des Satans; sie erhält dadurch ihr Gewicht, daß Gott ihr stattgibt, sie sich zu eigen macht und damit dem Leiden, das nun über Hiob hereinbricht, göttlichen Sinn und Ziel zuweist. Gott wagt es mit Hiob, indem er seine Ehre „aufs Spiel setzt" zugleich mit der Frömmigkeit dessen, der um seinetwillen leidet; Gottes Ehre und Hiobs Frömmigkeit, das sind denn auch die beiden umstrittenen Pole, die im Brennpunkt des Glaubenskampfes in der Hiobdichtung immer wieder erneuten Angriffen ausgesetzt sind. In der Erzählung ist diese Problematik des Hiobbuches verankert durch die Verbindung des auch sonst bekannten Motivs der Götterwette mit dem der Glaubensprobe, welch letztere im Alten Testament mehrfach begegnet (1. Mose 18 f.; 22; Ri. 6; 13 usw.). Ohne es zu wissen, wird Hiob in die Entscheidung zwischen Gott und den Satan gestellt auf den schmalen Gratweg, der zwischen dem Mißtrauen des Satans und dem Vertrauen Gottes hinführt. Wird er bedingungslos an Gott festhalten, wenn die äußeren Stützen seiner Frömmigkeit fallen, oder wird der Satan recht behalten mit seinem Zweifel, daß es auch bei diesem einen eine solche durch nichts zerstörbare selbstlose Hingabe an Gott nicht gibt? Das ist die Frage,

12 auf welche die Erzählung Antwort geben will. Indem Gott die Habe des Hiob dem Satan überläßt — zunächst noch mit dem Vorbehalt, daß sein Leben unangetastet bleibe (ein erzählerisch wirksames und wirklichkeitsnahes Moment der Steigerung), nimmt das Verhängnis seinen Lauf. Der Satan macht sich unverzüglich ans Werk; und das Unglück schreitet schnell.

1, 13—22 Die erste Glaubensprobe; Verlust der Habe und Kinder. Der Vorhang fällt über der himmlischen Szene; auf dem irdischen Schauplatz, wohin die Meisterhand des Erzählers den Leser zurückführt, weiß man nichts von den Vorgängen im Himmel. Des Satans Werk vollzieht sich, ohne daß er mit einem Wort genannt oder auch nur als der Urheber des Unglücks geahnt würde.

13 Die Erzählung setzt da wieder ein, wo die Darstellung des Erdenglücks des Hiob aufgehört hatte: beim frohen Mahl seiner Kinder, um an derselben Stelle zu enden — ein furchtbarer spannungsgeladener Kontrast —: mit ihrem

14-19 Tod. Mit sicherem Griff und feinem Gefühl für das Wesentliche hält der Erzähler die Fäden der Darstellung fest in der Hand: Dadurch, daß er die Nachricht von den einzelnen an verschiedenen Orten erfolgten Katastrophen in die Form des Botenberichts kleidet, gelingt es ihm, die Wucht des ganzen Geschehens auf einen Augenblick zu konzentrieren und zu steigern und zugleich die ungeheure Spannung auf den Punkt zusammenzufassen, an dem die Entscheidung fallen muß: in der Auswirkung der Unglücksbotschaften auf den menschlichen Träger der Handlung, den die einander jagenden „Hiobsposten" nicht mehr zur Besinnung kommen lassen. Die monotone Gleichförmigkeit des Stils der knappen, in grausamer Ironie endenden („Ich allein bin entronnen, um dir's zu melden") Botenberichte in Verbindung mit ihrem wechselnden Inhalt unterstreicht diese künstlerische Absicht und verrät das hohe erzählerische Können eines Meisters in dieser Kunst. Schlag auf Schlag bricht das Unheil herein, und wir erleben den Augenblick mit, da Hiob von der Höhe des Glücks in den Abgrund der Armut hinabgestürzt wird. Abwechselnd sind es räuberische Einfälle feindlicher Nachbarn und Naturkatastrophen, denen zu gleicher Zeit sein ganzer Herdenbesitz, sein Gesinde (V. 3) und schließlich auch alle seine Kinder zum Opfer fallen. Die Sabäer sind Beduinenscharen des 6,19 genannten südarabischen Handelsvolks, die Chaldäer eine aus babylonischen und assyrischen Keilschrifttexten unter dem Namen Kaldu bekannte Gruppe von aramäischer Herkunft, die vom persischen Golf bis nach Arabien hin Streifzüge unternahmen. Bei dem Gottesfeuer V. 16 denkt man meist an Blitzschlag; möglich wäre aber auch eine vulkanische Katastrophe. Der Wüstenwind, der V. 19 das Haus an seinen vier Ecken faßt und zum Einsturz bringt, ist wohl als Wirbelsturm gedacht. Die Unheilsbotschaften haben sich in solch atemberaubender Folge überstürzt, daß Hiob erst, als sie zu Ende sind, sich erhebt, vom Schmerz überwältigt, dem er nach hergebrachter Sitte zunächst in stummen Gebärden Ausdruck gibt. Das Zerreißen der Kleider und Scheren des Haupthaars sind weitverbreitete uralte Trauerbräuche, deren Wurzeln, soweit sie überhaupt noch zu erhellen sind, in den Bereich des magischen Lebensgefühls und des animistischen Denkens hinabreichen (vgl. 1. Mose 37, 34; Jos. 7, 6; Esr. 9, 3. 5; und Am. 8, 10; Jes. 15, 2; Mi. 1, 16; Jer. 7, 29; Ilias XXIII, 45 f.). Die Erzählung beschränkt sich hier auf die Darstellung des äußeren Vorgangs und mag nach unseren Begriffen karg und kalt erscheinen; doch, wie ein Blick auf die Geschichte von Abrahams Opfergang 1. Mose 22 lehrt, ist diese nüchterne Enthaltsamkeit das Merkmal eines guten Erzählungsstils, der es dem Leser überläßt, sich auszumalen, was alles im Innern der handelnden Personen vor sich gegangen sein mag; im Hiobbuch wird diese bewußte Zügelung der Stimmungen und Gefühle auch darin ihren Grund haben, daß der Dichter den Blick ins Innere seines Helden den poetischen Gesprächen vorbehalten hat. Der Satan hatte erwartet, daß Hiob, seiner Habe beraubt, gegen Gott aufstehen und ihm „ins Angesicht fluchen" werde; genau das Gegenteil tritt ein: Demütig wirft sich der Schwergetroffene zur Erde und — betet an. Und das Wort, das sich seinen Lippen entringt, ist nicht ein Fluch, sondern ein — Segen (wörtlich: Der Name Jahwes sei gesegnet!). Die poetische Form dieses Wortes bezeichnet den Höhepunkt der Erzählung und entspricht zugleich seiner Eigenart als Hymnus, der das Ganze prägnant und eindrücklich zusammenfaßt unter jenem doppelten Aspekt, der das ganze Hiobbuch beherrscht: im Blick auf den Menschen und im Blick auf Gott. Die erste Hälfte des Verses umspannt die Grundsituation des menschlichen Lebens zwischen Geburt und Tod mit der erschütternden Erkenntnis und dem Eingeständnis seiner hilflosen Ohnmacht. Was ist der Mensch? Was bleibt ihm noch? Nichts! Nackt muß er dahin, wo er herkommt! Ob mit dem Ausdruck „dorthin" das Totenreich gemeint ist, dessen Namen zu nennen ängstliche Scheu verbietet, wofür man analoge ägyptische Redewendungen anführen könnte, oder ob dahinter die verbreitete Vorstellung von der „Mutter Erde" steht, in deren Schoß der Tote wieder zurückkehrt, mag dahingestellt bleiben. Wichtiger ist etwas anderes: Das Eingeständnis menschlicher Ohnmacht ist nicht das Einzige und nicht das Letzte, was Hiob zu sagen hat; darum ist sein Wort nicht der Ausdruck einer nihilistischen oder fatalistischen Resignation, nicht das Zeichen eines völligen Zusammenbruchs. Es darf nicht gelöst werden aus seiner Verbindung mit dem zweiten Halbvers, in dem der Beter sich aufrichtet im Blick auf Gott. Die Erkenntnis der Nichtigkeit alles Menschlichen kommt ihm von dort her: „Der Herr hat's gegeben, der Herr hat's genommen"; weil Gott wirklich der Herr ist, darum ist der Mensch ihm gegenüber nichts; und erst in der Erfahrung seiner ganzen hilflosen Ohnmacht wird der Mensch dessen inne, daß Gott der Herr ist, und in der Begegnung mit ihm zusammenbrechend, dessen bewußt, was dies heißt (vgl. Jes. 6, 5). Eine fundamentale Erkenntnis, die, hier als Grundton angeschlagen, sich durch die gesamte Hiobdichtung hindurchzieht! An diesem Punkt fällt die Entscheidung: Der Gott, an dem Hiob zerbricht, ist ihm der letzte Halt, zu dem er betend die Hände erhebt und mit den Worten des liturgisch-hymnischen Segensspruchs „Der Name Jahwes sei gesegnet" gleichsam den Segen in die Hand Gottes zurücklegt, die ihn von ihm genommen hat. Das bekannte Wort des Hiob ist weder der Ausdruck müden Verzichts noch ruhig und gefaßt hinnehmender Geduld, sondern höchste Aktivität eines ringenden Glaubens, die hier nur deshalb nicht unmittelbar in die Augen springt, weil der Dichter das, was darüber im einzelnen zu sagen ist, für spätere Gelegenheit aufgespart hat. Im Rahmen der Erzählung redet er zunächst nur von der Außenseite der Vorgänge und faßt das für diesen Zusammenhang Wesentliche, die Bewährung Hiobs bei der Glaubensprobe, in einem eigenen Urteil kurz zusammen, nicht ohne anzudeuten („bei alledem"), daß er sich hier eine Beschränkung auferlegt hat und noch mehr zu sagen wäre, als er erzählt.

Kapitel 2

2, 1—6 Die zweite Wette im Himmel. Durch die Bewährung Hiobs ist Gott gerechtfertigt. Der Satan hat seine Wette verloren; aber er gibt sich noch nicht geschlagen. Darum beginnt mit der zweiten Wette die Handlung im Himmel noch einmal am gleichen Punkt und fast mit demselben Wortlaut wie bei der ersten himmlischen Szene. Gleichzeitig dient dieser der volkstümlichen Erzählungsweise eigentümliche Rhythmus der Wiederholung dazu, die Spannung zu erhöhen, mit der der Leser auf die zu erwartende Steigerung der Erzählung vorbereitet wird. Erst mit der Krankheit des Hiob ist die Basis geschaffen, auf der sich hernach das Gespräch in der Dichtung entwickelt.

Nur mit geringfügigen stilistischen Abweichungen wird noch einmal das gleiche Bild bei der zweiten himmlischen Audienz Gottes entworfen wie bei der ersten. In der entscheidenden Frage hat sich nichts geändert. Gott hat keinen Grund, sein vertrauensvolles Urteil über Hiobs Frömmigkeit (1, 2) zu ändern; die standhafte Bewährung des Dulders veranlaßt ihn im Gegenteil, es zu unterstreichen und dem Satan, nicht ohne erhabene Ironie, vorzuhalten, er habe ihn „umsonst" (= ohne Grund und Erfolg) aufgereizt, den Hiob ins Unglück zu stürzen. Indem sich Gott hier einen Augenblick auf die Ebene der menschlichen Denkweise herabbegibt, auf der der Satan argumentiert, gewinnt dieses „umsonst" seine besondere Bedeutung; es klingt an jenes „umsonst" im Munde des Satans an (1, 9), der in seiner allzu menschlichen Logik nicht wahrhaben will, daß die Gottesfurcht des Hiob „ohne Grund" sei, d. h. keinen anderen Grund habe als den unergründlichen Gott selber. Hier im Munde Gottes rührt dieses „umsonst" an das Rätsel der Gottesfrage, um die Hiob wird ringen müssen, bis seine leidgequälte Seele stille wird vor dem unergründlichen Gott, der allein den Grund seines Handelns weiß und es sich vorbehalten hat, was er von diesem seinem Geheimnis offenbaren will (vgl. Kap. 38 ff.). Schon hier läßt sich die Weite der Dimension ahnen, in welche die Problematik des Hiobbuches hineingestellt ist. Neben dem Vorwurf gegen den Satan, der jedoch um des Fortgangs der Erzählung willen nicht weiter verfolgt wird, schimmert durch Jahwes Wort verstehende Güte und Mitleid mit Hiob durch, ein im Zusammenhang des Ganzen nicht unwesentlicher Zug angesichts der Tatsache, daß gerade diese Seite des göttlichen Wesens durch das Leid dem menschlichen Auge verhüllt wird.

Der Satan jedoch gibt sein Spiel noch nicht verloren; er ist von der selbstlosen Frömmigkeit des Hiob keineswegs überzeugt. Derb entgegnet er mit einem Sprichwort, das dem Tauschhandel der Beduinen mit Tierhäuten (vgl. pecus—pecunia) zu entstammen scheint: „Haut für Haut!". Die folgende Erläuterung „und alles, was der Mensch hat, gibt er für sein Leben" zeigt, wie der Satan die „Bewährung" der Frömmigkeit des Hiob beurteilt. Sie dünkt ihm trotz allem nach wie vor ein einträgliches Geschäft, solange Hiob noch nicht seine eigene Haut zu Markte getragen hat. Des Menschen Selbstsucht geht so weit in ihrer Rücksichtslosigkeit, daß er, wenn es nicht anders geht, bereit ist, alles zu opfern — selbst seine Nächsten —, um das eigene Leben zu retten. Diese grausam realistische Beurteilung des menschlichen Selbsterhaltungstriebs, die, wie die Erfahrung lehrt, leider nicht von der Hand zu weisen ist, dient dem Satan als Argument, um die Bewährung der Frömmigkeit des Hiob in Zweifel zu ziehen. Erst wenn es dem Menschen ans eigene Leben geht und er an die Grenze seiner Existenz geführt wird und nichts mehr als Äquivalent seiner Frömmigkeit zu erwarten hat, wird sich erweisen, ob er nur solange zu Gott hält, als er in ihm den Geber der Gaben sieht, oder ob er ihn wirklich „umsonst",

6 um seiner selbst willen fürchtet und verehrt. Gott geht darauf ein und übergibt den Hiob in des Satans Gewalt mit der Einschränkung, sein Leben zu schonen. Dies geschieht mit Rücksicht auf die Fortsetzung der Dichtung; Gott hat sich das Leben des Hiob vorbehalten, denn an sich wäre der Bewährung echter Frömmigkeit auch durch den Tod keine Grenze gesetzt, ja das Alte Testament kennt den Beweis der Glaubenstreue, die sich gerade im Tode bewährt (vgl. Ps. 73, wo der Beter dieser Möglichkeit ins Auge sieht, und Jes. 53, wo die Zeugenschaft für Gott durch den Tod des unschuldigen Gottesknechts besiegelt wird). An einem der Höhepunkte im inneren Kampf mit seinem Leiden hat Hiob selbst mit seinem Leben abgeschlossen und sich mit dem Gedanken an den Tod in einer Weise vertraut gemacht, daß dieser sein Vertrauen auf Gott nicht mehr zu erschüttern vermag (vgl. zu 17, 11 ff.).

7 2,7—10 **Hiobs Krankheit.** Der zweite Angriff des Satans ist noch enger mit der himmlischen Szene verknüpft wie das erste Mal; dort blieb er im Hintergrund; hier schlägt er mit eigener Hand wie ein Krankheitsdämon den Hiob mit „bösartigem Geschwür". Es handelt sich dabei, wie vielfach angenommen wird, um den knolligen Aussatz (Lepra tuberculosa), den die Griechen wegen der unförmigen Geschwulstbildungen und Verfärbungen der Haut Elephantiasis nannten. Dazu stimmt auch das Krankheitsbild, das sich aus anderen Stellen des Hiobbuches von dieser gefürchtetsten, in qualvollem Tod nach langem unheilbarem Siechtum endenden Krankheit gewinnen läßt: Die Krankheit beginnt mit Geschwüren (vgl. 3. Mose 13, 18 ff.)[1], die quälendes Jucken (2, 8) und Rissigwerden der Haut verursachen; es bilden sich knollige Geschwülste, bald eiternd, bald verharschend, in denen Würmer sich festsetzen (7, 5); die Haut wird schwarz und schwindet (30, 30; 18, 13), das Aussehen ist entstellt (2, 12), unter heftigen Schmerzen und Fieberhitzen (30, 30) verzehrt sich der Leib (19, 20; 30, 18), die Glieder drohen abzufallen (18, 13; 30, 17), die Augen tränen und verlieren ihre Sehkraft (16, 16), qualvolle Unruhe, Atembeklemmungen, Schlaflosigkeit und Angstträume (7, 4. 13 ff.; 30, 17), stinkender Atem (19, 17) machen das jahrelange Siechtum zu einer

8 nicht endenwollenden Pein. Da die ekelerregende Krankheit als ansteckend galt, wurden die Kranken aus der menschlichen Gemeinschaft ausgestoßen und mußten ihr erbärmliches Dasein auf dem Schutthaufen (mazbala) fristen, der sich außerhalb des Dorfes erhob. Dort finden wir den Hiob in der Asche sitzend, eine aufgelesene Scherbe in der Hand, mit der er sich die juckende eiternde Haut schabt; dieser Hiob ist ein Bild des Jammers und doch gerade in seinem Jammer der Zeuge zu Gottes Ehre. Ein Bild, das den tiefen Sinn des gesamten Hiobbuches — noch unentfaltet — in sich schließt.

9 Dies zeigt sich in der letzten und schwersten Versuchung, die an ihn in der Gestalt seiner eigenen Frau herantritt. Sie wird erst hier zu diesem Zweck ohne

---

[1] Daß der Verfasser keine „historische" Entwicklung der Erzählung, sondern eine summarische Zusammenfassung der äußeren Tatsachen gibt, erkennt man daran, daß er gleich die Ausdehnung des Aussatzes „von Kopf bis zu Fuß" erwähnt; s. u. zu V. 11. Über die verschiedenen Deutungen von Hiobs Krankheit siehe Rowley, The Book of Job and its Meaning, BJRL Vol. 41 (1958), S. 169f., Anm. 4.

Namensnennung in die Erzählung eingeführt (erst das Targum will wissen, daß sie Dina geheißen habe). Als Frau steht sie viel stärker unter dem unmittelbaren erschütternden Eindruck der Gefühle — ein lebenswahrer Zug der Erzählung, den die Septuaginta noch weiter psychologisch ausgemalt hat —, daß sie den Jammer nicht mehr mit ansehen kann. Ohne es zu wissen, wird sie, wie das Weib im Paradies, zum gefährlichsten Bundesgenossen des Satans (Augustin: diaboli adjutrix). Dies ist in der Erzählung dadurch angedeutet, daß sie mit dem gleichen Wort, mit dem Gott die Standhaftigkeit des Hiob festgestellt hatte (2, 3), das Urteil Gottes erschüttert und „in Frage stellt": „Hältst du noch fest an deiner Frömmigkeit?" Es ist der Ausdruck völliger Hoffnungslosigkeit, wenn sie ihrem Manne, den sie von Gott und den Menschen verlassen und verstoßen sieht, nur noch den Rat geben kann, in dem Mitleid und Verzweiflung miteinander ringen, Gott zu fluchen und dadurch vielleicht um so schneller den unvermeidlichen Tod herbeizuführen (oder sollte hier gar an Selbstmord gedacht sein?). Unbewußt, aber gerade deshalb um so verführerischer, betreibt sie des Satans Geschäft und zielt mit ihrem wohlgemeinten Rat genau dahin, worauf der Satan hinauswill (1, 11; 2, 5).

Aber auch dieser gefährlichen Versuchung zeigt sich Hiob gewachsen. 10 Charaktervoll weist er den Vorschlag als unwürdiges, gedankenloses Gerede zurück, das zwar das Wort Gott in den Mund nimmt, aber mit ihm nicht Ernst macht und dadurch „sinnlos" und „töricht" wird. Scheinbar selbstverständlich stellt Hiob die Gegenfrage, die die verwirrte Perspektive wieder zurechtrückt und Gott, dem Geber aller Dinge, die Ehre gibt: „Das Gute nehmen wir von Gott, und das Böse sollten wir nicht hinnehmen?" Gott selbst steht ihm außer Frage und über allen Fragen; was in Frage steht, ist hier lediglich die Haltung des Menschen Gott gegenüber. Die Erzählung, die den Tatbestand der nach außen hin wahrnehmbaren Geschehnisse im Auge hat, geht darauf nicht näher ein und erweckt so den Anschein einer unwahrscheinlichen Gelassenheit des Hiob, die einer auffallend kühlen Rationalität frommer Gedanken entspringen könnte (Volz). Doch dieses Urteil, das vielleicht für die in ihrem ursprünglichen Wortlaut nicht mehr greifbare Volkserzählung von Hiob gelten könnte, läßt sich nicht aufrechterhalten. In der Zusammenfassung des jetzigen Erzählers „bei alledem (vgl. zu 1, 22) sündigte Hiob nicht mit seinen Lippen" deutet er ebenso wie durch die vorausgehende Form der Frage an, daß weit mehr zu sagen wäre, als was er hier in der bis an die Grenze des Möglichen komprimierten Darstellung zusammenfaßt, und leitet damit hinüber zu dem Hauptteil seines Werks, wo das seelische Geschehen ausführlich zu Worte kommt, in dem die Hiobgestalt erst ihre menschliche Wahrheit und Tiefe, und sein Inneres Leben und Farbe gewinnt.

2, 11—13 **Der Besuch der Freunde.** Die folgende Szene, die, ebenso wie die anderen nur lose mit dem Vorausgehenden verknüpft, die Reihe der Bilder abschließt, bildet den Übergang von der Erzählung zur Dichtung. Sie ist die Vorbereitung auf den Dialog, der mit Kapitel 3 beginnt. Es ist kein Zweifel, daß der Satan die Wette verloren hat; aber darauf wird nicht mehr eingegangen; diese

Figur wird stillschweigend fallengelassen. Der Blick wendet sich nicht mehr zurück; er ist nach vorwärts gerichtet von dem äußeren Geschehen weg zu den inneren Vorgängen, die es begleiten und nun im Gespräch ihren Ausdruck finden.

11 Auch hier, wo der Erzähler offenbar frei gestaltet (vgl. dazu die abweichende Tradition in 42,11), ist sein Stil karg, summarisch, auf das Notwendigste, Äußere beschränkt. Die namentliche Einführung der drei Freunde des Hiob ist dadurch bedingt, daß sie hernach als seine Gesprächspartner auftreten. Eliphas aus Teman ist nach 1. Mose 36, 4. 10. 12, wo ein Sohn Esaus diesen Namen trägt, als Edomiter gedacht (vgl. den gleichbedeutenden Namen Phasael bei den idumäischen Herodianern); Teman ist der Name eines edomitischen Orts (oder Stammes? 1. Mose 36, 11. 15. 42) südlich oder südöstlich des Toten Meers; auch die beiden anderen Freunde, deren Namen sonst nicht belegt sind (Schuach, die Heimat von Bildad, ist in 1. Mose 25, 2 der Name eines Sohnes des Abraham und der Ketura), werden wir als dem Hiob ebenbürtige Scheiche des „Ostlands" (1, 3; vgl. 1. Mose 25, 6) in nicht allzuweiter Entfernung voneinander zu denken haben. Mit Absicht scheint der edomitisch-arabische Hintergrund auch in diesen Namen gewahrt zu sein, waren doch die Edomiter durch ihre „Weisheit" bekannt (Jer. 49, 7; Ob. 8f.), und gerade die Freunde gelten im Hiobbuch als die Vertreter der „Weisheit" und ihrer eigenartigen Rationalität in den Fragen der Religion. Daß die drei Freunde, die sich zu einem Beileidsbesuch verabredet haben, um Hiob zu trösten, später im Laufe des Gesprächs zu Hiobs Gegnern werden, zeigt die innere fortschreitende Dramatik des Dialogs.

Schon von ferne ist Hiob auf dem hochragenden Schutthaufen zu sehen; aber er ist durch seine Krankheit so entstellt, daß ihn seine Freunde nicht wieder-
12 erkennen. Entsetzt über den erschütternden Anblick brechen sie in lautes Weinen aus, zerreißen ihr Obergewand und streuen sich Asche aufs Haupt, ein Zeichen ihrer Trauer (vgl. 1, 20; Jos. 7, 6; 2. Sam. 13, 19; Ez. 27, 30; Klgl. 2, 10). Vielleicht darf man in der Geste, daß die Asche himmelwärts geworfen wird, einen ursprünglich apotropäischen Sinn vermuten, um die drohende Gefahr des vom Himmel herabkommenden Unglücks von sich abzuwenden. Sie setzen sich zu Hiob auf die Erde sieben Tage lang, solange man um einen Toten trauert (1. Mose 50, 10; 1. Sam. 31, 13; Sir. 22, 13). Das Wort des Mitleids erstirbt
13 auf ihren Lippen, fassungslos und hilflos verharren sie schweigend angesichts der übergroßen Pein, die sie mit ansehen müssen; eine eindrückliche Szene, in ihrer wortlosen Beredsamkeit mit einer unheimlichen inneren Spannung geladen, die jeden Augenblick zur Explosion führen kann! Für Hiob eine neue, bis zur Unerträglichkeit gesteigerte Belastung! So steuert alles, Stilform, Stimmung und Inhalt der letzten Szene der Erzählung, hin zu dem Punkt, wo mit elementarer Wucht die Spannung sich Luft macht im Aufschrei der Verzweiflung und den Blick freigibt in den Seelenkampf, der mit der Klage Hiobs anhebt.

Kapitel 3. Hiobs Klage

1 Danach tat Hiob seinen Mund auf und verfluchte seinen Tag.
2 Und Hiob hob an und sprach:
3 Der Tag vergeh', da ich geboren,
   die Nacht, die sprach: empfangen ist ein Knab'!
4 Daß jener Tag doch dunkel wäre.
   — Gott droben frage nicht nach ihm!
   nicht strahle Lichtschein über ihn!
5 Umfangen[1] soll ihn Todesschatten,
   (dunkles) Gewölk lieg' über ihm!
   des Tags Verfinstrung mach' ihn schrecklich!
6 Weg raffe jene Nacht das Dunkel;
   nicht ‚zähl'[2] sie zu des Jahres Tagen
   noch komme zu der Monde Zahl!
7 Sieh, jene Nacht, unfruchtbar sei sie,
   nicht komme Jubel in ihr auf!
8 Der ‚Meerverflucher'[3] Fluch sie treffe,
   die den Lewjatan wecken können!
9 Verdunkeln sollen ihrer Dämmrung Sterne,
   vergeblich harre sie auf Licht!
   nicht soll sie schaun des Frührots Wimpern,
10 weil sie nicht schloß des Mutterleibes Tor,
   noch all' den Jammer meinem Blick verbarg!

11 Warum starb ich nicht von der Mutter Leib,
   kam aus dem Schoß und schied dahin?
12 Warum empfing mich meiner Mutter Schoß[4],
   und warum Brüste, daß ich sog?
13 Dann läg' ich still und ruhte aus,
   dann könnt' ich schlafen, hätte Ruh.
16 Oder wie eine Fehlgeburt, verscharrt,
   braucht' ich nicht sein, wie Kinder, die das Licht nicht sehn,
14 bei Königen und Weltregenten,
   die Pyramiden[5] sich gebaut,
15 oder bei Fürsten, reich an Golde,
   die sich ihr Haus mit Silber füllten.
17 Dort, wo die Bösen stille werden,
   wo ausruhn, deren Kraft erschöpft;
18 wo die Gefangenen den Frieden finden,
   nicht mehr die Stimme hör'n des Vogts.
19 Kleine und Große sind dort gleich,
   der Knecht ist frei von seinem Herrn.

20 Warum gab Er dem Kummervollen Licht
   und Leben dem, der bis ins Herz betrübt?
21 die auf den Tod harr'n, und er will nicht kommen,
   die mehr als Schätze ihn ersehnen,
22 die froh sein würden eines ‚Grabsteins'[2],
   die jauchzten, hätten sie ein Grab,

---

[1] Wörtlich: einlösen, in Besitz nehmen.
[2] s. BH.   [3] Lies jām statt jōm.   [4] Wörtlich: empfingen mich die Knie.
[5] Wörtlich: Ruinen; die Pyramiden sind schon im Alten Reich zerstört gewesen.

23 dem Manne, dem sein Weg verborgen,
   dem doch Gott selbst den Weg verzäunt?
24 Mein Seufzen ist mein Brot geworden[1],
   wie Wasser fließet mein Gestöhn.
25 Der Schreck, vor dem ich schreckte, traf mich;
   wovor mir graute, traf mich nun.
26 Hab' keinen Frieden, keine Ruhe,
   und keine Rast, nur Unruh kam.

Die epische Ruhe der Erzählung, welche die Vorgänge aus der Distanz von außen her und mit einer gewissen kühlen Zurückhaltung berichtete, weicht nun der dramatischen Lebendigkeit des Dialogs, in dem die Dinge von innen her gesehen und in dem glühenden Pathos eines in seiner eigenen Existenz unmittelbar getroffenen Menschen zum Ausdruck gebracht sind. Die gehobene Sprache der Poesie, die von 3, 2—42, 6 auch durch eine besondere Akzentuierung der Masoreten unterstrichen wird, entspricht diesem veränderten Blickpunkt und
1 Inhalt der Reden. Durch die Einleitung V. 1, die zugleich wie eine Überschrift das Thema von Kapitel 3 formuliert, ist der Anschluß an die Erzählung auch äußerlich hergestellt: Den lastenden Druck des unheimlichen Schweigens hält Hiob nicht mehr aus und läßt nun die Gefühle seiner hoffnungslosen Verzweiflung ausströmen in eine erschütternde Klage, in der er „seinen Tag" verflucht. Gemeint ist damit, wie das Folgende zeigt, sowohl der Tag seiner
2 Geburt wie auch der immer wiederkehrende Geburtstag. Die eigentliche Einleitung dieser Klage bildet der kurze V. 2. Vielleicht soll die einleitende Wendung „er hob an" (wörtlich: er entgegnete) andeuten, wie schwer ihn das beredte Schweigen seiner Freunde bedrückt, daß es seine „Antwort" herausfordert.

Die Klage selbst gliedert sich in drei Abschnitte — von eigentlichen Strophen kann man jedoch nicht reden —: I. V. 3—10 die Verfluchung seiner Geburt; II. V. 11—19 die Frage nach dem quälenden Rätsel seiner Existenz; III. V. 20 bis 26 im Zusammenhang damit die Frage nach Gott.

Die stürmische Erregung der Gefühle zu Anfang, die sich stilistisch auch im Wechsel von zwei- und dreigliedrigen Versen (V. 4—6. 9 sind dreiteilig) bemerkbar macht, weicht im Lauf der Klage einer besonneneren Gedankenführung und ruhigeren gleichmäßigen Diktion; ein beachtenswerter Hinweis auf die lebenswahre innere Dramatik, die das Kennzeichen der ganzen Dichtung ist!

3 3, 3—10 **Die Verfluchung der Geburt.** Hiob ist so tief an der Wurzel seiner Existenz getroffen, daß er ähnlich wie Jeremia (Jer. 20, 14—18) den Tag seiner Geburt verflucht. Eine literarische Abhängigkeit des Hiobdichters von dem Propheten ist nicht anzunehmen; die menschlich schlichtere Art des Jeremia und das in die mythischen Bereiche hinaufgreifende Pathos des Hiobdichters sind beide so verschieden und mit dem persönlichen Charakter dieser beiden Gestalten verwachsen, daß jede ihre eigene Originalität für sich beanspruchen darf. Das Leben ist dem Hiob in des Wortes strengstem Sinn so ver-leidet, daß er es an seinen Ursprüngen ausgetilgt sehen möchte. Das Maß der Zerstörung des

---

[1] Wörtlich: vor mein Brot kommt mein Seufzen.

natürlichen Lebensgefühls und die Größe solchen Leids läßt sich daran ermessen, daß dem Orientalen die Geburt des Kindes höchste Lebenserfüllung bedeutet (vgl. 1. Mose 30, 1; Jer. 20, 15). Für Hiob ist sie der Urgrund aller Qual; und darum richtet sich sein tödlicher Haß nicht nur gegen den Tag seiner Geburt, sondern er geht zurück bis zur allerletzten Wurzel seiner Existenz, der Empfängnis, um deren Geheimnis nur „jene Nacht" weiß, in der die Anfänge seines Lebens verborgen liegen. Hiob ist keiner von denen, die unterwegs stehen bleiben und mit halben Lösungen sich zufriedengeben; radikal rückt er dem Problem seines Lebens zu Leibe. Es ist nicht nur dichterische Stilform, wenn hier der Tag der Geburt und die Nacht der Empfängnis als persönliche, lebendige Wesen gedacht und dargestellt sind; in diesen Personifikationen äußert sich beim Dichter wie beim Kind die elementare Unmittelbarkeit des persönlichen Betroffenseins, so daß Hiob sich den Urdaten seines Lebens als den Todfeinden seiner Person gegenübergestellt sieht und sie mit seinem Fluch vernichten will.

In V. 4—5 gilt der Fluch zunächst dem Tag der Geburt. Im Gegensatz zu dem Gotteswort der Schöpfung jᵉhî 'ôr (es werde Licht! 1. Mose 1, 3) steht das jᵉhî hôschek (es werde Dunkel!); was Hiob damit will, ist nichts weniger als für seine Person die Schöpfung rückgängig machen. Er greift dem Schöpfer seines Lebens in die Speichen und möchte ihn, der die einzelnen Tage ins Dasein ruft, wie er die Sterne bei ihrem Namen „herausruft" (Jes. 40, 26), davon abhalten, sich weiter um seine Schöpfung zu kümmern, damit dieser Tag wieder in das Dunkel des Chaos zurücksinke. In seiner Verzweiflung sucht sich der Mensch aus dem göttlichen Lebenszusammenhang zu lösen und kann doch dabei den Willen Gottes nicht umgehen. Er steht vor dem unlösbaren Rätsel seiner Kreatürlichkeit, deren lastende Ketten selber zu sprengen ihm versagt ist. Mit einem verzweifelten Griff greift er hinter die Schranken seines geschöpflichen Daseins zurück und ruft die Mächte des Chaos herbei, ihr Besitzrecht, das sie einst vor der Schöpfung hatten, an ihm geltend zu machen, ihn „einzulösen", wie man in fremden Besitz gelangtes Eigentum wieder einlöst. Chaotische Finsternis, die vor der Schöpfung wie eine Wolke über den Wassern lagerte (vgl. 1. Mose 1, 2), „Todesschatten" und Sonnenfinsternis sollen hereinbrechen und den Tag der Freude zu einem Schreckenstag (dies ater) machen.

Der zweite Fluch V. 6—9 gilt der Nacht der Empfängnis (s. V. 3b). Er beginnt formal und inhaltlich analog der Verwünschung des Geburtstages: Auch „jene Nacht" soll vom Chaosdunkel verschlungen werden, daß sie ins Nichts zurückfällt und aus dem Kalender gestrichen werde, und mit ihr das ganze Geschehen, aus dem Hiobs Leben hervorging: Empfängnis und Geburt, die einst mit Jubel begrüßt worden war. Wenn der Mensch sich der göttlichen Lebensordnung entwindet, dann verfällt er den untergöttlichen, dämonischen Mächten: Die Zauberer, die durch die Macht ihrer Worte den Chaosdrachen Lewjatan wecken können — ein Rest der mythologischen Vorstellung vom Chaosgötterkampf bei der Schöpfung (s. zu 40, 15 ff.; vgl. Ps. 74, 13 f.; 89, 10 f.; Jes. 27, 1) —, sollen mit ihrem Fluch bewirken, daß die Sterne jener Nacht von der Urfinsternis gefressen werden und ihr keine Morgendämmerung mehr folgen soll, die einen neuen Tag heraufführt. Es ist nicht nur die kühne Bildhaftigkeit dichterischer Phantasie, wenn hier überall der Mythos von Schöpfung und Chaos durchschimmert; die letzten Fragen des Daseins, um die es hier geht, suchen ihre Antwort in der Sprache des Mythos, denn hinter ihm steht die Frage des an die äußerste Grenze seiner Existenz verschlagenen Menschen: die Frage nach Gott. Noch wird sie nicht ausgesprochen. Hiobs Blick ist zunächst noch ganz gebannt vom Jammer seines irdischen Daseins, das er mit seinem Fluch an seinen Wurzeln treffen und auslöschen will.

3,11—19 **Das Rätsel der Existenz.** Wohl hat Hiob durch den Fluch in einem leidenschaftlichen Gefühlsausbruch seinem gepreßten Herzen Luft gemacht, aber die Tatsachen seines qualvollen Daseins sind damit nicht geändert. Die tödliche Bedrohung seiner gesamten Existenz bleibt bestehen und wird ihm nun zur gesteigerten Qual dadurch, daß er, nachdenkend, sie in die Sphäre der Bewußtheit erhebt. Aus der Leibesnot wächst ihm die seelische Not. Der eruptiven Dramatik wild aufschäumender Gefühle folgt nun der Strom der Gedanken, von außen gesehen ruhiger und geordneter dahinfließend, aber überlagert von einer todmüden Erschöpfung des Lebenswillens, die in ihrer schwermütigen Todessehnsucht ahnen läßt, daß die Seelennot bei einem Manne wie Hiob viel schwerer wiegt als alle äußere Qual. Hiob beginnt zu fragen und steigt mit seinem „Warum" wieder hinab bis zu den letzten Gründen seiner persönlichen Existenz. Doch aus dem unergründlichen Abgrund, in den er da hineinstarrt, kommt ihm kein Echo zurück, so daß seine Frage zur Klage wird: Es gibt keine zureichende Antwort auf die Frage nach dem letzten Grund der persönlichen Existenz, die der Mensch von sich aus fände; die rätselhafte Tatsache, daß er ungefragt in sein Dasein geworfen ist, stellt dieses Dasein von Grund aus in Frage und läßt es ihm gerade in seinem Fundament fragwürdig erscheinen. So kommt es, daß Hiob seine Frage aus der Negation heraus stellt und daß auch die einzige „Position", die er als den Ruhepunkt seiner Gedanken und als das Ziel seiner Sehnsucht noch zu haben glaubt, der Gedanke des Todes, nur in der Negation der persönlichen Existenz, in dem Aufhören alles Leidens und dem Erlöschen aller individuellen Unterschiede und Gegensätze gefaßt wird; eine in ihrer Einseitigkeit gefährliche Selbsttäuschung, die, obwohl auch heute noch immer wieder vertreten, nicht nur mit dem christlichen Gedanken über den Tod in Widerspruch steht, sondern sich auch von den geläufigen Vorstellungen des Alten Testaments entfernt.

11-13 Der Wunsch, gleich nach der Geburt, vom Mutterleib weg gestorben zu sein, ist bei der zum Tode betrübten Seele des Hiob psychologisch verständlich; er hat auch einen Jeremia in der Stunde der Verzweiflung an seiner Aufgabe befallen (Jer. 20, 17) und ihm jenes quälende „Warum" auf die Lippen gedrängt, das vergeblich an den Grundlagen des Daseins rüttelt. Selbst die Gedanken an das erste Geborgensein auf den Knien und an der Brust der Mutter, die ein Menschenkind nur mit dem Gefühl der Ehrfurcht und dankbarer Liebe denken kann, sind hier ganz von den Schatten der Todesmüdigkeit verdunkelt, daß sie das grausame Rätsel des Daseins nicht mehr zu verklären im=

stande sind, sondern es nur noch erschweren. Der Ausdruck „es begegneten mir Knie" ist wohl nach einem Text des Assurbanipal von den Knien der Mutter zu verstehen; andere denken an die Geburt des Kindes auf den Knien einer anderen Frau (1. Mose 30,3) oder an die auch bei den Römern bekannte Sitte, daß der Vater sein Kind anerkennt, indem er es auf die Knie nimmt (1. Mose 50,23). Wahrscheinlich gehört V. 16 ebenfalls in diesen Gedankengang; er sprengt in seiner jetzigen Stellung stilistisch und sachlich den Zusammenhang zwischen V. 15 und 17 (das „dort" V. 17 schließt an V. 14 f. an), während er den Gedanken von V. 13 fortführt in grausam gesteigerter seelischer Selbstzerfleischung. Zugleich ist hier ganz klar ausgesprochen, daß es das Rätsel der persönlichen Existenz ist („ich brauchte nicht zu sein"), mit dem Hiob nicht fertig wird und von dem er wünscht, daß es durch die Ruhe des Grabes zum Schweigen gebracht werde.

Der Gedanke an den Tod läßt ihn nicht los. Breit malt er sich aus — man spürt es den Worten ab, daß er auf diesem Gedanken auszuruhen sucht —, wie alle Unterschiede im Leben der Menschen, das Merkmal der persönlichen Existenz, im Tode aufgehoben sind und aller Erdennot ein Ende gesetzt ist. Diese Ausweitung der Perspektive läßt erkennen, daß das Hiobproblem weit über den individuellen Fall hinauswächst zu einer universalen, allgemein menschlichen Frage. Auch der Unterschied der Zeiten, jenes weitere Merkmal der konkreten Existenz, dünkt dem Hiob mit dem Tode aufgehoben, sonst würden ihm nicht die längst schon zerstörten und ausgeraubten Pyramiden, die Grabbauten der Könige und Weltbeherrscher, jene stummen Zeugen von Macht und Reichtum am Rande der schweigenden Wüste (vielleicht ist in V. 15 an die Grabbeigaben gedacht, von denen das Tutenchamongrab ein anschauliches Bild vermittelt), davon reden, daß er im Tode mit ihnen vereint sei. V. 17 schließt sich nach Stil und Inhalt unmittelbar an V. 15 an und führt den Gedanken weiter, daß im Tod alle Unterschiede ausgeglichen sind: Die gleiche Ruhe umfängt dort die Bösen und die, welche das Opfer ihrer Gewalttaten wurden. Dort finden die Gefangenen — vermutlich die kriegsgefangenen Sklavenarbeiter in den Bergwerken — ihren Frieden, ohne durch die Stimme ihres Fronvogts immer wieder zur mühseligen Arbeit angetrieben zu werden. Aufgehoben ist der Unterschied zwischen Kleinen und Großen; und denen, die ihr Leben lang Knechte sein mußten, winkt dort endlich die Freiheit. Es ist bezeichnend, daß Hiob trotz dieser lockenden Bilder, die ihm die Sterbensmüdigkeit vorgaukelt, es nicht wagt, selbst das Tor des Todes aufzustoßen. Der Gedanke an die Konsequenz des Selbstmords liegt ihm fern; mit unsichtbaren Fäden ist er auch jetzt noch an sein Dasein gebunden. Die verborgene Hand Gottes, des Schöpfers seiner irdischen Existenz, läßt ihn nicht los; er spürt ihren Griff, mit dem sie ihn aus dem Dunkel seines Leidens heraus anfaßt. Ja, gerade das ist sein tiefster Schmerz, daß er ihr sich nicht zu entwinden vermag.

3,20—26 **Die Frage nach Gott.** So führt das Problem der fragwürdig gewordenen Existenz mit zwingender Folgerichtigkeit zur Gottesfrage: Die Existenzfrage des Menschen ist im tiefsten Grund die Gottesfrage. Für den mit

letztem Ernst ringenden Hiob gibt es keine atheistische Existentialität, wie sie für gewisse Richtungen moderner Philosophie charakteristisch ist. Hiob weicht dieser
20 Frage nicht aus. Er geht den Weg der Gedanken zu Ende, und darum endigt die Reihe der „Warum" (V. 11. 12. 16) bei Gott. Alle Fragen der Kreatur — auch der leidgequälten — enden beim Schöpfer. Nur andeutend spricht Hiob zunächst von Gott („er"), gleichsam als ob die Gestalt Gottes in ungreifbaren Umrissen, vom unbegreifbaren Geheimnis umwoben, aus dem dunklen Hintergrund seines Leidens gerade hervortritt. Erst in V. 23 wird das Wort Gott (ᵉlôah) ausgesprochen; aber es ist nach dem Zusammenhang kein Zweifel darüber möglich, daß auch in V. 20 mit dem „Er" Gott gemeint ist. Die im Unterschied zum Prolog, wo der Gottesname Jahwe gebraucht ist, in den Reden verwendete allgemeine Gottesbezeichnung ᵉlôah deutet neben anderem darauf hin, daß es sich hier um Fragen handelt, die weit über die besondere Form des israelitischen Gottesglaubens hinausreichen. Auch bleibt der Blick Hiobs nicht an seinem persönlichen Schicksal haften; es ist die Frage aller durch das Leid an ihrem Leben irre gewordenen Menschen, die er an den Schöpfer dieses Lebens hat. Der Gedanke an die allgemeine Schöpfung, der in dem Wort „Licht" anklingt (vgl. zu V. 4), ist mit dem persönlichen Schöpfungsglauben eng verwoben, denn nur in der Form des persönlichen Betroffenseins (Luther: Ich glaube, daß m i c h Gott erschaffen hat samt allen Kreaturen) wird der Schöpfungsglaube als Glaube aktuell und tritt aus der kühlen Atmosphäre einer im Inneren unbeteiligten Betrachtung ü b e r Gott in die über Sein oder Nichtsein entscheidende Situation einer wechselseitigen Lebensbeziehung z u Gott, die sich hier äußert in der flammenden Frage an den verborgenen Gott, auf die der leidende Mensch keine Antwort mehr weiß. Aus der Angst, die Gewißheit Gottes, das Fundament seines Lebens, zu verlieren, lodert dieses „Warum" auf; und daß von droben ihm keine Antwort kommt, das schafft dem Hiob jene bis zum Grund aufgeregte friedlose Unruhe der Seele. So wird die Gottesfrage hier zur Existenzfrage; denn nicht Trost, nicht die Aufhebung seines Leidens ist es, was Hiob von Gott verlangt, sondern die Antwort Gottes auf sein „Warum", durch die jene Lebensbeziehung zu ihm wiederhergestellt und ins Gleichgewicht
21-22 gebracht würde. Und weil diese Antwort ausbleibt und der Mensch mit seiner Frage gar nicht zu Gott durchdringen kann, sieht er sich in seiner Kreatürlichkeit gefangen. Er ist ausweglos eingeschlossen in die Endlichkeit des leidvollen Daseins. Es bleibt ihm nur noch die Todessehnsucht als der unbestimmte Drang nach einer Freiheit, die es nicht gibt. Auch sie endet in der Enttäuschung, weil sie den Menschen die Gefängnismauern seiner irdischen Existenz nur um so grausamer spüren läßt, je mehr er sich dieser vergeblichen Sehnsucht nach dem Tod
23 hingibt, der doch nicht kommen will. Hiob weiß nicht mehr aus noch ein; der Weg seines Lebens ist ihm verborgen; er kennt seinen Sinn nicht mehr. Und das ist der tiefste Stachel seiner aussichtslosen Lage, daß Gott selbst es ist, der „ihm den Weg versperrt". Hiob ahnt etwas davon, daß gerade in dem, was ihm widerfährt, Gott selbst gegenwärtig ist. Aber diese Gottesnähe ist ihm unheimlich (vgl. Ps. 139, 5), weil sie ihm seine eigene Gottesferne bewußt macht.

Was ihm einst zur Zeit des ungestörten Gottesverhältnisses tragende Kraft des Glaubens gewesen ist — beachte das gleiche Wort „umhegt" 1, 10 —, ist ihm jetzt die letzte Ursache seiner seelischen Not: Seine seelische Not ist die Not des Glaubens dem verborgenen Gott gegenüber, um den er ringt, den er nicht losläßt, weil Gott auch seinerseits ihn im Leiden nicht losläßt. In B. 20—23 hat Hiob seine persönliche Situation im weiten Rahmen des allgemein menschlichen Leids gesehen, mit V. 24 kehrt er zu seinem eigenen Ich zurück. Die Begründung mit „denn" (in der Übersetzung weggelassen) läßt diesen Zusammenhang der allgemeinen Frage mit dem persönlichen Problem noch deutlich erkennen. In dem bekannten Bild von der Tränenspeise (vgl. Ps. 42, 4; 80, 6) bringt Hiob die Allgewalt seines Leidens zum Ausdruck; sein Seufzen und „Brüllen" ist an die Stelle der wichtigsten Lebensfunktionen getreten. Aus V. 25 spricht das Daseinsgefühl eines dauernd von der Angst gehetzten Menschen, der auf der Flucht vor dem gefürchteten Geschick diesem gerade verfällt. Das ist das tiefste Rätsel der menschlichen Existenz: In der Angst, vor dem unheimlich gewordenen Gott zu entfliehen, läuft der Mensch Gott direkt in die Hände. Darum findet er nicht den Frieden, den er sucht, solange er sich dem Gott nicht stellt, der ihn immer wieder aufschreckt. Und doch geht durch die ganze Klage des Hiob der verborgene Schrei nach der Liebe Gottes; und die Tatsache, daß Hiob die Verlorenheit seiner diesseitigen Existenz in der Ahnung, daß Gott dahinter steht, ganz ernst nimmt, ist ein — ihm zunächst unbewußter — erster Schritt zur entscheidenden Begegnung mit Gott.

Erstes Rundgespräch

Kapitel 4—14

Kapitel 4—5. Die erste Rede des Eliphas

Kapitel 4

1 Da entgegnete Eliphas, der Temanit, und sprach:
2 Wird's, wenn ‚wir reden'¹, dich ermüden?
  doch wer vermag hier still zu sein?
3 Sieh, du hast viele schon ermuntert
  und manche schlaffe Hand gestärkt.
4 Dein Wort half auf dem, der gestrauchelt,
  und wanken Knien gabst du Kraft.
5 Jetzt, da's an dich kommt, wirst du müde,
  da es dich anfaßt, hast du Angst.

6 Ist Gottesfurcht² nicht dein Vertrauen
  und deine Frömmigkeit nicht deine Hoffnung?
7 Bedenke: Wer ging schuldlos unter,
  wo kamen Redliche je um?

---

¹ s. BH.   ² Wörtlich: deine Furcht.

8 Soviel ich sah, die Unrecht pflügten
und Unheil säten, ernten's auch.
9 Durch Gottes Odem gehn sie unter,
zugrund durch seines Zornes Hauch.
10 Löwengebrüll, des Leuen Stimme,
Gebiß der Jungleu'n ist zerbrochen.
11 Der Löwe stirbt, wenn Fraß ihm fehlet,
der Löwin Brut muß sich zerstreu'n.

12 Zu mir stahl sich ein Wort,
von ihm vernahm mein Ohr ein Flüstern
13 in Grübelei'n aus Nachtgesichten,
wenn Tiefschlaf Menschen überfällt,
14 kam über mich ein Schreck und Zittern,
all' meine Glieder schreckt' es auf;
15 ein Hauch glitt über mein Gesicht,
mir sträubte sich das Haar am Leib.
16 Er stand. Doch ich erkannt' sein Aussehn nicht;
eine Gestalt vor meinen Augen,
flüsternde Stimme nahm ich wahr:
17 „Ist wohl ein Sterblicher vor Gott im Recht,
vor seinem Schöpfer rein ein Mann?"
18 Sieh, seinen Dienern traut er nicht,
legt seinen Engeln Irrtum bei.
19 Erst recht der Mensch[1] im Haus[1] von Lehm,
des Fundament im Staube liegt,
er wird zerdrückt wie eine Motte,
20 vom Morgen bis zum Abend weggerafft,
für immer unverseh'ns dahin!
21 Wird nicht ‚ihr Zeltpflock'[2] ausgerissen,
und sterben sie? — Doch nicht mit Weisheit!

Kapitel 5

1 Rufe doch nur, ob wer dich höre;
zu welchem Heil'gen wend'st du dich?
2 Den Toren tötet eigner Ärger,
und Eifer bringt den Narren um.
3 Ich sah den Toren Wurzel schlagen,
jedoch sein Heim ‚vermorschte'[2] schnell;
4 da standen hilflos seine Kinder,
im Tor zertreten ohne Schutz.
5 Ein Hungriger ißt seine Ernte,
‚ '[2] ‚Dürftige'[2] ‚gier'n'[3] nach ‚seinem Gut'[4].
6 Denn Unheil kommt nicht aus dem Staube,
und nicht entwächst dem Boden Leid;
7 der Mensch ist's, der das Leid ‚erzeugt'[2],
und (seine) Funken fliegen hoch.

8 Ich aber würd' zu Gott mich wenden,
Gott legt' ich meine Sache vor,

---

[1] MT: Plural.   [2] s. BH.   [3] Lies: wᵉschä'aphû.   [4] Lies: hêlô.

9 der Großes tut, gar unausforschlich,
 ‚und'¹ Wundertaten ohne Zahl.
10 Der Regen gibt der Erde Antlitz
 und Wasser in die Fluren schickt,
11 um Niedrige hoch zu erheben,
 daß Trauernde des Heils sich freu'n.
12 Er, der zerbricht der List'gen Pläne,
 daß ihre Hand nicht hat Erfolg,
13 der Kluge fängt in ihrer List,
 daß schlauer Rat sich überstürzt,
14 daß sie bei Tag auf Dunkel stoßen
 und mittags tasten wie bei Nacht.
15 So rettet er vor ihres Mundes Schwert
 den Armen vor des Starken Hand,
16 und Hoffnung wurde dem Geringen,
 es schloß die Bosheit ihren Mund.

17 ' '¹ Selig der Mann, den Gott vermahnt;
 verschmäh' nicht des Allmächt'gen Zucht!
18 Denn er verwundet und verbindet;
 er schlägt, doch seine Hände heilen.
19 Er wird dich retten in sechs Nöten,
 in sieben ficht kein Leid dich an,
20 rettet im Hunger dich vom Tode,
 im Kriege von des Schwertes Macht.
21 Vor gift'ger Zunge bist du sicher,
 nicht bangst du, daß Verheerung kommt.
22 Kannst lachen der Gewalt und Teu'rung,
 hast keine Angst vor wild Getier.
23 ' '¹ Bist mit des Felds Gestein im Bunde,
 im Frieden mit des Felds Getier.
24 Und du gewahrst dein Zelt im Frieden
 und missest nichts auf deiner Flur.
25 Darfst sehn, wie sich dein Same mehret
 und dein Gesproß wie Kraut des Felds.
26 Gehst ein zum Grab in voller Reife
 wie Garben, eingebracht zu ihrer Zeit.
27 Sieh, das erforschten wir, so ist es;
 du aber höre es und merk' es dir!

Als erster der Freunde ergreift Eliphas das Wort; er ist wohl der älteste und würdigste unter ihnen (vgl. 15,10) und im Vergleich mit den beiden anderen der ruhigste und sachlichste Vertreter der „Weisheit" und ihrer rationalen Theologie (4,21). Erfahrung und Nachdenken sind die Grundlagen dieser der Praxis des Lebens entsprungenen und dienenden Lebensanschauung und =führung. Beides ist auch im Gespräch mit Hiob der Ausgangs= und Orientierungspunkt und zugleich der Grund eines gewissen überlegenen Selbstbewußtseins, das eher zu belehren versucht, als daß es zu trösten vermag (4,5.7; 5,2.24). Die Rede des Eliphas gliedert sich in fünf Abschnitte: I 4,2—11 enthält den Hinweis auf die „Gerechtigkeit Gottes", der den

---
¹ s. BH.

Schuldlosen nicht umkommen läßt, den Bösen aber vernichtet; II 4, 12—21 die "Offenbarung", daß kein Mensch vor Gott rein ist; III 5, 1—7 zeigt, daß das Hadern mit Gott verderbliche Torheit ist; IV 5, 8—16 bringt Mahnung und Trost; V 5, 17—27 Verheißung von Frieden und Heil.

1 Die Reden der Dialoge beginnen jeweils mit einer kurzen Einleitung in Prosa, die als Überschrift dient; diese Einleitungen sind merkwürdigerweise von den Masoreten in das poetische Punktationssystem mit einbezogen. Die Klage des Hiob hat das Schweigen der Freunde gebrochen; der wilde Ausbruch der Verzweiflung kann nicht unwidersprochen bleiben; er fordert eine "Entgegnung" direkt heraus.

2 **4, 2—5 Die Anknüpfung.** Zögernd und mit Rücksicht auf den körperlichen und geistigen Erschöpfungszustand des Hiob beginnt Eliphas mit zurückhaltender Schonung (vgl. 15, 11), obwohl er die Klage Hiobs nicht ungerügt lassen kann.

3-4 Geschickt knüpft er an den Freundesdienst seelsorgerlicher Hilfe an, den Hiob einst selbst an vielen andern geübt hat und den er jetzt dem Hiob zu erweisen sich verpflichtet fühlt. Auf diese Weise wird zugleich das Bild des frommen Hiob um einen wertvollen Zug bereichert und ergänzt: Seine Frömmigkeit war nicht nur beschränkt auf seine Person und Familie, in seelsorgerlicher Hilfsbereitschaft strahlte sie aus auf andere und wurde dort zur Quelle von Kraft und Trost für viele bedrängte Brüder. In der bildhaften Anschaulichkeit der orientalischen Sprache (vgl. 2. Sam. 4, 1; Jes. 13, 7; 35, 3; Hebr. 12, 12) hält der Freund dem Freunde sein eigenes Spiegelbild, an das er sich in seinem Selbstzeugnis

5 (Kap. 29) gerne erinnert, eindrücklich vor Augen, um ihm, nicht ohne Vorwürfe, zum Bewußtsein zu bringen, wie schlecht die haltlose Klage zu ihm passe, der einst selbst so vielen anderen Halt gewesen ist. Eliphas sieht mit dem scharfen Blick des Draußenstehenden zwar ganz richtig den Gegensatz zwischen dem unangefochtenen Hiob, der einst fremdes Leid wacker trösten konnte, und dem jetzt von eigenem Leid erschöpften und an Gott irre gewordenen, von der Lebensangst umgetriebenen Menschen, aber er nimmt den Wandel nicht ernst, der sich mit Hiob vollzogen hat, als dieser vom Zuschauerraum selbst in die Arena des Leids hinabsteigen mußte. Der in den Lebensgrundlagen völlig veränderte Aspekt von Gott und Welt eines in der eigenen Existenz bedrohten Menschen mit seinen quälenden Rätseln ist dem Eliphas unzugänglich. Er sieht gar nicht, daß Hiob in eine andere Lebenssphäre und =bewegung hineingeworfen ist; und daher glaubt er, ihn noch einmal zurückrufen zu können in die sturmfreie Position einer sich überlegen dünkenden "Weisheit", die Hiob einmal innegehabt haben mag, von der ihn nun aber das dazwischengetretene leidvolle Geschehen wie eine unübersteigbare Mauer türmend trennt. Der Statik des Denkers fehlt der Sinn für die innere Dynamik des Dulders; er kann nicht mit ihm Schritt halten. Wir ahnen schon hier den Grund, warum die Entfernung und Entfremdung zwischen Hiob und seinen Freunden im Lauf der Gespräche notwendig immer größer werden muß.

6 **4, 6—11 Die "Gerechtigkeit Gottes".** Eliphas geht aus von dem Punkt, an dem er glaubt, mit Hiob auf gleicher Ebene zu stehen, und den Hiob tatsächlich

auch nicht verlassen hat und verlassen wird trotz aller schweren Anfechtung in seinem Leide: Seine Frömmigkeit und Rechtschaffenheit, in die Gott schon dem Satan gegenüber sein Vertrauen gesetzt hat und um deren Echtheit und Reinheit von Anfang an im Hiobbuch die Frage geht (1, 1. 8; 2, 3). Die Formulierung dieses Ausgangspunkts ist in doppelter Weise bemerkenswert: Der Ausdruck jir'ah (= Furcht, für Gottesfurcht), der in 15, 4; 22, 4 im Munde des Eliphas wiederkehrt, scheint ein abgeschliffener terminus der „Weisheit" zu sein, die mit festen Begriffen arbeitet, und entspricht etwa unserem Wort „Religion". Aber gerade diese „Religion", an der Hiob festzuhalten sucht, ist ihm fragwürdig geworden, so daß die Worte des Eliphas, ohne daß er es weiß und will, dem Hiob wie eine bittere Ironie klingen müssen. Seit er sich aus des Lebens Mittelpunkt an den Rand seiner Existenz geworfen sieht, hat er nicht mehr jene ungebrochene Selbstsicherheit eines Daseinsgefühls, das sein Leben in der Hand zu haben wähnt im Vertrauen auf die eigene Frömmigkeit und Rechtschaffenheit, wie es für den ethisch-religiösen Rationalismus der auf das menschliche Ich gegründeten Weisheitslehre charakteristisch ist. Er kann nicht mehr zurück zu einem Glauben, der an sich selber glaubt. Das ist seine Not und zugleich die Bewährung echten Glaubens. Denn hinter dem wohlgemeinten Hinweis auf die Lehre der „Weisheit" von der „Gerechtigkeit Gottes", die Eliphas mit der Erfahrung begründet, um Hiob zu trösten, jene weit über den Rahmen des Alten Testaments hinaus herrschende Meinung, daß der Mensch sein Schicksal in der Hand habe, weil der gerechte Gott es den Guten gut und den Bösen schlecht ergehen lasse, lauert jener satanische Versuch, den Hiob abzulenken auf einen Weg, auf dem Gott nicht mehr um seiner selbst willen gesucht wird, sondern um des selbstsüchtigen Vorteils willen, der mit solcher Art Frömmigkeit irgendwie verknüpft ist. So werden auch die Freunde für Hiob zu gefährlichen Bundesgenossen des Satans, und zwar um so gefährlicher, je ernster und eindringlicher sie mit ihrer „frommen" Lehre der Weisheit dem Hiob zu Leibe rücken. Diesen Vertretern der Weisheit steht Gottes Wesen, das Dogma seiner „Gerechtigkeit", die lediglich als reactio Dei gefaßt wird, so fest, daß sie für die actio Dei im Fall des Hiob keinen Platz in ihrem Schema haben und nicht merken, wie ihre „Erfahrung" nichts anderes ist als die doktrinäre Konsequenz ihrer zu eng gefaßten Gottes- und Lebensanschauung. Das durch ein dogmatisches Vorurteil gebundene Auge des Menschen sieht eben nur das, was sich mit dem Sehfeld des Dogmas deckt. Nur so erklärt sich die einseitige Verallgemeinerung der „Erfahrung", daß kein Mensch schuldlos umkomme (vgl. Ps. 1; 37, 25), wie sie ja auch in der volkstümlichen Weisheit der Sprichwörter zu beobachten ist. Mit besonderem Nachdruck, offenbar in der Vermutung einer gewissen Schuld des Hiob, die sein Unglück provozierte, zieht Eliphas seine Erfahrung und die Spruchweisheit des Volks zu Hilfe, um ihm die Gerechtigkeit Gottes gegenüber den Sündern vor Augen zu halten: „Was der Mensch sät, das wird er ernten" (zu diesem sprichwörtlichen Bild vgl. Spr. 14, 22; 22, 8; Hos. 8, 7; 10, 12 f.; Gal. 6, 7 f.; zu Gottes „Odem" und „Zorneshauch" vgl. 2. Mose 15, 7 f.; 2. Sam. 22, 16). Das wortreiche Beispiel von der Vernichtung des Löwen, das mit seinen fünf verschiedenen Bezeichnungen für den Löwen im Deutschen nicht nachahmbar ist, soll wahrscheinlich die jedem Gegner überlegene Macht des göttlichen Vernichtungswillens unterstreichen; die Ursprünglichkeit der beiden Verse, die sich nur schwer in den Zusammenhang fügen, ist nicht ganz mit Unrecht umstritten.

4,12—21 **Die Offenbarung.** Freilich liegt bei Hiob keine offenkundige Schuld am Tage; darum versucht Eliphas, ihm auf andere Weise — von ihm aus gesehen nicht ungeschickt und unfreundlich — beizukommen, indem er ihm von einem Offenbarungserlebnis nach der Art der prophetischen Visionen und Auditionen erzählt, das in die geheimen Tiefenschichten des menschlichen Daseins hinabführt und hier den seelsorgerlichen Zweck hat, vermöge seines besonderen autoritativen Gewichts in Hiob die Erkenntnis verborgener Schuld zu wecken. Wie der erste, so zerfällt auch der zweite Abschnitt der Rede des Eliphas in zwei Teile: 4,12—16 die Beschreibung des Offenbarungserlebnisses; 4,17—21 sein Inhalt und Folgerungen. Meisterhaft ist die Schilderung des geheimnisvoll Schauerlichen und Geisterhaften der Gotteserscheinung getroffen, so daß es naheliegt, darin nicht nur eine Nachahmung prophetischer Stilform zu sehen, sondern eigenes Erleben des Dichters (vgl. Kap. 38 f.), das er dem Eliphas in den Mund legt. Dagegen scheint es mir nicht statthaft, daraus zu folgern, daß in den Kreisen der „Weisen" ekstatisch-visionäres Erleben neben der nüchternrationalen Denkweise besondere Pflege gefunden habe.

12-16   4,12 — 16 **Die Beschreibung des Offenbarungserlebnisses.** Die spannende Beschreibung der Gottesoffenbarung ist sowohl künstlerisch wie auch sachlich ein geradezu klassisches Beispiel für das geheime Gotterleben in Vision und Audition, wie es vor allem für die Propheten bezeugt ist. Das Ineinander und Durcheinander von eigenen Gedanken (Grübeleien = wörtlich: Gedankengewirr V. 13) und verschwommenen, nie ganz die Grenzen klarer Bewußtheit erreichenden Sinneswahrnehmungen des Auges und Ohrs und des Gefühls bei traumhafter Entrücktheit (Tiefschlaf = Zauberschlaf) kennzeichnet ebenso wie das lähmende, angstvolle Erschauern die geheimnisvoll-unheimliche Atmosphäre der nächtlichen Begegnung zwischen Gott und Mensch: Unbemerkt von andern, wie der Dieb in der Nacht, stiehlt sich Gottes Wort, nur als „Flüstern und säuselnde Stimme" vernommen, in die grübelnden Gedanken des in die tieferen Schichten seines Unterbewußtseins versunkenen Menschen. So sehr ist die Gottesbegegnung als der Einbruch einer fremden, irrationalen Wirklichkeit in den Bereich des menschlichen Ich vom Schauer des Geheimnisses umwittert, daß der Mensch keine deutlichen Konturen erkennt, ja nicht einmal wagt, den Namen Gott auszusprechen. Nur in dem über sein Gesicht hingleitenden Hauch (nicht Geist) und in dem — bezeichnenderweise — als Frage geformten Wort spürt und vernimmt er die Gegenwart Gottes.

17   4,17—21 **Der Inhalt der Offenbarung und Folgerung.** Das Erschrecken vor Gottes Gegenwart und der Inhalt der Offenbarung stehen in engstem Zusammenhang: „Vor Gott ist kein Mensch rein und kein Sterblicher im Recht." In der Gegenwart seines Schöpfers zerbricht alles Selbstgefühl des

Menschen, und die Meinung, mit ihm als Rechtspartner auf die gleiche Ebene treten zu können, erweist sich im Gefühl der kreatürlichen Ohnmacht ihm gegenüber als Irrtum. Mit leeren Händen steht das Geschöpf vor dem Schöpfer; und nicht nur das: Ist der Mensch wirklich dem heiligen Gott gegenübergestellt, dann wird ihm erst seine Unzulänglichkeit und Schuld niederdrückend bewußt. Das Offenbarungswort beschränkt sich auf V. 17; sein Inhalt ist, wie der Vergleich mit Jesajas Berufungsvision (Jes. 6) zeigt nicht, wie man vielfach gemeint hat, eine „Lehre", die in keinem rechten Verhältnis zur Offenbarung stünde, sondern mit ihr im tiefsten Grunde verwachsen. Die „Lehre" beginnt erst mit V. 18. Hier zieht Eliphas aus der geoffenbarten Erkenntnis die Folgerungen auf dem Boden der „Weisheit". Das ist aus der rational-logischen Form des Schlusses a maiore ad minus V. 18 f., dann aber besonders aus der Schlußbemerkung von V. 21 zu ersehen. Zugleich wendet sich Eliphas mit diesen Schlußfolgerungen an Hiob, dessen persönlichen Fall er dabei im Auge hat. Die schlechthinnige Erhabenheit des heiligen Gottes über alle anderen Wesen und die unüberbrückbare Distanz, die ihn von diesen trennt, ist so groß, daß selbst die Engel in seinem Dienst nicht so rein und frei von Irrtum sind, um sein uneingeschränktes Vertrauen zu besitzen. Wie viel weniger der Mensch, der aus Erde geworden (dies meint der bildhafte Ausdruck „Häuser von Lehm, deren Fundament im Staube liegt"; vgl. 1. Mose 2, 7; 3, 19) und ein gebrechliches Gebilde ist wie eine Motte, die man mit dem Finger „zerreibt"! Er sollte sich — dieser Gedanke mag dem Hiob als Warnung dienen — seiner Vergänglichkeit bewußt bleiben, daß er in kürzester Frist („vom Morgen bis Abend") dahingerafft wird, wie das Gras, das „frühe blüht und abends abgehauen wird und verdorrt" (vgl. Jes. 38, 12 f.; Ps. 90, 6), anstatt „unversehens", d. h. ohne es sich zu Herzen gehen zu lassen (zu mesîm ist leb zu ergänzen), an der Tatsache vorüberzusehen, daß schnell „sein Zelt auf dieser Erde abgebrochen sein wird" für immer. Daß Hiob diese Warnung der Tatsachen zu Herzen nähme und für seine eigene Schuld vor Gott die Folgerungen daraus zöge, das wäre „Weisheit", die der Freund dem Freunde wünscht, gerade weil er sie bei ihm wie bei so vielen andern schmerzlich vermißt.

Kapitel 5

5, 1—7 Hiobs Hader mit Gott. Was Eliphas bei Hiob wahrzunehmen glaubt, ist genau das Gegenteil solcher Weisheit; er macht seinem gequälten Herzen Luft und schreit sein Leid hinaus ins Leere. Eliphas ist nicht in der Lage, aber von seinem überlegenen Standpunkt aus auch nicht willens, mit Hiob in die Tiefe seiner Glaubensnot hinabzusteigen, und so kann er nur mit Ironie und Skepsis die Sinn- und Ziellosigkeit seiner Klage ihm vor Augen halten und ihm ungewollt das bestätigen, worunter er leidet: Sein „Warum" wird kein Ohr erreichen, und selbst die Vermittlung der Heiligen (= Engel wie 15, 15; Ps. 89, 6. 8; Sach. 14, 5; zu den Engeln als Mittler und Fürsprecher vgl. 33, 23; Sach. 1, 12 ff.) wird nicht die Brücke hinüberschlagen zu Gott, auf der eine

2 Antwort zurückkommt. Eliphas hat sein feststehendes Urteil über Hiobs Haltung und bringt es ohne Umschweif zum Ausdruck, nur dadurch gemildert, daß er es in die Form eines allgemeinen Weisheitsspruches kleidet: Es ist die Haltung
3-5 des „Toren", der sich durch eigenen Unmut und Ärger umbringt. Zum Beweis dafür zieht er wieder seine persönliche Erfahrung heran und erwähnt als Beispiel das Schicksal eines Toren, der schnell zugrunde ging, nachdem er kaum „Wurzel geschlagen" hatte, und auch seine Kinder ins Elend mit hineinriß, daß sie ohne Helfer beim Gericht im Tor (zum Tor als der Stätte der Gerichtsverhand= lungen vgl. 29, 7; 31, 21; 2. Sam. 15, 2) unterdrückt wurden, während gierige Menschen sich des herrenlos gewordenen Besitzes bemächtigten und den Ertrag
6-7 seiner Arbeit verzehrten. Mit V. 6 kehrt Eliphas wieder zu dem leitenden Grundgedanken von 4, 12 ff. zurück; das ist daraus zu erkennen, daß er nicht, wie man nach dem zuvor erwähnten Beispiel und der Verbindung mit „denn" erwarten sollte, von der Ursache auf die Folge, sondern umgekehrt von den Folgen auf die Ursache zurückschließt, um den Hiob zur Einsicht in die eigene Schuld als Ursache seines Leidens zu führen. Das Beispiel aus seiner Lebens= erfahrung faßt er zusammen mit jener im geheimnisvollen Offenbarungserlebnis gewonnenen Erkenntnis (4, 17) zu einem Weisheitssatz, für den er mit der souveränen Einseitigkeit doktrinärer Rationalität („denn") Allgemeingültigkeit — also auch für den Fall des Hiob — beansprucht: Kein Unheil kommt von selbst ohne des Menschen Zutun, wie die Pflanzen aus dem Boden wachsen; der Mensch selbst ist es, der das Leid erzeugt, wie die Flamme die Funken aus sich erzeugt und sie hoch emporsprühen läßt. Der Sinn des letzten Vergleichs= bildes ist umstritten; die alten Übersetzungen denken bei den bᵉnê rescheph (wörtlich: Söhne einer Flamme; oben wiedergegeben mit „Funken") an Unglücksvögel, was aber mehr geraten zu sein scheint; andere vermuten hinter dem Bild einen verschollenen Mythus von den Söhnen des aus phönizischen Inschriften bekannten Gottes Rescheph, der in der hellenistischen Zeit mit dem Sonnengott Apollon gleichgesetzt wurde, nach der Analogie der Phaeton= und Ikarussage, die von dem kühnen Flug und Sturz der Gottessöhne zu erzählen weiß; dagegen spricht jedoch, daß ein solcher Mythus für Palästina nicht bezeugt ist und daß das Hauptmotiv der postulierten Sage, „der kühne Übermut", weder auf das vorausgehende Beispiel des Toren noch auf Hiob in diesem Stadium der Dichtung paßt, während sich die dargebotene Deutung ohne Schwierigkeit in den Zusammenhang fügt.
8 **5, 8—16 Mahnung und Trost.** Aus diesen Erwägungen zieht nun Eliphas die praktischen Folgerungen für Hiob. Er sagt ihm — ein Zeichen schonender Rücksichtnahme —, was er selbst an Hiobs Stelle tun würde, Mahnung und Warnung des „Weisen" mit dem Rat und Trost des Freundes verbindend: Demütig und vertrauensvoll würde er sich an Gott wenden, ihm seine Sache vortragen und anheimstellen. Eliphas merkt dabei nicht, wie er über den Kopf des Hiob hinweg redet; er sieht nicht, daß Hiob gerade auf diesem Weg zu Gott steckengeblieben ist und eine Wand von Fragezeichen sich zwischen ihm und Gott aufgetürmt hat, die es ihm verwehrt, in vertrauensvollem Gebet zu dem Gott

vorzudringen, der ihm zum Rätsel geworden ist. Seinen Rat begründet Eliphas 9
mit einem im Psalmenstil gehaltenen Hymnus[1] auf die unausforschliche Größe
und Macht Gottes, die in zahllosen Wundertaten sich erwiesen hat. Als Beispiel 10
für Gottes Wundermacht dient ihm die dem Morgenländer besonders eindrückliche Wirkung des von Gott gespendeten Regens, der dürren Wüstenboden
in fruchtbares Ackerland verwandelt (Jes. 41,18 ff.; 43,19; 44,3 ff.; Jer. 14,
22; Pf. 147,8). Dieselbe Macht und der gleiche Wille Gottes zum Heil ist 11
es (beachte die finale Verbindung von V. 11 mit V. 10 durch „um... zu"),
wenn er die Niedrigen erhöht und ihre Trauer in Heilsfreude verwandelt (vgl.
die ähnliche Gedankenverbindung in Pf. 126,4 ff.). Für Hiob sollen diese
hymnischen Worte zugleich Mahnung und Trost sein: Wenn er sich vor Gott
erniedrigt, darf er hoffen, daß Gott auch sein Schicksal wenden werde. Der 12-14
Mahnung folgt — ganz im Gedankenstil der paränetischen Weisheitspraxis —
unmittelbar die Warnung. Gottes Heilswille und Wundermacht haben ihre
Kehrseite. Er ist der Gott, „der bald erhöhn, bald stürzen kann". Gott wendet
sich gegen alle selbstsichere Hybris der Menschen, die, auf ihre eigene Weisheit
bauend, ohne ihn oder gegen ihn fertig zu werden glauben. Und darin zeigt sich
die überlegene, wunderbare Weisheit und Macht Gottes, — ein im Alten
Testament immer wiederkehrender Gedanke —, daß gerade die List und Klugheit
der Menschen in seiner Hand das Mittel zu ihrem Verderben wird, daß sich
Gott der Sünde der Menschen bedient, um den Sünder durch sie zu strafen. Die
sich klug und weitsichtig dünken, sind mit Blindheit geschlagen, und wer sich im
Übermut selbstsicher wähnt, tastet sich unsicher im Leben fort wie beim Wandern
in stockdunkler Nacht. Sieht Hiob die Gefahr, in der er schwebt? und wird er die
deutliche Warnung hören, die ihm der Freund schuldig zu sein glaubt? Aber 15-16
Eliphas will nicht bloß mahnen und warnen; er will helfen. Darum läßt er
seinen Gedankengang ausklingen in einem tröstlichen Ausblick, der dem verzagten Freunde Mut machen und Hoffnung wecken soll. Es ist Gottes Art, den
Armen und „Zerbrochenen", der unter der Gewalt und Verleumdung mächtiger
Gegner unschuldig leidet, zu retten, eine Erfahrung, die auch für Hiob einen
Lichtblick bedeutet, an den er sich halten sollte in seiner Not.

5,17—27 **Verheißung von Frieden und Heil.** Mit einer Seligpreisung, einer 17
in der Weisheitsliteratur beliebten Stilform (vgl. Pf. 1,1), ist der letzte
Abschnitt eingeleitet, der dem Hiob das Glück dessen vor Augen führt, der sich
der Züchtigung des Allmächtigen beugt. Die Bezeichnung schaddaj — von der
Septuaginta mit παντοκράτωρ = der Allmächtige übersetzt — ist ursprünglich
wohl der Name eines Lokalgottes gewesen und wird, vielleicht in ähnlicher
Weise wie in der Priesterschrift des Pentateuch für die vormosaische Väter-
offenbarung (1. Mose 17,1; 2. Mose 6,3), hier für das außerisraelitische Milieu
der Hiobdichtung verwendet. Es liegt eine tiefe Wahrheit, die ebenfalls zum
Gedankengut der „Weisheit" gehört (vgl. Spr. 3,11 ff.), in der Seligpreisung

---

[1] Die Verwendung des Hymnus mit paränetischer Akzentuierung findet sich schon in der ägyptischen Weisheitslehre für den König Meri-ka-re aus der 10. Dynastie (vgl. Erman, Die Literatur der Ägypter, 1923, S. 118 f.).

dessen, den Gott vermahnt und in Zucht nimmt; ist dies doch der Beweis des göttlichen Interesses und seiner Liebe, daß er sich um den Sünder kümmert und ihn dieser Mühe für wert erachtet, daß er sein Heil und nicht seinen Untergang will. So ermahnt auch Eliphas den Hiob, die Züchtigung Gottes nicht von sich zu weisen und sich innerlich dagegen aufzulehnen, sondern sie zu bejahen und sich darunter zu beugen. Bemerkenswert ist in diesem Zusammenhang die in V. 18 gegebene Begründung der Seligpreisung; sie erfolgt nicht aus dem Verhalten des bußfertigen Menschen, sondern ist aus dem Wesen Gottes abgeleitet, das Gericht und Gnade, Ernst und Erbarmen in einem ist. In dieser Weite der Wirklichkeit Gottes, die das einsträngige menschliche Denken nicht mit e i n e m Begriff zu umspannen vermag und die nur im lebendigen Geschehen ergriffen werden kann, liegt für den von Gott Geschlagenen der Grund zur Demütigung und zur Hoffnung (vgl. Hos. 6,1; 5. Mose 32,39). Zu solcher Hoffnung sucht Eliphas den Hiob aufzumuntern in einer ihn direkt ansprechenden Verheißung V. 19—22. Sie ist eingeleitet mit einem auch sonst in der Weisheitsliteratur gebräuchlichen „Zahlenspruch" („er wird dich retten in sechs Nöten... in sieben..." vgl. Spr. 6,16; 30,15.18; Sir. 26,19; Am. 1,3 ff.). Wie sehr Eliphas sich angelegen sein läßt, in Hiob das Gefühl des Vertrauens und der Geborgenheit wieder zu wecken, geht daraus hervor, daß er mit gesteigerter Lebhaftigkeit diesen Gedanken ausmalt und das Schema der mancherlei Rettungstaten Gottes aus vielen Nöten wie Hunger, Krieg, Verleumdung, Verwüstung, Teuerung und Gefährdung durch wilde Tiere, wovon die allgemeine und persönliche Geschichte des Heils zu sagen weiß, auf Hiob selbst anwendet, auch wenn sie nicht unmittelbar auf seine augenblickliche Lage passen, damit er zu diesem Gott Vertrauen faßt. Neben die Bewährung in der Not tritt das positive Bild des Friedens und Heils in den Farben, die z. T. an die eschatologischen Friedensverheißungen der Propheten erinnern V. 23 bis 25. Der Gedanke des Friedensbundes mit der gesamten Natur V. 23, der aus Hos. 2,20 ff. und Jes. 11,6 ff. bekannt ist, gewinnt im Zusammenhang des Hiobbuches seine besondere Bedeutung dadurch, daß hier die Harmonie des ganzen Kosmos mit der Klage des Hiob konfrontiert wird, der die Mächte des Chaos herbeiruft, daß sie wieder ihre alten Besitzrechte geltend machen (siehe zu 3,4 ff.). Es ist dies ein beachtenswerter Hinweis, welche persönliche Tiefe und Aktualität die eschatologisch-messianische Zukunftshoffnung gewinnen konnte. Der Friede in der Natur hat zur Folge, daß die Steine von den Feldern fernbleiben und die wilden Tiere von den Herden, damit der Segen der Fruchtbarkeit von Land und Vieh gewährleistet ist. Was dem Hiob jetzt genommen ist, soll ihm wiedergegeben werden: Frieden in Haus und Hof, in Flur und Feld, dazu das Glück der Familie, verkörpert in einer zahlreichen blühenden Kinderschar. Und ganz anders als bei der Todessehnsucht des durch die Verzweiflung am Leben erschöpften Hiob tritt hier das Bild des Todes in den Gesichtskreis optimistisch gewendeter Zukunftsschau: Der Tod im hohen Alter als Vollendung eines zu seiner „vollen Reife" gekommenen Lebens, wie er den seligen Erzvätern beschieden war, die „alt und lebenssatt" im Frieden heimgehen durften (vgl. 1. Mose 15, 15; 25, 8; 35, 29). Ein lockender Gedanke, der in dem schönen Bild vom Einbringen der Garben einer reichen Ernte harmonisch ausschwingt. Was hier der Freund dem Freunde ausmalt, ist nicht das Wunschbild einer hochfliegenden Augenblicksintuition, sondern das Ergebnis nachdenklichen Erforschens der heilsgeschichtlichen Überlieferung und der Erfahrungen des Lebens — ein Beweis für den Zusammenhang der „Weisheit" mit der alttestamentlichen Heilstradition; ebensowenig ist es nur die persönliche Meinung eines unverbesserlichen Optimisten, sondern die übereinstimmende Überzeugung, die allen drei Freunden gemeinsam ist („wir"). Darauf beruht ihr autoritatives Gewicht und das Recht zur Mahnung an Hiob, den Rat des Freundes zu beherzigen, mit dem Eliphas eindringlich und, wie es scheint, unausweichlich seine Rede abschließt.

Die Rede des Eliphas ist kunstvoll aufgebaut und rhetorisch sowie seelsorgerlich-psychologisch wirksam gestaltet. Sie ist reich an tiefen Erkenntnissen und ernsten, gültigen Wahrheiten, die immer ihre Bedeutung haben werden und die Hiob schwerlich wird bestreiten können und wollen. Besonders die Erkenntnis der absoluten Distanz zwischen dem heiligen Gott und dem staubgeborenen Menschen, der erst vor Gott seiner Sündhaftigkeit bewußt wird, die Weite der lebendigen, alles menschliche Begreifen hinter sich lassenden Gottesauffassung, in der gleichzeitig Platz ist für den Ernst seines Gerichts wie für die Tiefe seiner Gnade, sind Gedanken, die an den Höhepunkten der alttestamentlichen Botschaft wiederkehren; und auch der praktisch-seelsorgerliche Rat, sich in der Not an Gott zu wenden und sich unter ihn zu beugen, ist an sich richtig. Und doch hat man trotz der gelegentlich zu beobachtenden behutsamen Feinfühligkeit nicht mit Unrecht die Rede des Eliphas „ein Musterbild geistlichen Zuspruchs, dem das Herz fehlt", genannt. Ihre „Wahrheiten" bleiben in der kühlen Atmosphäre einer doktrinären Verallgemeinerung stehen, ohne auf die eigentliche Glaubensnot des Hiob einzugehen, die durch die Besonderheit seiner in Frage gestellten persönlichen Existenz bedingt ist, aus der heraus — wie bei allem Leid — der verschüttete Zugang zu Gott immer wieder neu gesucht werden muß. Anstatt den Hiob durch sein Leid hindurchzutrösten, indem er sein Glaubensanliegen sich zu eigen macht und von ihm ausgeht, sucht Eliphas ihn über sein Leid hinwegzutrösten durch den Versuch, die völlig eigen-artige Situation des Hiob in das dogmatisch-rationale Schema der Vergeltungsgerechtigkeit Gottes aus der Weisheitslehre hineinzupressen, unbekümmert um die innere Unwahrhaftigkeit, die in dieser doktrinären Vergewaltigung des „Falles Hiob" liegt (vgl. dazu 13, 7 ff.). Hinter der moralistischen Belehrung von oben herab, die in schlecht verhehltem Selbstbewußtsein ihre eigene vorgefaßte Meinung bestätigt sehen möchte, taucht jene landläufige eudämonistische Motivierung der Frömmigkeit auf, in der Gott nicht mehr allein das Ziel des Fragens und Suchens ist, sondern zum Garanten des Glücks und Heils, zum Vermittler und Mittel eines Frommseins aus menschlicher Selbstsucht herabgewürdigt wird. Und damit bewegt sich Eliphas, ohne es zu wissen, auf derselben Ebene wie der Satan. Sein Trost und Rat wird dem Hiob zur um so gefährlicheren Versuchung, als er durchaus bona fide erfolgt und mit dem gewaltigen Rüstzeug einer frommen Weltanschauung und durchdachten — für weiteste Kreise — überzeugenden und legitimen Theologie ihm gegenübertritt.

Kapitel 6—7. Hiobs erste Antwort

Kapitel 6

1 Da entgegnete Hiob und sprach:
2 O würde doch mein Gram gewogen,
   ,läg'¹ auf der Waage all ,mein Leid'²!
3 Mehr wiegt es nun als Sand des Meers,
   drum gehen meine Worte irr.
4 In mir sind des Allmächt'gen Pfeile,
   es trinkt mein Geist ihr Fiebergift;
   mich greifen Gottes Schrecken an!
5 Schreit denn der Wildesel auf grüner Au
   brüllt denn das Rind beim Ampferkraut?
6 Ißt man denn Fades ohne Salz,
   ist Wohlgeschmack am Eierschleim?
7 Ich weig're mich, (es) anzurühren,
   's ist so, als wär' unrein mein Brot.
8 Ach, daß sich mein Begehr'n erfüllte,
   und Gott gewährte, was ich hoff'!
9 Ach, daß mich Gott zerschmettern wollte,
   höb' er die Hand und schnitt' mich ab,
10 so würd' es mir ein Trost noch sein,
   wollt' hüpfen froh trotz grimmer Pein,
   daß ich des Heil'gen Worte nicht verleugnet!
11 Wie hätt' ich Kraft, noch auszuharren,
   und worauf soll ich warten mit Geduld?
12 Ist meine Kraft die Kraft der Felsen,
   ist denn mein Leib ,aus Erz gemacht'²?
13 Nein, mir ist wirklich nicht zu helfen,
   und ,Rettung'² ist mir ganz geraubt.
14 Des Freundes Lieb' gebührt dem Zagenden,
   gäb' er auch auf die Furcht vor Gott.
15 Dem Bach gleich trogen meine Brüder,
   dem Bett der Bäche, die vergehn,
16 welche vom Eise schmutzig trübe,
   darinnen sich verbirgt der Schnee;
17 zur Sommerszeit³ sind sie verschwunden,
   versiegt, wenn's heiß wird, von dem Ort;
18 es krümmt sich ihres Weges Lauf,
   geh'n auf ins Leere und verschwinden.
19 Temas Karawanen hielten Ausschau,
   Züge von Saba hofften drauf;
20 da ward zuschanden ,ihr Vertrauen'²,
   sie kamen hin und war'n enttäuscht.
21 ,So'² ist es ,mir'² mit euch ergangen;
   ihr seht den Schreck und fürchtet euch.

---

¹ Wörtlich: höbe man.   ² s. BH.   ³ Wörtlich: zur Zeit, wenn sie verbrannt werden.

22 Hab' ich gesagt: Gebet mir etwas
   und zahlt für mich von eurem Gut?
23 befreit mich aus der Hand des Feindes,
   kauft aus Bedrängers Hand mich los?
24 Belehret mich, so will ich schweigen;
   was ich gefehlt, das macht mir klar!
25 Wie wirksam sind aufricht'ge Worte,
   doch was soll rügen eure Rüg'?
26 Habt ihr im Sinn, Worte zu rügen,
   spricht ein Verzweifelnder in Wind?
27 Ihr würft das Los selbst über Waisen,
   verschachern würdet ihr den Freund.
28 Nun wendet, bitte, euch zu mir,
   ins Antlitz lüg' ich euch doch nicht!
29 Kehrt um, daß Unrecht nicht geschehe!
   ‚Kehrt um'¹, noch hab' ich darin recht!
30 Ist Unrecht denn auf meiner Zunge,
   erkennt mein Gaumen Frevel nicht?

Kapitel 7

1 Ist Kampf nicht Menschenlos auf Erden,
   des Lohnknechts Tagen nicht sein Leben gleich?
2 Dem Sklaven gleich, nach Schatten lechzend,
   dem Lohnknecht, der des Lohnes harrt,
3 so erb' ich Monde der Enttäuschung,
   Nächte des Leids, sie sind mein Teil.
4 Leg' ich mich nieder, muß ich denken:
   ‚Wann wird es Tag'¹, daß ich aufsteh'?
   ‚Und steh' ich auf: Wann wird es Abend'¹?
   bin bis zur Dämmerung der Unruh² satt.
5 Bekleidet ist mein Leib mit fauler Kruste,' ′³
   geschrumpft und eiternd meine Haut.
6 Schneller als Weberschiffchen eilt mein Leben
   und geht zu Ende hoffnungslos.
7 Bedenk' doch, daß ein Hauch mein Leben,
   Glück wird mein Auge nie mehr sehn.
8 Nie schaut mich je ein Auge wieder;
   blickst du nach mir, bin ich nicht mehr.
9 Die Wolke schwindet, zieht von dannen,
   so kehrt nicht wieder, wer zum Hades fuhr.
10 Nicht kehrt er in sein Haus zurück,
   und nicht mehr kennt ihn seine Stätte.
11 Auch ich will meinem Mund nicht wehren
   und reden in des Geistes Angst,
   in meiner Seel' Erbitt'rung klagen.
12 Bin ich ein Meer oder ein Drachen,
   daß du mit Wachen mich umstellst?
13 Denk ich: Mein Bett, das wird mich trösten,
   mein Lager trägt mein Leid mit mir,
14 so jagst du mich in Angst durch Träume,
   und durch Gesichte schreckst du mich,

---

¹ s. BH. ² Bedeutung des Wortes unsicher.
³ Wörtlich: Fäulnis und Kruste. 'āphār (= Staub) ist Glosse.

15 daß ich mir wünsch', erstickt zu sein;
   lieber den Tod als „meine Pein"¹!
16 Ich schwinde — so kann ich nicht ewig leben —,
   laß ab von mir, denn meine Tage sind ein Hauch!
17 Was ist der Mensch, daß du ihn achtest
   und auf ihn richtest deinen Sinn?,
18 daß du ihn heimsuchst jeden Morgen
   und immerzu ihn prüfen willst?
19 Wann endlich blickst du von mir weg,
   läß't keine Ruh' mir, daß ich schlucke?
20 Fehlt' ich, was tat ich dir, du Menschenhüter?
   Warum nimmst du mich denn aufs Korn,
   und warum wurd' ich „dir"¹ zur Last?
21 Warum vergibst du nicht mein Fehlen
   und lässest hingehn meine Schuld?
   denn nun leg' ich mich in die Erde;
   dann suchst du mich — ich bin nicht mehr.

Daß die Worte des Eliphas trotz aller seelsorgerlichen Bemühungen und des nicht geringen Aufwands an „Weisheit" in der personlosen allgemeinen Sphäre der abstrakten Lehre von der objektiven Gerechtigkeit Gottes und dem rationalen Zusammenhang von Leid und Schuld steckengeblieben sind und über Hiob hinweggehen, ohne auch nur ahnend den Grund seines Leidens zu erreichen, und es damit erschweren, anstatt es zu mildern, zeigt die Antwort des Hiob, der nicht unwidersprochen lassen kann, daß man, seine eigentliche Not verkennend, so an ihm vorbeiredet. In 6,2—7 verteidigt er sein Recht auf die Klage und endigt wieder bei der Todessehnsucht hoffnungsloser Verzweiflung 6,8—13. Der folgende Abschnitt 6,14—30 enthält seine Vorwürfe gegen die Freunde; in Kapitel 7, dem Gegenstück zu dem optimistischen Zukunftsbild des Eliphas (5,8—26), wendet sich Hiob mit seiner Klage an Gott.

6,2—7 Hiobs Recht auf die Klage. Trotz des Zuspruchs des Freundes sieht sich Hiob mit seinem Leid allein gelassen. Von seinen Freunden verkannt zu sein, bringt ihm zur alten noch neue Not. Bei allem Tiefsinn ihrer weisen Worte haben sie keine Ahnung von der maßlosen Last, die ihn zu Boden drückt. 2-3 Daher der — aussichtslose — Wunsch, daß doch sein Kummer gewogen würde zusammen mit all dem Unglück, das ihn traf. Es sind ja nicht nur die — auch den andern — sichtbaren Schläge, denen er erliegt; mehr noch und tiefer trifft ihn, daß er innerlich nicht damit fertig wird, ganz im Gegensatz zu den Freunden, die ein wohldurchdachtes Schema dafür rasch zur Hand zu haben meinen. Aber Hiob sieht weder Maß noch Grenzen, weder Sinn noch Ordnung in seinem Geschick, unfaßbar und unermeßlich, mehr als der Sand der Meere wuchtet es auf ihm. Sein Blick sucht vergeblich nach einem Haftpunkt; seine Gedanken finden keine Beziehung mehr. Was Wunder, wenn in diesem Zustand auch seine Worte „taumelnd umherirren"; er hat das Gleichgewicht des Denkens verloren. Und da ihm alle Begriffe zerschlagen sind, ist ihm die ausgewogene Theologie, die von der Gerechtigkeit Gottes redet, gerade an seinem

---
¹ s. BH.

Leiden fragwürdig und unbrauchbar geworden. Das einzige, was er von Gottes Wirklichkeit an sich erfährt, sind seine lähmenden Schrecken, die wie ein feindliches Heer gegen ihn angetreten sind. Im Aufschrei des Schmerzes „die Pfeile des Allmächtigen stecken in mir" vermag er nur noch in der tödlichen Bedrohung eine Beziehung Gottes zu seinem Leben zu erkennen. Das Bild von der durch Giftpfeile Gottes verursachten Krankheit (vgl. 16, 12 f.; 5. Mose 32, 23 f.; Pf. 38, 3; 91, 5 f.; Ez. 5, 16) ist aus dem Mythus geflossen (hier sei erinnert an den syrischen Gott „Rescheph mit dem Pfeil" [rescheph ḥeṣ] und Apollon als Seuchengott mit Bogen und Pfeil). Daß es dem Hiob hier nicht nur um die körperliche Krankheit zum Tode geht, sondern um das innere Problem seiner Glaubensexistenz, zeigt die Wendung „mein Geist trinkt ihr Fiebergift". Seine Beziehung zu Gott hängt nur noch an diesem einen Faden zitternder Lebensangst eines von Zweifeln und Verzweiflung bedrohten Glaubens. Darum wirkt auch 5 das Beispiel aus der Spruchweisheit, das Hiob zur Rechtfertigung seiner Klage heranzieht, so erschütternd: Wie das Tier vor Hunger schreit, weil es in seinen elementarsten Lebensfunktionen bedroht ist (vgl. dazu das ergreifende Bild in Jer. 14, 5 f.), so ist Hiobs Klage der spontane Urlaut eines an den tiefsten Wurzeln seiner Existenz getroffenen Menschen, auf die er ein — schmerzliches — Recht hat. Die auf eine negative Beantwortung der rhetorischen Fragen hinzielende Formulierung des Gleichnisses atmet die grausame Ironie des Enttäuschten, daß man ihm auch dieses letzte, der leidenden Kreatur noch verbleibende Recht streitig machen will. So wenig man einem Menschen wird 6 zumuten können, einer faden, ungenießbaren Speise Wohlgeschmack abzugewinnen und sich damit zufriedenzugeben, ebensowenig kann man von Hiob verlangen, daß er sich schweigend mit seinem Leiden abfinde und gegenüber den Belehrungen der Freunde, die ihn ja gar nicht treffen, tue, als ob alles in Ordnung ginge. Es handelt sich hier einfach um die innere Wahrhaftigkeit. An 7 diesem Punkt aber bleibt Hiob klar und fest; er kann und will nicht „Ja" sagen zu einer Situation, in der er überall nur ein „Nein" hört. Denn damit würde er, was er mit dem Gleichnis vom verunreinigten Brot verdeutlicht, selbst „unrein" werden.

6, 8—13 **Der Wunsch zu sterben.** Aus der Tiefe seines Leids sieht Hiob 8 keinen anderen Ausweg als den Tod. Er kommt wieder auf die Todessehnsucht zurück, die seiner Klage in Kap. 3 das Gepräge gegeben hat. Und doch besteht ein Unterschied: Dort war das Todesverlangen der Ausdruck lebensmüder Erschöpfung, hier ist es die letzte Bitte des ringenden Gottesglaubens, der nicht von Gott lassen kann. Was Hiob sagt, steht in bezeichnendem Gegensatz zu dem Rat 9 seiner Frau (2, 9), obwohl es äußerlich gesehen demselben Ziel zusteuert. Da Hiob keine Möglichkeit mehr sieht, mit Gott zu leben, so ist sein letzter Wunsch, wenigstens durch seine Hand zu sterben! Die Erfüllung dieser Bitte wäre ihm der Beweis, daß Gott, den er überall gegen sich angehen sieht, dieses eine Mal noch auf ihn eingeht zum Zeichen, daß er ihn nicht ganz aufgegeben hat. Der 10 **Gnadenstoß** Gottes wäre ihm vollgültiger Trost, der ihn durch alle „schonungslose Pein" hindurch frohlockend in den Tod gehen ließe; denn durch das rätselvolle Dunkel solchen Sterbens träfe ihn dann ein letzter Lichtstrahl göttlichen Erbarmens, der dem brechenden Auge den Blick freigibt in Gottes Herz! Hiob würde im Sterben noch zum Zeugen für Gottes Barmherzigkeit. Es geht hier im Unterschied zu Kap. 3 um mehr als um das Verlangen nach Ruhe vor den Qualen des Körpers und der Seele, die mit dem Tode aufhören; es geht um den inneren Frieden mit Gott, von dem Hiob nicht gelassen hat gegen den Rat seiner Frau und gegen die lauernde Erwartung des Versuchers und von dem er auch jetzt nicht läßt. Darauf führt auch der letzte Satz von B. 10 „daß ich die Worte des Heiligen nicht verleugnet habe". Hiob hat an Gott in unverbrüchlicher Treue gegen seine Gebote festgehalten und hält an ihm fest; das ist der einzige Punkt, auf dem er noch steht, wenn alle Fundamente seines Lebens zusammenbrechen, und den er auch gegenüber der Versuchung durch den Rat des Freundes nicht aufzugeben entschlossen ist. Die Preisgabe dieser Position einer letzten Offenheit und Wahrhaftigkeit vor Gott, sei es durch Aufkündigung der Glaubenstreue oder durch ein erpreßtes Schuldgeständnis, wäre — Hiob fühlt es wohl — Verleugnung der Wirklichkeit Gottes und Selbstmord des Glaubens, der nur so lange lebt, als er „aus der Wahrheit ist".

11-13 Die Verse 11—13 begründen einerseits, warum Hiob keine Lebenshoffnung mehr aufbringt, anderseits bilden sie den Übergang zur Auseinandersetzung mit den Freunden, die in 6, 14—30 folgt. Hiob ist am Ende seiner Lebensenergien; er bringt einfach die Kraft zur Hoffnung und Geduld nicht mehr auf; er ist auch nur ein Mensch von Fleisch und Blut und hat nicht die Widerstandskraft von Stein und Erz, daß er die Spannung noch länger aushalten könnte, wo er keine Möglichkeit der Rettung mehr sieht. Dem lockenden Zukunftsbild des Eliphas setzt er, frei von jeder Illusion, die völlige Aussichtslosigkeit seiner Lage entgegen.

6, 14—30 Die Auseinandersetzung mit den Freunden. Aus der Verteidigung geht Hiob nun zum Angriff über. Seine Worte lassen die tiefe Kluft sichtbar werden, die ein gegenseitiges Verstehen erschwert oder gar unmöglich macht. Es sind zwei ganz verschiedene Ebenen, auf denen die Partner des Gesprächs sich bewegen: Die Freunde reden über Gott, den sie in einem fest umrissenen Dogma zu besitzen glauben; Hiob liegt im Konflikt mit Gott, den er zu verlieren fürchtet in dem Augenblick, wo seine Hand in einem rätsel- und qualvollen **14** Geschehen nach ihm greift. Mit einem allgemeinen Satz, der das grundsätzlich ausspricht, was Hiob von seinen Freunden erwarten zu dürfen meinte, nun aber schmerzlich vermissen muß, eröffnet er die Auseinandersetzung: „Des Freundes Liebe gebührt dem Verzagenden." Ein mitfühlendes Wort verstehender Liebe wären sie ihm schuldig gewesen um der Freundschaft willen, die sich gerade in der Not hätte bewähren müssen, selbst dann, wenn er seinen Gottesglauben aufgegeben hätte. Hiob setzt diesen äußersten Fall, nicht weil er auf ihn zutrifft, sondern weil er, nicht mit Unrecht, einen geheimen Verdacht in dieser Richtung aus den Worten des Eliphas heraushört und wohl auch die Gefahr ahnt, die seinen Glauben an Gott in seinem verzweifelten Ringen umwittert.

Nun gesteht Hiob, daß er sich in seinen Freunden getäuscht sieht. Auch das 15-18
bleibt ihm nicht erspart und drückt schwer auf die Waagschale seines Leidens,
daß er die Seltenheit der Freundestreue in der Not an sich selber erleben muß.
Wie tief ihn diese entsagungsvolle Entdeckung, von den Freunden verlassen zu
sein, trifft, zeigt das dem Orientalen eindrückliche Gleichnis vom „Trugbach"
(vgl. Jer. 15, 18; Jes. 58, 11), das er in V. 15—20 nach zwei Seiten hin
breit ausmalt. In V. 15—18 vergleicht Hiob die Freunde mit dem Trug=
bach, in V. 19—20, im Bilde bleibend, sein eigenes Erleben mit der Ent=
täuschung der Karawanen, die gehofft hatten, Wasser zu finden, und nun vor
dem ausgetrockneten Bachbett stehen. Nicht ohne Absicht nennt er die Freunde
„meine Brüder" und deutet damit die Erwartung an, die er in sie gesetzt hatte.
Aber was ist nun aus ihnen geworden? Wie die gewaltigen Wassermassen der
vielen Wadis, die zur Zeit der großen Niederschläge im Winter und Frühjahr
schmelzendes Eis und Schnee mit sich führen, aber zur Sommerszeit, wenn die
Sonne brennt, verwandelt sind in träg sich dahinschlängelnde Rinnsale, um
schließlich ganz zur wasserleeren „Wüste" zu werden, so schnell und gründlich ist
die „Freundschaft" der Freunde verschwunden. Enttäuscht in seinem Vertrauen 19-20
steht Hiob vor ihnen wie die arabischen Handelskarawanen von Tema (vgl.
Jer. 25, 23) und Saba (siehe zu 1, 15) vor den vertrockneten Wasserläufen, auf
die sie ihre Hoffnung gesetzt hatten. Das ist die bittere Erfahrung, die Hiob mit 21
seinen Freunden machen muß; es ist ihm nicht entgangen, daß der Schlag,
der ihn traf, auch diese Freundschaft mit getroffen hat; ihre Furcht, selbst in das
Unglück mit hineingerissen zu werden (vgl. zu 2, 12 f.), ist größer als ihr Mitleid
mit dem Getroffenen und wirkt stärker als die Freundespflicht, ihm zur Seite
zu stehen in der Not. Und dabei hat ihnen Hiob doch wirklich nicht zu viel zu= 22-23
gemutet. Weder ein Opfer von ihrem Vermögen noch einen Beweis ihres
Mutes, um ihn aus der Gewalt eines mächtigen Feindes zu retten, hat er von
ihnen verlangt. Das mitfühlende Verstehen, das er erwartet, hätte sie wahrlich
nicht zu viel gekostet!

Und trotzdem ist Hiob keineswegs einer Belehrung unzugänglich; er ist bereit, 24-26
sich seine Fehler sagen zu lassen und mit seiner Klage zu schweigen, wenn ihnen
der Nachweis seiner Schuld gelingen sollte. Aber die Voraussetzung dafür ist
ehrliche Aufrichtigkeit, „redliche Worte", denen man anmerkt, daß sie der
Wahrheit dienen sollen, nicht „Rüge" von oben herab, die unbedingt recht haben
will und deshalb nicht beweiskräftig ist, sondern wirkungslos an ihm abprallt.
Sie rügen die Worte eines Verzweifelnden und nehmen sie doch nicht so ernst,
daß sie die erschütternde Tatsache seiner Glaubensnot sehen, aus der seine Klage
emporsteigt. Diese Klage ist doch nicht „in den Wind" geredet; sie soll gehört
und verstanden werden und bei den Freunden ein mitschwingendes persönliches
Echo finden. Aber das ist eben ausgeblieben. Die unpersönlich allgemeine Art 27
ihrer Argumente wirkt geradezu aufreizend auf die wunde Seele des Hiob. Er
spürt nur den kalten Hauch der Gefühllosigkeit und Hartherzigkeit, der ihm aus
der belehrenden Beweisführung des Eliphas entgegenweht, daß er ihnen den
bitteren, gar nicht so unberechtigten Vorwurf ins Gesicht schleudert, sie würden

Menschen wie Sachen behandeln: Selbst hilflose Waisenkinder würden sie als Konkursmasse eines in Schulden geratenen Verstorbenen verlosen und den Freund wie Ware „verschachern". Hiob sieht sich behandelt wie einen Posten in
28 einer klug abgewogenen Rechnung, aber nicht als Mensch und als Freund. Er schaudert selbst zurück vor dem Riß, der sich mit immer mehr erschreckender Deutlichkeit vor ihm auftut, und sucht wieder einzulenken, indem er die Freunde bittet, sich ihm doch zuzuwenden, auf ihn einzugehen und ihn doch ernst zu nehmen und ihm nicht auch noch das Vertrauen in seine Wahrhaftigkeit zu entziehen, an die er sich mit letzter Kraft festklammert. Hiob hat ein waches Gefühl dafür, daß die Wahrheit das Fundament seiner Existenz ist, und daß ein Mensch, der nicht mehr ernst genommen wird, den Boden unter seinen
29 Füßen verliert. Darum die ergreifende, flehentlich wiederholte Bitte an die Freunde, „umzukehren" und es nicht zum Unrecht kommen zu lassen. Das Recht, von ihnen ernst genommen zu werden, das Recht auf ihr Vertrauen kann
30 und will er nicht aufgeben; sonst würde er sich selbst aufgeben. Er allein muß doch schließlich am besten wissen — und damit kommt er wieder zum Ausgangspunkt zurück —, ob er im Unrecht ist mit seiner Klage oder die Freunde, die hinter seinem Unglück einen geheimen Frevel vermuten und ihm das Recht auf die Klage bestreiten.

Kapitel 7. Hiobs Klage an Gott

Die Auseinandersetzung mit den Freunden hat die tiefe Kluft sichtbar werden lassen, die Hiob von ihnen trennt; so wendet er sich ab von den Menschen und wendet sich Gott zu: Das Gespräch über Gott wird zum Gespräch mit Gott, eine auch späterhin in den Hiobreden zu beobachtende charakteristische Dynamik des Glaubenskampfes! Hiob weicht nicht aus und sucht die Entscheidung in seinem Konflikt mit Gott da, wo die Gottesfrage allein entschieden werden kann, im persönlichen Gegenüber mit Gott. Daß die Worte von Kap. 7 an Gott gerichtet sind, der zwar erst in V. 7 angeredet ist, geht aus V. 12 ff. sowie aus dem Gesamtgedankengang des Kapitels einwandfrei hervor; auch werden die Freunde in Kap. 6 im Plural angeredet, so daß das „Du" 7,7 sich nicht auf Eliphas beziehen kann. Hiob selbst bezeichnet in V. 11 seine Worte als „Klage". Und da ihm das Recht zur Klage von den Freunden streitig gemacht wurde, so bleibt ihm nur noch der eine Weg, sie an Gott selbst zu richten. Die Klage beginnt in 7,1—6 fast wie ein Monolog. Aber schon in V. 7—10 wird deutlich, daß die Selbstbetrachtung des Leidens sich an Gott wendet, um seine Aufmerksamkeit und sein Mitleid zu wecken, und ihn von V. 12 ab mit ungestüm drängenden Vorwürfen, Fragen und Bitten zu bestürmen. Aber selbst da noch schwingt jenes tastende Suchen nach Gottes Erbarmen mit (vgl. V. 21 mit
1-2 V. 8). Hiob geht dabei aus von einer allgemeinen Betrachtung des menschlichen Lebens. Menschenlos ist nicht Glück und eitel Freude, wie es ein naiver oder doktrinärer Optimismus zu sehen oder darzustellen pflegt, sondern Gefahr, Kampf und Not, vergleichbar dem Schicksal des Kriegers oder des hart

arbeitenden, mit dem Leben ringenden Lohnarbeiters, des Sklaven der Arbeit. Diese Feststellung ist nicht so sehr das Ergebnis einer pessimistischen Lebensauffassung, die den Leidenserfahrungen des Hiob entspringt, als vielmehr einer allgemein-realistischen Betrachtung des Lebens, in der Hiob seine persönlichen 3 Erfahrungen bestätigt findet. Indem Hiob sein eigenes Leid hineinstellt in den weiteren Rahmen des allgemeinen Menschenloses, gewinnt auch das persönliche Ringen seines Gottesglaubens ein weit über den individuellen Fall hinausgreifendes universales Gewicht. Das Grundgefühl seines Lebens ist bestimmt durch eine nicht abreißende Kette von Enttäuschungen und Mühsalen und äußert 4 sich in jener Unruhe und Angst, die ihn Tag und Nacht nicht verläßt, daß er vom Abend zum Morgen und vom Morgen zum Abend dauernd gejagt und geplagt ist. Mit Schrecken mahnt ihn die Zersetzung seines Körpers — ein Bild 5 des Ekels und Jammers (zum Krankheitsbild des Aussatzes vgl. zu 2, 7 f.) — an das mit unaufhaltsamer Schnelligkeit hereineilende Ende ohne Hoffnung. 6 Das alles trägt er Gott vor und gibt ihm zu bedenken, wie kurz und erbärmlich 7 sein Leben verläuft, dem jede Aussicht auf Glück und Güte versperrt ist. Hiob 8-10 findet ergreifende Worte und Bilder, die die tiefe Wehmut seiner einsam gewordenen, todwunden Seele atmen und die zitternd verhaltene Angst durchblicken lassen, daß es bald dafür zu spät sein wird, wenn Gott ihm noch einmal einen Beweis seiner Fürsorge und Gnade („blickst du nach mir") geben wollte. Wie eine Wolke unter der Sonnenhitze verschwindet (vgl. Hos. 13, 3), so wird er den Blicken derer entschwunden sein, die nach ihm schauen wollen; und sein Heim, das ihn sonst, wenn er heimkam, freundlich grüßte, wird ihn nicht mehr kennen. Denn wer in die Totenwelt hinabsteigt, kehrt von dort nicht wieder zurück. Hiob teilt hier die zeitgenössische Auffassung von der Unterwelt (= Scheol; in babylonischen Quellen „das Land ohne Rückkehr" genannt), die etwa der griechischen Hadesvorstellung entspricht. Auch darin steht er auf dem Boden dieser Vorstellung, daß er glaubt, daß auch die Beziehung zwischen Gott und Mensch im Totenreich aufhört (vgl. Ps. 6, 6; 30, 10; 88, 11 ff.; 115, 17). Die Worte, die deutlich die Spuren des Ringens mit der Hoffnungslosigkeit des Todes an sich tragen, stehen, psychologisch gesehen, keineswegs im Widerspruch mit der an anderen Stellen geäußerten Todessehnsucht des Hiob; es geht hier nicht um die Frage „Tod oder Leben", sondern um die Gottesfrage, ob Hiob nämlich auf irgendeine Weise noch einmal des Erbarmens Gottes gewiß werden darf. Darum ringt er; und davon kann und will er nicht lassen.

Auch der zweite Teil der Klage, wo Hiob aus seiner Zurückhaltung heraus- 11 tritt, um den wogenden Gefühlen seiner Angst, Erbitterung und Wehmut freien Lauf zu lassen, mündet wie der erste trotz des vorwurfsvollen Tones, in dem Hiob seiner Klage drängenden Nachdruck verleiht, ein in jene wehmütig-sehnsüchtige Ausschau nach einem letzten Gnadenerweis göttlichen Erbarmens. Erst hier wird ganz deutlich, aus welchen Tiefen der Seelenangst und geistigen Bedrängnis heraus er um die Gottesfrage als die über Leben und Tod entscheidende Frage ringt. Nicht daß Hiob an der Wirklichkeit Gottes zweifeln würde; die 12 Gottesgewißheit ist bei ihm in keinem Augenblick in Frage gestellt. Im Gegenteil, sein ganzes Dasein ist von der Wirklichkeit Gottes selbst eingeengt (vgl. Ps. 139, 5; Klgl. 3, 9 f.) und bedrängt, daß ihr gegenüber alle bisherigen Vorstellungen und Begriffe versagen und darunter sein Leben zu zerbrechen droht. Hiob ist der Gefangene Gottes, den Gott „mit Wachen umstellt", wie er einst dem Urmeer getan und dem Chaosdrachen nach dem siegreichen Kampf, der der Schöpfung vorausging (zu dieser auch dem babylonischen Schöpfungsmythus bekannten Vorstellung vgl. 38, 8ff.; 40, 6 ff.; 41, 25 ff.; Jer. 5, 22; Ps. 104, 6 ff.). So tief trifft diese unbegreifliche Gotteserfahrung die letzten Wurzeln seiner geschöpflichen Existenz, daß Hiob für eine derartige Erschütterung seines Daseinsbewußtseins nur in den kosmischen Dimensionen des Urmythus vom

13-15 Chaosgötterkampf eine Analogie findet. Er ist aufgescheucht aus der gewohnten Sicherheit seines Lebensgefühls. Gott läßt ihm keine Ruhe mehr; in Angst jagt er ihn durch Fieberträume und Schreckgesichte, daß der grauenvolle Erstickungstod ihm leichter erscheint als diese andauernde Pein. Und gerade diese Begründung des Todeswunsches verrät, wie sehnsüchtig Hiob nach einem modus

16 vivendi mit Gott ausschaut. Aber er sieht nur, daß er ein Leben, das er unter dem Zugriff Gottes wie einen Hauch dahinschwinden fühlt, so auf die Dauer nicht aushalten kann. Und so bleibt ihm als einzige Möglichkeit Gott gegenüber

17-19 die Bitte um Gnade, er möge doch von ihm ablassen. Diese Bitte um Gnade scheint menschlich gesehen um so mehr berechtigt, als sie aus dem Bewußtsein der alle Vergleichsmaßstäbe übertreffenden Distanz zwischen Schöpfer und Geschöpf entspringt, wie die Anspielung auf Ps. 8, 5 erkennen läßt. Aber das größte Gotteswunder, das dort dem in Gottes Fürsorge sich geborgen wissenden Menschen jene stolz-demütige Würde des Gotteskindes verleiht, wird hier dem ringenden Frommen zum quälenden Rätsel seiner Existenz, zur Anfechtung seines Glaubens: „Was ist der Mensch, daß du ihn groß achtest und auf ihn richtest deinen Sinn?" Hiob, der darunter leidet, daß ihn seine Freunde nicht ernst nehmen, ist erschüttert, daß er, das erbarmungswürdige Geschöpf, von Gott so ernst genommen wird, daß Gott mit der ganzen Wucht seiner furchtbaren Wirklichkeit unablässig auf ihn eindringt, ihm alle Begriffe und Maßstäbe aus der Hand schlägt und ihn nicht einmal mehr für einen Augenblick (= „solange ich meinen Speichel schlucke") zur Besinnung kommen läßt. Er sieht zwar das „Herz" Gottes sich zugewandt und fühlt sein prüfendes Auge auf sich ruhen, aber der Blick in Gottes Herz ist ihm versperrt. Und der Blick Gottes, den der Fromme sonst als Beweis seiner Gnade empfindet (vgl. 8, 21; Ps. 13, 4; 33, 13 f.; 59, 5 f.; 80, 15; 138, 6 u. ö.), wird ihm zur unerträglichen Qual, daß er wie der Beter des schwermütigen 39. Psalms wünscht, Gott möchte „von ihm wegblicken" (vgl. Ps. 39, 14). Dieses Hin- und Herschwanken des angefochtenen Menschen, der Gott zu entfliehen sucht und doch immer wieder seine Hand nach ihm ausstreckt, weil er von ihm nicht lassen kann, zeugt gerade in seinem unauflösbaren Widerspruch von einer lebensnahen und -wahren Tiefe der Erkenntnis menschlichen Wesens.

20 Gottes unvergleichliche Größe sieht Hiob in dieser Lage unter einem Gesichtswinkel, unter dem Gott für ihn auch jenseits aller menschlichen Begriffe

von Gut und Böse zu stehen kommt, und er, einen Gedanken des Eliphas aufnehmend, meint, daß, selbst wenn er gesündigt hätte, davon die Größe und Ehre Gottes unberührt bleibe; was kann auch der kleine Mensch dem antun, der der Herr und „Hüter des Menschen" ist, daß er ihn verfolgen müßte wie einen gefährlichen Feind? Die Bezeichnung „Menschenhüter" ist sonst ein Ausdruck hymnischer Prädikation. Von daher fällt Licht auf die bedeutsame Tatsache, daß Hiob mit seinen vorwurfsvollen Fragen zugleich zum Zeugen für Gottes Ehre und Preis seiner Erhabenheit wird. Dabei gelangt Hiob an den Punkt, wo Gott 21 gegenüber der Begriff der vergeltenden Gerechtigkeit, von dem die Freunde als dem Fundament ihrer Theologie ausgehen, nicht mehr ausreicht und ein anderes Gottesverständnis auftaucht, das Gottes würdiger und seinem Wesen angemessener ist: Daß Gott um seiner selbst willen vergibt aus der souveränen Freiheit seiner Güte heraus, die er den Menschen ohne Rücksicht auf deren Schuld oder Verdienst zu schenken bereit ist. Um diese völlig andersartige, aus dem Jenseits von Gut und Böse hereinragende „Gerechtigkeit" Gottes ringt Hiob mit letztem Einsatz. Es ist nicht von ungefähr, daß dieser Gedanke hier in der Form der Frage auftaucht; denn noch ist dem Hiob die Gerechtigkeit Gottes F r a g e ohne endgültige Antwort, die entscheidende Frage, die ihn umtreibt in stetiger Auseinandersetzung mit jener juristisch-rationalen Auffassung der Gerechtigkeit Gottes als Vergeltung. Wie sehr sie ihn bewegt und auf dem Untergrund seiner vorwurfsvollen Klage mitschwingt, zeigt der Schluß, wo Hiob angesichts seines bevorstehenden Todes noch einmal (vgl. V. 8) wehmütig-sehnsüchtig aufblickt zu dem Gott, von dem er nicht glauben kann, daß er ihn ganz verstößt, sondern ihn „suchen" wird. Aber der Zweifel, ob es dann nicht „zu spät" sei, steht wie eine undurchdringliche Wand zwischen ihm und diesem Gott, dessen Gnade und Erbarmen sich eben nicht erzwingen läßt.

Kapitel 8. Die erste Rede des Bildad

1 Da entgegnete Bildad, der Schuchit, und sprach:
2 Wie lange willst du solches reden,
   stürmt heftig deines Mundes Wort?
3 Beugt etwa Gott die Rechtsordnung
   oder der Allmächt'ge die Gerechtigkeit?
4 Wenn deine Kinder an ihm sündigten,
   gab er sie hin in ihre Schuld.
5 Wenn aber du an Gott dich wendest
   und zum Allmächtigen um Gnade flehst,
6 wenn lauter du und redlich bist,
   dann wird er über dir erwachen
   und wiederbringen deines Hauses Heil.
7 Dein Anfang würde klein erscheinen,
   dein End' dagegen herrlich groß[1].
8 Frag' nur das frühere Geschlecht,
   beachte, was ‚die'[2] Väter forschten,

---

[1] Lies jasgè = er wird groß machen.   [2] s. BH.

9 wir sind von gestern, wissen's nicht,
   ein Schatten sind auf Erden unsre Tage.
10 Sie werden dich belehren und dir's sagen,
   aus ihrem Wissen[1] Antwort geben.
11 Wächst denn Papyrus, wo kein Sumpf ist,
   wird ohne Wasser groß das Schilf?
12 Noch ist's im Sprossen, nicht zum Schneiden,
   da welkt es schon vor allem Gras.
13 So geht's mit allen Gottvergeßnen,
   des Frevlers Hoffnung geht zugrund,
14 des Zuversicht wird abgeschnitten,
   ein Spinngeweb' ist sein Vertraun.
15 Er stützt sich auf sein Haus, doch hält es nicht;
   er greift danach, nicht bleibt es stehn.
16 Saftstrotzend steht er in der Sonne,
   sein Sproß rankt sich durch seinen Garten,
17 in dem Gestein verflicht sich seine Wurzel
   und „zwischen"[2] Steinen klammert er sich fest.
18 Tilgt er ihn aus von seinem Ort,
   verleugnet dieser ihn: Ich sah dich nie!
19 Sieh, das ist seines Lebens Wonne,
   und aus dem Staube „sproßt"[2] ein andrer auf.
20 Sieh, nicht verwirft Gott einen Frommen
   und fasset nicht der Bösen Hand;
21 wird deinen Mund mit Lachen füllen,
   mit (frohem) Jauchzen deine Lippen.
22 In Schmach sich kleiden deine Hasser,
   verschwunden ist der Bösen Zelt.

Der Klage des Hiob entgegnet der zweite Freund Bildad von Schuach. Ihm als dem Jüngeren ist das Mitleid und die Geduld, die eigene Erfahrung und seelsorgerliche Weisheit eines Eliphas fremd, so daß sein Eingriff in die Diskussion die Kluft zwischen Hiob und den Freunden nicht nur nicht zu überbrücken vermag, sondern sie erweitert und damit allerdings zur Klärung und Auseinandersetzung der beiden miteinander streitenden Positionen beiträgt. Daß dies in der Absicht des Dichters liegt, läßt sich auch daran erkennen, daß Bildad mit keinem Wort auf die Vorwürfe des Hiob gegen die Freunde (6, 14—30) eingeht und auch dessen Bitte (6, 28 ff.) nicht beachtet. Dahinter steht die eigene „Auseinandersetzung" des Dichters, in dem die beiden Standpunkte miteinander um Klarheit ringen. Viel einfacher und schärfer als bei Eliphas, aber auch einseitiger und geradliniger, ohne auf die komplizierte Verflochtenheit des menschlichen Daseins Rücksicht zu nehmen, wird hier die traditionelle Lehre der „Weisheit" von der vergeltenden Gerechtigkeit Gottes als die unumstößliche Prämisse herausgestellt, nach der sich Verständnis und Gestaltung des menschlichen Lebens zu richten habe. Für Bildad steht Gott als der Gerechte außer Frage; darum hat er für die Fragen des Hiob an Gott, die im Grunde auf die Frage nach Gott hinauslaufen, kein Ohr. Bildad kennt nicht wie Hiob eine Anfechtung des Gottesglaubens, und er sieht das Problem

---

[1] Wörtlich: Herzen.   [2] s. BH.

nur auf der einen Seite, des menschlichen Verhaltens, das er mit einer bestimmten Theologie zu bewältigen sucht. Für Hiob dagegen steht das Verhalten **Gottes** in Frage; sein Problem ist ein Problem des eigentlichen Glaubens, das von keiner Theologie aus, sondern nur von der — ihm unbegreiflichen — Wirklichkeit Gottes her entschieden werden kann.

Die Rede des Bildad gliedert sich in drei Abschnitte: V. 2—7 Nach einer einleitenden Zurechtweisung des Hiob geht Bildad von der These der Gerechtigkeit Gottes aus, die er auf Hiobs Fall anwendet; in V. 8—19 wird diese These aus der Weisheitstradition der Väter begründet, um in V. 20—22 noch einmal als Mahnung und Warnung für Hiob zu dienen.

8, 2—7 Die doppelte Vergeltungsgerechtigkeit Gottes. Gleich die Frage der 2 Ungeduld und Entrüstung „wie lange noch?" kennzeichnet den Sprecher, der nicht gewillt ist, auf die Glaubensnöte des Hiob einzugehen, sondern ihre leidenschaftlichen Ausbrüche nach Form und Inhalt rundweg ablehnt. Wenn er Hiobs Klage mit einer gewissen Ironie „heftigen Wind" nennt, dann ist damit ihr stürmisches Pathos in gleicher Weise getroffen wie ihre Gedanken, die Bildad für leer und nichtig hält. Dieser seiner Zurückweisung ohne sachliche Be- 3 gründung läßt Bildad die Gegenthese folgen in der Form einer weiteren Frage, in der der Unmut bezeichnenderweise nachklingt. Die Erschütterung des Begriffs der Gerechtigkeit Gottes, die er aus den Worten des Hiob heraushört, empfindet er als Angriff auf Gott; und indem er seine Theologie einfach mit der Wirklichkeit Gottes gleichsetzt und diese damit zudeckt, merkt er nicht, wie sehr es dem Hiob mit seinen Fragen gerade darum zu tun ist, an der Wirklichkeit Gottes festzuhalten, wo die herkömmliche Theologie nicht mehr ausreicht. Die vorwurfsvolle Frage, ob Gott etwa das Recht beuge, trifft deshalb an Hiob vorbei; sie unterstellt zudem in ihrer vergröbernden Verallgemeinerung dem Hiob eine Aussage, die er nicht gemacht hat. Freilich fürchtet Bildad nicht zu Unrecht, daß durch Hiobs Fragen die Lehre von der vergeltenden Gerechtigkeit Gottes überspielt und als Universalschlüssel des Gottesverständnisses in Frage gestellt ist. Darum setzt er sie mit allem Nachdruck den Worten des Hiob entgegen und macht sie zum undiskutierbaren Ausgangspunkt seiner weiteren Überlegungen: Er ist der konsequente Vertreter der Weisheitslehre; das Schema der vergeltenden Gerechtigkeit Gottes ist die Voraussetzung und das Gesetz, das seine Gedanken ganz bestimmt. Dies zeigt sich schon in der 4 Form, wie er den Tod der Kinder Hiobs als Strafe für begangene Sünden zu deuten wagt. Man sollte eher die umgekehrte Form erwarten: „Wenn er deine Kinder dem Verderben hingab, so haben sie an ihm gesündigt"; aber Bildad will auf die Feststellung der Gerechtigkeit Gottes hinaus und gibt deshalb der Schlußfolgerung die merkwürdige Gestalt, in der die Sünde der Kinder Hiobs, wenn auch hypothetisch versteckt, die Prämisse und die an ihrem Tod erkennbare Gerechtigkeit Gottes das Ergebnis sei. Allerdings, der tatsächliche Nachweis eines Zusammenhangs zwischen Schicksal und Schuld ist im Falle der Hiobskinder nicht zu führen; und die Schlußfolgerung des Bildad gilt nur, wenn das Dogma der vergeltenden Gerechtigkeit Gottes als logische Voraussetzung unangefochten bleibt. Das Beispiel der eigenen Kinder Hiobs, das übrigens ein Beweis für die innere Verknüpfung der Hiob-Dichtung mit dem Prolog ist (siehe 1,19), ist insofern nicht ungeschickt gewählt, als Hiob selbst hinsichtlich der Rechtschaffenheit seiner Kinder nicht ganz sicher ist (siehe zu 1,5) und die Möglichkeit einer Deutung ihres Todes, wie sie ihm Bildad ohne jegliche Gefühlsrücksichten vorhält, nicht ohne weiteres von der Hand zu weisen vermag: die Versuchung trifft die Position des Hiob an ihrer empfindlichsten Stelle.

5 Der Kinder Schicksal ist besiegelt, das des Hiob steht noch offen; ihm steht es noch frei, die Katastrophe von sich abzuwenden, ehe es zu spät ist. So sucht Bildad ihn von seinen Gedanken weg auf dieselbe Linie zu drängen, auf die des Eliphas Rat hinauslief (vgl. 5,8): Hatte Hiob sich daran geklammert, daß Gott ihn suchen möge, ehe es zu spät ist, so weist ihn Bildad — ganz seiner Einstellung entsprechend (s. o.) — auf den umgekehrten Weg, daß er Gott suchen müsse, ehe es zu spät ist. Für Hiob spielt die Gottesfrage, für Bildad

6 das menschliche Verhalten die entscheidende Rolle. Daher die belehrende Mahnung zur Bitte um Gnade in ehrlicher, aufrichtiger Bußfertigkeit, die sich den Tod der Kinder als mahnendes und warnendes Beispiel zu Herzen nimmt. Diese Bedingungen, daß Hiob sich der Gnade würdig erweisen soll, an die Bildad die Verheißung knüpft, verraten zugleich Zweifel und Hoffnung dem Hiob gegenüber, aber auch eine Auffassung von Gottes Gnade, die ihrem eigentlichen Wesen als der frei sich schenkenden Güte Gottes nicht gerecht wird, vielmehr die Gnade als Gnade aufhebt und deshalb dem gerade entgegengesetzt ist, wonach Hiob in seinem Glaubenskampf ringend die Hände ausstreckt (siehe zu 7,21). Die Ausdrucksformen, deren sich Bildad in seiner Heilsverheißung bedient, sind der alten Kulttradition entnommen: Daß Jahwe „erwacht", gehört zur Vorstellungswelt und Liturgie der kultischen Theophanie (vgl. Ps. 35,23; 44,24; 57,9; 59,5f.), die mit der Verwirklichung des Heils (= sedek) verbunden war (vgl. Jes. 41,2.10; 42,6; 45,8; 51,5; Ps. 40,10; 85,11), ein Beweis, wie stark das gottesdienstliche Erleben auch die persönliche Frömmigkeit und ihre Vorstellungswelt bis in späte Zeiten hinein bestimmt hat. Ob die Vorstellung vom „Erwachen" des Gottes, wie man neuerdings vermutet hat, aus dem Ritual der Vegetationskulte stammt und dort die Auferstehung der Gottheit ursprünglich bezeichnen sollte, läßt sich nicht mit Sicherheit ausmachen; jedenfalls ist der Gedanke des sterbenden und wieder auf-

7 erstehenden Gottes dem Jahwe-Kult fremd geblieben. Ähnlich wie Eliphas (5,18—26) stellt auch Bildad die Verheißung in lockendes Licht. Wenn es auch nicht im einzelnen ausgemalt wird, so wird doch das verheißene Glück alles Frühere in den Schatten stellen, so daß die glücklichen Anfänge von Hiobs Leben als Kleinigkeit gegenüber diesem Heil erscheinen werden; es ist mehr als nur eine restitutio in integrum, und darin liegt ein verborgener Hinweis auf den Schluß der Hioberzählung.

8 **8,8—19 Die Begründung aus der Tradition der Väter.** Während Eliphas sich dem Hiob gegenüber auf ein eigenes Offenbarungserlebnis berufen hat (4,12—21), sucht Bildad seine These durch die Weisheitstradition der Väter zu

5*

stützen. Auch hierbei setzt er die Theologie an die Stelle des lebendigen Glaubens. Zwar ist sein Rat, die Forschung und Erfahrung der früheren Generationen zu befragen, an sich ebensowenig angreifbar wie die These, daß Gott das Recht nicht beugt (V. 3); aber was Bildad daraus entnimmt, reicht in beiden Fällen nicht aus, die besondere Situation des Hiob zu erhellen, weil er nicht mit der Wirklichkeit Gottes rechnet, der sich Hiob gegenübergestellt sieht, sondern mit einem durch die Tradition festgelegten Gottesbegriff. Wenn Bildad seinen Rückgriff auf die Überlieferung der Väter mit der bescheiden klingenden Feststellung begründet, daß des Menschen Leben kurz und vergänglich und sein Wissen zu gering ist, um ein gültiges Urteil zu haben, so kommt er zwar nahe an ähnliche Feststellungen Hiobs heran (7, 7. 17 ff.), aber er weicht der Wucht der existentiellen Not aus, die in der Erkenntnis dieser Tatsachen für Hiob aufbricht, indem er sich auf den Standpunkt der Lehre aus fremdem Munde zurückzieht und den Hiob auf den gleichen Weg von seiner Glaubensnot abzudrängen sucht. 9 10

Aus der Spruchweisheit der Väter illustriert er an drei Gleichnissen aus der Natur (vgl. dazu 1. Kö. 5, 13) den Untergang der Gottlosen, „die Gott vergessen" V. 13, um den Hiob vor der Gefahr des Abfalls von Gott und der Brüchigkeit des Selbstvertrauens V. 14 f. zu warnen. Das Gleichnis von der **Papyrusstaude und dem Schilfgras** (beide hebräische Namen sind ägyptische Fremdwörter, die vielleicht auf die Herkunft des Sprichworts aus der ägyptischen Weisheit schließen lassen), das, wenn es feuchten Grund hat, über mannshoch emporschießt, aber, sobald das Wasser ausgeht, zusammenwelkt, ehe es schnittreif ist, ist wohl Zitat eines Sprichworts, das hier besagen will, daß der Mensch, der Gott vergißt, seinen Lebensgrund verliert und verdirbt (vgl. das der Weisheitslehre geläufige Bild vom „Baum, der an den Wasserbächen gepflanzt ist", Jer. 17, 7 f.; Pf. 1, 3). Die folgenden Gleichnisse vom **Spinnengewebe** V. 14—15 und der **Wucherpflanze** V. 16—19 sind allegorisch gebraucht, d. h. in einer Form, bei der Bild und Deutung miteinander verwoben sind. Das Gleichnis vom Spinnengewebe — auch im Arabischen bekannt unter dem Namen „Spinnenhaus" — wendet sich gegen das falsche Selbstvertrauen und die leichtfertige Lebenszuversicht, die keinen festen Halt bieten im Leben der Frevler, während die nicht mit Namen genannte Schlingpflanze, die sich kraftstrotzend im Garten, alles überwuchernd, über die Steine rankt, aber verschwunden ist, sobald man sie ausreißt, als Bild dafür dient, daß Gott („er" V. 18) mit einem Griff alle Scheinherrlichkeit der Gottlosen austilgt und ihrer vermeintlichen „Lebenswonne" ein Ende macht. So mag Hiob selbst prüfen, ob diese Weisheit der Väter nicht auch für ihn eine belehrende oder warnende Antwort enthält (siehe V. 10), ob bei ihm der plötzliche Wechsel des Schicksals nicht einen ähnlichen Grund hat, wie ihn die genannten Beispiele demonstrieren, und daraus dann die Folgerungen ziehen, bevor es zu spät ist. 11-12 13 14-19

8, 20—22 **Die Mahnung und Warnung.** Bildad läßt es — auch darin der Typus des Weisheitslehrers — nicht bei dem Beispiel bewenden. Er gibt am

Schluß selbst die Antwort, die das Wesentliche noch einmal kurz und eindrücklich zusammenfaßt: die These der doppelten Vergeltungsgerechtigkeit Gottes
20 V. 20, die verheißende Mahnung V. 21 und die Warnung V. 22b. Als allgemeingültiger Satz ist jetzt ausgesprochen, was die tragende Basis der ganzen Rede und die undiskutierbare Voraussetzung ihres Gedankengangs war: „Gott verwirft nicht den Frommen, und er faßt nicht der Bösen Hand." Der letztere Ausdruck entstammt wahrscheinlich, ähnlich wie die Wendungen in V. 6, der Kulttradition des Königsrituals (vgl. Jes. 41, 13; 42, 6; Ps. 73, 23) und bedeutet die Verleihung des göttlichen Heils. Der Lehrsatz von der doppelten Vergeltungsgerechtigkeit Gottes, dem eine schematisch vereinfachende Zweiteilung der Menschen in Fromme und Gottlose entspricht, ist die Quintessenz aller „Weisheit", die für Bildad zugleich Ergebnis der Weisheitsforschung und ihre
21 Voraussetzung ist. In diesem Zirkel bewegen sich seine Gedanken. Von diesem seinem Ausgangspunkt aus kann er in der Hoffnung, daß Hiob, seinem Rat folgend, sich in aufrichtiger Bußfertigkeit Gott unterwerfe (siehe V. 5 f.), ihm
22 eine frohe Zukunft verheißen. Bezeichnend ist, daß er auch die Kehrseite, die Beschämung der Feinde und den Untergang der Gottlosen, zu erwähnen nicht vergißt. Da zuvor von den Feinden Hiobs nirgends die Rede war und die Aussage des Bildad sich in geprägten, stereotypen Wendungen bewegt (vgl. Ps. 35, 26; 109, 29; 132, 18; 9, 14; 18, 18; 21, 9 u. ö.), so kann es sich dabei nur um die Konsequenz eines Gedankenganges handeln, der durch die festgeprägte traditionelle Ideologie der absoluten doppelten Vergeltungsgerechtigkeit Gottes bedingt ist, in deren Bahnen das gesamte Denken dieses folgerichtigen Vertreters der Weisheit verläuft. Dadurch bekommt das Schlußwort vom Untergang der Gottlosen den Akzent einer letzten Warnung an Hiob, der zu entscheiden hat, welchen der „beiden Wege" er nun gehen will.

Kapitel 9—10. Hiobs Antwort an Bildad

Kapitel 9

1 Da entgegnete Hiob und sprach:
2 Fürwahr, ich weiß, daß dem so ist;
   wie wär' ein Mensch vor Gott im Recht?
3 Hätt' einer Lust, mit ihm zu streiten,
   wüßt' er auf tausend nicht ein Wort.
4 Der weisen Sinns und stark an Macht,
   wer trotzte ihm und bliebe heil?
5 Berge versetzt er unversehens
   ‚und'[1] stürzt sie um in seinem Zorn.
6 Die Erd' erschüttert er von ihrer Stelle,
   ins Wanken kommen ihre Säulen.
7 Der Sonn' gebietet er, daß sie nicht leuchte,
   und legt sein Siegel um die Sterne.

---
[1] s. BH.

8 Den Himmel spannt er aus, allein,
   und schreitet über Meereshöh'n.
9 Den Bären schafft er, den Orion,
   den Siebenstern, des Südens Kammern,
10 der Großes tut, gar unerforschlich,
   und Wunderwerke ohne Zahl.

11 Er geht vorbei, ich seh ihn nicht,
   er fährt dahin, ich merk' es nicht.
12 Sieh, er rafft weg, wer kann ihm wehren,
   wer sagt zu ihm: „Was tust du da?"
13 Gott braucht nicht seinen Zorn zu wenden,
   ihm beugten sich auch Rahabs Helfer.
14 Wie sollte ich ihm denn entgegnen?
   fänd' ich vor ihm das rechte Wort?
15 Hätt' ich auch recht, ‚ich fänd' Gehör'[1] nicht,
   müßt' meinen Gegner noch um Gnade flehn.
16 Würd' ich ihn rufen und er Antwort geben,
   ich glaub' nicht, daß er auf mich hört.
17 Er würd' im Sturme nach mir greifen[2],
   vermehren meine Wunden, ohne Grund.
18 Er ließe mich nicht mehr zu Atem kommen,
   würd' sätt'gen mich mit bitt'rem Weh.
19 Geht's um des Starken Kraft: Er hat sie[3],
   um Recht, (so heißt's): Wer lädt mich vor?
20 Wär' ich im Recht, mein Mund verdammte mich;
   bin schuldlos ich, er spräch' mich schuldig.
21 Schuldlos bin ich! kenn' mich nicht mehr;
   ich halte nichts von meinem Leben.
22 's ist alles eins! drum sage ich:
   Unschuldig oder schuldig, bringt er um.
23 Wenn ‚seine'[4] Geißel plötzlich tötet,
   spottet er der Unschuld'gen Angst.
24 Die Erde ‚gab er'[1] in die Hand des Frevlers,
   verhüllt das Antlitz ihrer Richter;
   ‚wenn er's nicht ist, wer ist es sonst?'[1]

25 ‚ '[1] Wie Läufer schnell sind meine Tage,
   sie fliehn und sehen nichts von Glück.
26 Schnell wie Rohrkähne gleiten sie vorüber,
   dem Adler gleich, der auf die Beute stößt.
27 Sag' ich: Ich will vergessen meine Klage,
   will ändern meine Miene, heiter sein,
28 da packt mich Grau'n vor allen Schmerzen;
   ich weiß, du sprichst mich doch nicht frei.
29 Ich muß als Frevler eben gelten;
   wozu müh' ich umsonst mich ab?
30 Ob ich mich auch ‚im'[1] Schnee gebadet
   und meine Hände wüsch' mit Lauge rein,
31 du würdest doch mich in die Grube tauchen
   daß meine Kleider vor mir ekelte.

---

[1] s. BH.   [2] Wörtlich: schnappen.
[3] s. BH.; wörtlich: da ist es.   [4] Lies schôtô.

32 Nicht ist er Mensch, wie ich, ihm zu entgegnen,
daß wir zusammenträten vor Gericht.
33 Nicht gibt es einen Schiedsmann zwischen uns,
der seine Hand auf beide legte.
34 Nähm' er doch von mir seine Rute,
daß mich sein Schreck nicht ängst'ge mehr,
35 so wollt' ich furchtlos vor ihm reden,
denn das ist bei mir nicht der Fall.

Kapitel 10

1 Mein Leben ekelt meine Seele,
will meiner Klage lassen Lauf;
will reden in der Seele Angst.
2 Ich sag' zu Gott: Verdamm' mich nicht!
Sag' an, warum du mich bekämpfst!
3 Nützt dir es, wenn Gewalt du übest,
wenn du verwerfest deiner Hände Werk,
über der Frevler Rat erscheinst?
4 Hast du die Augen eines Sterblichen,
oder siehst du, wie Menschen sehn?
5 Sind wie des Menschen Tage deine Tage,
wie eines Mannes Tage deine Jahre,
6 daß du nach meiner Sünde suchest
und daß du nachspürst meiner Schuld,
7 obwohl du weißt, daß ich nicht schuldig,
und niemand retten kann aus deiner Hand?

8 Mich schufen, formten deine Hände,
kunstvoll[1], und dann verschlangst du mich.
9 Bedenk', daß du aus Ton mich schufest,
(nun) legst du wieder mich in Staub!
10 Hast nicht wie Milch mich hingegossen,
ließest wie Käse mich gerinnen?
11 Mit Fleisch und Haut hast du mich überkleidet,
mit Knochen und mit Sehnen mich durchflochten.
12 Hast Leben, Liebe mir gegeben,
durch deine Obhut meinen Geist bewahrt —
13 und bargst doch dies in deinem Herzen;
jetzt weiß ich, dies lag dir im Sinn:
14 Aufpassen wollt'st du, wenn ich fehlte,
mich nicht freisprechen von der Schuld.
15 Hätt' ich gefrevelt, wehe mir!
Wär' ich im Recht, ich höbe nicht das Haupt,
mit Schmach gesättigt und mein Elend schauend.
16 Höb' ich's, du würdest wie ein Leu mich jagen,
mich wieder fühlen lassen deine Macht
17 und neue Zeugen stellen gegen mich
und deinen Ingrimm steigern wider mich,
abwechselnd neue Heere gegen mich[2].
18 Warum zogst du mich aus dem Mutterleib?
Wär' ich gestorben, daß kein Aug' mich sah!

---

[1] Wörtlich: zusammen ringsum. [2] Text unsicher.

19 So wär' ich nun, als wär' ich nie gewesen,
   vom Mutterschoß ins Grab gebracht!
20 Nur wenig sind noch ‚meines Lebens Tage'[1].
   ‚Blick weg'[1], daß ich aufatmen kann,
21 bevor ich geh' und kehr' nicht wieder
   ins dunkle Land der Todesschatten,
22 ins Land, so finster wie die Nacht,
   wo Finsternis und keine Ordnung,
   und alles ‚schwarz ist'[2] wie die Nacht.

Bildad hat der Klage des Hiob die These der absoluten Gerechtigkeit Gottes gegenübergestellt; und auch für Eliphas ist sie die undiskutierbare Voraussetzung seines Zuspruchs. Darauf geht nun Hiob ein; und was er den Freunden erwidert, läßt deutlich werden, daß für ihn gerade da das Problem liegt, das ihn anficht und seine Lebenssicherheit erschüttert, wo die Freunde glauben, auf einem unanfechtbaren Fundament eine sichere Position zu haben. Hier geht es dem Hiob nicht mehr um die Vorwürfe seiner Gesprächspartner — mit keinem Wort werden die Freunde angeredet —, sondern um die Sache, um Gott selbst. Hiobs Worte haben die Form eines Selbstgesprächs, das an wesentlichen Stellen in die Zwiesprache mit Gott, ins Gebet, übergeht. Aber der Ton des Gesprächs ist alles andere als der kühler Sachlichkeit; denn Hiob redet nicht aus der sturmfreien Position eines Dogmas über Gott, sondern aus einer von der Wirklichkeit Gottes bedrängten und in ihrer gesamten Existenz bedrohten Seele, die in dem Zwiespalt zweier verschiedener Aspekte der „Gerechtigkeit" Gottes hin- und hergeworfen wird, die er nicht miteinander in Einklang zu bringen vermag und an deren Widerspruch er zu zerbrechen droht. So kommt es, daß Hiob, indem er Gott als Gott ganz ernst nimmt, auf der einen Seite die Gerechtigkeit Gottes in der Absolutheit des seinen eigenen Willen als Recht setzenden freien Gottes erkennt, wofür ihn niemand zur Rechenschaft ziehen kann, und anderseits, von seinem eigenen Leid und Gewissen ausgehend, kein persönliches Verhältnis mehr findet zu dem Gott, dessen „Gerechtigkeit" er nicht anders denn als absolute Ungerechtigkeit empfinden muß. Und darin unterscheidet sich Hiob von seinen Freunden, daß er zwischen Verhalten und Ergehen des Menschen nicht wie sie ein Korrespondenzverhältnis sehen kann, das sich aus einem Gott und Mensch in gleicher Weise bindenden Gesetz ableiten läßt, bei dem Gott zu fassen und zu belangen wäre V. 2—24. Die unüberbrückbare Distanz zwischen Gott und Mensch, die der leidende Hiob nur als unbegreiflichen Gegensatz zwischen sich und Gott zu deuten vermag, der ihn schuldig haben will, um als Gott recht zu behalten, macht es ihm aber auch unmöglich, den Rat der Freunde zu bußfertiger und vertrauender Umkehr zu Gott zu befolgen, da einem solchen Gott gegenüber auch alle Wege der Sühne wirkungslos bleiben V. 25—35. So bleibt ihm nur das Gebet der Klage, das sich an den ungelösten Fragen und Widersprüchen seiner von Gott geschaffenen und von ihm wieder bedrohten Existenz wund-

---

[1] s. BH.   [2] Lies wattô'aph.

reibt und aus der glühenden Qual verzweifelten Glaubensringens in den Schatten der Todessehnsucht flüchtet mit der Bitte um ein letztes göttliches Erbarmen Kap. 10.

2 **9,2—24 Die absolute Gerechtigkeit Gottes.** Die Freunde sind von der Meinung ausgegangen, Hiob bezweifle die Gerechtigkeit Gottes und wolle gegen ihn recht behalten. Sie glaubten deshalb, die jeder Diskussion entzogene absolute Gerechtigkeit Gottes ihm gegenüber wieder in Geltung bringen zu müssen (4,17; 8,3). Aber sie tun dem Hiob damit unrecht: Auch er kennt diese absolute Gerechtigkeit Gottes und weiß nur zu gut, daß der Mensch vor Gott nicht gerecht sein kann (vgl. Röm. 3, 9 ff.). Nichts deutet darauf hin, daß diese Worte, wie man vielfach gemeint hat, der ironische Ausdruck bitteren Hohns seien; im Gegenteil, dem Hiob ist es um die absolute Gerechtigkeit Gottes ganz ernst; ja er nimmt sie im Grunde viel ernster, als das seine Freunde tun, weil er Gott als solchen ganz ernst nimmt. Die absolute Gerechtigkeit Gottes ist nicht der übergreifende Maßstab, an dem Gottes Walten gemessen werden könnte, sondern das Gesetz seines Handelns, das Gott jeweils ganz allein bestimmt, ohne daß ihn jemand dabei belangen könnte. Als Gottes Gerechtigkeit eignet ihr daher die ganze Wucht seiner souveränen Überlegenheit
3 und Ausschließlichkeit; und es wäre sinnlose Vermessenheit, wollte sich der Mensch, den absoluten Wesensunterschied zwischen Mensch und Gott überspringend, mit Gott auf die gleiche Ebene stellen und einen Rechtsstreit mit ihm als Partner unter gleichen Bedingungen wagen. Vor Gott ist der Mensch so sehr „in Frage gestellt", daß er ihm — eine bedeutungsvolle Vorwegnahme der Situation von Kap. 38 ff. — auf tausend Fragen nicht eine beantworten
4 kann. Wem könnte es da einfallen, gegen die überlegene Weisheit und Macht Gottes sein Recht ungestraft zu ertrotzen? Das ist nicht nur praktisch völlig aussichtslos, sondern ein auch theoretisch von vorneherein sinnloses Unterfangen. Die einzig mögliche, dem Wesen Gottes gerecht werdende Haltung ist die Ehrfurcht, die Gott dieses sein absolutes Recht als Gott und Herr zugesteht; und der Hymnus als das demütige Bekenntnis zu Ehren der göttlichen Macht und Herr=lichkeit, den Hiob V. 5—10 in Anlehnung an die kultische Tradition des Alten Testaments anstimmt (beachte auch den für den Hymnus typischen Partizipialstil!), ist der adäquate Ausdruck dieser Haltung. Es besteht daher kein Grund, diese hymnischen Verse als spätere Einfügung zu streichen, sobald
5-7 man erkannt hat, daß V. 2—4 nicht ironisch, sondern ernst gemeint sind. Der Hymnus feiert die Wundermacht Gottes — hier mit anderem Akzent und Blickpunkt als in 5,9—16 — zunächst in den großen Katastrophen wie Bergstürzen V. 5, Erdbeben, das die Grundfesten der Erde, die als Säulen gedacht sind, ins Wanken bringt V. 6 (vgl. 1. Sam. 2,8; Ps. 75,4; 104,5), Verfinsterung von Sonne und Sternen, die in der Antike als unheilbringende Vorzeichen galten V. 7. In solchen Ereignissen sieht das Alte Testament, besonders in der prophetischen Literatur, die Auswirkungen des göttlichen Zorns, die
8-9 Urgewalt seiner vernichtenden Majestät (vgl. Am. 5,8). Auch der Lobpreis Gottes als des Schöpfers gehört zu dem festgeprägten Bestand hymnischer

Überlieferung. Daß Gott allein den Himmel wie ein gewaltiges Zelt über der Erde ausgespannt (vgl. Jes. 40, 22; 44, 24; Pſ. 104, 2) und „über die Höhen des Meers daherſchreitet" (= Himmelsozean? vgl. dazu 5. Moſe 33, 2. 26), gehört zu dem geläufigen Gedankengut der kultiſchen Theophanietradition (vgl. Am. 4, 13; Mi. 1, 3). In der Erſchaffung der Geſtirne — von den Sternnamen (vgl. 38, 31 ff.) iſt ʿasch (38, 32 ʿajiſch) nicht ſicher zu deuten; die „Kammern des Südens" bedeuten wohl die Sternbilder des ſüdlichen Sternhimmels — erkennt der bibliſche Glaube die abſolute Überlegenheit und Herrſchaft Gottes über die in den Nachbarreligionen als Sterngötter gedachten kosmiſchen Mächte: Er allein iſt der creator, alles andere iſt creatura und ſteht in ſeiner Gewalt. Auch die Zuſammenfaſſung der wunderbaren „Großtaten" 10 Jahwes V. 10, wo ſich Hiobs Ausſagen mit denen des Eliphas decken (vgl. 5, 9), entſpricht dem Schema der heilsgeſchichtlichen Tradition des Hymnus, die der Vergegenwärtigung der Macht und Herrlichkeit Gottes dient.

Der urſprüngliche Gedankenzuſammenhang des Hymnus mit der Theo- 11 phanieüberlieferung iſt noch in V. 11 zu erkennen, wo Hiob auf die Theophanie ſelbſt zu ſprechen kommt. Gott erſcheint als der Unſichtbare, dem menſchlichen Blick verhüllt (vgl. 2. Moſe 33, 18—23; 1. Kö. 19, 11 ff.), ſo daß dieſer nur das „Nachſehen" hat (vgl. 1. Moſe 16, 13). Der Weſensunterſchied zwiſchen Gott und Menſch iſt ſo abſolut, daß keines Menſchen Sinn Gottes habhaft werden kann. Hiob ſpricht dieſe Wahrheit als ſeine perſönliche Erfahrung aus und ſtellt damit die eigene Begegnung mit Gott der des Eliphas (4, 12—17) zur Seite, die im letzten Grund auf die gleiche unüberbrückbare Diſtanz zwiſchen göttlichem und menſchlichem Weſen hinausläuft. Aber er zieht daraus 12-14 eine andere Schlußfolgerung als Eliphas, weil er konſequent den Gedanken vom Weſen Gottes her zu Ende denkt. Für ihn entſteht gerade an dem Punkt das eigentliche Problem, wo die Wirklichkeit dieſes abſoluten Gottes, der nach der mythiſchen Überlieferung einſt bei der Schöpfung die Mächte des Chaos (= Rahabs Helfer; vgl. zu 7, 12, ferner 26, 12 f.; Jeſ. 51, 9; Pſ. 89, 10 f.) bezwungen hat, in den menſchlichen Lebenskreis eingreift und den Hiob zum erſchreckenden Bewußtſein des Ausgeliefertſeins an Gott und der Ohnmacht aller menſchlichen Kreatur vor Gott bringt. Der Menſch kann Gott nicht zur „Umkehr" veranlaſſen, weder, wenn er wegrafft, noch, wenn ſein Zorn auf ihn eindringt; er kann ihm nicht in den Arm fallen oder ihn zur Rechenſchaft ziehen über ſein Tun. Wie ſollte da eine Verhandlung mit Gott möglich ſein? Die Diſtanz zwiſchen Gott und Menſch iſt ſo groß, daß Hiob nicht glauben 15-16 kann, ſein Rufen werde zu Gott durchdringen; aber auch wenn dies geſchähe und Gott Antwort gäbe, ſo kann Hiob, ſelbſt wenn er, menſchlich geſehen, im Recht wäre, von Gott nicht erwarten, daß er auf ihn eingeht und ihn „erhört". Dieſe Gedanken ſind getragen von einer tiefen Ehrfurcht, die um die Andersartigkeit Gottes weiß und es vermeidet, Gott auf die Ebene des Menſchlichen herabzuziehen. Gott erſcheint dem Hiob im Unterſchied zu den Freunden nicht als ein Richter, der an die Norm der „Gerechtigkeit" gebunden iſt, ſondern als der unumſchränkte Herrſcher, der, Kläger und Richter in einer

| | Person, seinen souveränen Willen zum Gesetz macht, so daß er ihm auf Gnade
17-18 | und Ungnade preisgegeben ist und höchstens ihn um Gnade anflehen kann. Die bitteren Erfahrungen seines Lebens warnen den Hiob, auf solche „Gnade" seine Hoffnung zu setzen: ein neuer Zugriff Gottes und Vermehrung seiner Qual würden die Folge einer solchen Demarche gegen Gott sein. Hiob befindet sich an dem Punkt, wo der Mensch nur im Zusammenbruch der eigenen Geltung die Wirklichkeit Gottes in das Blickfeld seiner persönlichen Existenz bekommt, und steht vor ihr als dem unbegreiflichen Urgeheimnis des Lebens, in dem nicht nur sein äußeres Dasein bedroht, sondern auch seine Glaubensverbindung mit
19 | Gott in Frage gestellt ist. Er sieht es ganz klar und formuliert, wohl in absichtlicher Kontrastparallele zu der Gottesoffenbarung, auf die sich Eliphas berufen hat (4, 12—17), diese seine Erkenntnis Gottes zusammenfassend, als Worte Gottes, die jeden Versuch, ihn mit menschlichen Maßstäben zu messen, kategorisch zurückweisen: In Gott fällt Macht und Recht zusammen, die menschliche Unterscheidung von beidem ist auf Gott nicht anwendbar; bei ihm ist Macht gleich Recht und Recht gleich Macht. Das eine ist in dem anderen aufgehoben, so daß im Blickfeld der menschlichen Perspektive, die beides unterscheidet, die absolute Gerechtigkeit Gottes gleichzeitig als die absolute Ungerechtigkeit erkannt wird, die jeden menschlichen Anspruch Gott gegenüber
20 | zerschlägt. Diese rätselhaft verzweifelte Situation des Menschen vor Gott meint V. 20, daß auch der schuldlose Mensch, wenn er vor Gott reden wollte, sich ihm gegenüber ins Unrecht setzt, denn er kann von seinem Recht nur reden, indem er von der Ungerechtigkeit Gottes redet; und damit hat er schon sein eigenes Urteil gesprochen. Das Verzweifelte dieser Lage, die Hiob mit unheimlicher Schärfe erkennt, ist, daß er trotz allen „guten Gewissens" an sich selbst irre wird
21 | und jede eigene Direktive verliert. Er kennt sich selbst nicht mehr; und so ruft er in der Verzweiflung sein Unschuldsbekenntnis hinaus, wohl wissend, daß er
22 | sein Leben mit diesem trotzigen Wagnis aufs Spiel setzt. Der menschliche Begriff der Gerechtigkeit, der unterscheidet zwischen schuldig und unschuldig, ist ihm von Gott her zerbrochen; diese Unterscheidung ist ihm sinnlos geworden, ein untaugliches Mittel, ihm beizukommen. Von seiner Leidenserfahrung her kann Hiob nur sagen: Gott ist un=gerecht. Gleichgültig ob schuldig oder unschuldig, der Mensch steht eben in der tödlichen Bedrohung durch Gott. Ein düsteres Gegenbild der neutestamentlichen Wahrheit: Er läßt seine Sonne aufgehen über die Bösen und die Guten und läßt regnen über Gerechte und Un=
23-24 | gerechte Mt. 5, 45. Die „Gerechtigkeit" Gottes ist eine andere, als daß sie in einem aus menschlichen Begriffen geformten Gesetz gefaßt werden könnte, dem sich Gott zu beugen hätte. Was Hiob am eigenen Leib erfahren, das sucht er durch den Beweis aus der Geschichte zu stützen. Dem rationalen Schema der Weltanschauung der Weisheit und der optimistischen Ausdeutung, die ihr Eliphas gegeben hat (vgl. besonders 4, 7), stellt Hiob die irrationale Seite der Wirklichkeit gegenüber, die mindestens den gleichen Anspruch auf Geltung erheben kann und als geschichtliche Wahrheit zu allen Zeiten ihre Bestätigung findet: Die großen Katastrophen wie Seuchen, Hungersnot, Krieg, in denen

Gottes „Geißel" daherfährt, treffen wahllos Schuldige wie Unschuldige, und gerade die Letzteren müssen angstverwirrt solches Geschehen wie einen Hohn Gottes empfinden, der ihrer Not und der dadurch hervorgerufenen Anfechtung ihres Glaubens zu spotten scheint. Und ist es nicht ein trauriges Rätsel aller Geschichte, daß immer wieder Macht und Frevel gepaart sind, und daß das Recht der brutalen Gewalt des Terrors weichen muß? Es ist bezeichnend für Hiobs Einstellung, daß er auch im Blick auf solche menschlichen „Ungerechtigkeiten" Gott am Werke sieht; und die Frage „wenn er's nicht ist, wer ist's denn sonst?" zeigt die unerbittliche Konsequenz seines Glaubensdenkens, das unter allen Umständen an Gott festhält und es wagt, eher die gefährliche, an Blasphemie grenzende Folgerung auf sich zu nehmen, als das monotheistische Fundament des Gottesglaubens aufzugeben. Hier ist Gott um seiner selbst willen ganz ernst genommen von einem Menschen, der weiß, daß er dadurch nicht nur sein Leben riskiert, sondern seine eigene Glaubensposition in Frage stellt. Das Grundthema des Hiobbuches, das bei der Wette im Himmel in der Frage des Satans „Ist Hiob umsonst gottesfürchtig?" angeschlagen war, klingt hier in einer Modulation von eigenartiger Prägung auf (vgl. 1, 9). Es geht dabei dem Hiob um Gott selber, gleichgültig, welche Folgen sich für seine Person daraus ergeben.

9, 25—35 **Der verzäunte Weg.** Hiob scheut nicht davor zurück, sein an sich schon bejammernswertes Geschick dem grellen Licht dieser von Gott her gewonnenen Perspektive auszusetzen und damit die Hoffnungslosigkeit seiner menschlichen Situation in einer viel tieferen Schicht seiner Glaubensexistenz zu beleuchten. Er geht dabei auf den Rat der Freunde ein, sich Gott aufrichtig zuzuwenden, und gibt seinen Worten die Wendung zum Gebet; aber er muß erkennen, daß alle Erwägungen in dieser Richtung vergebliche Mühe sind: Es gibt keinen Weg zu Gott, den der Mensch von sich aus einschlagen und zu Ende gehen könnte. Er kann nicht die Brücke schlagen, die über den Wesensabgrund zwischen Mensch und Gott hinüberführt; der Mensch kann nicht sein eigener pontifex sein! Auch von Gott her gesehen, ja von daher erst recht, gilt jenes Wort, mit dem Hiob in seiner einsamen Klage 3, 23 die Ausweglosigkeit seiner Position gekennzeichnet hat: „Gott hat ringsum des Menschen Weg verzäunt." Die Selbstbetrachtung Hiobs beginnt im Ton der Klage. Wie schwer der Ein- 25-26 druck der drängenden Vergänglichkeit des trostlos seinem Ende rasch zueilenden Lebens auf Hiob lastet, zeigen die drei Vergleiche mit der Schnelligkeit des Eilboten zu Lande, der leichten Papyrusnachen zu Wasser und des auf seine Beute herabstoßenden Raubvogels in der Luft. Aber alle Wege sind ihm ver- 27-29 sperrt. Will er, dem Rat der Freunde folgend, aufhören zu klagen und versuchen, gute Miene zum bösen Spiel zu machen, so faßt ihn das Grauen vor seinen unerträglichen Schmerzen und zugleich jenes Wissen um die rätselhafte Urschuld des Menschen, der sich als der Gefangene Gottes von ihm in den Anklagezustand versetzt sieht und vergeblich sich abmüht, der absoluten Gerechtigkeit Gottes einen Freispruch abzuringen. Der Übergang zur Zwiesprache mit Gott im Stil des Gebets verrät jedoch, daß Hiob trotz aller Erkenntnis seiner

Distanz und des Gegensatzes, in dem er sich zu Gott befindet, an ihm festzuhalten gewillt ist und allem Wissen zum Trotz doch die Verbindung mit ihm sucht. Auch der übliche Weg der Kultreligion, auf dem der Mensch aller Zeiten versucht, durch Reinigungszeremonien und Sühneriten die zürnende Gottheit sich günstig zu stimmen (vgl. z. B. Ps. 26, 6; Jes. 1, 16), ist ihm verschlossen: An dem absoluten Willen Gottes, der gegen ihn steht, scheitern alle menschlichen Reinigungsversuche; sie würden höchstens dazu führen, daß Gott die menschliche Befleckung ihm nur um so nachhaltiger zum Bewußtsein bringen würde, wie er in einem drastischen Bild es sich vorstellt. Auch die dritte Möglichkeit, eine Rechtsentscheidung zwischen Gott und Mensch auf dem Weg eines Schiedsgerichts herbeizuführen, ist von vorneherein ausgeschlossen. Gott ist Gott und nicht Mensch, daß der Mensch als Gerichtspartner mit ihm auf dieselbe Ebene treten könnte; und in seiner absoluten Gerechtigkeit ist der freie Wille Gottes selbst das Gesetz. Es gibt keinen Schiedsrichter, der über ihm steht, und ebensowenig, wie es die Freunde voraussetzen, ein übergreifendes Gesetz, dem Gott sich gerade so zu beugen hätte wie der Mensch[1]. Mag sich Hiob von seinem menschlichen Anliegen her noch so sehr innerlich dagegen aufbäumen, er kommt nicht darum herum, Gott in viel tieferem Sinne als die Freunde ernst zu nehmen; und er ist wahrhaftig genug, daraus die Folgerungen zu ziehen, auch wenn er sich damit jede Hoffnung, selbst einen Rückweg zu Gott zu finden, verbaut. Hiob sieht nur noch eine Möglichkeit, die sich zu einem letzten Wunsch verdichtet; aber ihre Verwirklichung liegt nicht in seiner, sondern in Gottes Hand: Wenn Gott von sich aus die Brücke schlagen würde über die Kluft der Absolutheit, die ihn von den Menschen trennt, wenn er, sein Erbarmen ihm zuwendend, das Leiden von ihm nehmen wollte und mit ihm die Angst, die ihm jeden Zugang zu Gott verwehrt, dann wäre die trennende Schranke gefallen, die einer Verbindung mit Gott im Wege steht und ein offenes Reden mit ihm in vertrauensvollem Gebet ohne Furcht unmöglich macht. Aber Hiob weiß nur zu gut, daß er selbst das nicht kann (lo' ken 'ānokî), daß eine solche Möglichkeit nicht bei ihm, dem Menschen, liegt ('immādî), sondern ausschließlich Gottes Sache, ein Akt seiner Gnade wäre.

Kapitel 10. Das Klagegebet

Obwohl Hiob mit aller Klarheit und Schärfe erkannt und ausgesprochen hat, daß alles menschliche Mühen, von sich aus zu Gott einen Zugang zu finden und ihn zu eigenen Gunsten umzustimmen, an der unzugänglichen Erhabenheit Gottes scheitert und darum umsonst ist (9, 4—12. 29), treibt ihn doch seiner Seele Bedrängnis dazu, sich Gott zuzuwenden im Gebet der Klage. Diese Inkonsequenz ist ein durchaus lebenswahrer Zug; das Klagegebet entspricht

---

[1] Diese Stelle spricht gegen den Versuch, den gesamten Redewechsel Kap. 3—31 ausschließlich vom Prozeßwesen her zu deuten, wie er besonders von L. Köhler („Die hebräische Rechtsgemeinde" in „Der hebräische Mensch" 1953, S. 152ff.), von Hölscher[2] (S. 29. 43) und Stier (S. 232 Anm. 10) vertreten wird. Vgl. auch Gemser, The Rib-pattern in Hebrew Mentality (VT Suppl. Vol. III, 1955, S. 120ff.).

einem unmittelbaren und unwillkürlichen Lebensdrang des Glaubens, der aus tieferen Schichten des Daseins emporquillt und sich stärker erweist als alle noch so gut theologisch begründete Erkenntnis. Aber im Zusammenhang mit dem Grundproblem des Hiobbuches kommt der Tatsache, daß Hiob in dieser Situation überhaupt zu Gott betet, noch eine besondere Bedeutung zu: In diesen Bitten als einer lebensnotwendigen Äußerung des Glaubens ohne Rücksicht auf einen möglichen Erfolg, ja gegen alle gedanklichen Überlegungen in dieser Richtung, zeigt sich ein absichtsloses Frommsein, das einfach da ist, weil es muß, das keinen anderen Existenzgrund hat als die unmittelbare Lebensbeziehung zu Gott, in der es allein ruht. Auch hier steht die Satansfrage im Hintergrund: „Ist denn Hiob umsonst gottesfürchtig?" (1,9). So wird auch die Klage als solche, in der Hiob seine Seelenqualen, die ihm die Gefährdung seines Glaubens in der Anfechtung bereitet, vor Gott ausbreitet, zu einem Bekenntnis zu Gott, über dessen vorwurfsvollen Tönen man nicht den Ernst und die Echtheit der Gottesfrage überhören sollte, um die auch hier mit letztem Einsatz gerungen wird. Hiob kann nicht von Gott lassen; er möchte ihn auch in seinem Leiden verstehen. Und da „ver=stehen" im Grunde bedeutet, „an die Stelle dessen stehen", den man verstehen will, so ist es verständlich, daß Hiob nach menschlichen Analogien sucht, von denen aus er Gott begreifen könne; ein Versuch, der aber gerade an der Absolutheit Gottes, die Hiob soeben seinen Freunden gegenüber klar herausgestellt hat, von vorneherein scheitern muß. Hiob, der hierbei einen ähnlichen Weg menschlicher Rationalität beschreitet wie die Freunde, verfällt somit seinem eigenen Urteil.

Der Gedankengang des Kapitels gliedert sich in drei Abschnitte: V. 1—7 erwägt Hiob drei Möglichkeiten der Motive des göttlichen Handelns, um sein Leid von Gott her verstehen zu können; er muß sie jedoch alle drei als Unmöglichkeiten zurückweisen; V. 8—17 befassen sich mit dem vermeintlichen Widerspruch, der sich von dem Schöpfungsglauben her ihm in seinem Leiden ergibt; der Schluß V. 18—22 mündet wieder ein in die alte müde Frage nach dem Grund und Sinn seiner Existenz angesichts des drohenden Todesdunkels.

Die Klage setzt neu ein: V. 1—2a bilden die Einleitung, nach Form und Inhalt ähnlich wie 7,11. Dem kranken und angefochtenen Manne ist sein Leben zuwider. Die Not seines Glaubens ist so groß, daß er der Klage freien Lauf lassen muß. Hiob weiß, daß er aus der Bedrängnis der Seele heraus redet und in Angst ist, mit der Beziehung zu Gott den letzten Halt zu verlieren. Er hat selbst das Gefühl dafür, wie sehr er bei solchem Ausgangspunkt der Verwirrung der Gedanken und Worte ausgesetzt ist (vgl. 6,3). Unter diesem Vorzeichen steht das gesamte Klagegebet, das er Gott vorträgt. Wie aus den Klagepsalmen ersichtlich ist, gehört es zum traditionellen Stil der Klagelieder, die ursprünglich im Festkult vorgetragen wurden, daß Gott als Richter erscheint und der Beter sich häufig in der Rolle des Angeklagten weiß, der den Urteilsspruch Gottes zu erwarten hat, durch den über Heil oder Unheil entschieden wird. Dieses überlieferte Vorstellungs= und Gedankengut erscheint auch

hier in der Klage des Hiob und berührt sich aus diesem Grunde mit gewissen
2 Grundgedanken, die aus dem Munde der Freunde bekannt sind. Hiob sieht
sich in eine Gerichtsentscheidung (rîb = einen Rechtsstreit führen) mit Gott ver=
wickelt und bittet ihn, daß er ihn „nicht schuldig" spreche. Seines Glaubens Not
besteht darin, daß er die Gründe nicht kennt, warum ihn Gott vor sein Gericht
3 fordert; er fühlt sich unschuldig in den Anklagezustand versetzt. Und deshalb
sucht er selbst nach Gründen, Gottes Verfahren mit ihm zu verstehen; Gründe,
die er allerdings im gleichen Augenblick wieder verwerfen muß, da sie, dem
menschlichen Wirklichkeitsbereich entnommen, auf Gott nicht anwendbar sind.
Die erste Frage nach der Devise cui bono? möchte wissen, was Gott davon habe,
daß er Gewalt übt und seiner eigenen Hände Werk verwirft. Zugleich ist diese
Frage ein Appell an die Ehre Gottes. Obwohl natürlich Hiobs eigene Leid=
erfahrung den Ausgangspunkt für diese Frage bildet, ist sie doch absichtlich
allgemein formuliert. Als Frage nach den Motiven des Handelns Gottes ist
Hiobs Frage eine Menschheitsfrage und darum ist sie auch erweitert im Blick
auf das Glück und Heil der Gottlosen V. 3c. Der Ausdruck hôphî'a (= er=
glänzen, erscheinen) ist terminus technicus für die im Kult gefeierte Theophanie
(vgl. 5. Mose 33, 2; Ps. 50, 2; 80, 2 ff.; 94, 1; dazu 2. Mose 24, 16 f.; 4. Mose
6, 25 ff.), in der mit der Gegenwart Gottes die Verwirklichung des Heils nach
altem Glauben verbunden war. Auch hier bedient sich Hiob der aus der kultisch=
liturgischen Tradition übernommenen Vorstellungen und rührt damit an das
Gesamtproblem der Theodizee, das auch die Frage nach dem Glück der Gott=
4 losen mit einschließt. So wenig wie die erste Frage entspricht auch die zweite
dem Wesen Gottes, wenn sie menschliche Kurzsichtigkeit bei Gott vermuten
wollte, daß sein Blick nicht in die Tiefen des Menschenherzens dringen könne
(vgl. 1. Sam. 16, 7!). In dieser Frage schwingt die Ehrfurcht vor der All=
wissenheit des Herzenskündigers mit und stellt sie damit selbst sofort wieder in
5-7 Frage. Auch die dritte Frage, die den Zweifel an Gottes Ewigkeit und Lang=
mut (vgl. 2. Mose 34, 5 ff.) ansetzen möchte, verurteilt sich selbst. Hiob unter=
schiebt Gott seine eigene nervöse Ungeduld und versucht sich Gott vorzustellen
als einen, der nicht warten kann, bis es sich schließlich von selbst herausstellt,
wie es um den Menschen bestellt ist. Er sieht in Gott den Inquisitor, der seiner
Sünde nachspürt und das Schuldgeständnis erpreßt; ein Urteil, das in die
dunklen Abgründe der widerspruchsvollen menschlichen Lebenswirklichkeit hinein=
leuchtet und im Munde eines vom Leid gequälten Menschen leider nur zu be=
greiflich ist. Aber solch ein Urteil ist Gottes unwürdig und gleichzeitig für Hiob
unbegreiflich, zumal Gott weiß, daß Hiob nicht schuldig ist, und anderseits
doch kein Mensch der Hand Gottes entrinnen kann. Auch bei dieser Frage ist
das Aufbegehren des Hiob gegen Gott verflochten mit der Anerkennung und
Beugung unter seine Macht und Ewigkeit, und dies erzeugt jenen unseligen
Zwiespalt zwischen Zweifel und Glaube, in dem sich Hiob verzehrt.

10, 8—17 **Schöpfer und Geschöpf.** Der Versuch Hiobs, mit menschlichen
Analogien der Unbegreiflichkeit des Gotteshandelns beizukommen, mußte not=
wendig im Negativen steckenbleiben. Der folgende Gedankengang geht nun

vom Positiven aus. Den Gedanken von V. 3 aufgreifend und weiter ausbauend, setzt Hiob bei dem Schöpfungsglauben ein und endigt bei dem Widerspruch zwischen Gott, seinem Schöpfer und Erhalter, und dem, der ihn grausam verfolgt, der ihm auch diese Position aus den Händen zu schlagen droht. Durch die Wehmut der Klage klingt hier die Ehrfurcht vor dem Wunder der Schöpfung durch, und in der bitteren Anklage schwingt der Ton der Verehrung der Liebe und Güte des Schöpfers mit. Auch hier leidet Hiob unter dem Zwiespalt der widerstreitenden Eindrücke, deren Widerspruch sich ihm nicht zu einer harmonischen Einheit des Lebensgefühls Gott gegenüber fügen will. Aber daß Hiob in Gott den Feind argwöhnt, ist psychologisch nur so zu verstehen, daß er in ihm zugleich den Freund sucht und von der Gemeinschaft mit ihm nicht lassen kann und will. In dieser Glaubensnot liegt die tiefste Wurzel seines Leidens. So bekennt sich Hiob jeweils in der ersten Hälfte von V. 8 und 9 in echtem, 8-9
demütig-ehrfürchtigen Schöpfungsglauben zu dem Gott, der ihn wunderbar geschaffen hat als ein Kunstwerk, wie der Töpfer den Ton, um dann in den zweiten Vershälften ihm vorzuhalten, daß er das großartige Werk seiner Hände wieder zerstöre. Er sieht darin einen unauflöslichen Widerspruch, den er — anders als wir — um so härter empfindet, als ihm innerhalb der Schranken des alttestamentlichen Denkens der Glaube an ein Leben jenseits des Todes nicht zu Gebote steht. Die allgemeine Frage nach dem Sinn des gottgeschaffenen Lebens angesichts des von Gott gesetzten Todes, jene Urfrage der Menschheit, die schon in der biblischen Urgeschichte (1. Mose 3, 19) in ihrer ganzen Wucht gestellt und beantwortet ist, erhebt sich hier neu, aber unter anderen Voraussetzungen als dort und darum auch in anderer Blickrichtung: Hiob sucht den Widerspruch in Gott; Gottes Verhalten — nicht das des Menschen wie in der Paradiesgeschichte — ist ihm das unlösbare Rätsel. Mit besonderer Ausführlichkeit ver- 10-12
weilt er bei dem Gedanken der Entstehung des Lebens im Mutterleib, der ihm in der auch im Koran und bei den Indern sich findenden orientalischen Form des Vergleichs mit gerinnender Milch das Wunderwerk göttlicher Schöpfermacht illustriert (vgl. Ps. 139, 13; Pred. 11, 5; 2. Makk. 7, 22 f.; Weish. Sal. 7, 2). In betender Betrachtung seines Lebens vor Gott — die echte und edelste Ausdrucksform des biblischen Schöpfungsglaubens, der den Gedanken der Erhaltung mit einschließt — weiß er sein bisheriges Leben getragen und behütet von Gottes Liebe und Fürsorge, bis sein Unglück dies alles mit einem Mal in Frage stellte und er sich einem Gott gegenüber sah, der ihn grausam verfolgt. Da er Gott keine Sinnesänderung zutraut oder keinen Grund sieht, der 13-14
einen Wandel in Gottes Verhalten rechtfertigen würde, so kommt er zu dem Schluß, daß Gott schon von Anfang sein Gegner gewesen sein müsse, als den er ihn jetzt empfindet. Auf dem Wege logischer Folgerung will er sich den Einblick in das erzwingen, was Gott in seinem Herzen verborgen hat. Kein Wunder, daß das Gottesbild, das er sich auf diese Weise konstruiert, zur Fratze wird, daß er die „Vorsehung" Gottes nur noch als listig grausames Aufpassen des Gegners deutet (vgl. 7, 12), der ihn unter allen Umständen schuldig haben will. Wieder versucht Hiob — ein weiterer Beweis für die tiefe Lebenskenntnis

des Dichters —, menschliche Maßstäbe an Gottes Verhalten anzulegen: Er weiß um den Menschen in seinem Widerspruch, der quält, wen er liebt; und er meint, Gott müsse so sein wie er. Und so kommt Hiob wieder zu dem Punkt, wo wie in 9, 20. 22 auch die menschlichen Begriffe von Recht und Unrecht vor der absoluten Gerechtigkeit Gottes zerbrechen, die er nicht anders erkennen kann denn als die grausam ihr Werk vernichtende Allmacht des Schöpfers. Einerlei ob er im Recht ist oder im Unrecht, er wird nicht „das Haupt erheben" können wie ein freier Mensch; und wollte er's versuchen, dann würde Gott ihm nachjagen wie der Löwe seiner Beute, damit er Gottes „Wundermacht" in einer Weise zu spüren bekommt, daß ihm solch kühner Troß vergeht. Vor diesem Gott kommt er sich vor wie das gefangene Tier in den Krallen des Raubtiers, das sein grausames Spiel treibt mit der ihm sicheren Beute (zu diesem Bild vgl. Hos. 5, 14; 13, 7 f.). Zu der in den Klagepsalmen traditionellen Vorstellung vom Gericht zurückkehrend, fürchtet Hiob, Gott werde seinen Zorn steigern und ihm neue Leiden als Zeugen seiner Schuld schicken, die er — ebenfalls ein in den Psalmen gebräuchliches Bild — wie feindliche Heere gegen sich anstürmen sieht. Bei allen diesen Vorwürfen gegen Gott, in denen Hiob seinem alten Glauben den Rücken wendet, bleibt er doch Gott zugewandt im Gebet.

10, 18—22 **Sub specie mortis.** Antwortet der Schöpfungsglaube auf die Frage nach dem Existenzgrund der Kreatur im Schöpferwillen Gottes, so muß er zum Problem werden in dem Augenblick, wo die Existenz von Gott selber bedroht erscheint. Das ist die religiöse Situation des Hiob. Er steht vor der letzten Frage seines Daseins ohne Antwort. Der Tod ist für ihn nicht nur der physiologische Vorgang des Erlöschens seines irdischen Lebens; er ist mehr: Er ist ein metaphysisches Geschehen, nämlich die Aufhebung seiner gesamten Existenz von Gott her, in die auch der Glaube als Lebensbeziehung zu Gott mit hineingerissen zu werden droht. Von der absoluten Gerechtigkeit Gottes, die dem Menschen nur als absolute Ungerechtigkeit und feindselige Allmacht im natürlichen Blickfeld erscheint, ist Hiob tatsächlich vor das absolute Nichts gestellt, das sein ganzes Leben vom Anfang bis zum Ende überschattet. Darum endet er, von einer anderen Seite herkommend, auch hier wieder bei der alten Frage nach dem Problem dieser Existenz (vgl. zu 3, 11—16). Deshalb ist auch sein Blick dämonisch gebannt von der dunklen Todesnacht, die er zugleich fürchtet und doch herbeisehnt. In V. 18 und 19 klingt die frühere Todessehnsucht wieder auf, die angesichts der qualvollen Sinnlosigkeit eines von Gott bedrohten Daseins den Tod als willkommene Erlösung aus aller Not begrüßt. Aber alle Todessehnsucht kann nicht den wehmütigen Schmerz und das Grauen ersticken, das der Blick auf das ihm nur noch kurz befristete Leben und in „das dunkle Land der Todesschatten", wo alle Not zurücksinkt in die Urfinsternis einer Welt ohne Licht und Ordnung, gleichzeitig bei Hiob wachruft. Und auch die letzte Bitte, die Hiob in dieser aussichtslosen Lage an Gott hat, entspricht der Spannung der widersprechenden, miteinander ringenden Energien in der Beziehung zu Gott, deren eine von Gott wegführt, wenn sie den als

Gegner erscheinenden Gott bittet, „wegzublicken", während die andere gerade im Wegblicken Gottes einen letzten Gnadenerweis sucht (vgl. zu 7, 19), um wenigstens diesen kurzen Lichtschein göttlichen Erbarmens mit hinüberzunehmen in die ewige Nacht des Todes.

Kapitel 11. Die erste Rede des Sophar

1 Da entgegnete Sophar, der Naamatit, und sprach:
2 Soll Wortschwall keine Antwort finden,
 und soll der Maulheld recht behalten?
3 Soll Männer dein Geschwätz zum Schweigen bringen,
 und willst du spotten ungestraft?
4 Du sagtest: „Rein ist meine Lehre,
 in deinen Augen war ich lauter."
5 Doch, wenn Gott einmal reden wollte,
 den Mund auftäte gegen dich
6 und dir der Weisheit Tiefen kündete,
 die doppelt schwer an Einsicht sind,
 erkennen würdest du, daß er dich strafen will[1] ob deiner Schuld!

7 Kannst Gottes Wesen du ergründen
 und des Allmächt'gen Grenzen finden,
8 hoch wie der Himmel, — was vermagst du da?
 tief wie die Hölle, — was weißt du?
9 Ihr Maß ist länger als die Erde
 und breiter als das (weite) Meer.
10 Er fährt daher und nimmt gefangen,
 beruft (Gericht), wer wehrt ihm da?
11 Denn er erkennt nichtswürd'ge Menschen;
 er sieht das Arge, achtet ‚drauf'[2].
12 Kommt denn ein Hohlkopf zur Besinnung,
 ein Eselsfüllen als ein Mensch zur Welt?
13 Wirst du dein Herz in Ordnung bringen
 und deine Hände breiten zu ihm aus
14 — ist Arges dran, so tu' es weg,
 kein Unrecht wohn'[3] in ‚deinem Zelt'[2] —,
15 dann kannst du makellos dein Antlitz heben,
 dann wirst du feststehn, ohne Furcht.
16 ‚Dann'[2] wirst die Mühsal du vergessen,
 dir dünkt's wie Wasser, das verrann.
17 Und mittaghell geht dir das Leben auf;
 ist's dunkel noch, wie Morgen wird es sein!
18 Du wirst vertrau'n, daß es noch Hoffnung gibt,
 du schaust dich um, kannst ruhig schlafen.
19 So liegst du; keiner schreckt dich auf,
 und viele werden dich umschmeicheln.
20 Der Frevler Augen schmachten hin,
 verloren ist für sie die Zuflucht,
 und ihre Hoffnung ist — ihr letzter Hauch!

---

[1] Lies jisch'aleka = dich zur Rechenschaft zieht (Ehrlich, Torczyner, Dhorme).
[2] s. BH.   [3] Wörtlich: Laß wohnen.

Kapitel 11

Als letzter der Freunde ergreift Sophar das Wort zur Entgegnung. Man hat daraus den Schluß gezogen, daß er der Jüngste sei, und darf wohl in dem temperamentvollen Ungestüm seiner Sprechweise und in der starren Grundsätzlichkeit seiner Gedanken die Bestätigung dieser Auffassung sehen, die das psychologische Feingefühl und die lebenswahre Darstellungskunst des Dichters in bedeutsames Licht rückt. Seelsorgerliche Qualitäten wie bei Eliphas sucht man bei diesem jugendlichen Vertreter der Weisheit vergebens. Äußerlich zwar geht er auf die Worte des Hiob ein und greift einige seiner Gedanken auf, aber ihm fehlt die Kunst des „Verstehens", die es ihm ermöglicht, an der Stelle des Gesprächpartners zu stehen, sich in seine Lage zu versetzen und dessen Fragen zu seinen eigenen zu machen. Er verharrt auf dem ein für allemal eingenommenen Standpunkt seiner starren Grundsätze und hat, wie bei allen derartigen Gesprächen, kein Ohr für die Glaubensnöte des ringenden Hiob, weil er aus dessen Worten nur das vernimmt und aufnimmt, was er zu seinem eigenen Glauben in Bezug zu setzen vermag. Kein Wunder, daß er unter diesen Umständen nur den Vorwurf gegen Gott oder vielmehr gegen seine Auffassung von Gott hört und nur der schrille Ton trotzigen Aufruhrs in seinem Ohr klingt. Alles andere ist ihm hochfahrender „Wortschwall" und leeres „Geschwätz". So beginnt seine Entgegnung mit einer scharfen Zurechtweisung V. 2—3, die in V. 4—11 übergeht zu einer Belehrung über die Tiefe der göttlichen Weisheit, um in V. 12 bis 14 einzumünden in eine Mahnung zur Buße mit verheißendem (V.15—19) und warnendem (V. 20) Ausblick.

2-3 **11, 2—3 Einleitung.** Aus den Worten, mit denen Sophar ins Gespräch eingreift, spürt man, vor allem wenn man die behutsame feinfühlige Art dagegenhält, in der Eliphas auf die Klage des Hiob reagiert hat (Kap. 4—5), den mühsam bis dahin zurückgehaltenen Ausbruch zorniger Empörung eines Mannes, der von vornherein nicht bereit ist, auf Hiobs Anliegen einzugehen, und sich deshalb der Möglichkeit beraubt, eine Brücke zu Hiob hinüber zu schlagen und das Gespräch fruchtbar weiterzuführen. Im Gegenteil, die einleitenden Worte, die in der Art eines Monologs begründen sollen, warum Sophar das Wort nimmt, betonen unüberhörbar die innere und äußere Distanz zwischen ihm und Hiob. Und der Ton der Zurechtweisung, mit dem er beginnt, schwingt in allem mit, was er dem Hiob zu sagen hat. Er sieht seine Aufgabe darin, wie er ausdrücklich am Ende von V. 3 sagt, die Rolle dessen zu übernehmen, der den aufrührerischen Hiob „beschämt" (so wörtlich). Aus diesem Grunde zieht er gleich die stärksten Register und spart der harten Schimpfworte nicht, die den Gegner niederschmettern sollen. Die Ausdrücke wie „Wortschwall", „Maulheld", „Geschwätz", „Spott" verraten jedoch nicht nur den losbrechenden Zorn des Sprechers, sondern charakterisieren zugleich seine Unfähigkeit, den Hiob in seinen Nöten und Fragen überhaupt zu verstehen, wenn ihm dessen Worte als hochtrabendes, inhaltloses Gerede erscheinen, das nur seinen Zorn wachzurufen imstande ist. Damit aber verfällt er demselben Urteil, das er über den andern ausspricht, und wir begreifen, wie auf diese Weise die Kluft zwischen Hiob und seinen Freunden notwendig immer breiter werden muß.

11,4—6 Die „Weisheit" Gottes. Erst mit V. 4 scheint Sophar auf Hiob 4 einzugehen, aber auch dabei verbleibt er innerlich in derselben abweisenden Haltung, die aus der einleitenden Zurechtweisung spricht. Er greift die Unschuldsbeteuerung Hiobs heraus (vgl. 9, 21; 10, 7. 15), die ihn offenbar am meisten empört, da sie seiner Auffassung der Situation am stärksten widerspricht. Dabei ist es bezeichnend, daß er das, was Hiob gesagt hat, eine „Lehre" (wörtlich = überkommene Tradition) nennt; das ist die einzige Kategorie, in welcher der Vertreter der Weisheits„lehre" denken kann. Für ihn spiegelt sich das Verhältnis von Gott und Mensch nur im Rahmen einer lehrhaft rationalen Dogmatik. Die lebendige Dynamik des ernsten Glaubensringens des Hiob mit Gott und um Gott ist ihm eine unbekannte und verschlossene Welt. Auf Grund 5 dieser seiner dogmatischen Auffassung von der Gerechtigkeit Gottes ist Sophar von der Schuld des Hiob überzeugt. Da er selbst jedoch ihm keine Schuld nachzuweisen vermag, wünscht er, daß Gott selbst einmal gegen ihn reden möge, 6 um die verborgenen Tiefen seiner „Weisheit" zu künden, die deshalb so schwer einzusehen sind, weil sie dem Menschen doppeldeutig erscheinen. Sophar berührt damit den entscheidenden Punkt, an dem Hiob nicht mehr weiterkommt, wenn er die absolute Gerechtigkeit Gottes, die das Dogma vertritt, in seiner persönlichen Lage nur als absolute Ungerechtigkeit verstehen kann. Sophar sieht das Problem der Duplizität zwischen Dogma und Wirklichkeit, aber es besteht für ihn nicht wie für Hiob als Frage der Glaubensexistenz. Ihm ist von vornherein gewiß, daß Gott den Hiob als einen schuldig Gewordenen durch sein Leiden zur Rechenschaft ziehen will. Die vergeltende Strafgerechtigkeit Gottes ist ihm auch für diesen Fall der Weisheit letzter Schluß. Die Tiefe göttlicher Weisheit ist ihm gleichbedeutend mit der verborgenen Gerechtigkeit Gottes, die ihm als Postulat auch in Hiobs Fall feststeht.

11,7—11 Gottes unergründliches Wesen. Dieses Postulat von Gottes ab- 7-9 soluter Gerechtigkeit sucht Sophar dem Hiob näher zu bringen, indem er es herleitet aus der allgemeinen Unergründlichkeit des göttlichen Wesens, die sich aus seiner absoluten Transzendenz ergibt. Nach jeder Richtung übersteigt das Geheimnis göttlichen Wesens die menschlichen Maßstäbe und Begriffe. Seiner Weisheit und Macht sind keine Grenzen gesetzt. Diese Gedanken sind dem Hiob nicht fremd; er hat in 9, 11 f. Ähnliches schon selbst ausgesprochen. Und auch 10 darin wird ihm Hiob kaum widersprechen, daß keiner seiner Allmacht wehren kann, wenn er kommt, den Menschen gefangennimmt und zur Verantwortung zieht. Das ist ja seine eigene bittere Erfahrung, daß er sich als der Gefangene Gottes ihm ausgeliefert sieht. Die dem Vers zugrunde liegende Vorstellung vom „Erscheinen" Gottes, bei dem die Gemeinde zum Gericht über die Gefangenen versammelt ist, dürfte auf alten Kultbrauch zurückgehen, wo im Rahmen des Bundesfestkults im Zusammenhang mit der Theophanie das Gottesurteil über die Angeklagten gefällt wurde (vgl. Hans Schmidt, Das Gebet der Angeklagten im Alten Testament, 1928, und Weiser, Die Psalmen[8], S. 20f., 30f., 51ff.). — Hiob ist bei der Unbegreiflichkeit Gottes stehen- 11 geblieben; und das ist der tiefste Grund seiner Seelennot, daß er sie als die

Grundfrage seiner Existenz ganz ernst nimmt in der Unbegreiflichkeit seines körperlichen und seelischen Leidens. Sophar dagegen glaubt den Schlüssel zu Gottes Geheimnis zu besitzen in der Lehre von der Gerechtigkeit Gottes, in die er, unbekümmert um das zuvor Gesagte, das Ganze mit deutlicher Zuspitzung auf Hiob ausmünden läßt: Gottes Weisheit „erkennt die nichtswürdigen Menschen"; seinem durchdringenden Blick entgeht auch das verborgene Böse nicht. Sophar sieht den Splitter in des Bruders Auge und wird nicht gewahr des Balkens im eigenen Auge. Die Lehre von Gottes vergeltender Gerechtigkeit ist nach wie vor das Prinzip seines Denkens; sie stellt sich bei ihm hemmend vor die Erkenntnis der Wirklichkeit und macht ihn blind gegenüber den Fragen des Hiob, aber auch gegenüber dem wirklichen Gott, den Hiob gerade mit seinen Fragen sucht.

12   11, 12—20 **Mahnung und Warnung.** Im zweiten Teil seiner Rede zieht Sophar die praktischen Folgerungen aus der vorhergehenden Erörterung. V. 12 bildet dabei die Überleitung. In der Meinung, den Hiob von der Richtigkeit seines Gedankengangs überzeugt zu haben, glaubt Sophar, es bedürfe nur der vernünftigen Überlegung, um auf den richtigen Weg zu kommen. Um den Hiob dazu zu bringen, bedient er sich eines Sprichworts (māschāl) aus der Weisheits= überlieferung, das hier besagen will, daß man von einem Hohlkopf ebensowenig Besinnung verlangen kann, wie von einem Eselfohlen, daß es als Mensch geboren

13 werde. Von Hiob jedoch, den Sophar hier bei seiner Ehre faßt, kann er er= warten, daß er nicht mit dem Ungestüm eines unbändigen Tiers sich aufbäumt, sondern so viel menschliche Vernunft besitzt, sich auf den einzig möglichen Weg zu besinnen, den er ihm vorschlägt: den Weg der Beugung unter Gott und der Buße. Innere Umkehr, die sein Herz wieder „fest macht", und Gebet — man betete im Altertum mit vorgestreckten offenen Händen (vgl. 2. Mose 9, 33) —

14 und Beseitigung und Meiden des Bösen, wie der Zwischensatz V. 14 betont, das ist die rechte Buße, die Sophar dem Freunde empfiehlt und zutraut. Erst die

15-19 tätige Reue, der aktive Kampf gegen das Böse macht die Reue zur Buße. Nur echter Buße gilt die Verheißung, die in V. 15—19 in lichten und lockenden Farben eindrücklich ausgemalt wird: Ohne „Furcht und Tadel" (vgl. 9, 35; 10,15 f.) wird Hiob dann das Haupt wieder frei erheben können; die drückende Last des Leidens wird er vergessen wie Wasser, das vorüberrauscht und nicht mehr wiederkehrt. Das gegenwärtige Dunkel wird einem neuen Lebensmorgen weichen und im strahlenden Sonnenlicht wie eine Landschaft am Mittag wird das Leben vor ihm liegen, gegründet auf neuer Hoffnung und neuem Vertrauen. Hiob wird sich durch den Augenschein überzeugen dürfen, daß ihm mit diesem neugewonnenen Gottvertrauen Ruhe und Sicherheit geschenkt wird, aus der ihn niemand mehr aufschreckt; und Ehre und Ansehen bei den Menschen werden sein inneres und äußeres Glück vollenden.

20   Der Mahnung und Verheißung folgt kurz aber eindringlich die Warnung. Es ist das Schema der „beiden Wege" (vgl. Ps. 1 und Mt. 7, 13 f.), das Sophar aus der Weisheitslehre hier in Anwendung bringt. Dem lichten Weg des Lebens, der dem Frommen verheißen ist, stellt er den Weg des Todes gegenüber, den der Gottlose gehen muß; ein Hinsterben ohne Halt und Zuflucht, dem als einzige

Hoffnung, wie Sophar mit bitter ironischer Anspielung auf Hiobs Todes=
gedanken (10, 20 ff.) wirksam formuliert, — der Hauch des Sterbens bleibt!
Obwohl die Rede des Sophar die der beiden anderen Freunde an Schärfe über=
trifft, biegt sie in ähnliche Gedankenreihen ein, wie sie von Eliphas (Kap. 5) und
Bildad (8, 11 ff.) zum Ausdruck gebracht worden waren. So ernst die Mahnung
und Warnung gemeint sein mag, sie trifft an Hiob vorbei, denn sie ruht auf der
Voraussetzung seiner Schuld, die Hiob nicht anerkennen kann, ohne von der
Wahrheit zu weichen. Daß der schulmeisterlich belehrende Ton unter diesen Um=
ständen bei Hiob das Gegenteil bewirkt von dem, was er soll, ist nicht zu ver=
wundern, um so mehr als der Versuch des Sophar, hinter das Geheimnis der
absoluten Weisheit Gottes zu dringen, ihm nur scheinbar gelungen ist auf dem
Weg einer Vergewaltigung der rätselvollen Wirklichkeit durch die vorgefaßte
Lehre des Dogmas.

Kapitel 12—14. Hiobs Entgegnung

Kapitel 12

1 Da entgegnete Hiob und sprach:
2 Wahrhaftig, ja, ihr seid ‚das'[1] Volk,
und mit euch stirbt die Weisheit aus!
3 Doch hab' auch ich Verstand wie ihr,
ich falle gegen euch nicht ab;
wem wäre solches nicht bekannt?
4 Ein Spott den eignen Freunden soll ich sein,
der Gott anrief, daß er ihn höre[2],
ein Spott der Fromme, der Gerechte!
5 Dem Unglück Hohn! — so meint der Sich're;
ein Stoß für den, des Fuß schon wankt!
6 Ruhig stehn der Verwüster Zelte,
und die Gott reizen, haben Ruh,
wer Gott in seine Hand gebracht.

7 Frag' doch das Vieh, es wird dich lehren,
des Himmels Vögel künden dir's,
8 der Erd' Gesträuch wird dich belehren,
erzählen dir die Fisch' im Meer:
9 Wer wüßt' es nicht bei diesen allen,
daß dies gemacht hat Jahwes Hand,
10 in dessen Hand die Seele alles Lebens
und alles Menschenfleisches Geist!
11 Soll nicht das Ohr die Worte prüfen,
wie mit dem Gaumen man die Speise prüft?
12 Findet sich Weisheit nur bei Greisen,
ist Lebenslänge Einsicht schon?

13 Bei Ihm ist Heldenkraft und Weisheit,
Sein ist die Einsicht und der Rat.
14 Wenn Er einreißt, baut keiner wieder,
wenn Er einschließt, macht keiner auf.

---

[1] s. BH. [2] Lies weja'anehû.

15 Hemmt Er das Wasser, wird's vertrocknen,
   und läßt Er's los, zerwühlt's das Land.
16 Bei Ihm ist Macht und Einsicht auch,
   Sein ist, wer irrt und irreführt.
17 Ratsherren läßt er barfuß gehen,
   und Richter machte er zu Narr'n.
18 Der Kön'ge „Fesseln"[1] löst er auf,
   legt ihren Hüften an den Gurt.
19 Die Priester läßt er barfuß gehen
   und bringt manch alt Geschlecht zu Fall.
20 Das Wort entzieht er den Bewährten,
   der Greise Urteil nimmt er weg.
21 Verachtung gießt er über Edle
   und löst der Starken Gürtel auf.
22 Er holt hervor des Dunkels Tiefen
   und bringt die Finsternis ans Licht,
23 der Völker mehrt und sie vernichtet,
   Völker ausbreitet und „verläßt"[2].
24 Den Erdenherrschern[2] nimmt er den Verstand,
   führt sie ins Irre ohne Weg,
25 daß sie im Dunkel tappen ohne Licht,
   und läßt sie irren Trunk'nen gleich.

Kapitel 13

1 Seht, alles hat mein Aug' gesehen,
  mein Ohr gehört und merkte drauf.
2 Was ihr erkannt, erkenn' auch ich;
  ich falle gegen euch nicht ab.
3 Doch will ich zum Allmächt'gen reden,
  rechten mit Gott ist mein Begehr.
4 Ihr aber seid (mir) Lügentüncher,
  pfuschende Ärzte seid ihr all!
5 O, wenn ihr doch nur schweigen wolltet,
  das würde Weisheit für euch sein!
6 Hört doch einmal auf meine Klage,
  vernehmet meiner Lippen Streit!
7 Redet ihr Falsches Gott zuliebe,
  und für ihn wollt ihr reden Trug?
8 Wollt ihr für ihn Partei ergreifen
  und für Gott führen den Prozeß?
9 Wird's gut ausgehn, wenn er euch prüfte,
  wollt ihr ihn täuschen, wie man Menschen täuscht?
10 Gewiß würd' er zurecht euch weisen,
   wenn heimlich ihr Partei ergreift.
11 Würd' seine Hoheit euch nicht schrecken,
   nicht Furcht vor ihm euch überfallen?
12 Eure Denksprüche sind aus Asche,
   was ihr antwortet, ist aus Ton.
13 Schweigt mir doch still, ich will nun reden,
   komme auf mich, was kommen mag!
14 ' '[2] Ich nehm' mein Fleisch in meine Zähne
   und nehm' mein Leben in die Hand.

---

[1] Lies môser.   [2] s. BH.

15 Mag er mich töten, ich hab' nichts zu hoffen,
   ihm dartun möcht' ich meinen Wandel nur.
16 Schon „das"[1] würd' mir zum Heil gereichen,
   denn kein Ruchloser kommt vor ihn.
17 Hört, höret doch auf meine Rede,
   nehmt zu Gehör, was ich erklär'!
18 Seht, ich bin für den Fall gerüstet;
   ich weiß es, daß ich bin im Recht.
19 Wer ist es, der mir das bestreite?
   dann müßt' ich schweigen und vergehn.
20 Nur zweierlei tu' mir nicht an,
   dann brauch' ich mich vor dir nicht bergen:
21 Entferne deine Hand von mir,
   und Furcht vor dir erschreck' mich nicht!
22 Dann ruf', so will ich Antwort geben,
   oder ich rede und du gib Bescheid!
23 Wieviel hab' ich an Schuld und Sünde?
   Tu' kund mir meine Sünd' und Schuld!
24 Warum verbirgst dein Antlitz du
   und siehst mich an als deinen Feind?
25 Verwehtes Laub willst du noch scheuchen,
   herjagen hinter dürrem Stroh,
26 daß du mir Bitt'res zudiktierest,
   mich erben läß't der Jugend Schuld
27 und meine Füße legest in den Block
   und meine Wege all bewachst,
   einkreisest meiner Füße Spur[2]?
28 Und doch zerfällt er wie Verfaultes,
   dem Kleid gleich, das die Motte fraß.

Kapitel 14

1 Das Menschenkind, vom Weib geboren,
  lebt kurze Zeit, ist unruhsatt.
2 Wie eine Blume geht er auf und welkt,
  flieht wie ein Schatten, hält nicht stand.
3 Doch über ihn hältst du dein Auge offen
  und bringst mich ins Gericht vor dich.
4 Käm' doch ein Reiner her vom Unreinen!
  Nicht einmal einer!
5 Sind seine Tage fest begrenzt,
  steht seiner Monde Zahl bei dir,
  hast ihm ein Ziel gesetzt, das er nicht überschreitet,
6 so blicke weg von ihm, ‚hör' auf'[1],
  daß wie ein Lohnknecht er sich freu' des Tags!

7 Ja, für den Baum ist Hoffnung noch:
  wird er gefällt, so sproßt er wieder,
  und sein Gesproß das hört nicht auf,
8 wenn in der Erde seine Wurzel altert
  und in dem Boden stirbt sein Stumpf.
9 Vom Duft des Wassers sproßt er wieder,
  bringt Zweig' hervor, dem Pflänzling gleich.

---
[1] s. BH.   [2] Wörtlich: Wurzeln.

10 Doch stirbt ein Mann, liegt er entkräftet;
   scheidet ein Mensch, wo ist er dann?
11 Des Meeres Wasser, sie verschwinden,
   ein Strom vertrocknet und versiegt,
12 so legt der Mensch sich, steht nicht auf;
   keiner erwacht, soweit der Himmel,
   und niemand wacht vom Schlummer auf.

13 Daß du im Totenreich mich bärgest,
   verstecktest, bis dein Zorn gewandt,
   ein Ziel mir setztest, mein gedächtest.
14 — Wenn einer stirbt, lebt er dann wieder? —
   all' meine Dienstzeit wollt' ich harren,
   bis meine Ablösung käme herbei.
15 Du riefest, und ich gäbe Antwort,
   nach deiner Hände Werk verlangt' es dich.
16 Wenn du dann würdest meine Schritte zählen,
   so würdest du nicht wachen über meiner Sünd'.
17 Versiegelt wär' im Beutel mein Vergehen;
   du hättest überstrichen[1] meine Schuld.

18 Doch selbst ein Berg zerfällt im Stürzen,
   ein Felsen weicht von seinem Platz.
19 Das Wasser schleift die Steine ab,
   Erdschollen schwemmt der Regen fort.
   Des Menschen Hoffnung tilgst du aus.
20 Zwingst ihn für immer, er muß gehen,
   sein Angesicht entstellt, schickst du ihn fort.
21 Sind seine Söhn' in Ehren, weiß er's nicht;
   sind sie verachtet, er merkt's nicht.
22 Sein Leib fühlt nur die eignen Schmerzen,
   und seine Seele trauert nur um ihn.

Die Wirkung der herausfordernden Rede des Sophar bleibt nicht aus. Hiob rechnet mit den Freunden ab in einer Weise, die, was die Schärfe von Ton und Inhalt anbelangt, den Partnern in nichts nachsteht. Aber er bleibt nicht bei dieser Generalabrechnung stehen. Nachdem er erkannt hat, daß er bei den Freunden weder das Verständnis, das die letzten notvollen Fragen seines ringenden Glaubens ernst nimmt, noch die Anerkennung seiner Unschuld erwarten darf, mit der die Wahrhaftigkeit seiner Person, seine „Ehre" vor Gott und den Menschen, steht und fällt, schreitet er weiter und wagt den letzten Schritt, Gott selbst zur Anerkennung seiner Unschuld herauszufordern. In dem schmerzlichen Verzicht auf die Geltung bei den Menschen und dem daraus notwendig gewordenen Wagnis, auf Leben und Tod um die Geltung vor Gott zu ringen, vollzieht sich ein Stück der inneren Dramatik der Hiobdichtung mit ihrer eigenartigen Dynamik: Die Steigerung des seelischen Leidens ist zugleich ein Schritt zu seiner Überwindung.

Die große Rede des Hiob zerfällt demnach in zwei Teile: I 12,2—13,12 die Auseinandersetzung mit den Freunden; II 13,13—14,22 Hiobs Heraus=

---

[1] Lies weṭitpol.

forderung Gottes. Die eigenartige Struktur der meisten Hiobreden begegnet auch hier: Sie beginnen beim Menschen und enden bei Gott. In dieser Form zeichnet sich die Grundlinie ab, in der das gesamte Hiobproblem verläuft, sie ist der unsichtbare innere Leitfaden der Hiobdichtung.

I. 12, 2—13, 12 Die Auseinandersetzung mit den Freunden

Die Abrechnung Hiobs mit seinen Freunden gliedert sich in vier Hauptabschnitte, die untereinander durch das Thema der „Weisheit" zusammengehalten sind: 1. 12, 2—6 enthält die **Abwehr** gegen den schulmeisterlich hochfahrenden Ton der Belehrung in der Weisheit und die **Anklage** gegen die mitleidslose Verachtung, die Hiob im Unglück von seiten seiner Freunde erfährt; 2. 12, 7—12 die Kritik der menschlichen Weisheit; 3. 12, 13—25 die Frage der absoluten Weisheit Gottes und ihre Problematik; 4. 13, 1—12 die Kritik an der Unwahrhaftigkeit, mit der die Freunde für Gott Partei ergreifen.

12, 2—3 **Die Abwehr.** Zunächst verwahrt sich Hiob dagegen, daß ihn die Freunde von oben herab behandeln wie einen Schüler, den man belehren muß. Mit bitterer Ironie charakterisiert er das Selbstbewußtsein der drei Freunde, die meinen, die ganze Weisheit zu besitzen, als ob sie „das Volk" wären und allein die allgemeingültige Meinung vertreten würden, neben der eine andere überhaupt nicht aufkommen und bestehen kann. Treffend kennzeichnet Hiob damit das Geltungsbedürfnis des rechthaberischen Menschen, der gern das eigene Urteil verallgemeinert und, um es zu stützen, es als die Meinung aller auszugeben versucht. Auch der zweite Halbvers geißelt die stolze Einbildung der Gegner, mit dem giftigen Wort: „mit euch stirbt die Weisheit aus" die Beschränktheit dieser naiv-egoistischen Haltung treffend, die nur sich allein im Besitz der Weisheit wähnt. Demgegenüber betont Hiob mit einem im Blick auf das anzügliche Sprichwort vom Hohlkopf (11, 12) nicht unberechtigten Eigenstolz, daß er sich getrost neben ihnen sehen lassen kann und, was Verstand und Weisheit anbelangt, den Vergleich mit ihnen nicht zu scheuen braucht. Im übrigen, meint Hiob (V. 3c), geht das, was er von der Weisheit der Freunde zu hören bekam, nicht hinaus über Allbekanntes, was jedermann schon weiß. Vielleicht ist, wie das Folgende zeigt, hier die alte Tradition über Hiob als einen weisen und gerechten Mann vorausgesetzt (vgl. Ez. 14, 14. 20). Im Zusammenhang des Gesprächs berührt Hiob schon hier den Punkt, auf den er hernach ausführlich zu sprechen kommt (vgl. zu 13, 4. 7 ff.), den Mangel an innerer Wahrhaftigkeit, der immer mit solch törichter, eingebildeter Eitelkeit verbunden ist und alle noch so fromm scheinenden Bemühungen um ihren Erfolg und Segen bringt.

12, 4—6 **Die Anklage.** Die nun folgende Anklage scheint den logischen Gedankengang zu unterbrechen und wird aus diesem Grunde von manchen Auslegern als späterer Einschub beurteilt. Doch bleibt angesichts der lebendigen Dramatik des Dialogs zu fragen, ob der logische Maßstab das einzig mögliche Kriterium für den Aufbau der Rede darstellt. Mir scheint, daß weniger die logische als vielmehr die psychologische Gedankenfolge maßgebend ist; und es wird kaum zu bestreiten sein, daß Hiob, wenn er mit seinen Freunden abrechnet, nicht wortlos an dem vorübergehen kann, was ihn in seinem Verhältnis zu ihnen am meisten schmerzen muß, daß sie nämlich den Ernst seiner Frömmigkeit in Zweifel ziehen, so daß er selbst aus dem Mund der Freunde Spott und Verachtung erfährt, von denen er allein noch unter den Menschen Verständnis und Hilfe erwarten darf. Der Ausbruch dieser tiefen Enttäuschung ist also in diesem Zusammenhang als lebenswahre Gefühlsäußerung dessen, der „auch ein Herz hat" (V. 3), durchaus am Platze. Außerdem ist er sachlich gerechtfertigt in dem Augenblick, wo Hiob daran ist, auch seinerseits die Hoffnung, die er auf seine

4 Freunde gesetzt hat, aufzugeben. Hiob ist zutiefst entrüstet, daß er, „der Fromme und Gerechte" (vgl. Ez. 14, 14. 20; s. o.), seinen Freunden ein Spott sein soll. Man spürt diesen Worten noch die lodernde Empörung ab, die es einfach nicht fassen kann, daß das Heiligste, was er besitzt, sein Gebetsverkehr mit Gott, überhaupt bezweifelt und gar zum Gegenstand des Spottes gemacht werden kann. Doch auch diese bitterste Erfahrung mit den Menschen gehört zur fortschreitenden Dramatik seines Leidens. Und indem er in diese Tiefen des Leidens hinabsteigt, vollzieht sich in ihm zugleich die innere Lösung von aller Hoffnung, die er auf Menschen gesetzt hat, um ihm den Weg frei zu machen,

5 daß er sich ganz an Gott und nur noch an ihn hält. Hiob macht hier eine Erfahrung, die allgemeine Gültigkeit hat — daher auch die allgemeine Formulierung — und keinem vom Unglück Betroffenen erspart bleibt: Dem sicheren und unangefochtenen Menschen fehlt Herz und Sinn für den Unglücklichen; und in einer merkwürdigen Angst vor eigener Gefährdung oder aus einer unerklärlichen Scheu des Gesunden vor dem Kranken distanziert er sich von ihm; ja, er versetzt dem Wankenden noch einen Stoß, daß er vollends fällt. Die Vereinsamung und Verfolgung im Unglück macht den Hiob zum Weggenossen

6 aller leiderfahrenen Menschen. Doch dies ist noch nicht die letzte Tiefe des Leids, in die Hiob hinab muß. Zur Glaubensnot wird ihm solch bittere Erfahrung erst auf dem Hintergrund, den er in V. 6 ins Auge faßt: Die ungestörte Sicherheit und Ruhe der „Gewalttätigen", deren Tun und Haltung Gottes Zorn und Strafe herausfordert, wenn sie meinen, „Gott in ihre Hand gebracht" zu haben. Der letztere Ausdruck wird meist nach 1. Mose 31, 29 (vgl. Hab. 1, 11) im Sinne von Vergils dextra mihi deus gedeutet als Selbstvergötterung der eigenen Macht. Doch legen sowohl das Prädikat (hebî') als auch das Objekt des Satzes ('ᵉlôah) die Auffassung näher, daß hier Gott zum Diener der menschlichen Macht herabgewürdigt ist, daß also — eine nur zu weit verbreitete Erscheinung — die Religion als Mittel zu anderen Zwecken mißbraucht wird. Es darf nicht übersehen werden, daß von da aus auch ein bezeichnendes Licht fällt auf das Verhalten der Freunde, das Hiob auch in diesem Zusammenhang nicht aus den Augen läßt. Auch auf sie trifft das Wort über die unangefochtene Sicherheit zu, in der sie dem Hiob Gewalt antun, wobei sie in heuchlerischer Frömmigkeit Gott zu dienen glauben, in Wirklichkeit aber über ihn verfügen (siehe 13, 7 ff.). Damit hat Hiob die Position der Weisheit an der

entscheidenden Stelle getroffen, daß sie nämlich ü b e r Gott redet, indem sie vorgibt, u n t e r ihm zu stehen, in Wahrheit aber sich über ihn stellt. Auf diese ihre innere Unwahrhaftigkeit wird Hiob hernach noch zu sprechen kommen.

12,7—12 Die Kritik der menschlichen Weisheit. Von da aus kommt Hiob dazu, das Problem der Weisheit von Grund auf noch einmal aufzurollen. Zunächst überprüft er mit kritischem Blick die Voraussetzungen und Ansprüche der menschlichen Weisheit in einem an Sophar gerichteten Wort. Er geht davon aus, daß die gesamte Kreatur Gott den Schöpfer predigt und jedes Tier und jeder Strauch dem Menschen von Gottes Schöpfermacht und -weisheit erzählen und ihm zum Bewußtsein bringen könnten, daß auch des Menschen Leben und Geist in Gottes Händen liegt. Die bei der Hiobdichtung auffällige Verwendung des Jahwenamens ist an dieser Stelle wohl so zu erklären, daß hier eine allgemein gebräuchliche Formulierung aufgenommen ist, die auch in Jes. 41,20 (vgl. Ps. 109,27; Jes. 66,2) wiederkehrt[1]. Sachlich handelt es sich hier um eine in ihrer Einfachheit eindrückliche grundlegende Erkenntnis, die jeder haben kann; dazu bedarf es keiner besonderen „Weisheit", die das Privileg der bejahrten Vertreter der Weisheitsschulen wäre (V. 12). Diese menschliche Weisheit, die in der Erkenntnis Gottes als des Schöpfers aller Dinge ihre Grundlage hat, ist in den Sinn der Schöpfung mit eingeschlossen (V. 10b). Sie ist von Gott selbst in den Menschengeist hineingelegt. Aber eben darum schließt sie aus, daß die Weisheit des Geschöpfs „Gott in ihre Hand bringt" (V. 6) und über ihn verfügt, als ob sie über ihm stünde. Aus dem gleichen Grunde können daher auch die Sprüche der Väter nicht einfach kritiklos hingenommen werden, lediglich gegründet auf das Alter ihrer Autoren und das Gewicht ehrwürdiger Tradition. Nicht nur das Recht, sondern auch die Pflicht, solche „Worte zu prüfen, wie man mit dem Gaumen die Speisen prüft", ist dem gottgeschaffenen Menschen von seinem Schöpfer mitgegeben und fordert von ihm in diesem Rahmen die ernste Prüfung der Möglichkeiten und Schranken seiner Erkenntnis und der Tragfähigkeit menschlicher Weisheit. Auf diesem Fundament baut Hiob seine Kritik an der Weisheit seiner Freunde auf.

12,13—25 Die Frage der absoluten Weisheit Gottes. Scheinbar ohne Übergang setzt der Schlußabschnitt des Kapitels im Stil des Hymnus ein. Das ist für das Verständnis nicht belanglos. Hiob kommt jetzt auf Gott und seine Weisheit zu sprechen; da ist eine andere Form am Platz als bei der kritischen Diskussion über die menschliche Weisheit. Das Wesen des Hymnus ist feiernde Betrachtung und Darstellung; die ihn tragende Stimmung ist ehrfürchtige Beugung. Und es darf nicht übersehen werden, daß Hiob auch da, wo er den widerspruchsvollen Eindruck der in ihrem Wesen unbegreiflichen Weisheit Gottes herausarbeitet, dies in der Form des Hymnus, in der Haltung der Ehrfurcht vor dem göttlichen Geheimnis seines Waltens tut. Der Vorwurf, den ihm Sophar in 11,7ff. macht, trifft demnach nicht auf ihn zu, daß er in kühner Vermessenheit ehrfurchtslos in das Geheimnis der göttlichen Weisheit eindringen wolle. Mag äußerlich der Einsatz dieser Betrachtung abrupt klingen,

---
[1] Einige Handschriften haben jedoch 'elôah.

so steht er doch in einem engen inneren Zusammenhang mit dem vorausgehenden Gedanken. Alle menschliche Erkenntnis führt nur bis zur Feststellung der göttlichen Weisheit als der letzten Ursache alles Geschehens. Sie kennt nur das „daß", nicht aber das „warum"; das Wesen der göttlichen Weisheit, ihr Sinn bleibt dem Menschen verschlossen. In diesem Sinne ist sie „absolute", d. h. allem menschlichen Begreifen „entzogene" Weisheit; und Hiob hat darum vollkommen recht, wenn er die eigentliche Weisheit nicht beim Menschen, sondern bei Gott sucht. Nachdem er die menschliche Weisheit in ihre Schranken gewiesen hat, stellt er ihr folgerichtig die wahre Weisheit Gottes gegenüber und beginnt seine Ausführung darüber mit dem thematischen Satz, daß bei Gott Weisheit und Einsicht ist und zugleich auch die Macht, sie zu realisieren.

14-15 Aber, das ist nun das Merkwürdige, daß der Mensch diese Realisierung der Macht und Weisheit Gottes nicht als Weisheit erkennen kann, sondern den genau entgegengesetzten Eindruck von ihr hat. Hiob wird nicht müde, an den verschiedensten Beispielen aus dem Naturgeschehen und der Geschichte aufzuzeigen, daß die Weisheit Gottes im Grunde dem Menschen unbegreiflich bleibt und in ihren Auswirkungen geradezu widerspruchsvoll und unvernünftig erscheint. Das ist eben das Wesen der Absolutheit der Weisheit Gottes, daß Gott sie nur für sich allein hat und niemand sie versteht außer er selbst. Auf diesem Weg gibt es für den Menschen keinen Zugang zu Gott. Er muß das Rätsel der absoluten göttlichen Weisheit als Rätsel genau so stehenlassen wie das der absoluten Gerechtigkeit Gottes. Die Problematik der göttlichen Weisheit hat ihre Ursache nicht im Wesen Gottes, sondern in dem des Menschen; sie ist im Grunde die Problematik des Menschen, die in dem sichtbar wird, was Hiob in seiner mit den Freunden wetteifernden Darlegung der absoluten Weisheit Gottes zu sagen weiß. Die Beispiele, die Hiob anführt, entspringen nicht etwa einer pessimistischen Lebensauffassung, die bei dem leidenden Hiob ohne weiteres zu verstehen wäre, sondern einer nüchtern-realistischen Beobachtung der Wirklichkeit, der es allein um die Wahrheit geht, und die bemüht ist, jede durch eine vorgefaßte Meinung oder Theologie bedingte Selbsttäuschung auszuschalten. Man glaubt, einen der großen Propheten sprechen zu hören, wenn Hiob von der unbegreiflichen Macht und Weisheit Gottes Zeugnis ablegt, der einreißt, daß keiner wieder aufbaut, der das Leben auf der Erde, das er geschaffen, so oder so wieder zerstört, sei es durch eine Dürre, wenn er zu wenig Wasser gibt, sei es dadurch, daß er die Fluten losläßt, daß sie alles mit sich fortreißen. Wer soll

16 das begreifen? Noch einmal, fast als wollte er sich gegen den Verdacht der Blasphemie oder des Pessimismus sichern, betont Hiob, daß er hinter allem die Macht und Weisheit Gottes sieht; hinter der Torheit irrender Menschen ebenso

17-21 wie hinter der listigen Klugheit ihrer Verführer. Und was er als Beispiel aus der menschlichen Geschichte heranzieht, läuft alles auf dasselbe hinaus: Jeder Versuch des Menschen, durch Macht oder Klugheit Einfluß auf seine Mitmenschen oder ihr Geschick zu gewinnen und in das Leben eine mehr oder weniger vernünftige Ordnung zu bringen, ist zum Scheitern verdammt. Es ist, als ob Hiob dem Eliphas das Wort aus dem Munde nimmt (vgl. 5, 12 f.): „Er fängt die Weisen in ihrer Weisheit", und dazu seinen erschütternden Kommentar gibt: Ratsherren und Richter, Könige und Priester, bewährte und lebenserfahrene Männer, altehrwürdige Geschlechter, die angesehenen Vertreter des Adels und die gefürchteten Inhaber der Macht, keiner von ihnen hat sein Ziel erreicht; ihr Streben — auch da, wo es nach menschlichem Urteil vernünftig und gut war — ist je und dann durchkreuzt und in sein Gegenteil verkehrt worden durch die verborgene Hand dessen, der auf seine Weise immer wieder hemmend in das Rad der Geschichte eingreift und menschliche Macht und Klugheit zuschanden werden läßt in dem Verlauf, den er den Dingen gibt. Hiob beweist hier ein er= 22 staunlich feines Gefühl und tiefdringenden Blick für die Irrationalität der Geschichte, die aller vorschnell gefaßten Geschichtsideologie und =deutung spottet, für jene letzten dunklen Hintergründe und Abgründe des Geschehens, wo der Sturz der Mächtigen und das Versagen der Tüchtigen seinen unfaßbaren Ur= sprung hat. Aber es ist bezeichnend, daß er im Unterschied zu den ähnlichen Gedanken des Eliphas (5, 12 ff.) es vermeidet, an diesem Punkt der Ver= flechtung von Schicksal und Schuld nachzugehen und sich so des rätselvollen Problems der absoluten Weisheit Gottes zu bemächtigen, indem er es in den Bereich einer ethisch=religiösen Rationalität herabzieht. Hiob bleibt lediglich bei der Feststellung, daß Gott selbst es ist, der in dem rätselhaften Lauf der Dinge „des Dunkels Tiefen hervorholt und die Finsternis ans Licht bringt". Das will nicht etwa besagen, daß er dem Menschen Einsicht in die verborgenen Zu= sammenhänge und Verständnis ihres Sinns vermittelt, sondern bedeutet nur soviel, daß am unbegreiflichen Gang der Dinge, in den Katastrophen des Geschehens, dem Menschen das Rätsel des göttlichen Handelns als Rätsel, die göttliche Weisheit als absolute, d. h. als unbegreifliche Weisheit deutlich wird, ohne daß er die Möglichkeit hat, dieses Dunkel zu erhellen. Schärfer kann die Unterscheidung und Scheidung zwischen der absoluten Weisheit Gottes und der menschlichen Weisheit kaum zum Ausdruck gebracht werden. Verglichen mit Eliphas, vertritt Hiob hier die klarere Auffassung und hat die stärkere Position, weil sie vom größeren Mut zur Wahrheit getragen ist, die Gott als Gott ganz ernst nimmt und sich stemmt gegen jede Verwischung der Grenzen zwischen Gott und Mensch.

In V. 17—21 haben wohl Geschehnisse aus des Dichters eigenem Volk zur 23-25 Vorlage gedient; sie sind jedoch so allgemein gehalten, daß die Versuche, aus ihnen auf die Entstehungszeit der Hiobdichtung zu schließen, zu keinem sicheren Ergebnis führen. In V. 23—25 schweift der Blick weiter und faßt die Ge= schichte der Völker im großen ins Auge. Auch hier gilt die gleiche Beobachtung: In der Völker Aufstieg und in ihrem Zerfall, in der unbegreiflichen Tatsache, daß die „Herrscher der Erde" in dämonischem Machtrausch das Unmögliche wagen und, Trunkenen gleich, in dunklem Irrwahn enden, wirkt sich jene geheimnisvolle unheimliche Weisheit des Allmächtigen aus. Aber wer wollte diese absolute Weisheit mit menschlicher Vernunft ermessen; und wie himmel= weit ist sie verschieden von alledem, was Menschen Weisheit zu nennen pflegen! Es ist eine völlig andere Dimension, es sind andere Denk= und Willens=

richtungen, die in kein menschliches Gedankenschema sich fügen, und die der Mensch, wenn er ehrlich ist, von seinem Standpunkt aus nur als die Un=vernunft im Geschichtsablauf erkennen kann.

Kapitel 13

13,1—12 **Die Kritik an den Freunden.** In Kapitel 13 setzt sich der Gedankengang unmittelbar fort. Die Kapiteleinteilung entspricht hier nicht der sachlichen Gliederung; der erste Teil von Kapitel 13 bildet den Abschluß der 1-2 Auseinandersetzung Hiobs mit seinen Freunden und schließt mit V. 1—2 die vorausgehende Gedankenfolge ab, in z. T. wörtlicher Wiederholung wieder zu ihrem Anfang zurückkehrend (vgl. 13, 2b mit 12, 3b). Hiob wehrt sich gegen das Mißverständnis auf seiten seiner Freunde, als ob ihm die absolute Weisheit Gottes unbekannt sei, und er gegen sie angehen wolle in verblendeter Vermessenheit. Worüber die Freunde ihn aufklären zu müssen für nötig halten, das hat er „alles" selbst schon gesehen und durchdacht, und zwar schärfer und folgerichtiger als seine vermeintlichen Lehrmeister. Daß er damit im Recht ist, das zeigen seine Beobachtungen, die er soeben vorgetragen hat und die beweisen, daß er mit offenen Augen und Ohren die Wirklichkeit wahrzunehmen und sie durchzudenken befähigt ist. Es ist also keineswegs zuviel gesagt, wenn Hiob meint, daß er sich darin getrost mit seinen Freunden messen könne; er hat sich die kritische Prüfung der Weisheitstradition an der Wirklichkeit, die er in 12, 12 gefordert hat, nicht leicht gemacht und dabei den Mut zur Wahrheit an den Tag gelegt, den er gerade bei seinen Freunden vermißt.

3 Kein Wunder, daß Hiob unter diesen Umständen es aufgibt, mit seinen Freunden über die absolute Weisheit und Gerechtigkeit Gottes zu diskutieren, die dem Menschen ohnehin ein unlösbares Rätsel bleibt. Ihn bewegt eine ganz andere Frage; aber darauf können ihm die Freunde keine Antwort geben, da sie diese Frage gar nicht sehen, geschweige sie verstehen. Es geht ihm um sein „Recht" Gott gegenüber; aber das ist etwas anderes als die absolute Gerechtigkeit Gottes, die in der Form irgendeiner juristischen Beziehung auf ihn anzuwenden wäre. Es ist die Anerkennung seiner Person in ihrer gesamten Existenz durch Gott, um die er bangt und ringt und die, nachdem er die Anerkennung durch seine Freunde in schmerzlichem Verzicht aufzugeben sich anschickt, nur durch Gott selbst ihm gewährt werden kann. Darum rafft sich Hiob, obwohl er es in 9, 2 f. ausgesprochen hat, daß kein Sterblicher gegen Gott recht behält und verstummen muß, auf zu dem kühnen Entschluß, mit Gott zu reden, auf daß sich entscheide, ob er sein Freund ist oder sein Feind. Es gibt für ihn keinen anderen Weg mehr, und an dieser Entscheidung hängt seine ganze Existenz. Daß Hiob hier überall in den Vorstellungsformen des Gerichts denkt, darf nicht zu dem Mißverständnis führen, als ob er dabei ein juristisches Verhältnis zwischen Gott und Mensch im Auge habe und sich darin im Grunde kaum von der Auffassung seiner Freunde unterscheide. Wahrscheinlich hängt die „juristische" Ausdrucksweise zusammen mit der in der alten Bundesideologie ver=

wurzelten Gerichtsvorstellung, die der Kulttradition des sakralen Bundes zwischen Jahwe und Israel entstammt und auch bei den Propheten Verwendung gefunden hat.

Ehe aber Hiob seinen Entschluß, mit Gott selbst zu reden, verwirklicht, geht er zuvor noch auf einen Punkt ein, den er schon in 12,5 f. angedeutet hat, nun aber in einer ausführlichen Abrechnung mit den Freunden zur Sprache bringt, die an Deutlichkeit nichts zu wünschen übrigläßt und den unausgleichbaren Gegensatz zwischen den Gesprächspartnern auf die Spitze treibt, indem er die Distanz zu den Freunden und die unüberbrückbare Kluft zwischen ihrer und seiner Haltung herausstellt. Die stilistische Form des Versanfangs unterstreicht diesen Sachverhalt. Die Rollen sind vertauscht; jetzt ist Hiob der Ankläger und die Freunde die Angeklagten. In scharfem Angriff wendet sich Hiob gegen die innere Unwahrhaftigkeit, in der sie die wahre Sachlage verschleiern und ihr einen falschen Anstrich geben. Man wird bei dem Ausdruck „Lügentüncher" unwillkürlich an das Bild von den übertünchten Gräbern erinnert, das Jesus für die heuchlerische Art der Pharisäer geprägt hat. Der Vergleich hat seine Berechtigung insofern, als die Freunde nach dem Urteil des Hiob glauben, allein die Weisheit über Gott zu besitzen, und um diese ihre scheinbare „Frömmigkeit" mehr besorgt sind als um den leidenden Freund und den wirklichen Gott, der das Schema ihrer „Weisheit" in Frage stellt. Darum können sie den Hiob in seiner Glaubensanfechtung nicht verstehen und sind „nichtige Ärzte", die mit untauglichen Mitteln nicht helfen können, wo allein nur die Wahrheit helfen kann. Wir verstehen den Wunsch des Hiob, daß die Freunde doch endlich einmal aufhören wollten, von ihrer „Weisheit" zu reden; weniger wäre mehr: Mit bitterer Ironie empfiehlt ihnen Hiob zu schweigen, dann hätten sie wenigstens den Schein der Weisheit gewahrt (vgl. das Sprichwort „ein Tor gilt für weise, wenn er schweigt" Spr. 17, 28). Aber in diesem Rat zu schweigen liegt zugleich ein tiefer Ernst: Angesichts der rätselhaften Not des Freundes wäre Schweigen vor Gott in diesem Augenblick richtiger als vorschnell über Gott reden zu wollen. Hiobs Bitte, daß seine Freunde doch schweigen möchten, ist jedoch nicht nur rückblickende Abwehr, sondern noch einmal ein letztes Aufflackern einer vorwärts gerichteten Sehnsucht, ehe er sie zu Grabe trägt: Wenn die Freunde doch einmal wenigstens ihn anhören wollten, anstatt immer nur sich selbst zu hören (vgl. V. 17 f.)! Hiob macht hier die bittere Erfahrung des leidenden Menschen, daß Menschen untereinander in einem Letzten getrennt bleiben, und daß in solch kritischen Situationen wie der seinen im Mißverstandenwerden durch die anderen jene Einsamkeit mit sich selbst aufbricht, die erst in die verborgene Tiefe des Leidens hinabführt: Du hast am Ende nur dich selber. Aber gerade dieses Hinabgeführtwerden in diese letzte Tiefe des mit sich selbst allein gelassenen Leidens, in der die innere Dramatik des Hiob unaufhaltsam fortschreitet, ist der Weg, der den Dulder zur Einsamkeit mit Gott führt, an dessen Ende die Überwindung steht. Es gibt keinen anderen Weg über das Leid hinaus als den, der zunächst in das Leid hinein und durch das Leid hindurch geht. Auch Hiob muß erst auf die Anerkennung bei den Menschen verzichten lernen, ehe er weiß, was es heißt, sich allein und ganz an Gott zu halten.

7-8 Da es dem Hiob bei alledem um die Wahrheitsfrage Gott gegenüber geht, rückt er zunächst die Haltung der Freunde in das Licht dieser Frage und vollzieht so die schmerzliche Trennung von denen, auf deren Verständnis und Beistand er vergeblich gehofft hat. Was er mit blutendem Herzen jetzt klar durchschaut hat, kleidet er in die Form der Frage, um die Freunde wenigstens zum Nachdenken zu bringen über das, was ihm selbst keine Frage mehr ist, und kennzeichnet damit die Gefahr aller übereifrigen Apologetik, die im guten Glauben für Gott Partei ergreifen zu müssen meint und dabei seinem Gericht verfällt. Die Worte des Hiob treffen nicht nur die irrige Meinung, als ob der fromme Zweck die unwahrhaftigen Mittel heilige. Seine Betrachtung geht tiefer. Er deckt die Unwahrhaftigkeit auf, die in dem frommen Zweck selbst schon liegt. Denn das ist das proton pseudos, daß der Mensch überhaupt auf die Idee kommt, Anwalt Gottes spielen zu müssen. Schon darin liegt eine Verkennung und Herabwürdigung Gottes, als ob Gott es nötig habe, daß andere „seinen Prozeß" führen und gar mit unwahren Mitteln ihn verteidigen wollen! Gott führt seine Sache selbst; er will überhaupt keine derartige Parteinahme. Was Gott allein will, ist die Wahrheit, vor allem da, wo es um ihn selbst geht. Das ist die unerschütterliche Grundposition, von der Hiob nicht lassen kann und will, ohne

9 sich selbst und damit sein Verhältnis zu Gott aufzugeben. Was er aber bei den Freunden wahrzunehmen glaubt, ist gerade das Gegenteil: Sie meinen, Gott zuliebe zu handeln, in Wirklichkeit täuschen sie ihn und gehen mit ihm um, wie man in allzu menschlicher Schwäche mit Menschen umzugehen pflegt. Sie ergreifen die Partei dessen, bei dem die Macht ist; und hinter ihrem Eifern für Gott verbirgt sich die Angst, es mit dem Mächtigen nicht zu verderben, und die fragwürdig fromme Erwartung, daß Gott ihr wackeres Eintreten für ihn ihnen lohnen werde. Ihnen fehlt gerade der Mut zur offenen Wahrhaftigkeit, denn alle Feigheit ist Lüge und alle selbstsüchtige Frömmigkeit ist unwahr. Hinter ihrer zur Schau getragenen Frömmigkeit ist die Selbstsucht verborgen, der es nicht um Gott geht, sondern um das eigene Ich. An diesem Punkt tritt mit voller Deutlichkeit wieder die Frage des Satans aus dem Hintergrund heraus „Ist Hiob umsonst gottesfürchtig?" (1,9). Das klare Nein, das Hiob zu der Haltung der Freunde, die eine Frömmigkeit des do ut des vertreten, spricht, und die unüberschreitbare Schranke, die er zwischen sich und den Freunden aufrichtet, lassen keinen Zweifel darüber, wo Hiob hier steht und ob er auf diesem Wege dem Satan ins Garn geht oder Gott in die Hände läuft. Die Freunde, die ihre Theologie an die Stelle Gottes setzen, täuschen sich selbst, indem sie Gott täuschen. Darum stellt sie Hiob vor die Frage, ob sie der Prüfung

10 durch Gott standhalten werden. Er ist gewiß, daß Gott sie zur Rechenschaft ziehen wird wegen ihrer fromm scheinenden Parteinahme für Gott, die „im Geheimen" auf egoistischen Motiven beruht und die nötige Ehrfurcht vor Gott

11 vermissen läßt. Wenn Gott „sich erhebt", d. h. in seiner Majestät erscheint — es handelt sich hier wahrscheinlich um die alte im Bundeskult heimische Theo-

phanievorstellung (vgl. Jef. 30, 27 ff.; Weiſer, Die Pſalmen⁸, S. 25) —, dann wird Furcht und Schrecken ſie überfallen vor dem wirklichen Gott, der ein ganz anderer iſt, als ſie gewohnt ſind, ihn ſich vorzuſtellen. Es iſt nicht ausgeſchloſſen, daß der Dichter hier ſchon jene entſcheidende Theophanie in Kap. 38 ff. im Auge hat, an die ſich das Urteil Gottes über die Freunde anſchließt (42, 7); jedenfalls deckt ſich das dort ausgeſprochene Urteil Gottes, daß die Freunde nicht richtig von ihm geredet hätten, mit dem, was Hiob ihnen hier um der Wahrheit willen vorhalten zu müſſen glaubt. Hiob läßt es nicht bei der Verurteilung der Haltung der Freunde und ihrer Beweggründe bewenden; er dehnt ſeine ſcharfe Kritik auch auf ihre Beweismittel aus. Die Denkſprüche der Weisheitslehre, die ſie heranziehen, wie etwa 8, 11 f. und 11, 12, nennt er „Aſchenſprüche", weil ſie nicht ins Gewicht fallen und ihm wertlos ſcheinen. Ihre Beweisgründe, hinter die ſie ſich verſchanzen, vergleicht er mit dem zerbrechlichen Ton. Er dokumentiert damit, daß er ſich ihren Argumenten nicht beugen kann und ſie nicht in der Lage ſind, ihm weiterzuhelfen.

II. 13, 13—14, 22 Hiobs Herausforderung Gottes

Die Auseinanderſetzung mit den Freunden führt dazu, daß Hiob es aufgibt, auf ihr Verſtändnis und ihre Hilfe zu hoffen. Um ſo mehr ſucht er ſich nun an Gott zu halten. Bei ihm ruht ſeine letzte Hoffnung, die Anerkennung zu finden, auf die er bei den Menſchen ſchmerzlich verzichten muß. Vor Gott muß die Wahrheit ſeines Lebens ans Licht kommen, um die Hiob ringt, die aber die Freunde nicht ſehen können und wollen. In kühnem Entſchluß fordert Hiob die Entſcheidung Gottes (13, 13—22), die ihm Gewißheit ſchaffen ſoll darüber, ob Gott ihm als Freund zugewandt iſt oder ihn als Feind bekämpft (13, 23—28). Hiob ſelbſt wird mit den quälenden Glaubensfragen, die ſich aus ſeinem Leiden ergeben, nicht fertig und fällt in die alte Klage zurück (14, 1—6). Die Schatten des Todes, über den hinaus es keine Hoffnung für ihn gibt, laſten zu ſchwer auf ihm (14, 7—12). Für einen Augenblick zwar ſchwingen ſich ſeine Gedanken über die Grenze des Lebens hinaus und erwägen die Möglichkeit einer entſcheidenden Gottesbegegnung jenſeits des Todes, aber nur um gleich darauf wieder zurückzuſinken in die Nacht völliger Hoffnungsloſigkeit (14, 13—22).

13, 13—22 **Die Herausforderung Gottes.** Da Hiob nach allem, was vorausging, nicht mehr hoffen kann, aus ſeiner Freunde Mund die Wahrheit über das Verhältnis Gottes zu ihm zu hören, ſo bleibt ihm nichts anderes mehr übrig, als ſich an Gott ſelbſt zu wenden. Von ihm allein erhofft er die letzte Entſcheidung über die Wahrheit ſeines Lebens, und zwar in doppelter Richtung, daß er ſelbſt in aller Offenheit vor Gott die Wahrheit ſagen und auf Gottes Verſtehen hoffen und daß er von Gott die Wahrheit hören darf. In dieſer dialogiſchen Ergänzung und Zwieſprache zwiſchen Gott und Menſch ſucht er im Unterſchied zu den Freunden die „Gerechtigkeit" Gottes, in der ſich entſcheidet, ob Gott im Grunde gegen ihn ſteht oder zu ihm hält und ihm das Recht der Wahrheit und Echtheit ſeiner Frömmigkeit und ſeines guten Gewiſſens zugeſteht. Mit der Auf-

Kapitel 13

forderung zum Schweigen wendet sich Hiob von seinen Freunden ab (mimmennî). Er sieht keine andere Möglichkeit, als mit Gott selber zu reden, koste es, was es wolle. Der Schwere eines solchen Wagnisses ist sich Hiob wohl bewußt; aber es ist hier nicht, wie man gemeint hat, der Wagemut der Verzweiflung, sondern die ernste Erkenntnis einer inneren Notwendigkeit, wenn er über sein
14 Verhalten zu Gott ins klare kommen will. Hiob weiß, daß es in der von ihm erstrebten Begegnung mit Gott auf Leben und Tod geht (V. 15a), und ist entschlossen, sein Leben aufs Spiel zu setzen. Dies besagen die beiden bildhaften Wendungen in V. 14 „ich nehme mein Fleisch in meine Zähne" und „ich nehme mein Leben in meine Hand"; die erste, die sonst nicht vorkommt, wird nach der zweiten im Rahmen des parallelismus membrorum zu verstehen sein; letztere ist im Sinn von „sein Leben riskieren" in Ri. 12, 3 und 1. Sam. 19, 5; 28, 21
15 belegt. Für Hiob aber steht mehr auf dem Spiel als sein äußeres Leben: Die Möglichkeit, von Gott gehört zu werden, vor ihm Rechenschaft ablegen zu können über seinen Wandel, ist ihm den Einsatz des Lebens wert; sonst hat er doch nichts mehr zu hoffen als diese entscheidende Begegnung mit Gott. In dieser Richtung wird man V. 15 zu verstehen haben; so wollen ihn wohl auch die alten Übersetzungen (siehe BH) und das Qere verstanden wissen, das liest „ich will auf ihn hoffen" (lô statt lo'). Es ist der Wunsch jedes unschuldig Verdächtigten, daß er überhaupt einmal gehört wird, und schon in der Möglichkeit, sich rechtfertigen
16 zu dürfen, empfindet er eine gewisse Genugtuung. Diese Auffassung wird durch V. 16 bestätigt. Wenn Gott den Hiob einer Begegnung würdigte, so würde ihm schon das zum Heil sein; er dürfte schon aus dieser Tatsache als solcher die Anerkennung von seiten Gottes entnehmen, denn einem Frevler ist der Zugang zu Gott versagt. Was Hiob hier meint, ist aus der Tradition des alten Bundeskults zu verstehen, der das Vorstellungsmaterial an dieser Stelle entnommen ist. Im Mittelpunkt des Bundesfestkults stand die Theophanie, durch welche die Vergegenwärtigung und Aktualisierung des Bundesheils sich vollzog. Die Teilnahme an diesem sakralen Akt der Heilsverwirklichung war, wie aus Ps. 15 und 24, 3 ff. zu ersehen ist, an gewisse Bedingungen der Rechtschaffenheit geknüpft, während die „Gottlosen" und Abtrünnigen nicht „vor das Angesicht Gottes kommen" durften. Wäre er in Gottes Augen schuldig — so ist hier der Gedankengang des Hiob —, dann wäre er von der Begegnung mit Gott ausgeschlossen; darf er „vor Gott" sich rechtfertigen, so liegt schon in der Tatsache, daß Gott ihn seiner Gegenwart teilhaftig werden läßt, der Beweis seiner Zuneigung, die Anwartschaft auf sein Heil. Von daher kommt über Hiob jene ruhige Gehaltenheit und gesammelte Kraft der Hoffnung, die ihn einen Augenblick über alle Gefahr und Qual hinaushebt und zuversichtlich seinen Worten entströmt. Im Gesamtrahmen der Hiobdichtung weist der Vers, ähnlich wie 13, 10 f., über die konkrete Situation hinaus auf die Theophanie in Kap. 38 ff. (vgl. 42, 5b), in der tatsächlich die Entscheidung Gottes über Hiob fallen wird. Gleichzeitig wird hier wiederum deutlich, daß es dabei um mehr und anderes geht als um einen Prozeß Hiobs gegen Gott auf dem Boden rein juristischen Denkens.

Für Hiob ist dies alles so wichtig, daß er die Freunde als Zeugen aufruft 17
für das, was er nun vor Gott zu sagen hat. Das bezieht sich nicht nur auf die
folgenden Worte, sondern auf die gesamte Auseinandersetzung mit Gott. Haben
die Freunde ihm ihre Anerkennung versagt, so sollen sie nun seine Rechtfertigung
vor Gott und, wie er hofft, durch Gott vernehmen. Von sich aus gesehen glaubt 18
sich Hiob seiner Sache sicher. Er geht nicht unvorbereitet in das Gespräch mit
Gott hinein; und die Stimme seines Gewissens, das er geprüft hat, im Verein
mit der Lebensnotwendigkeit seines Glaubens, der nicht von Gott lassen kann,
sagt ihm, daß er von Gott nicht ins Unrecht gesetzt werden kann, sondern als ein
von ihm Gerechtfertigter daraus hervorgehen wird. Auf diese Art der Ge=
rechtigkeit Gottes gründet er sein „Recht". Und in dieser lebendigen gegenseitigen 19
Beziehung zwischen Gott und ihm, die sich jetzt erweisen muß, besteht für Hiob
seine gesamte Existenz, die letzte und grundlegende Möglichkeit und Not=
wendigkeit seines Glaubens und Lebens, die ihm niemand wird bestreiten
können. Würde ihm diese Möglichkeit bestritten und genommen, dann wäre er
zum Schweigen und zum Tode verdammt. Das ist die Wirkung der Aus=
einandersetzung mit seinen Freunden, daß Hiob in diesem Augenblick ganz klar
den Punkt sieht und formuliert, an dem die Entscheidung hängt. Und wenn auch
diese Klarheit wieder getrübt wird durch andere sich vordrängende Eindrücke, so
verliert er ihn doch nie ganz aus den Augen, bis er von Gott selbst dahin geführt
wird, wohin zu gelangen die eigenen Kräfte zu schwach sind.

Auch darin sieht Hiob ganz klar, daß die Wahrheit über sein Gottesverhältnis 20-21
so lange verborgen bleibt, als er unter dem Druck der „Hand Gottes" steht und
in der Angst vor ihm sich verbergen muß. Wahrheit kann nur in der Luft gegen=
seitiger Freiheit gedeihen. Daher die doppelte Bitte (vgl. 9, 34), Gott möge die
Qualen seines Leidens von ihm nehmen, die ihm die Besinnung rauben (vgl.
6, 3), und davon abstehen, ihn mit den Mitteln des „Terrors" einzuschüchtern.
Dann wären die Voraussetzungen zu einem ehrlichen und offenen Gespräch 22
gegeben, wie Hiob es sich ausgedacht. Er ist bereit, Gott das erste Wort zu über=
lassen. Aber Gott schweigt — seine Zeit ist noch nicht gekommen. So redet Hiob
in der Hoffnung, daß Gott ihm wird Antwort geben.

13, 23—28 **Hiobs Fragen an Gott.** Die erste Frage, die Hiob an Gott richtet, 23
ist die Frage nach seiner Schuld. Sie ist von den Freunden immer wieder
aufgeworfen worden. Hiob nimmt sie auf und gibt sie an Gott weiter, da
er sich selbst keiner Schuld bewußt ist, der sein hartes Schicksal als Strafe
entsprechen würde. Gott selbst soll ihm deshalb das Maß seiner Schuld nennen.
Der Vers macht deutlich, daß Hiob sich nicht als „sündlos" überhaupt be=
trachtet; aber er findet keinen Bezug zwischen Schuld und Schicksal in seinem
Leben, wie es die Freunde vermuten. Darum versteht er sein Leben nicht mehr.
Aber er versteht auch Gott nicht mehr. Daß Gott „sein Angesicht verbirgt", 24
warum er nicht aus der Verborgenheit des Schweigens heraustritt, das greift
ihm noch viel tiefer ans Herz. Denn diese zweite Frage entscheidet über die letzte
Möglichkeit seiner Glaubensexistenz. Mit brennendem Verlangen sucht er die
Begegnung mit Gott und sieht sich doch überall nur in der dunklen und

schweigenden Einsamkeit des Alleingelassenseins. Die Vorstellung, daß Gott „sein Angesicht verbirgt", die in den Klagepsalmen häufig wiederkehrt, hat ihre Wurzel im Kult, insofern als sie in Kontrastparallele steht zu dem Ausdruck, daß Jahwe „sein Angesicht leuchten läßt", der ursprünglich mit der Theophanie im Bundesfestkult verknüpft ist (vgl. dazu besonders Ps. 80, 2. 8), welche die gnadenreiche Gegenwart Jahwes verbürgt. Diese ist es, die Hiob sucht und schmerzlich vermißt. An ihr hängt die für Hiob entscheidende Frage, ob Gott sein Freund ist oder nicht. Überblickt er seine Lage, so findet er keinen Anhaltspunkt dafür, daß Gottes Herz ihm zugewandt sei; im Gegenteil, alles spricht
25 dafür, daß Gott ihn als seinen Feind behandelt (vgl. 33, 10). Und so wächst aus den Fragen die Klage. Hiob wird wieder zurückgeworfen in Gedankengänge, die wir schon aus 7, 12 ff.; 10, 16 kennen und für die Hiob hier ein eindrucksvolles Bild findet. Er kommt nicht darüber hinweg, daß Gott es gerade auf ihn, den ohnmächtigen und erbarmungswürdigen Wurm abgesehen hat, und ihn mit seiner ganzen erdrückenden Übermacht immer wieder aufscheucht, wie der Sturm ein verwehtes Blatt oder einen dürren Halm vor sich herjagt. Hiob leidet darunter, daß Gott ihn so ernst und wichtig nimmt. Und trotzdem er auf der Suche nach Gott ist, will er ihm entfliehen und merkt dabei nicht, daß gerade dieses von Gott Ernstgenommenwerden das Siegel seiner Existenz ist, mit dem der Ohnmächtige an den Allmächtigen, der vergängliche Mensch an den
26 Ewigen gebunden ist. Indem sich Hiob mit solchen Gedanken von dem wirklichen Gott entfernt, gerät er selbst wieder auf den Boden der Denkweise seiner Freunde und mißt Gott mit dem Maßstab der Vergeltungsgerechtigkeit, den er im Grunde als unzureichend erkannt und abgelehnt hat. Auf diesem Irrweg seines Denkens glaubt er die einzig noch mögliche Erklärung für die Bitternis seines Leidens darin zu finden, daß er für die Sünden seiner Jugend gestraft werden soll, während er doch billigerweise erwarten könnte, daß ihm die in Unreife und Unachtsamkeit begangenen Fehler von Gott nicht nachgetragen würden (vgl. Ps. 25, 7). Er übersteigert damit die Vorstellung von der vergeltenden Gerechtigkeit Gottes ins Extrem des Pedantisch=Kleinlichen, das in merk=
27 würdigem Kontrast steht zur Erhabenheit der göttlichen Macht. Wieder fühlt sich Hiob als der Gefangene Gottes, der in einen Block gelegt und auf Schritt und Tritt bewacht ist, damit er nicht entrinnen kann. Er ist von Gott ausweglos eingekreist (vgl. zu 3, 23). Diese Wendung scheint auf die alte magische Vorstellung vom Zauberkreis (Bannkreis) zurückzugehen, den man nicht ohne
28 Lebensgefahr überschreiten darf. V. 28 fällt stilistisch aus dem Rahmen; sowohl nach seiner Form (Er=Stil statt wie bisher Ich=Stil), als auch nach seinem Inhalt paßt er eher zum Anfang des 14. Kapitels als an das Ende von Kapitel 13 und wird deshalb vielfach, wohl nicht mit Unrecht, von Kapitel 13 abgetrennt. Da er sich jedoch grammatisch nicht reibungslos an 14, 1 f. anschließen läßt, wird es sich um einen späteren Zusatz handeln, der den Gedanken der Vergänglichkeit des Menschen um weitere, neben 14, 2 abfallende Vergleiche bereichern soll.

Kapitel 14

14, 1—6 Die Vergänglichkeit des Menschen und Gottes Gericht. Hiobs
Gedanken sind wieder bei seiner aussichtslosen Lage angelangt. Diese hält nun
seinen Blick gefangen, so daß er von Gott wieder auf den Menschen zu sprechen
kommt. Das Wissen um sein Gefangensein von Gott wird zum Wissen um
sein Gefangensein in der Vergänglichkeit des Menschenlebens überhaupt, an der
Hiob auch seinen Anteil zu tragen hat. Er verweilt bei diesem Gedanken, wieder 1-2
mit der stillen Erwartung, daß Gott doch Mitleid empfinden möge, was er in
V. 6 in der anspruchslosesten Form auch direkt zum Ausdruck bringt. Der
Mensch ist von Natur ein schwaches Wesen; das besagt schon die Wendung „vom
Weibe geboren", die nach der Auffassung der alttestamentlichen Reinheitsgesetze
auch den Gedanken der „Unreinheit" enthält (vgl. 3. Mose 12, 2 ff.; 15, 19 ff.).
Sein Leben ist arm an Tagen und reich an unruhvoller Mühe. Mit den bekannten
Gleichnissen von der rasch dahinwelkenden Blume (vgl. Jes. 40, 6 ff.;
Ps. 90, 5 ff.; 103, 15) und von den fliehenden Schatten wird der Eindruck der
Vergänglichkeit des Lebens untermalt. Um so unbegreiflicher ist die Tatsache, 3
unter der Hiob noch zusätzlich leidet (vgl. das wohl mit Absicht aus der allgemein
menschlichen Betrachtung herausragende „mich", das schon die alten
Übersetzer gestört hat, aber doch wohl ursprünglich ist), daß Gott diesem an sich
schon erbarmungswürdigen Geschöpf nachspürt, um es vor sein Gericht zu
bringen, als ob der Mensch nicht schon genug unter der Last seines Daseins zu
leiden hätte! Es ist der gleiche Gedanke wie in 13, 25 ff., von dem Hiob nicht
loskommt, daß er in dem von Gott Verfolgtsein nur eine ebensowenig großzügige
wie Gottes würdige Maßnahme zu erblicken vermag. Hiob sieht nicht 4
nur die Fesseln der Vergänglichkeit, in die das menschliche Leben hineingeschlossen
ist; er kennt auch das Gefangensein des Menschen in der nicht abreißenden Kette
der Sünde. An der Verflochtenheit alles menschlichen Lebens in die unbegreifliche,
seiner Menschnatur entspringende Notwendigkeit des non posse non
peccare, die der christliche Glaube in der Lehre von der Erbsünde zum Ausdruck
bringt, zeichnet sich ihm die andere Not des menschlichen Daseins ab, aus der er
— vergeblich — herauszukommen begehrt. Hinter dem Wunsch des Hiob „käme
ein Reiner vom Unreinen!" dämmert eine — für den Christen vielsagende —
Ahnung, daß durch den einzigen, der diesen Bann der Sündengefangenschaft der
Menschheit durchbricht, das Schicksal aller entschieden werden könnte. Aber
vom Menschen her führt kein Weg dahin. Für Hiob bleibt dies ein
frommer Wunsch; er steht noch jenseits der Grenze, die das Alte Testament
vom Neuen scheidet, wenn er resigniert feststellen muß, daß auch nicht einer
diesem Wunsch entspricht. Hinsichtlich des Gedankens, daß alle Menschen an die
Sünde verloren sind, teilt Hiob dieselbe Auffassung, die Eliphas auf Grund einer
persönlichen Offenbarung in 4, 12 ff. ausgesprochen hat; aber er sieht sie in
anderen Zusammenhängen als der Freund. Gewiß weiß auch Hiob um die unabdingbare 5
ethisch-religiöse Verantwortlichkeit des Menschen vor Gott; doch er
erkennt gleichzeitig die überindividuellen Ordnungen und Notwendigkeiten, in die

der Mensch hineingespannt ist dadurch, daß sein Leben von Gott her bestimmt und durch den Tod begrenzt ist. Hiob trifft damit auf das schwere und auf dem Wege des rationalen Denkens überhaupt nicht auflösbare Problem der Spannung zwischen der göttlichen Vorherbestimmung und der menschlichen Freiheit und Verantwortlichkeit, die beide nebeneinander in Geltung stehen. Das schafft ihm neue innere Not, zumal er, im Gegensatz zu seinen Freunden, in seinem persönlichen Fall mit dem Gedanken der göttlichen Vergeltungsgerechtig=

6 keit nicht weiterkommt. Aber trotz allem läßt er Gott nicht ganz los. Und wenn er auch nur auf die ganz bescheidene Bitte sich zurückzieht, Gott möge den Blick von ihm wenden und von ihm ablassen, so glimmt in dieser Bitte doch noch ein Fünkchen Hoffnung auf ein letztes Zeichen göttlichen Erbarmens (vgl. 7, 16 ff.; 10, 20), an dem Hiob mit zitternden Händen sich festhalten möchte. An dieser Stelle ist mit Händen zu greifen, in welch gewaltigem Spannungsbogen der innere Seelenkampf des Hiob um Gott sich bewegt, wenn man bedenkt, wie rasch die kühne Herausforderung des Kämpfers zur Begegnung mit Gott (13, 13 ff.) wieder zusammenschrumpft auf das erbärmliche Minimum des geringsten Lebensanspruchs eines Bittenden, der schon damit sich zufrieden gibt, wenn Gott ihn in Ruhe läßt und ihn nicht noch mit neuer Not bedroht, daß ihm wie einem Lohnsklaven, der an der täglichen Mühe genug hat, wenigstens ein ganz bescheidener Rest von Lebensfreude noch verbleibt. In seiner Klage 7, 1 ff. hatte dem Hiob der Vergleich mit dem Lohnarbeiter dazu gedient, die quälende Not seiner hoffnungslosen Lage zu veranschaulichen; hier ist seine Not so groß, daß ihm das gleiche Bild als erstrebenswertes Ziel vor Augen steht.

14, 7—12 **Die Hoffnungslosigkeit des Todesschicksals.** Der folgende Ab= schnitt über das Todesverhängnis des Menschen V. 7—12 steht in unmittelbarer Verbindung mit dem vorausgehenden Gedankengang. Er soll einerseits be= gründen, warum Hiob das bißchen Lebensfreude eines Lohnsklaven ersehnt; anderseits tritt die Tatsache der vorbestimmten Umschränkung des mensch= lichen Lebens und seine Ohnmacht nirgends so augenfällig in Erscheinung als im Blick auf den Tod. Hiob ringt hier mit dem Problem des Todes. Auch wenn er schließlich resigniert bei der Hoffnungslosigkeit des Menschen angesichts des ihm verhängten Todes endet, so spürt man doch aus den Bildern, Vergleichen und Fragen und nicht zuletzt aus der Möglichkeit, die er in V. 13 ff. erwägt, daß die Frage ihn nicht losläßt und das negative Resultat der Hoffnungslosigkeit lediglich das Eingeständnis der Unfähigkeit des Menschen enthält, von sich aus

7-9 mit dem Todesproblem fertig zu werden. Am Vergleich mit dem Baum, der offenbar nach alter Landessitte zum Zweck der Verjüngung abgehauen wird, damit er neue Schosse treibe (vgl. Jes. 6, 13), kommt ihm erst die ganze Wucht des menschlichen Todesschicksals zum Bewußtsein. Während der Baum, wie Hiob sich an einem zweiten Beispiel verdeutlicht, aus seiner absterbenden Wurzel, vom „Duft des Wassers" angeregt, neue Zweige aus dem Boden aufsprossen

10 läßt und so das Geheimnis verborgenen Lebens an den Tag bringt, bedeutet für den Menschen der Tod die absolute Grenze und Infragestellung seiner irdischen Existenz. Beim verstorbenen Menschen sucht man vergeblich nach einer ver=

borgenen Lebenskraft, und die Frage „wo ist er?" wirft ihre dunklen Schatten zurück und erscheint da als die Frage nach dem Standort und Sinn des menschlichen Lebens. Das Rätsel des Todes schließt das Rätsel des Lebens in sich ein und macht es unausweichlich. In V. 11 ist zur Illustration des Absterbens der Natur ein Wort verwendet, das in Jes. 19,5 im Zusammenhang einer prophetischen Gerichtsdrohung gegen Ägypten fast wörtlich wiederkehrt. Die Verbindung zwischen den beiden Vershälften ist in der Jesaiastelle, wo mit dem „Meer" und dem Strom der Nil gemeint ist, origineller und geschlossener, so daß die Abhängigkeit auf der Seite des Hiobzitats zu suchen ist. Vermutlich handelt es sich um ein gebräuchlich gewordenes Bild für Gottes Gericht. Dies hat für das Verständnis des Textes insofern Bedeutung, als es sich für das alttestamentliche Denken beim Tod nicht um ein unpersönliches Schicksal handelt, sondern daß hinter dem Sterben des Menschen der Gott steht, der selbst dem Menschen den Tod gesetzt hat (vgl. 1. Mose 3, 19). Aus diesem Grunde stößt Hiob im Gedanken an den Tod an die absolute Grenze seines Daseins, das von der absoluten Wirklichkeit Gottes her begrenzt ist. Und aus dem gleichen Grunde gibt es auch vom Menschen her keine Hoffnung über den Tod hinaus, weder in dem Sinne, daß der Mensch selber aus dem Todesschlaf einmal erwachen würde, noch daß es irgend jemand gäbe, der ihn daraus erwecken könnte — außer Gott selbst. Daß die Gedanken des Hiob bei aller Betonung menschlicher Hoffnungslosigkeit dem Todesverhängnis gegenüber dennoch in dieser Richtung gehen, bestätigt der folgende Abschnitt, wo die Möglichkeit, daß Gott über den Tod hinaus eine Hoffnung schaffen könnte, wie ein fernes Leuchten am geistigen Horizont des Hiob auftaucht.

14, 13—17 Ein Hoffnungsstrahl? Für das Verständnis dieses bedeutsamen Abschnitts ist es nicht unwichtig zu sehen, daß bei den Gedanken, mit denen Hiob über die Grenze des Todes hinauszutasten versucht, die Initiative und der Schwerpunkt auf Gottes Handeln liegen. Es wäre also falsch, den Ansatzpunkt zu dem kühnen Gedankenflug der V. 13—17 in der „kranken Phantasie" oder lediglich in den ungezügelten Wünschen des Hiob suchen zu wollen. Hiob ist sich nur zu sehr bewußt, welche Grenzen dem menschlichen Denken und Wollen gesetzt sind; und er fällt ja auch nach dem kurzen Aufschwung der Seele in die jenseitigen Gefilde wieder in diese Grenzen zurück (V. 18—22). Die letzte Triebkraft zu diesem Aufschwung liegt nicht bei ihm, sondern bei Gott, dem Hiob — wenn auch nur für einen Augenblick — das Menschenunmögliche zutraut, daß er ihn aus dem Gefängnis des Todes befreien und zu neuer Lebensgemeinschaft herausrufen könnte. Auch in dieser die Schranken des alttestamentlichen Denkens überfliegenden Perspektive geht es um die Grundfrage des Hiobbuches, wer das letzte Wort hat: Gott als der Feind, der in unbegreiflichem Zorn mit allmächtiger Faust das Werk seiner Hände wieder zerschlägt, oder Gott als der Freund, der sein Geschöpf liebt und sich seiner gnädig erbarmt, seinen Zorn durch die Allmacht seiner Liebe überwindend. Hiob steht hier vor dem gleichen Problem, mit dem ein Hosea (Hos. 11, 1—11) und Jeremia (Jer. 31, 15—22) gerungen haben, dem Problem der Spannung zwischen Zorn und Liebe, zwischen Gericht und Gnade als einem innergöttlichen Geschehen, das in dem Durchbruch und Sieg der göttlichen Liebe sich erfüllt und vollendet; nur daß die beiden Propheten das Gotteswunder der alle menschlichen Analogien übersteigenden Liebe, die im Gericht **und** in der Gnade gleichzeitig am Werke ist, dadurch daß sie die zerstörenden Mächte der Vernichtung „transformiert" in die Leben und Heil schaffenden Energien der Liebe, noch tiefer in seiner irrationalen Wirklichkeit erfaßt haben, als dies bei Hiob der Fall ist (vgl. „Mein Herz dreht sich in mir um, ich muß mich seiner erbarmen" Jer. 31, 20; dazu Hos. 11, 8 f.).

13 Der Blick des Hiob über den Tod hinaus beginnt in V. 13 in der gleichen Form wie in V. 4 (mî jitten). Dieser formalen Parallelität entspricht eine sachliche insofern, als sich in den beiden Wünschen der Weg der Erlösung andeutet, der über die Schranken hinausführt, in die menschliches Wesen hineingebannt ist: die **Sünde** (V. 4 s. o.) und der **Tod** (V. 13ff.). Aus den Worten des Hiob spricht die Erlösungsbedürftigkeit und -sehnsucht des an die Not des Erdendaseins gefesselten Menschen. In blitzartiger Erleuchtung erwägt er die Erlösungs**möglichkeit**; aber er kommt nicht über den Wunsch hinaus und bewegt sich damit innerhalb der Grenzen, die dem Menschen des Alten Testaments gesetzt sind. Erst in der Offenbarung Gottes in Jesus Christus ist diese Möglichkeit der Erlösung der Menschheit von Sünde und Tod **Wirklichkeit** geworden. Und von da aus gesehen hat christlicher Glaube das Recht, in der Erlösungsbedürftigkeit und -sehnsucht des alttestamentlichen Gotteszeugen den verborgenen Hinweis auf die Verwirklichung des Heils in Christus herauszulesen und in diesem Sinn von Hiob als dem „Zeugen Jesu Christi" (Vischer) zu sprechen. Den Glauben, daß Gottes Wesen im tiefsten Grund nicht sein unbegreiflicher Zorn, sondern seine — ebenso unbegreifliche — Liebe ist, kann Hiob nicht aufgeben. Und dieser Glaube ist es, der hier in kühnem Wagnis seine Gedanken beflügelt, daß er sich nun ausmalt, wie Gott — geradezu sich selbst überwindend — ihn in der Unterwelt vor seinem Zorn versteckt und ihn so lange dort in Schutzhaft hält, bis der Zorn „sich gewandt hat", um dann in Liebe sich seiner wieder anzunehmen (vgl. 1. Mose 8, 1). Trotz der anthropomorphen Bilder und Vorstellungen schwingt sich Hiob hier auf zu einer gewaltigen Gotteskonzeption von prophetischer Größe und Wucht. Ja, vielleicht sind gerade die Anthropomorphismen ähnlich wie bei den Propheten als Zeichen des unmittelbaren starken Eindrucks lebendiger göttlicher Wirklichkeit zu werten. Gott ist der Herr über Leben **und** Tod; er hat die Macht, auch dem Tod seine „Grenze" (hoq) zu setzen, daß er für den Menschen nicht mehr die „absolute" Grenze seines Daseins bedeutet, die seine ganze Existenz in Frage stellt. Dadurch wäre dem Tod die Macht genommen. Aber noch mehr; Gott hat sogar die Macht und den Willen, den Tod in seinen Dienst zu stellen, um den Menschen in der Unterwelt eine Zeitlang zu bergen vor der vernichtenden Glut seines Zorns, so daß der Tod dem Hiob — hier in ganz anderer Weise als in 6, 8 ff. — geradezu als Beweis der göttlichen Liebe erscheint, die, weit über den Tod hinausgreifend, eine neue Lebensgemeinschaft im Auge hat.

Freilich, Hiob hat diese gewaltige Gottschau nicht als festen Glaubensbesitz; er ringt darum und kann sie nicht dauernd festhalten. Der Blick auf die menschliche Erfahrung droht, ihn mitten in dem Höhenflug seiner Gedanken hinabzustürzen. Mit welchem Ernst der Wahrhaftigkeit Hiob ringt, zeigt der Umstand, daß er sich nicht die Frage verhehlt, die sich aus dieser Erfahrung des Augenscheins erhebt: „Wenn einer stirbt, lebt er dann wieder?" Hiob ist ehrlich und nüchtern genug, daß er innehält auf dem Wege seiner Wünsche und sie kontrolliert an dem, was er von anderer Seite her zu wissen glaubt. Er müßte nicht Kind des Alten Testaments sein, um nicht aus der Tradition und Erfahrung zu wissen, daß es vom Menschen her keine Gewißheit eines Wiederauflebens nach dem Tode gibt. Das Diesseitsbewußtsein des alttestamentlichen Menschen ist auch für Hiob eine deutliche Schranke, die jeden vorschnellen menschlichen Jenseitsglauben — nicht zu Unrecht — „in Frage stellt". Und wir sollten dabei nicht vergessen, daß der christliche Auferstehungsglaube auf einem ganz anderen Fundament ruht, das für die Menschheit des alttestamentlichen Zeitalters noch nicht geoffenbart war. Manche Ausleger wollen V. 14a als spätere Glosse ausscheiden, weil er den geschlossenen Gedankengang unterbreche. Aber es fragt sich, ob dabei nicht der Maßstab rationaler Logik überspannt wird; psychologisch gesehen erheben sich keine Bedenken gegen die Beibehaltung des Verses; im Gegenteil, der Selbsteinwand des Hiob in diesem Augenblick entspricht sowohl der Eigenart des Hiob und seines Dichters als auch der lebensnahen und -wahren Darstellung des Seelenkampfes, die den Inhalt der Hiobdichtung ausmacht.

In einem erneuten Anlauf überspringt jedoch Hiob für einen Augenblick diese Bedenken. Der Ausblick auf die Möglichkeit, der Liebe Gottes durch den Tod hindurch entgegengehen zu dürfen, läßt seine Kräfte schwellen, daß er bereit ist, die Not seines Daseins und selbst des Todes (beides ist hier in den Begriff des sābā' = Kriegsdienst mit eingeschlossen) mit Geduld zu tragen und wie eine Schildwacht im Grabe „seine Dienstzeit (vgl. 7, 1) auszuharren", bis die Ablösung kommt, wo Gott selbst ihn aus den Banden des Todes befreit zu einem Leben in Gemeinschaft mit ihm. Man spürt den Worten des Hiob das beschwingte Glücksgefühl ab, in dem er ausruht bei dem Gedanken, daß Gott ihn aus der Unterwelt herausruft und er ihm „antworten" darf, so daß die unterbrochene dialogische Lebensbeziehung zwischen Gott und Mensch wiederhergestellt ist, getragen von der Liebe des Schöpfers zu seinem Geschöpf. Der Gedanke, den Hiob nie ganz aufgeben kann und der in mannigfacher Form immer wiederkehrt, daß es im Grunde Gott selbst ist, der „nach dem Werk seiner Hände" verlangt (vgl. 10,8 ff.), überstrahlt für einen Augenblick alles Dunkel, das auf Hiobs Seele liegt. Er sieht in Gott hier nicht mehr den strengen Inquisitor, der auf seine Schritte aufpaßt, um ihn der Sünde zu überführen (vgl. 10, 6. 14), sondern den gütigen Erbarmer, der „nicht wacht" über den menschlichen Fehltritten, vielmehr bereit ist, Sünde und Schuld zu vergeben. Aus dem doppelten Verhängnis, dem des Menschen Leben verfallen ist, der Knechtschaft der Sünde (V. 4) und des Todes (V. 10 f.), wird Gott ihn erlösen;

das ist der beseligende Hoffnungsstrahl, der aus den unerreichbaren Fernen der Ewigkeit Gottes hereinleuchtet in das kummerbeschwerte Diesseits des ringenden Dulders. Die dargebotene Deutung der V. 16—17 als Abschluß des Hoffnungsbildes des Hiob, in dem sich der Gesamtgedankengang von Kapitel 14 an diesem Punkt abrundet, ist nicht unbestritten. Eine Reihe von Auslegern zieht die beiden Verse zum folgenden Gedanken und vertritt eine entgegengesetzte Deutung in dem Sinn, daß Hiob das jetzige Verhalten Gottes in schärfstem Gegensatz zum erhofften Beweis seiner Güte empfindet, daß er ihm lauernd aufpasse, um bei ihm eine Schuld zu finden, die er ihm aufbehält für spätere Bestrafung. Doch ohne gezwungene Umdeutung oder Textänderung von V. 16b (meist nach G: lo' ta^{a}bor = du gehst nicht vorüber an meiner Sünde, statt lo' tischmor = du wachst nicht über meiner Sünde) ist dies nicht möglich. Desgleichen fügt sich bei der Annahme, daß Hiob das gegenwärtige Verhalten Gottes im Auge habe, der Gedanke, daß Gott ihm die Sünde für den Augenblick wie in einem versiegelten Beutel aufbewahre oder „übertüncht" habe, um sie erst zu einem späteren Zeitpunkt zu bestrafen, schlecht in solchen Zusammenhang. Das Gleichnis vom versiegelten Beutel[1] und das Bild der mit (weißer) Tünche überdeckten Sünde, das an Jes. 1, 18 erinnert, sprechen doch mehr für eine Maßnahme Gottes, durch die die Sünde verschlossen und bedeckt und unwirksam gemacht wird; das bedeutet aber die göttliche Vergebung (vgl. 7, 21). Dazu fügt sich V. 16b ohne die Schwierigkeit einer Textänderung „du wachst nicht über meiner Sünde"; und der an sich neutrale V. 16a „wenn du dann meine Schritte zählst" = auf meine Schritte acht hast, ist erst durch V. 16b inhaltlich näher dahin bestimmt, daß Gott dabei nicht die Absicht hat, den Sünden nachzuspüren. Die vorgetragene Deutung, die V. 16—17 im Zusammenhang der vorhergehenden lichtvollen Zukunftsschau versteht, wird schließlich auch vom Anfang des V. 18 her nach der stilistischen Seite gestützt, denn erst mit V. 18 (w^e ûlām = und doch) beginnt die Wendung zurück zur düsteren Betrachtung der hoffnungslosen Gegenwartswirklichkeit.

14, 18—22 **Die zerschlagene Hoffnung.** Hiob vermag die großartige Gotteskonzeption, die seinem harrenden Glauben ungeahnte Schwingen wachsen ließ (vgl. Jes. 40, 31), nicht festzuhalten. Der lastende Druck seines Leidens stürzt ihn mitten im kühnen Höhenflug der Glaubenshoffnung jäh hinab in die Tiefe der Hoffnungslosigkeit. Das Bedenken aus der Tradition und Diesseitserfahrung des alttestamentlichen Menschen, das schon in V. 14 wie ein bedrohliches Wetterleuchten am Horizont aufblitzte, verdichtet sich nun zum dunkeln Gewölk und versperrt ihm wieder den Ausblick in ein Leben mit Gott jenseits der Todesgrenze. Was in V. 18—22 gesagt wird, ist darum, obwohl es in schärfsten Gegensatz zum Vorausgehenden tritt, psychologisch nicht unvorbereitet. Der menschliche Aspekt gewinnt gegenüber der Schau von Gott her wieder die Oberhand; und es ist keineswegs nötig, mit Dhorme den V. 14a in

---

[1] Vgl. 1. Sam. 25, 29. Zur Herkunft dieser Vorstellung s. Eißfeldt, Der Beutel der Lebendigen, Berichte über die Verhandlungen der sächs. Akademie d. Wissenschaften zu Leipzig. Phil.-hist. Kl. Bd. 105, H. 6 (1960).

den literarischen Zusammenhang des Schlußabschnittes (etwa hinter V. 19) hereinzuziehen. An seiner jetzigen Stelle wirkt er viel lebenswahrer, denn das Bedenken gegen die Überwindung des Todes wiegt bei dem alttestamentlichen Menschen so schwer, daß es auch einem Hiob nicht möglich ist, es je ganz hinter sich zu werfen. Darin zeigt sich die Schranke des vorchristlichen Gottesglaubens. Auch theologisch gesehen bleibt das Ende von Kapitel 14 im Rahmen des Ganzen: Die Hoffnung des Hiob auf eine Wiederkehr aus dem Tode V. 13 ff. ist beflügelt durch eine ganz auf Gottes Möglichkeiten ausgerichtete Schau des Glaubens. Sie schwindet in demselben Moment, wo der Blick gebannt wird durch den Horizont der menschlich-irdischen Erfahrung. Vom Menschen her gibt es keine Gewißheit, die etwas Gültiges über ein Leben jenseits des Todes zu sagen vermöchte.

18-19 Das w^e 'ūlām (= und doch) bezeichnet den Anfang einer neuen Gedankenreihe, die, obwohl im Vorausgehenden psychologisch verankert, das Gesagte inhaltlich wieder völlig in Frage stellt; ein Beweis für das Ringen eines lebendigen Menschen zwischen dem, was er glauben möchte, und dem, was er sieht. Dieser innere Kampf des in der Tiefe seines Gottesglaubens angefochtenen Menschen gehört zu jener erschütternden Steigerung des Leidens, die gerade dem frommen Dulder nicht erspart bleibt und ihn weit über die Ergebung hinaus in qualvolle Tiefen hineinführt. Auch darin leidet Hiob stellvertretend, insofern als er ein allgemein menschliches Schicksal trägt (vgl. die allgemein-menschliche Form der Aussagen) und in seinen Fragen und Glaubensnöten zum Weggenossen all der Leidtragenden wird, die mit ihrem Leiden zugleich um ihren Gottesglauben ringen müssen. Mitten im Aufschwung seiner Hoffnung, daß Gott ihn aus dem Tode zurückrufen könnte, hält er plötzlich ein, fast als schreckte er jäh zurück vor der schwindelnden Höhe, in die ihn der Mut des Gottesglaubens hinaufgetragen hat. Sein Blick starrt hinab in die aufgähnende Tiefe und wird gebannt von dem, was auf Erden geschieht. Er spürt plötzlich die beengende Fessel der erbarmungslosen Erdenwirklichkeit, in deren Gewalt er hoffnungslos gefangen ist. Er sieht sich von dem Flug seiner in die Ewigkeit Gottes emporstrebenden Glaubenshoffnung hinabgestürzt und entdeckt sich mit zerschmetterten Schwingen auf dem harten Boden der erfahrbaren Wirklichkeit. Das ist der Sinn der Gleichnisse in V. 18—19: Selbst das Festeste und Beständigste auf Erden, die ewigen Berge und die mächtigen Felsen, die keines Menschen Hand von ihrer Stelle bewegen kann, stürzen hinab und zerfallen in eindrucksmächtigen „Katastrophen" oder durch die unsichtbar stetig wirkende Gewalt des Wassers, das auch die härtesten Kiesel abschleift und den festen Erdboden langsam abträgt und davonschwemmt (das alttestamentliche Vorbild des lateinischen gutta cavat lapidem, non vi sed saepe cadendo). Was bedeutet angesichts dieser unleugbaren Tatsachen die Hoffnung des Menschen, die sich über die Vergänglichkeit des Lebens hinausschwingen möchte? Unterliegt der schwache und gebrechliche Mensch nicht auch jenem ehernen Gesetz des Vergehens, dem keine Macht gewachsen ist? Woher sollte er die Hoffnung aufbringen, daß der Tod nur eine vorübergehende Unterbrechung, ein Wartestand sei, dem ein neues

Leben folgt (V. 13 f.)? Mit unheimlicher Schärfe sieht Hiob den Sachverhalt in aller Deutlichkeit: Mit dem Gegenstand der Hoffnung ist auch die Fähigkeit des Menschen zu hoffen zerstört. Aber die Todverfallenheit alles Irdischen, die ihm jeden Ausblick versperrt, ist noch nicht einmal das Schlimmste. Der Satz V. 19c „du hast die Hoffnung des Menschen vernichtet" macht ein noch viel tiefergehendes und deshalb schwereres Rätsel sichtbar, als es die Tatsache des Todes an sich schon für den Menschen bedeutet. Daß es Gott selbst ist, der ihm im Tod gegenübertritt, daß der Tod aus dem Bereich der Weltanschauungsfrage heraustritt und zur Glaubensfrage wird, daß Gott dem Menschen den Tod gesetzt hat — der Tod als theologische Frage —, das ist das eigentliche Rätsel, an dem die Seele des Hiob sich wund reibt. Er steht zwischen zwei Polen der Gotteskonzeption: Auf der einen Seite seine Hoffnung auf den Gott der Liebe und Vergebung, der auf wunderbare Weise ihn ins Leben zurückrufen könnte, auf der anderen Seite der Gott der „Katastrophen", der ihn selbst in das unbegreifliche Dunkel des Leidens hinabgestürzt hat und ihm den Weg zu sich verlegt. Woran soll er sich halten? Das ist die brennende Frage des ganzen Hiobbuches. Es ist im Grunde die Gottesfrage, die in sich selbst das Rätsel birgt, das der Mensch im Zwiespalt zwischen der Sehnsucht nach Gottes Liebe und der Erfahrung seiner Gewalt nicht zu enträtseln vermag. Zunächst muß Hiob erfahren, daß erst alle Hoffnung, die der Mensch von sich aus aufbringt, von Gott zerbrochen wird, bis er dahin gelangt, wo Gott es selber in die Hand nimmt, aus dem Zusammenbruch alles Menschlichen ein neues Leben zu schaffen und die Hoffnung von sich aus aufzubauen (vgl. zu 42, 1 ff.).

20 So endet auch dieses Kapitel mit dem trostlosen Blick auf die Hoffnungslosigkeit des menschlichen Sterbens. Der Mensch steht unter Gottes zwingender Gewalt. Hiob sieht im Tod nur die Trennung von Gott. Er muß fortgehen von ihm (vgl. das lateinische perire), wenn Gott ihn fortschickt und sein Angesicht sich in der Todesstarre entstellt. Im Gegensatz zum Bild vom Baum, der sich verjüngt (V. 7 ff.), und rückblickend auf den Lichtstrahl der Hoffnung, daß das Todesschicksal vorübergehen könnte (V. 13—17), legt sich hier das „für ewig" als schwerer Riegel vor alle Menschenhoffnung und versperrt den Ausblick über
21 den Tod hinaus. Im Tode ist die Verbindung mit dem Leben endgültig zerschnitten. Nicht einmal das Wohl und Wehe seiner Kinder, das seines Lebens Inhalt, Freude und Sorge gewesen ist, darf der Mensch mehr von drüben mit
22 treuem Vaterauge verfolgen; es wird ihm zu einer fernen, fremden Welt. Mit seinen eigenen Schmerzen und mit der Trauer um sich selbst ist er allein gelassen; ein ergreifendes Wort von der tiefsten Einsamkeit des an der Pforte des Todes stehenden Menschen, der auf seinem letzten Gang schon den Fuß über die Schwelle gesetzt hat, von unheimlich inhaltsschwerer Wahrheit: Jeder hat seinen eigenen Tod zu sterben, allein — verlassen...

Zweites Rundgespräch
Kapitel 15—21
Kapitel 15. Die zweite Rede des Eliphas

1 Da antwortete Eliphas, der Temanit, und sprach:
2 Redet ein Weiser windig Wissen
 und bläht den Bauch mit Ostwind auf?
3 rechtet mit Worten, die nichts taugen,
 und Reden, die nichts nütze sind?
4 Willst du die Gottesfurcht zerbrechen
 und nimmst die Andacht weg vor Gott?
5 Denn deine Schuld lehrt dich so reden,
 der List'gen Sprache wählest du.
6 Dein eigner Mund, nicht ich, verdammt dich,
 und deine Lippen zeugen gegen dich.

7 Bist du als erster Mensch geboren,
 kamst vor den Bergen du zur Welt?
8 Willst Lauscher sein in Gottes Rate
 und raffest du Weisheit an dich?
9 Was weißt du denn, was wir nicht wüßten,
 begreifst du, was wir nicht verstehn?
10 Auch unter uns sind Alte, Greise,
 an Jahren[1] älter als dein Vater gar.
11 Dünkt Gottes Trost dich zu gering,
 das Wort, das lind mit dir verfuhr?
12 Warum nimmt dich dein Herz[2] gefangen,
 und warum ‚rollen'[3] deine Augen so,
13 daß deinen Zorn du wendest ‚gegen'[3] Gott
 und (solche) Worte aus dem Munde stößt?
14 Was ist der Mensch, daß rein er wär',
 der Weibgeborne, daß er sei im Recht?
15 Sieh, seinen Heil'gen traut er nicht,
 nicht ist der Himmel seinen Augen rein;
16 Nun einer gar, abscheulich und verdorben,
 ein Mann, der Unrecht trinkt wie Wasser!

17 Ich will dir's kundtun, hör mir zu,
 will dir erzählen, was ich sah,
18 was Weise zu berichten wissen,
 was ‚ihre Väter sie gelehrt'[4],
19 die noch allein das Land besaßen,
 zu denen noch kein Fremder kam:
20 Tagtäglich quälet Furcht den Bösen,
 solang zu leben dem Gewaltigen bestimmt.
21 Der Schrecken Stimme tönt in seinen Ohren,
 im Frieden fällt ihn der Verderber an.
22 Der Finsternis glaubt er nicht zu entfliehn,
 (er wähnt) sich ausersehn fürs Schwert.
23 Er schweift umher nach Brot. Wo ist's?
 Er weiß: bereitet ist ihm dunkler Tag.

---

[1] Wörtlich: Tagen.   [2] Im Sinne von „Leidenschaft".
[3] s. BH.   [4] s. BH; wörtlich: „ihnen nicht verheimlicht haben."

24 Bedrängnis schrecket ihn und Angst
    kommt über ihn wie ein zum Kampf bereiter König,
25 weil gegen Gott er seine Hand gereckt
    und ‚gegen'[1] den Allmächt'gen sich erdreistet,
26 ihn anläuft mit gerecktem Nacken,
    mit dichter Buckelschilde Wucht,
27 weil er mit ‚Fett'[1] sein Antlitz deckte
    und an der Lende Speck ansetzte
28 und wohnte in zerstörten Städten,
    in Häusern, die niemand bewohnt,
    die man bestimmt zu Trümmerstätten.
29 Er wird nicht reich. Nicht bleibt ihm sein Besitz;
    nicht neigt zur Erde ‚seine Ähre'[2] sich.
30 Der Finsternis entgeht er nicht;
    die Glut verdorret sein Gesproß,
    und ‚seine Blüte wird vom Wind verweht'[1].
31 Er traue nicht auf Eitles! Er geht irre;
    denn Eitles ist, was er drum tauscht:
32 Noch vor der Zeit ‚wird seine Palme welken'[1],
    und sein Gezweig grünt nimmermehr.
33 Läßt wie der Weinstock Beeren fallen,
    wirft wie ein Ölbaum seine Blüten ab.
34 Denn fruchtlos bleibt des Heuchlers Rotte,
    Feuer frißt der Bestechung Zelt,
35 mit Mühsal schwanger, Leid gebärend,
    (nur) Trug ist's, was ihr Schoß beschert.

Mit der Rede des Eliphas, die den zweiten Gesprächsgang eröffnet, tritt die neue Situation in Erscheinung, die durch Hiobs Stellungnahme gegenüber den Freunden in der Schlußrede des ersten Gesprächs herbeigeführt ist. Hiobs scharfe Kritik und Absage an seine Freunde (vor allem 13, 7—13) konnte nicht ohne Wirkung bleiben. Obwohl Eliphas auch weiterhin im Vergleich zu den beiden anderen Freunden die vornehmere Zurückhaltung des Alters wahrt, ist doch im Unterschied zu seiner seelsorgerlichen Bemühung und Hilfsbereitschaft, die seine erste Rede sichtbar werden ließ, am Ton und Inhalt seiner zweiten Rede zu erkennen, daß er seine bisherige gute Meinung über Hiob aufgegeben hat. Hiob gilt ihm nicht mehr als der fromme Weise, von dem er hofft, daß er durch Demut und Bußfertigkeit wieder zum Glück kommen werde; er glaubt, die Weisheit und Frömmigkeit Hiobs in Zweifel ziehen zu müssen, und kann ihm nur noch drohend das Schicksal des Gottlosen vor Augen halten. Seine Worte und seine Haltung beweisen, daß die Kluft, die Hiob zwischen sich und den Freunden aufgedeckt hat, auch ihm unüberbrückbar erscheint.

Die Rede des Eliphas zerfällt in zwei Hauptteile: I. V. 2—16 die Rüge; II. V. 17—35 die Lehre aus dem Geschick des Gottlosen. Der erste Teil läßt sich in folgende Unterabschnitte aufgliedern: V. 2—6 die Kritik an Hiobs „Weisheit" und Frömmigkeit; V. 7—10 die Rüge der Selbstüberhebung des Hiob; V. 11—13 die Rüge des leidenschaftlichen Zornes gegen Gott; V. 14—16 Zusammenfassung unter dem Gesichtspunkt der Unreinheit des Menschen.

---

[1] s. BH.   [2] s. BH.; die Bedeutung des Wortes ist unsicher.

I. 15, 2—16 Die Rüge

15, 2—6 Die Kritik an Hiobs Weisheit und Frömmigkeit. Hiob hatte in 2-3 12, 3; 13, 2 gegenüber dem Pochen der Freunde auf ihre „Weisheit" geltend gemacht, daß er ihnen in der „Weisheit" nicht nachstehe. An diesem Punkt setzt Eliphas seinen Angriff an und sucht das Verhalten des Hiob als eines Weisen unwürdig mit seinen Fragen lächerlich zu machen. Seine Rüge will die gesamte Haltung Hiobs treffen und bezeichnet dessen Rede als inhaltsloses Wissen und leidenschaftlich aufgeblähtes Daherreden, vergleichbar mit dem leeren Wind (vgl. 8, 2) oder dem heißen, von der östlichen Wüste her brausenden Schirokko, der dem Menschen auf die Nerven fällt. Für die seelische Temperatur des auf Leben und Tod um die Gewißheit ringenden Menschen hat dieser kühle Rationalist, der nur von dem eigenen Standpunkt einer festen Lehre aus der Distanz heraus zu urteilen vermag, kein Gefühl; sie ist ihm fremd und unangenehm und dazu angetan, die persönliche Empfindlichkeit seines Selbstbewußtseins zu reizen. Daher kann er auch nicht dem kühnen Gedankenflug des Hiob und seinem jähen Absturz in die Tiefe (14, 13 ff.) folgen; er sieht — das typische Urbild aller Rationalisten — in der Beschäftigung mit dem Problem des Todes, die sich über die Grenze des irdischen Lebens hinausschwingt, nur „unnützes" Reden, Worte, „die nichts taugen". — Hat Hiob in 13, 4 ff. die 4 Religion der Freunde als ein Parteiergreifen für Gott mit Hilfe von Lügen charakterisiert, so empfängt er nun den Gegenschlag aus dem Mund des Eliphas, daß er es sei, der die Religion zerstöre und das ehrfürchtig-fromme „Nachdenken" vor Gottes Angesicht „abschere". Die „Gottesfurcht" (jir'ā = Furcht ist terminus der Weisheitssprache) gilt als Grundlage aller Weisheit (vgl. Pf. 111, 10; Spr. 9, 10); diese ruht auf dem Grund der Lehre von der Gerechtigkeit Gottes. Und da in der Zwiesprache des Hiob mit Gott diese „Gerechtigkeit Gottes" in Frage steht, so glaubt sich Eliphas berechtigt zu dem Vorwurf, daß Hiob das religiöse Fundament aller Weisheit zerbreche und sich der Möglichkeit des andächtigen Gebets vor Gott beraube. In seiner bezeichnenden Angst um die Grundlagen seiner Religion, die durchaus ihre subjektive Berechtigung hat, merkt Eliphas nicht, daß gerade dieses „Nachdenken vor Gott" der Weg ist, auf dem sich Hiob selbst mit suchender Sehnsucht nach einem Beweis göttlicher Liebe bewegt, immer als Ziel im Auge behaltend, daß er das persönliche Glaubens- und Gebetsverhältnis unter allen Umständen wiedergewinnt und festhält. Eliphas sieht bloß die Gefahr, die Ehrfurcht vor Gott zu verlieren, der Hiob auf dem schmalen Gratweg seines Ringens um ihn ausgesetzt ist; ja, er glaubt Hiob schon in den Abgrund der Versündigung an Gott hinabgestürzt. Er kann sich daher die Worte des Hiob gar nicht anders erklären 5 als von dieser Schuld eingegeben, als die Sprache eines listigen Heuchlers, der um so lauter von Gott sein Recht fordert, je mehr er den Verdacht der eigenen Schuld von sich abzuwälzen bestrebt ist. Auch darin wittert Eliphas nicht mit Unrecht die Gefahr des Menschen, der mit Gott rechten will, daß er der Ursünde des Mißtrauens Gott gegenüber verfällt. Das Wort „listig"

(ʿarûm), das er gebraucht, ist das gleiche, das in der biblischen Paradies=
geschichte auf die Schlange angewendet wird (1. Mose 3, 1), die dem Menschen
das gottgleiche Wissen aus eigener Macht ohne Gott, ja gegen Gott verspricht.
Daß Eliphas jedoch dabei das eigentliche Anliegen des Hiob verkennt, bedarf
keiner Erörterung. Wie wenig Eliphas aus der Befangenheit seiner doktrinären
Beurteilung des Hiob herauskommt, zeigt der Zirkel, in dem sich seine Ge=
danken in V. 6 verfangen: Weil Hiobs Worte von der Sünde eingegeben sind,
darum gelten sie ihm als Beweis für Hiobs Schuld. Er fühlt sich der Beweis=
last gegenüber dem Hiob enthoben und schaltet sich selbst aus der Verantwortung
aus, indem er diese dem Hiob allein zuschiebt. Es bedarf gar nicht erst eines
Prozesses; Hiobs eigener Mund ist sein Richter, und seine Lippen sind die Be=
lastungszeugen. Der hier ausgesprochene Gedanke enthält an sich die tiefe Wahr=
heit, daß der Sünder sich selbst zum Gericht wird in dem, was er sagt und tut.
Aber die Frage bleibt, ob sie auf Hiob zutrifft oder nicht. Nach der Meinung des
Eliphas ist die verborgene Schuld Hiobs, welche die Freunde schon bisher bei
ihm vorausgesetzt hatten, nun klar erwiesen.

15, 7—10 **Gegen Hiobs Selbstüberhebung.** Es kennzeichnet die Versteifung
der Lage im zweiten Gesprächsgang, daß die Rüge des Eliphas lauter Vor=
würfe enthält, die als Gegenschläge gegen die Aussagen des Hiob gedacht sind,
wobei gelegentlich, wie es in V. 7 f. der Fall ist, dem Hiob Schlimmeres
unterstellt wird, als er in Wirklichkeit behauptet hat. Darin zeigt sich eine sehr
menschliche, leider weit verbreitete Art der Selbstverteidigung, die nur schwer die
Schwäche der eigenen Position verbergen kann, da sie dem Gegner das zum
Vorwurf macht, woran sie selbst krankt. Aus dem, was Eliphas gegen die
Selbstüberhebung des Hiob zu sagen weiß, spricht die Empfindlichkeit des ge=
kränkten Stolzes, die selbst den bedächtigen Greis zur Unwahrhaftigkeit ver=
leitet und ihn in seiner Selbstgerechtigkeit ungerecht werden läßt gegen den
Freund. Er tut der Sache, die er vertritt, damit einen schlechten Dienst und redet
an Hiob vorbei, obwohl manches von dem, was er vorbringt, für sich ge=
nommen beachtenswerte Gedanken enthält. In 12, 2 hat Hiob das starre Ver=
harren der Freunde auf der Lehre der Weisheit dahin charakterisiert, als ob
sie die Weisheit allein gepachtet hätten. Nun gibt ihm Eliphas den gleichen
Vorwurf zurück, trotzdem Hiob dies nicht behauptet, sondern lediglich gesagt
hat, daß auch er im Besitz der Weisheit sei und sich darin getrost mit seinen
Freunden messen könne (12, 3; 13, 2). Eliphas verwendet dabei wahrschein=
lich die ursprünglich mythologische Vorstellung vom „Urmenschen" aus der
vorderorientalischen Kulttradition, der vor aller Schöpfung geboren wurde (vgl.
Ps. 90, 2) und, ähnlich wie Prometheus das Feuer, aus dem Rat der Götter
(vgl. 1, 6 ff.; 2, 1 ff.; 1. Kö. 22, 19 ff.; Jer. 23, 18) die „Weisheit" geraubt
und an sich gerissen hat. Dieser Mythos, der noch in der Paradiesgeschichte
(1. Mose 3) und Ez. 28 nachklingt, ist im Alten Testament nur noch als dich=
terisches Motiv bildhaft verwendet, sein einstiger polytheistischer Charakter ist
durch den Einfluß des biblischen Gottesglaubens abgestreift; er dient hier der
Illustration des Gedankens der titanenhaften Auflehnung gegen Gott, die

Eliphas — von seinem umgrenzten Standpunkt aus subjektiv nicht unberechtigt — aus dem Glaubenskampf des Hiob heraushört. Für die ins Gigantische gesteigerte Dimension und Dynamik der seelischen Erschütterungen dieses Kampfes, in dem es letztlich um die Macht und das Recht Gottes oder des Satans geht, hat die wohlbehütete Frömmigkeit der Freunde, die diesen Mächten nicht unmittelbar ausgesetzt ist, kein Verständnis. Und doch geht es durch diese Verse, wie die Anspielung auf die Hybris als die Ursünde von 1. Mose 3 (vgl. V. 5. 7 f., 14 ff.) zeigt, wie eine dumpfe Ahnung davon, daß die letzten Entscheidungen der Hiobsituation jenseits der Grenzen der ethisch-religiösen Rationalität der herkömmlichen Weisheitslehre fallen, wofür allein die Sprache des — recht verstandenen — „Mythos" die geeigneten Ausdrucksmittel besitzt. Manche Forscher deuten die Verse nach der in Spr. 8, 24 f. bezeugten Vorstellung von der Geburt der Weisheit vor der Weltschöpfung in dem Sinn, daß Hiob hier als die personifizierte Weisheit charakterisiert werden soll; aber abgesehen von dem literarischen Verhältnis der beiden Stellen zueinander, würde V. 9, den man als eine Anspielung auf eine Art prophetischer Inspiration verstanden wissen wollte, dagegen abfallen und in seiner vorliegenden Form und spöttischen Tendenz neben der ernsthaften Beziehung zur prophetischen Audition V. 14 (vgl. 4, 17 ff.) kaum möglich sein.

Was Hiob beim Vergleich seiner eigenen Weisheit mit der der Freunde gesagt hat (12, 13; 13, 2), bekommt er nun doppelt zurück mit einem Verweis mangelnder Achtung vor dem Alter. Auch hier unterschiebt Eliphas dem Hiob mehr, als dieser behauptet hat, wenn er in V. 9 feststellt, daß Hiob nicht **mehr** wisse und begreife als die Freunde auch. Den Anspruch, mehr als die Freunde zu wissen, den Eliphas durch seine rhetorischen Fragen zurückweist, hat Hiob nicht erhoben. Wenn Eliphas seinerseits auf die eigene Weisheit pocht unter Hinweis auf sein höheres Alter (V. 10), dann ist das nicht nur die Entgegnung auf das Wort des Hiob 12, 12, in dem er behauptet hat, daß die Weisheit nicht das alleinige Reservat des Alters sei, sondern zugleich ein Vorwurf der Respektlosigkeit vor dem Alter, der, in die Tonart persönlicher Empfindlichkeit verfallend, durch die Erwähnung von Hiobs Vater verletzend wirken muß und das Wort um sein sachliches Gewicht betrügt. Es geht hier nicht mehr allein um die verschiedenen Standpunkte, sondern menschliche Leidenschaft greift in die Auseinandersetzung ein und steigert die lebendige Dramatik des Gesprächs, die durch den Spannungsgegensatz der beiden Positionen gegeben ist. Durch die Entfaltung des Dialogs in der Richtung der mannigfaltigen Gefühle erhält das Hiobbuch erst die volle Plastik und den Reichtum seiner unvergänglichen Lebensnähe und -wahrheit.

15, 11—13 **Gegen Hiobs Leidenschaft.** Auch die folgenden Worte sind stark gefühlsbetont; aus ihnen spricht die Enttäuschung des Eliphas über die Erfolglosigkeit seiner seelsorgerlichen Bemühungen und das Gekränktsein eines Menschen, der merkt, daß sein guter Wille verkannt wird. So kommt es zu dem Vorwurf der Undankbarkeit gegen Gott und die Freunde, daß Hiob Gottes Trost und die sanften Worte seiner Freunde gering achte. Eliphas nimmt wohl

bei dem erſteren Bezug auf ſeine frühere Rede, insbeſondere auf die Gottes=
offenbarung 4, 12—17, ſo daß er analog den Propheten ſeine Worte als
"Gottes Troſt" bezeichnen kann, was ein nicht geringes religiöſes Selbſt=
bewußtſein verrät. Bei den "linden Worten" wird man an die Tröſtungen 2, 11
und an die glückverheißenden Worte wie 5, 17 ff. (Eliphas); 8, 5 ff. (Bildad)
12-13 und 11, 3 ff. (Sophar) zu denken haben. Von dieſen Gefühlen her iſt es wohl zu
verſtehen, daß die leidenſchaftlichen Ausbrüche des Hiob ihm völlig unfaßlich
ſind, und er darin nur die unbeherrſchten Zornesaufwallungen einer verborgenen,
gegen Gott gerichteten Feindſchaft zu ſehen vermag. Bei ſolcher Einſtellung
fehlt dem Eliphas das feine Organ, das aus den leidenſchaftlichen Klagen
Hiobs jenes heimlich ſuchende Vertrauen auf Gottes beſſere Gerechtigkeit und
die brennende Sehnſucht nach einem endlichen Erweis göttlicher Liebe heraus=
hört. Er weiß nichts davon, wie es einem Menſchen zumute iſt, der fürchten
muß, jeden Augenblick ſeinen Gott zu verlieren, und der mit Gott um Gott
zu ringen hat. Die gewaltige Spannungsweite des von der einen zur anderen
Grenze ſeiner Exiſtenz hin und her geworfenen Menſchen, deſſen Daſeinsgrund=
lagen von Gott her in Frage geſtellt ſind, iſt dem in dem feſten Rahmen des
Dogmas ſich ſicher fühlenden Frommen eine fremde, gefährliche Welt, vor
der er Angſt und Abſcheu empfindet.

15, 14—16 Zuſammenfaſſung: Die allgemeine Verderbtheit der Menſchen.
14-15 Eliphas hat ein dunkles Gefühl dafür, daß die verzweifelte Situation des Hiob
irgendwie mit der ur=menſchlichen Unzulänglichkeit vor Gott zuſammenhängt,
daß er — vielleicht nicht ſo ganz mit Unrecht — auch die Unſchuldsbeteue=
rungen des Hiob zu jener Hybris des Menſchen rechnet, die in dem Wiſſen um
Gut und Böſe des von Gott ſich löſenden Menſchen ihren Urſprung hat, wie es
die bibliſche Paradiesgeſchichte darſtellt, und es iſt bezeichnend, daß er nach den
konkreten, gegen Hiob perſönlich gerichteten Rügen nun zuſammenfaſſend auf
die allgemein menſchliche Sündhaftigkeit vor Gott zu ſprechen kommt, indem
er auf ſeine eigene Begegnung mit Gott, die er in 4, 12—17 ausführlich dar=
geſtellt hat (ſiehe dort), als Ausgangspunkt zurückgreift. Vor Gott, vor dem
nicht einmal die Heiligen (= Engel; vgl. 5, 1) und die höheren Weſen ſeines
himmliſchen Hofſtaates rein ſind — dieſe wird man, wenn man nicht an die
Klarheit des Himmels (2. Moſe 24, 10) denken will, unter dem Wort
"Himmel" verſtehen dürfen (vgl. 4, 18) —, kann kein Sterblicher gerecht
16 ſein. Des Menſchen Weſen iſt verderbt, die Sünde gehört zu ſeiner Menſch=
natur, ſo daß er im Unrecht lebt, wie ihm das Waſſertrinken Lebensbedürfnis
iſt. Mit dieſer ernſten Wahrheit, die an den Punkten wirklicher Gottesbegegnung
im Alten Teſtament immer wieder aufbricht (vgl. z. B. Jeſ. 6, 5), ſagt Eliphas
dem Hiob nichts Neues und nichts, was er nicht ſelbſt ſchon wüßte und für ſich
anerkennen würde. Gerade in 14, 1. 16 f. iſt dieſes Wiſſen des Menſchen um
ſeine Sünde vor Gott von Hiob vorausgeſetzt. Aber darin beſteht der Unter=
ſchied zwiſchen Hiob und Eliphas, daß Hiob unter dem Gefühl, von Gott ge=
trennt zu ſein (beachte den ſprachlichen Zuſammenhang zwiſchen "Sünde"
und "ſondern"), leidet und in der Vergebung Gottes die Gemeinſchaft mit ihm

8*

ersehnt, während Eliphas diesen Zustand verabscheuungswürdig nennt und damit sich zum Richter des Hiob aufwirft, weil ihm die unpersönliche Lehre von der Strafgerechtigkeit Gottes, bei der er steckenbleibt, den Blick in das Herz des „Sünders" Hiob, das im Zwiespalt der eigenen Widersprüchlichkeit sich verzehrt und nach Gottes besserer Gerechtigkeit schreit, ebenso versperrt wie den Blick in das Herz Gottes, auf dessen Mitleid und Erbarmen Hiob immer wieder zu hoffen wagt. Es ist darum für die Einstellung des Eliphas wiederum bezeichnend, daß er die Erkenntnis der allgemeinen menschlichen Sündhaftigkeit benützt als Vorbereitung und Auftakt für die Auswirkung der Strafgerechtigkeit Gottes im Schicksal des Bösen, das er im zweiten Teil seiner Rede als abschreckendes Beispiel dem Hiob vor Augen führt.

II. 15, 17—35 Das Schicksal des Gottlosen

Der zweite Teil des Kapitels ist durch die fast feierliche Einleitung nicht nur formal, sondern auch sachlich von dem ersten Teil abgehoben; das abschreckende Beispiel vom Schicksal des Gottlosen soll nachhaltig als Warnung und Drohung wirken und die Grundlehre der „Weisheit" von der vergeltenden Strafgerechtigkeit Gottes den Worten des Hiob gegenüber erneut zur Geltung bringen. Das Eigenartige bei diesem Vorstoß des Eliphas ist, daß er zwar ein allgemeines Schulbeispiel für diesen seinen ernstlich warnenden Belehrungsversuch wählt, aber in mehr oder weniger entfernten und verdeckten Anspielungen den Hiob so scharf trifft, daß die aufgerissene Kluft dadurch nur verbreitert wird und die Möglichkeit eines gegenseitigen Verstehens immer mehr schwindet.

15, 17—19 **Die Einleitung.** Die ausgedehnte Einleitung dient dem Zweck, der Darstellung des schlimmen Schicksals des Gottlosen in doppelter Weise Nachdruck zu verleihen. Nicht nur das Gewicht eigener Erfahrung hat Eliphas in die Waagschale zu werfen, um die Autorität seiner Belehrung zu stützen; diese persönliche Erfahrung stimmt überein mit der altehrwürdigen Tradition der Weisheitslehre, die von „den Vätern" her sich im Munde von Generationen der Weisen immer aufs neue fortgepflanzt hat. Und zwar ist es die echte, „reine Lehre" der Väter, die Eliphas vertritt, aus einer Zeit stammend, da diese noch allein im Lande — gemeint ist wohl Kanaan — saßen und noch kein fremder Einfluß die alte Weisheit verfälscht hat. Sollte Eliphas damit sagen wollen, daß er in den Worten des Hiob — etwa in den über den Tod hinausgreifenden Gedanken (14, 13—17) — das Eindringen solch fremder Lehre vermutet? Dadurch würde sich der besonders feierliche und nachdrückliche Ton der Einführung noch besser erklären.

15, 20—35 **Der Hauptteil.** Der Hauptteil V. 20—35, der sich durch seine bilderreiche Sprache und treffenden Beobachtungen auszeichnet, handelt zunächst in V. 20—24 von den Gewissensqualen des Gottlosen und bringt in V. 25—28 die Begründung mit seinen Sünden, um im Schlußabschnitt

V. 29—35 ein farbiges Bild von seinem Ende als eindrückliche Warnung zu geben.

20-22 Besonders eindrucksvoll ist die Darstellung der inneren Nöte und Ängste, in denen sich die vergeltende Gerechtigkeit Gottes an dem gottlosen Tyrannen als tägliches Gericht auswirkt: Kein Tag, ohne daß er von Angst gequält die Schreckensstimme der Gewissensbisse vernimmt, die ihn mitten im Frieden überfallen und aus der Ruhe aufjagen, daß er sich überall von dunkler Gefahr umwittert wähnt und dauernd das drohende Damoklesschwert über sich hängen sieht. Wie von unheimlichen, unpersönlichen Mächten ist der gottlose Mensch gehetzt und doch gefangen. Nur an einer Stelle lüftet sich der Schleier über den unbegreiflichen Wahnäußerungen seiner Lebensangst: Es ist „der Verderber", der ihn mitten im Frieden überfällt. Man wird nicht fehlgehen, wenn man in dieser Darstellung das Bild des von seinen Seelenqualen gehetzten Hiob vermutet, das Eliphas dem Freund als Spiegel vorhält, freilich in der Verzeichnung, die durch seine subjektive Perspektive bedingt ist. Und vielleicht liegt in der Erwähnung des „Verderbers" eine vom Dichter beabsichtigte, im Munde des Eliphas natürlich unbewußte Anspielung auf den Satan, der ja nach

23-24 2, 6 f. den Hiob in seiner Gewalt hat. Es zeugt von treffsicherer Beurteilung des von Gott gelösten Menschen, wenn in der Schilderung der Zerrüttung des normalen Lebensgefühls neben den Wahnvorstellungen der Lebensangst solche der gesteigerten Lebensgier genannt werden. Mitten im Überfluß sind diese Menschen gequält von der Sorge ums tägliche Brot; sie können nie genug kriegen und fürchten doch, dabei verhungern zu müssen — ein grotesker, aber doch lebenswahrer Gegensatz, der in den versteckten Abgründen des menschlichen Herzens zu allen Zeiten breiteren Raum einnimmt, als man ihm offen zuzugestehen pflegt! In diese Lebensgier ist noch eine andere Angst mit hineinverwoben, die Todesangst. Das Wissen um den „dunklen Tag", der auf ihn wartet, läßt den Lebenshungrigen keinen Augenblick seines Lebens froh werden. Immer neue Ängste bedrängen ihn ungestüm und übermächtig wie ein König, der mit seinem Heer gegen ihn anrückt.

15, 25—28 **Die Begründung.** Der folgende Abschnitt V. 25—28, der durch die gleiche grammatische Konstruktion zusammengehalten wird, gibt die Begründung; zunächst (V. 25—26) wird in allgemeiner thematischer Form die Empörung gegen Gott als die Sünde herausgestellt, dann folgen zwei kon-
25 krete Belastungen im einzelnen. Es ist wieder, wie in der Rüge von V. 2—13, der Gedanke der Hybris gegen Gott, der mit unverkennbarer Spitze gegen Hiob hier als das Grundübel des gottlosen Menschen unterstrichen wird und somit die Verbindungsklammer zwischen dem ersten und zweiten Teil der Rede des Eliphas bildet. Der von Gott sich lösende Mensch tritt, indem er sich auf
26 sich selbst stellt, in Gegensatz und Feindschaft zu Gott. Dies wird illustriert durch das Bild vom Krieg (V. 26), der den Menschen in der Angriffs- und Verteidigungsstellung gegen Gott kennzeichnet: Stur und stolz („mit [gerecktem] Nacken") läuft er gegen Gott an oder sucht sich umgekehrt gegen ihn zu decken wie die Soldaten unter dem zum „Schilddach" über ihren Köpfen zusammen=

gehaltenen Buckelschilden. Diese bei den Römern testudo = Schildkröte genannte Kampftechnik war vielleicht schon früher bekannt. Die beiden in V. 27 bis 28 gegeißelten Einzelsünden sind, obwohl voneinander abliegend, durch den Generalnenner des rücksichtslosen Egoismus zusammengehalten. Das mit bissigem Humor gezeichnete Bild vom Wohlleben des Genußmenschen ist ein beliebtes Thema der „Weisheit", die sich bemüht, den Glaubensanstoß am Scheinglück der Gottlosen zu beheben (vgl. z. B. Jer. 12, 1 ff.; Pf. 37, 35 ff.; 49, 6 f. 17 ff.; 73, 2 — 12). Der Vorwurf gegen den gottlosen Tyrannen, daß er zerstörte Städte und Häuser (wiederaufbaut und) bewohnt, die zu Trümmerstätten bestimmt sind, bezieht sich wahrscheinlich auf die mit dem „heiligen Krieg" zusammenhängende alte Sitte des Bannes (vgl. 5. Mose 13, 13 ff.; Jos. 6, 17; 1. Kö. 16, 34). Es galt als heilige Ordnung, die zerstörten Städte, an denen das Strafgericht Gottes sich vollzogen hatte, nicht wieder aufzubauen. Die Nichtbeachtung dieses Gebots zeigt demnach die frevelhafte Unbekümmertheit um göttliches Verbot und heiligen Brauch bei einem Menschen, für den Besitzgier und Nutzen der einzige Maßstab seines „säkularen" Denkens und Handelns sind.

15, 29—35 Das Ende des Gottlosen. Aber solches Denken ist eine Selbsttäuschung, der die Ent-täuschung mit Notwendigkeit folgt. Dies ist der tragende Grundgedanke des Schlußabschnittes, der den Blick auf das Ende des Gottlosen lenkt. In verschiedenen Bildern, die meist aus der Pflanzenwelt hergenommen sind und darin ihre Herkunft aus der Spruchweisheit erkennen lassen (vgl. 1. Kö. 4, 32 f.), wird dieser Gedanke variiert. Aufs Ende gesehen führt die Besitzgier nicht zum Reichtum, und kein auf dem Weg eines rücksichtslosen Egoismus erworbenes Gut bleibt erhalten; die letzte Reife des Lebens, verglichen mit den vollen, sich zum Boden neigenden Ähren, ist dem Gottlosen versagt. Denn das Dunkel der göttlichen Gerichte steht drohend an seinem Horizont. Die verschiedenen Vorstellungen vom Gericht als „Finsternis", „Glut" (vgl. V. 34: „Feuer") und „Sturmwind" stammen wohl aus der alten Theophanietradition. V. 31 wird meist als Glosse angesehen; die mahnende Form ist freilich auffallend, aber in der gesteigerten Lebendigkeit des Gesprächs nicht unmöglich, um so weniger, als sie mit deutlich warnender Spitze gegen Hiob gerichtet ist. Seine Äußerungen des Selbstbewußtseins und Selbstvertrauens, die Eliphas unerträglich findet, gelten ihm als „Vertrauen auf Eitles" und Nichtiges, als Selbsttäuschung, die den Menschen irreführt. Denn über allem herrscht das Gesetz der Vergeltung: Wer auf Nichtiges vertraut, tauscht die Vernichtung dafür ein. Unter diesem Gesetz der Vergeltung sieht Eliphas das vorzeitige Ende des Gottlosen, das er ausmalt in Bildern von dem welkenden und absterbenden Palmzweig oder Weinstock, der seine Träubchen in unreifem Zustand fallen läßt, und dem Ölbaum, der in Syrien jedes zweite Jahr seine Blüte abstößt, ehe sie zur Frucht werden. Zum Schluß gibt Eliphas noch einmal diesem Gesetz eine allgemeine eindrückliche Formulierung, die sich an geläufige einprägsame Bilder hält (zu V. 35a vgl. Pf. 7, 15; Jes. 59, 4), denen er zutraut, daß sie auf den unter des Lebens Mühsal und Unheil leidenden Hiob ihre aufrüttelnde, abschreckende Wirkung nicht verfehlen und ihn zur Erkenntnis führen werden, daß er einem gefährlichen Selbstbetrug zum Opfer gefallen sei. Da ist kein Platz mehr für ein Wort des Trostes. Nun sind auch von seiten des Eliphas alle Brücken abgebrochen, wenn er die Stimme des guten Gewissens, die sich in Hiob regt, als Selbstbetrug, die Qualen seines Glaubenskampfes um Gott als dessen Strafe, und die Ansätze eines geheimen Vertrauens, das sich suchend an Gott herantasten will, als Hybris und heuchlerische List deutet, um dem Gericht Gottes zu entgehen. Auch diese Verkennung des tiefsten Anliegens und Ringens seiner Seele durch einen ihm nahestehenden Menschen ist eine notwendige Etappe des Leidensweges, den der einsam gewordene Dulder durchschreiten muß; als Glied in der Kette der Leiden notwendig in den Augen Gottes, der den „leidenden Gottesknecht" damit nur um so fester und ausschließlicher an sich binden will.

Kapitel 16—17. Hiobs Antwort

Kapitel 16

1 Da antwortete Hiob und sprach:
2 Derlei hab' ich schon viel gehört.
 Ihr seid allsamt leidige Tröster.
3 Sind nun zu End' die wind'gen Worte?
 Was reizt dich denn, daß du so sprichst?
4 Auch ich vermöcht' wie ihr zu reden,
 wenn ihr an meiner Stelle wärt.
 Ich wollt' euch schöne Worte sagen
 und schütteln über euch den Kopf.
5 Wollt' mit dem Munde Mut euch machen
 und ‚nicht'[1] der Lippen Mitleid ‚sparen'[1].
6 Spräch' ich, nicht sparte ich den Schmerz;
 schwieg' ich, behielte ich ihn doch[2].

7 Jetzt aber hat er mich erschöpft.
 Du hast den Kreis der Freunde mir verstört
8 und mich gepackt. Mein Leid, zum Zeugen ward's,
 erhob sich gegen mich und klagt mich an.
9 Sein Zorn zerriß mich und bekämpfte mich,
 knirscht mit den Zähnen gegen mich.
 Die Augen wetzt mein Gegner gegen mich.
10 Sie sperren gegen mich das Maul auf,
 sie schlagen voller Hohn mich auf die Backen,
 scharen sich wider mich zusammen.
11 Gott liefert mich den Buben aus
 und in der Frevler Hände stürzt er mich.
12 Im Frieden lebt' ich, er hat mich zerbrochen,
 faßt' am Genick mich, schmetterte mich nieder;
 richtet' mich auf, als Zielscheib' ihm zu dienen.

---

[1] s. BH.   [2] Wörtlich: was ginge dann von mir weg?

13 Rings um mich schwirren seine Pfeile,
und schonungslos durchbohrt er mir das Herz[1],
gießt meine Galle hin zur Erde.
14 (Und) Bresche schlug er mir auf Bresche,
stürmt wie ein Krieger gegen mich.
15 Den Sack hab' ich um meine Haut genäht
und senkte in den Staub mein Horn.
16 Es glüht mein Angesicht vom Weinen,
auf meinen Wimpern liegt die Nacht,
17 obwohl an meiner Hand kein Frevel
und mein Gebet ohn' Makel ist.
18 O Erde, deck' mein Blut nicht zu;
mein Schreien finde keine Ruhstatt!
19 Auch jetzt noch, seht, im Himmel ist mein Zeuge,
mein Bürge in den Himmelshöhn!
20 Es spotten zwar die Freunde über mich;
doch tränend blickt mein Aug' zu Gott empor,
21 daß er bei Gott den Streit des Mannes schlichte
‚zwischen'[2] dem Menschen auch und seinem Freund;
22 denn nur noch wenig Jahre kommen,
dann gehe ich den Weg ohn' Wiederkehr.

Kapitel 17

1 Gebrochen ist mein Geist, verlöscht sind meine Tage;
was mir noch bleibt, das ist — das Grab.
2 Wahrlich, nur Spott ward mir zuteil,
mein Aug' ‚ist müde'[2] ihres Zanks.
3 Leg' bei dir nieder doch ‚ein Pfand für mich'[2];
wer sollte sonst mein Bürge sein?
4 Ihr Herz hast du der Einsicht ja verschlossen,
drum wirst du sie nicht triumphieren lassen.
5 Des Anteils wegen zeigt man Freunde an,
indes der Kinder Augen schmachten!
6 Zum ‚Spott'[2] der Leute macht' man mich;
ich ward ‚vor ihnen'[2] zum Gespei.
7 Vor Kummer ward mein Auge matt,
und nur ein Schatten noch sind meine Glieder.
8 Drob sind die Redlichen entsetzt;
über den Frevler ist empört der Reine.
9 Doch fest hält der Gerechte seinen Weg;
wer reine Hände hat, gewinnt an Kraft.
10 Doch mögt ihr[3] alle wiederkehren:
ich finde keinen Weisen unter euch.
11 Dahin sind meine Tage; zerrissen
meine Pläne, denen mein Herz gehörte.

---

[1] Wörtlich: meine Nieren.   [2] s. BH.
[3] Der Anfang des Verses ist durch den Gleichklang bestimmt (we'ûlam kullam), der sich in manchen Textzeugen sogar in der abnormen Schreibweise we'ullam kullam noch ausdrückt (vgl. BH²); das Suffix der dritten Person steht also für das der zweiten (vgl. I Kön. 22,28; Mi. 1,2).

12 Sie machen mir die Nacht zum Tag,
   Licht sei doch näher als das Dunkel¹.
13 Soll hoffen ich? Der Tod mein Haus!
   Und in der Finsternis breit' ich mein Lager aus.
14 Zur Grube sag' ich: „Du, mein Vater!"
   „Mutter und Schwester mein" zu dem Gewürm.
15 Wo bliebe da noch meine Hoffnung?
   wer sollte da ‚mein Glück'² erspäh'n?
16 Sie sinken in die Unterwelt hinab,
   wenn wir zusammen ‚fahr'n'² zum Staub.

Die Antwort des Hiob läßt, obwohl er in spottendem Ton die Rede des Eliphas als „windige Worte" zurückweist, durchblicken, wie schwer er an dem Schmerz trägt, von den Freunden im Innersten verkannt zu sein. Aber sie zeigt auch, wie er mit dieser neuen Leiderfahrung fertig wird, indem er ihr klar ins Auge sieht und sie auf sich nimmt als etwas, was ihn freier macht von der Bindung an irdische Glücksziele, wie etwa seine Ehre bei den Menschen, und ihn dadurch näher heranbringt an den Gott, den er mit brennendem Herzen sucht. Im Fortschreiten seines Leidens vollzieht sich zugleich ein Stück des Weges zu seiner inneren Überwindung. Seiner Ehre bei den Menschen verlustig, erkennt Hiob, daß es allein noch auf seine Ehre bei Gott ankommt. Er flüchtet sich von dem Gott, den er als seinen Feind erkennt, zu dem Gott, in dem er den Freund sucht, und appelliert an dessen höhere Gerechtigkeit gegen die Gerechtigkeit der strafenden Vergeltung, die ihm die Freunde immer wieder vorrücken. Diese beiden Seiten im Wesen der göttlichen Gerechtigkeit treten für Hiob jetzt deutlicher auseinander als zuvor, und damit wird ihm auch das Ziel klarer, dem er in fortwährendem Glaubenskampf zustrebt und das ihn auch zum ersten Mal ruhiger dem Tod ins Angesicht schauen läßt.

Die Hiobrede gliedert sich in vier Abschnitte: 16,2—6 die Zurückweisung der Freunde; 16,7—17 die Darstellung der Lage des von Gott und den Menschen bekämpften Hiob; 16,18—17,9 der Appell Hiobs an Gott gegen Gott; 17,10—16 die Ablehnung des Trostes der Freunde im Blick auf den Tod.

16,2—6 **Die Zurückweisung der Freunde.** Hiob geht sofort in Abwehrstellung. Er ist solcher aus einer selbstgenügsamen pädagogischen Überlegenheit heraus gehaltenen Reden überdrüssig; davon hat er nun aus dem Munde der Freunde genug gehört. Sie sind ihm alle zu „leidigen Tröstern" (wörtlich „Tröster der Mühsal") geworden. Das Wort ist mit deutlichem Bezug auf 15,11 gesagt, wo Eliphas an die „linden Trostworte" erinnern zu müssen glaubte. Das Gegenteil ist der Fall: Anstatt seinen Schmerz zu lindern und ihm herauszuhelfen, haben die Freunde durch kalte Distanzierung ihres Standpunkts und harte Worte der Kritik die Qualen seines Leidens vermehrt und ihn noch mehr in die Einsamkeit des Verlassenseins zurückgestoßen. Begreiflich genug, daß er mit einer ungeduldigen Frage derlei Trostreden, die ihm als

---
¹ Wörtlich: als das Angesicht des Dunkels; d.h. als das gegenwärtig offenbare Dunkel des Leidens.
² f. BH.

„windige Worte" vorkommen (vgl. 8, 2; 15, 2), weil sie ihm nichts zu sagen haben, beendet sehen möchte und sich wundert, weshalb Eliphas so gereizt spricht. Aus letzterem wird deutlich, wie weit die beiden Standpunkte innerlich auseinanderliegen, daß Hiob so wenig die Gereiztheit des Eliphas verstehen kann wie umgekehrt Eliphas den „Zorn" des bedrängten Dulders begreift (15, 12 f.). Wo solche Gefühle bei der Auseinandersetzung beteiligt sind, ist die Basis einer gegenseitigen Verständigung verlassen. Mit bitterer Ironie 4 charakterisiert Hiob noch einmal die „Trostreden" der Freunde, indem er den Fall setzt, daß sie an seiner Stelle stünden und er der Tröster sei. Da wollte er auch mit schön gedrechselten Worten und Gebärden der Teilnahme (Kopfnicken) Trost spenden. Er wollte sie aufrichten mit dem Munde und mit mitleidigen 5 Worten nicht sparen! Aber die ironische Travestie ist nicht das einzige, was in diesen Worten liegt; dahinter steht ein bitterer Ernst. Wir dürfen den schmerzlichen Unterton des wehmütigen Vermissens und Entsagens nicht überhören, der in einem deutlichen crescendo aus der wunden Seele aufklingt, bis er in V. 6 allein dominiert. Hiob macht die Erfahrung so vieler, denen das Anhörenmüssen von schönen Trostworten zu einer peinlichen Angelegenheit wird; er vermißt das echte Mitleid der Tröster, weil ihren Worten das mit-leidende Herz fehlt, darum klingen sie hohl und bleiben leer. Und dies ist der tiefste Grund, weshalb der von Hiob hier angenommene Fall ein unmöglicher Fall ist, bei dem er nur im Irrationalis reden kann: Die Freunde können sich gar nicht in seine Lage versetzen, und darum können sie ihn auch nicht trösten. In 6 V. 6 macht Hiob ernst mit dem „wenn ich es wär'" alles seelsorgerlichen Trostes: Er würde den Schmerz des Freundes als seinen eigenen Schmerz (im Urtext steht „mein Schmerz") mit tragen und ihn im Reden oder beredten Schweigen durchblicken lassen, daß der andere den Schlag seines Herzens als Wärme und Energie fühlt, die mit ihm trägt und ihn aufrichtet aus seiner einsamen Qual. Alle kluge Weisheit und abgrundtiefe Theologie kann das mitleidende Herz nicht ersetzen, das erst die Disposition zum Verstehen und die Kraft zum Trösten und Helfen schafft. Hiob weiß etwas von der biblischen Voraussetzung aller echten Seelsorge; sie liegt in der eigenen Anfechtung, die den Freunden fremd ist, ihm aber die Möglichkeit seelsorgerlicher Hilfe geben würde. Hier leuchtet etwas auf, was erst an späterer Stelle im Hiobbuch fruchtbar wird (vgl. 42, 8. 10), daß es der leidende Gottesknecht Hiob sein wird, der für seine Freunde bei Gott Fürbitte tut und ihnen aus ihrer Not helfen darf. Als Christen dürfen wir die hier angedeutete Linie über das Alte Testament hinausgeführt sehen bis hin zu dem, der unser eigentlicher und einziger „Seelsorger" ist, und werden erinnert an das Wort des Hebräerbriefs: „Wir haben nicht einen Hohenpriester, der nicht könnte Mitleid haben mit unserer Schwachheit, sondern, der versucht ist allenthalben gleich wie wir." V. 6 wird von vielen Forschern als Einleitung zum folgenden Abschnitt gezogen und dann im Sinne der Klage über das eigene Leid verstanden, das sich weder durch Reden noch durch Schweigen mindern läßt. Für sich genommen ließe sich der Vers zwar auch als Klage deuten, aber dann wäre sein Inhalt alles andere als eine Motivierung der darauf folgenden Klage, wie man sie bei einer solchen Einleitung erwarten müßte.

16,7—17 Von Gott und den Menschen verfolgt. Auch in dem folgenden Abschnitt sind die Textschwierigkeiten derart, daß das Verständnis einzelner Stellen nicht durchweg als gesichert angesehen werden kann und die Auffassungen z. T. weit auseinandergehen; in seinen Grundzügen läßt sich jedoch der Gedankengang deutlich genug erkennen. Der Übergang von der Einleitung zur Klage erscheint auf den ersten Blick schroff; er ist aber psychologisch und sachlich nicht unbegründet. Psychologisch insofern, als der Gedanke von V. 6 an das Mitleid als Empfinden eigenen Schmerzes den Hiob an den Schmerz erinnert, den er nun allein zu tragen hat und der ihm wieder seine trostlose Lage ins Bewußtsein zurückruft, die ihm verwehrt, selbst Tröster zu sein; sachlich insofern, als die neue Situation, in der Hiob nicht mehr damit rechnen kann, bei seinen Freunden Verständnis und Hilfe zu finden, eine erneute Auseinandersetzung mit seiner Lage verlangt, in der ihm die Fronten deutlicher werden. Diese Bedeutung kommt der Klage des Hiob in V. 7—17 im Zusammenhang der inneren Dynamik des Seelendramas zu. Zugleich bildet diese Klärung der Lage für Hiob den Startpunkt zu einem neuen kühnen Absprung in das Wagnis des Glaubens an Gottes höhere Gerechtigkeit, wovon in V. 18 ff. die Rede ist.

Die Auseinandersetzung Hiobs mit seiner an einem inneren Wendepunkt angelangten Situation erfolgt keineswegs in der kühlen Atmosphäre nüchterner Erwägungen, sondern in heißem Kampf um seine von zwei Seiten bedrohte innere und äußere Existenz. Sie ist höchste Energieentfaltung leidender Aktivität, die durch das Leiden h i n d u r c h führt und sich dabei auf dem Wege zu seiner inneren Überwindung befindet. Von daher ist es zu verstehen, daß Hiob in der Form der „Klage" redet und mehrfach Motive der kultischen Klagepsalmen verwendet, die sich nicht aus seiner persönlichen Lage heraus erklären lassen; auch der sterbende Heiland am Kreuz hat mit den Worten eines Klagepsalms zu Gott gebetet. Hiob steht hier in einer Reihe mit der großen Tradition der in der Anfechtung des Glaubens ringenden Dulder des Alten Testaments, und es ist nicht von ungefähr, daß in seiner Klage Anklänge an den leidenden Gottesknecht bei Deuterojesaja und für den Christen die Linie bis hin zur Passion Christi z. T. in wörtlicher Übereinstimmung wahrnehmbar werden. Aus der Kultüberlieferung der alttestamentlichen Klagelieder stammt auch der Rahmen der Gerichtsvorstellung, der die mannigfach wechselnden Bilder zu einer Einheit zusammenbindet.

7 In welcher Leidenschaftlichkeit sich Hiob mit seiner Lage auseinandersetzt, erkennt man an der Erregung der Diktion, in den kurzen, abgerissenen Sätzen, in der raschen Aufeinanderfolge verschiedener Bilder und in dem Frontwechsel der Rede, die unvermittelt von der Aussage über Gott („er") zur Anrede („du") überspringt, um dann wieder ohne Überleitung von einer Mehrzahl von Gegnern zu sprechen. Die Ironie der Einleitung ist jetzt ganz dem Ernst gewichen, der sich bleischwer dem seine Lage überblickenden Hiob auf die Seele legt. Gott hat ihn niedergerungen, daß er seine ohnmächtige Erschöpfung zugestehen muß; und

nicht nur das, er wird sich erst jetzt bewußt, was es heißt, auf sich selbst reduziert zu sein und die ganze Einsamkeit des leidenden Menschen von innen her auf sich zu nehmen. Zu den eigenen Qualen Leibes und der Seele kommt nun noch gleichsam als die zweite Seite seines Leids die Zerstörung seines Freundeskreises; und auch dies wird ihm zur Glaubensanfechtung vertieft dadurch, daß er in dem Verlust der menschlichen Gemeinschaft die Hand Gottes am Werke sieht, die ihn dieser letzten Stützen von außen her beraubt hat. Von diesem 8 doppelten Leid reden die beiden folgenden Verspaare. Hiob ahnt jetzt etwas von den verschlungenen Zusammenhängen: Der plötzliche Zugriff Gottes in den gehäuften Unglücksschlägen ist zum Zeugen gegen ihn geworden; wie ein Belastungszeuge erhebt sich nun sein Leid und klagt ihn an, wie er das soeben aus dem Mund der Freunde vernommen hat: Sein schweres Leid ist ihnen Beweis seiner schweren Schuld. Dagegen können seine Unschuldsbeteuerungen nicht aufkommen. Hiob erkennt die satanische Verflechtung der Dinge: Er hört die Stimme des „Anklägers" — das ist die Funktion des Satans im Alten Testament (vgl. Ps. 109, 6; Sach. 3, 1f.) —, die unerwartet ihm aus seinem Leiden entgegenschallt, ohne daß er etwas dazu getan hat oder dagegen tun kann. Ist er nun in der Schlinge des Satans gefangen? Hiob weiß natürlich nichts von den Vorgängen im Himmel. Er sieht Gottes zorniges 9 Angesicht auf sich gerichtet; aber er sieht Gott in der grauenerregenden Maske des Satans vor sich, der ihn bekämpft als Feind, „mit den Zähnen knirscht" (vgl. Klgl. 2, 16) und „seine Augen wetzt" wie ein Schwert (vgl. Ps. 7, 13), um ihn mit durchbohrendem Blick zu töten. Die Meinung Raschis, der den Satan selbst unter dem „Gegner" verstehen will, ist aus dem genannten Grunde nicht haltbar. In V. 10 faßt Hiob die andere Seite seines Leidens ins Auge. Nicht 10 nur daß ihm die Gemeinschaft der Freunde zerstört ist, diese sind nun auch seine Gegner geworden, die sich gegen ihn zu einer geschlossenen Front vereinigt haben und ihn mit Hohn aufs schärfste bekämpfen. Hiob spricht hier wie in V. 9 in Wendungen, die aus dem traditionellen Wortschatz der Klagepsalmen stammen (s. o.) und darum nicht aus der konkreten Situation des Hiob zu erklären sind (zu dem Ausdruck „sie sperren das Maul auf gegen mich" vgl. Ps. 22, 8. 14; 35, 21; Klgl. 2, 16; zum „Schlagen auf die Backe" vgl. Mi. 4, 14, wo vielleicht eine Erinnerung an das vorderorientalische Königsritual vorliegt, und Jes. 50, 6). Es ist deshalb nicht nötig, diese Verse als Einschub zu streichen; denn damit ist das Problem nur zurückgeschoben, aber nicht gelöst.

In V. 11 erkennt Hiob nun klar, daß auch die Feindschaft der Freunde im 11 letzten Grunde auf den Gott zurückgeht, der ihn durch die Hände von „Buben" (vielleicht ist ʻawwāl = Ungerechte [vgl. 27, 7] statt ʻawil zu lesen) und Frevlern ins Verderben stürzen will. So stehen Gott und die Freunde für Hiob gegen ihn in einer Kampffront; und insofern sieht er ganz richtig, als gerade die absolute Gerechtigkeit Gottes, an der die Freunde festhalten, es ist, die er als unbegreifliche Ungerechtigkeit Gottes gegen sich auswirken fühlt und die ihm seinen Gottesglauben zu zerbrechen droht.

12 Hatte die Klage des Hiob bisher seine augenblickliche Situation im Auge, so gehen in V. 12 seine Gedanken noch einmal zurück in die Vergangenheit und fassen in einem kurzen Rückblick zusammen, wie es soweit mit ihm gekommen ist. Der Blick ist in V. 12—14 nun ausschließlich auf den Angriff Gottes gerichtet, in V. 15—17 auf Hiob selbst. In den kurzen, stoßenden Sätzen, den packenden Bildern, die durch die Klangfarbe und dramatische Wucht der Sprache untermalt sind, spürt man den heißen Atem der Kampfsituation, in der alles auf eine entscheidungsvolle Wendung zudrängt: Ahnungslos, mitten im Frieden, hat Gott den Hiob überfallen, wie ein Riese ihn im Nacken gepackt und zu Boden geschmettert; er treibt mit ihm ein grausames Spiel, indem er ihn wie ein
13 Pfeilschütze als Zielscheibe aufstellt (vgl. Klgl. 3, 12). Im dichten Pfeilhagel stehend erwartet er zitternd das todbringende Geschoß. Das Bild von den Pfeilen der Gottheit ist eine im gesamten Altertum bekannte Versinnbildlichung der Krankheit (vgl. 6, 4). Hiob fühlt sich zu Tode getroffen; Nieren und Leber gelten der Antike als Sitz des Lebens (vgl. Spr. 7, 23 und die Leberschau bei den Babyloniern, Assyrern, Griechen und Römern); sind sie durchbohrt, daß die
14 Galle zur Erde fließt, dann gibt es keine Rettung mehr. Mit V. 14 wechselt das Bild. Hiob vergleicht sich mit einer belagerten Festung, die der Feind berennt und Bresche auf Bresche in ihre Mauer bricht, um sie in einem letzten Sturmangriff zu nehmen. Auch dieses Bild deutet wohl auf die Krankheit, die Glied für Glied befällt, bis der Mensch ihr schließlich erliegt (vgl. zu den Bildern des Kriegs 19, 10 ff.).
15 Nun wendet sich Hiobs Blick von Gott weg, seiner eigenen Person zu. Er hat sich den „Sack", das Gewand der Trauer, angelegt, der auf der bloßen Haut getragen wird und wie angenäht an den eitrigen Wunden schmerzhaft festklebt. Sein „Horn" ist der bildliche Ausdruck für die stolze sieghafte Kraft und wird häufig gebraucht in der Wendung „sein Horn erheben" (1. Sam. 2,1; Ps. 75, 5. 6. 11; 89, 18. 25; 92, 11; 112, 9; 148, 14). Diese Redensart ist hier absichtlich in ihr Gegenteil verkehrt; sie will also besagen, daß Hiob im Gefühl seiner Ohnmacht alle selbstbewußten Lebensinstinkte aufgegeben hat. Damit widerlegt Hiob den Vorwurf des Eliphas, daß er mit „stolzem Nacken"
16 gegen Gott anlaufe (15, 26). Er ist ja in einem erbarmungswürdigen Zustand; sein Angesicht ist vom Weinen gerötet, eine Folgeerscheinung seiner Krankheit (vgl. oben zu 2, 7), seine Sehkraft ist fast erloschen, so daß es ihm schwarz vor den Augen wird, eine dunkle Vorahnung der hereinbrechenden
17 Todesnacht. Aber schlimmer als dies alles ist die offene Wunde, die in einer tieferen Schicht seines Herzens brennt und sich nicht schließen läßt: Die Glaubensanfechtung, daß solch schwere Mißhandlung durch Gott bei ihm in keinem Verhältnis steht zu einer besonderen Schuld, die sie rechtfertigen könnte. Schuld und Schicksal kann er bei sich nicht zur Deckung bringen, damit die Rechnung, die ihm seine Freunde vorgelegt haben, aufgeht. Schuld und Schicksal stehen bei ihm in ungelöster Spannung zueinander, und darum kann er auch nicht die reziproke Beziehung zu Gott finden, in der der Glaube allein besteht. Dieses 'al lo' hamas (obwohl kein Frevel...), das wörtlich in dem

Lied vom leidenden Gottesknecht Jes. 53, 9 erscheint, bezeichnet hier die offene Wunde, welche die Erfahrung Gottes im grausamen Schicksal für Hiob zum unlösbaren Rätsel, zur Frage um Sein oder Nichtsein des Glaubens macht. Es geht ihm jetzt um die Ehre seines Glaubens als die letzte Position, die ihn in die Frontstellung gegen den mit ihm unbegreiflich verfahrenden Gott rückt und die er gegen ihn um seines Glaubens willen verteidigen zu müssen meint. Dabei handelt es sich nicht so sehr um das sog. „gute Gewissen" in der Beschränkung auf das Gebiet des Sittlichen, als vielmehr um die innere Wahrheit, Lauterkeit und Echtheit seines Gottesverhältnisses überhaupt („mein Gebet ist ohne Makel"), die ihm zwar von Eliphas bestritten wird (15, 4f.), die er sich aber nie hat entwinden lassen in dem richtigen Gefühl, daß der Glaube nur aus der Wahrheit vor Gott leben kann. Von da aus wird ihm gerade die Klärung seiner Situation gegenüber Gott und den Menschen, die seine Glaubensexistenz in Frage stellt, zugleich zum Sprungbrett eines paradoxen Wagnisses des sich selbst überwindenden Glaubens, der — obwohl im Kampf gegen Gott — sich mit einem letzten Vertrauen Gott in die Arme wirft.

16, 18—17, 9 **Hiobs Appell an Gott.** Die Eigenart dieses erneuten Aufschwungs zur Glaubenshoffnung liegt im Unterschied zu den früheren Anläufen (7, 8. 21; 13, 16—22; 14, 13—17) darin, daß Hiob hier auch den bevorstehenden Tod als ein unumgängliches Faktum ernst nimmt, ihm klar ins Auge schaut und jede Art irdischer Lebenshoffnung preisgibt, um desto energischer alle seine Hoffnung auf Gott allein zu werfen, in dessen Hand er die Ehre seines Glaubens legt. In der Bereitschaft, sein Leben in den Tod zu geben, öffnet sich ihm der Blick auf den Gott, den er sucht und der ihm der einzige Halt bedeutet, wo ihm aller andere Halt im Leben zerbrochen wird. Die „Ehre" seines Glaubens trifft jetzt zusammen mit der Ehre Gottes; es geht um beides zugleich. Hiob setzt alles auf diese letzte Karte. Er ist bereit, sich ganz in Gottes Hand zu legen; nun liegt es bei Gott — wenn anders er der Gott der **Wahrheit** und **Liebe** ist, als der er sich von jeher den Vätern kundgetan hat (vgl. 2. Mose 34, 5 ff. rab hesed we'emet) —, dazu sein Jawort zu geben und das Eintreten für die Ehrenrettung des Hiob zur Sache seiner eigenen Ehre zu machen. Mitten in diesem immer weiterschreitenden Gang des Seelendramas des Hiob klingen hier wieder jene beiden Grundfragen der himmlischen Szene des Prologs an, und zwar nun in engster innerer Verknüpfung: Die Frage der Ehre Gottes und der Echtheit der selbstlosen Frömmigkeit des Hiob. Diese beiden Fragen bilden die feste thematische Klammer des ganzen Hiobbuches und treiben gleichzeitig das innere Geschehen der Dichtung dem Moment der Entscheidung zu.

Der Abschnitt 16, 18—17, 9 gliedert sich in zwei Teile 16, 18—22 und 17, 1—9, die zwar sachlich auf der gleichen Ebene liegen, aber sich darin unterscheiden, daß die in 16, 18—22 ausgesprochene Hoffnung des Hiob in der Hauptsache die Form des Bekenntnisses hat, während in 17, 1—9 die Wendung zum direkt an Gott gerichteten Gebet sich vollzieht.

16, 18—22 **Der Blick zu Gott empor.** Der Aufschrei, mit dem Hiob in 18 V. 18 die Erde anruft, sein Blut nicht zu bedecken, entringt sich dem in der Ehre seines Glaubens bedrohten Dulder (siehe zu 16, 17) angesichts des bevorstehenden sicheren Todes. Wenn es auch mit seinem Leben zu Ende geht, so kann und darf das nicht das Ende seiner Ehre bedeuten. Im Rahmen des traditionellen Gerichtsgedankens bleibend, vergleicht Hiob seine Lage nach dem Tode mit einem Erschlagenen, dessen Blut zum Himmel nach Rache schreit wie einst das Blut des ermordeten Abel (1. Mose 4, 10 f.; vgl. Jes. 26, 21), bis Gott den Schrei hört und die Rache selbst übernimmt. Daher die Bitte, daß die Erde sein Blut nicht bedecken soll, damit sein Schrei nach „Gerechtigkeit" auch dann nicht zur Ruhe komme, bis der ihn vernimmt, von dem er allein noch Gerechtigkeit erwarten kann. Hiob ist es darum zu tun, daß die Verbindung mit Gott, die er in seiner Klage immer wieder sucht, nicht abreißt, und daß Gott

19 dann für ihn eintritt, wenn er selber seine Sache nicht mehr vertreten kann. Das letztere spricht er in V. 19 deutlich als Bekenntnis seines Glaubens aus. Daß Hiob, wo alles auf Erden gegen ihn zu sprechen scheint, und sein von Gott gesandtes Leiden selbst als Zeuge gegen ihn auftritt (16, 8), es wagt, Gott als seinen Zeugen zu benennen, kennzeichnet den ungeheuren Glaubensmut, mit dem er sich der ganzen Welt des Augenscheins entgegenwirft und an dem Gott festhält, an den zu glauben er nie ganz aufgegeben hat, auch da, wo ihm alle irdisch=menschlichen Stützen des Glaubens von Gott zerbrochen werden. Denn das mutig trotzige „auch jetzt noch" umfaßt sowohl die Aussicht auf den bevorstehenden Tod, der für diesen Glauben keine Schranke mehr bedeutet, als auch die frühere Glaubenshaltung des Hiob, die ihm das Leiden jetzt überschattet, so daß er immer wieder neu darum ringen muß. Im letzten Grunde geht dieser Glaube zurück auf die in der alttestamentlichen Bundestradition verankerte Offenbarung Gottes, dessen „Gnade und Treue" (hesed we'emet) das tragende Fundament des Glaubens auch der einzelnen Frommen des Alten Testaments ist. Doch auch das wird hier deutlich, daß Glaube nicht einen festen unumstrittenen Besitz bedeutet, über den der Mensch jederzeit verfügen kann wie über ein Kapital, von dem man nach Bedarf einen Betrag abhebt, sondern höchste Lebensaktivität der Gottesbeziehung, die in jeder Situation auf neue Weise von Grund aus aktualisiert und der Anfechtung durch die Mächte des Zweifels und des Chaos wieder abgerungen werden muß. In diesem Sinne ist es zu verstehen, daß Hiob, obwohl er auf Früheres anspielt, davon redet wie von einer neuen Entdeckung oder Offenbarung (hinne = siehe da). Aus dem chaotischen Dunkel des ihm unfaßbaren irdischen Geschehens ist ihm der Aufblick in die himmlischen Regionen, wo er mit einem Mal Gott als seinen Zeugen und Bürgen seiner Frömmigkeit entdeckt, in diesem Augenblick neu geschenkt. Dabei wächst Hiob über sich selbst hinaus. Hatte er in 9, 16 behauptet „ich glaube nicht, daß er meine Stimme hört", so hat er jetzt das Vertrauen, daß, selbst wenn sein Mund für immer verstummt sein sollte, die Stimme seiner Klage zu

20 Gott empordringt und in ihm ihren Anwalt findet. Und auch darin ist Hiob weiter geschritten, daß er hier nicht mehr an einer irdischen Hoffnung hängenbleibt, sondern bewußt darauf verzichtet im ahnenden Glauben, daß die letzte Entscheidung über seine Frömmigkeit im Bereich Gottes jenseits von Gut und

Böse liegt. Für den Leser läuft hier wieder eine der unsichtbaren Verbindungslinien zu den Himmelsszenen im Prolog, die auch im Folgenden noch festzustellen ist. Auch insofern ist Hiob innerlich gewachsen, als er im Aufblick zu Gott nicht nur dem Tod ruhiger ins Auge sehen kann, sondern auch dem Spott seiner Freunde nüchterner gegenübersteht und die Schmach gelassener zu tragen fähig ist. Wir spüren die paradoxe Aktivität seines Glaubens, die das resignierte „obwohl" von V. 17 in ein kühnes „dennoch" und die Flucht vor Gott in eine Flucht zu Gott umwandelt. Da Gott schließlich der einzige ist, der ihn kennen muß, wirft sich Hiob ihm rückhaltlos in die Arme. Er hat niemanden und nichts mehr auf Erden, worauf er seine Hoffnung setzen könnte, Gott bleibt ihm als seine letzte Hoffnung. Auf ihn allein ist sein Auge gerichtet, ihn begehrt er ausschließlich und kommt auf diesem Wege an den entscheidenden Punkt heran, den der Satan bestritten hat, wenn er meinte, daß die Frömmigkeit des Hiob auf andere Ziele gerichtet sei als auf Gott selbst und dieser ihm nur als Mittel zum Zweck diene (1, 9; 2, 4 f.). Ja, darüber hinausgehend hat Hiob selbst schon mit seinem Leben innerlich abgeschlossen und auch dieses als Opfer in die Waagschale der Bewährung seines Gottesglaubens gelegt. Was dieses Opfer für Hiob bedeutet, ist in V. 20b auf einen in seiner Prägnanz unnachahmlich tiefen Ausdruck gebracht: Der Blick in Gottes Herz öffnet sich nur dem, der durch Tränen schaut. Und zugleich tritt hier ein letzter Sinn des Leidens zutage, der sich nur dem echten Gottesglauben erschließt, daß Leid und Gottesglaube zusammengehören und sich gegenseitig bedingen wie zwei kommunizierende Röhren: Je tiefer das Leid, desto erhebender der Blick in Gottes Herz. Die Anfechtung ist der Mutterboden, in dem der Gottesglauben wächst. Auch für den Glauben gilt das Dichterwort „Es nährt das Leben vom Leide sich". Freilich nur dem echten Glauben, der der Wirklichkeit Gottes gegenüber immer aufgeschlossen bleibt, wird solche Sicht geschenkt. Ohne diesen Glauben endet der Mensch bei einem Pseudoglauben wie die Freunde des Hiob, die mit einer Lehre über Gott die Wirklichkeit vergewaltigen und Gott in ihre Gedankenbahnen hineinzwingen, oder wie Hiob in den Augenblicken, wo ihm dieser Glaube verdunkelt ist, bei dem deus absconditus, zu dem es für den Menschen keinerlei Zugang gibt. Hiob steht hier zwischen diesen beiden Gotteskonzeptionen; klar erfaßt er jetzt den Unterschied, in dem beide Seiten der göttlichen Wirklichkeit auseinanderfallen und geradezu als zwei verschiedene Gestalten Gottes in unausgeglichenem Gegensatz einander gegenüberstehen: Der Gott der absoluten Macht, der ihn bekämpft und zerschmettert, und der Gott, an dessen Liebe und Wahrhaftigkeit und Treue er glaubt und appelliert. Es ist, als ob die beiden himmlischen Partner des Prologs hier in Gott zu einer Gestalt zusammengefaßt seien, der Satan mit seinem Mißtrauen und Gott mit seinem Vertrauen in Hiobs Frömmigkeit, und nun im Blickfeld des Hiob wieder auseinandertreten als zwei einander bekämpfende Gegner; ein Ausdruck für die letzte Irrationalität des menschliches Begreifen übersteigenden, spannungsreichen Wesens göttlicher Wirklichkeit! Hiob stellt die Entscheidung dieser Spannung, in die er sich selbst hineingenommen sieht, Gott anheim in dem richtigen Gefühl, daß nur bei Gott und in Gott allein der Ausgleich dieser für menschliche Begriffe unvereinbaren Gegensätze sich vollziehen kann, daß hier allein die complexio oppositorum Wirklichkeit wird. Diese letzte Entscheidung, die Hiob erhofft, der Ausgleich zwischen Gottes Zorn und seiner Liebe, ist ein Vorgang innergöttlicher Dynamik. Das wunderbare Geheimnis Gottes, das Mysterium der Transformation der vernichtenden Kraft seines Zornes in die neues Leben schaffende Energie seiner erbarmenden Liebe, das die beiden Propheten Hosea (Hos. 11, 8 f.) und Jeremia (Jer. 31, 20) in das ergreifende Bild von der heiligen Wandlung des sich selbst überwindenden Gottes zu kleiden versucht haben („mein Herz dreht sich um gegen mich"), und das im Mysterium des Kreuzes Christi zur Wirklichkeit geworden ist, die alle Welt erschüttert und beseligt, wird von Hiob hier geschaut in der Form eines himmlischen Rechtsstreits zwischen dem Gott des Zorns und dem Gott der Liebe, bei dem die „höhere Gerechtigkeit" des letzteren den Sieg behalten wird. Mit diesem Siege des Gottes der Liebe und Wahrheit (hesed we'emet; s. o.) wird auch über die Wahrheit und Echtheit der Frömmigkeit des Hiob entschieden sein. Diese himmlische Entscheidung schlichtet ferner auch den Streit der Menschen, der zwischen Hiob und seinen Freunden entbrannt ist. Der Sieg der Wahrheit bei Gott schließt den Sieg des Glaubens bei Hiob in sich ein. Aber auch dieser Glaube ist ein Vorgang von dynamischer Aktivität; er ist die wagende Tat einer Entscheidung für den Gott, dem er solches Vertrauen entgegenbringt. Der Hiob, der dieses Vertrauensbekenntnis zu dem himmlischen Schiedsrichter spricht, ist nicht mehr derselbe, der in 9,33 vor Gott ausweicht mit der resignierenden Feststellung „Nicht gibt es einen Schiedsmann zwischen uns, der seine Hand auf beide legte". Nur dem mutigen Glauben, der sich der Wirklichkeit Gottes stellt und

22 es ganz mit Gott wagt, öffnet sich der Blick in Gottes eigensten Bereich. V. 22 gibt die Begründung, warum Hiob im Glauben den kühnen Griff über den Tod hinaus wagt: In der kurzen Frist, die ihm noch zu leben vergönnt sein mag, ist keine Hoffnung für eine Schicksalswendung, wie sie die Freunde ihm vor Augen gemalt haben. Und auch die Möglichkeit, mit der er selbst einen Augenblick lang gerechnet hatte, daß Gott ihn eine Zeitlang in der Unterwelt verbergen werde, bis sein Zorn sich gewendet haben würde (14,13), hat Hiob nunmehr aufgegeben. Er geht den „Weg ohne Wiederkehr". Seine Worte atmen nicht mehr das nervöse Drängen auf eine Rechtfertigung vor dem heraneilenden Tod, ehe es zu spät ist (vgl. 7,7 ff.; 10,20 ff.); darüber ist Hiob in diesem Augenblick hinausgewachsen. Er kann jetzt dem Tod ruhiger ins Auge sehen und gehaltener von ihm sprechen, da er seine irdischen Hoffnungen dahingegeben und seine Sache ganz in Gottes Hand zu legen sich bereit gemacht hat. Im Schwinden der irdischen Lebenshoffnung geht er innerlich den Weg über den Tod hinaus.

Kapitel 17

17, 1—9 Die Bitte an Gott. Es ist freilich nun auch nicht so, daß auf diesem Weg die Not, die Hiob zu tragen hat, an sich leichter würde; sie bleibt in unverminderter Wucht bestehen. Das zeigt der schwere Ernst, der über dem ganzen 17. Kapitel lagert und in Gestalt und Inhalt seinen Ausdruck findet. In der Form der Klagepsalmen betet sich Hiob, fortwährend mit seiner äußeren und inneren Not ringend, an Gott heran, zu dem er sich in Kapitel 16 bekannt hat, und hält in der Bitte, als sein Bürge für ihn einzutreten (V. 3), an ihm fest trotz allem, was ihn bedrückt. Er darf dabei erkennen, daß ihm daraus die Kraft wächst, seine Not zu tragen (V. 9).

Der Text von Kapitel 17 bietet der Auslegung mancherlei Schwierigkeiten, so daß die Deutungsmöglichkeiten weit auseinandergehen. Auch das hier vorgetragene Verständnis kann nicht den Anspruch erheben, aller Schwierigkeiten Herr geworden zu sein; immerhin ist versucht, ohne größere Änderungen den Text im Rahmen des Gesamtzusammenhangs zu begreifen. Mit V. 1 setzt das Klagegebet neu ein in der traditionellen Form der Darstellung der äußeren und inneren Notlage des Hiob. Die Blickrichtung und auch die Gefühlsbetontheit ist, obwohl die Worte sich aus der gleichen Situation ergeben wie in Kapitel 16, gegenüber 16, 22 eine andere. Aus diesem Grund empfiehlt es sich nicht, die Anfangsverse des Kapitels unmittelbar mit dem Ende von Kapitel 16 zu einer Einheit zusammenzunehmen. Die kurz herausgestoßenen Sätze, in denen Hiob zusammenfassend seiner aussichtslosen irdischen Lage ins Auge sieht, verraten deutlich, mit welchem Einsatz er auch jetzt immer noch darum ringt, über seine Not innerlich Herr zu werden. Es ist kein feiges Ausweichen, wenn er sich klarmacht, daß er am Ende der eigenen Möglichkeiten irdischer Hoffnungen angelangt ist; im Gegenteil, es ist der Mut der Wahrheit vor Gott, der sich jeder Illusion entschlägt, wenn Hiob Gott hineinsehen läßt, wie es in ihm aussieht: Sein Geist (= Lebenskraft; Lebensprinzip) ist zerbrochen, „verstört", seine Lebenszeit ist im Verlöschen; was seiner wartet, ist die letzte Ruhestätte im Gräberfeld! Die persönliche Lage des Hiob ist, menschlich gesehen, wirklich hoffnungslos. Dazu kommt, daß Hiob nicht nur um die Hoffnung, die er anfangs auf seine Freunde setzte, betrogen ist, sondern die Schmach des Verkannt- und Verspottetwerdens zu tragen hat und nun sehen muß, daß es aussichtslos ist, auf dem Wege der Auseinandersetzung mit den Freunden weiterzukommen. Obwohl er seine Freunde scharf abgewiesen hat (12, 2f.; 13, 1ff.), kann er vor Gott nicht verbergen, wie hart er darunter leidet und wie ihn diese ergebnislose Auseinandersetzung erschöpft hat. Aber gerade diese Schmach, die er unverschuldet trägt, bildet den Untergrund, aus dem das Verlangen nach einem Bürgen seiner Frömmigkeit herauswächst und ihn, da er niemanden findet, der für ihn eintritt, zur Bitte treibt, Gott selbst möge sich für ihn verbürgen bei sich selber — der ihm vertrauende Gott bei dem Gott, den er als seinen Ankläger und Gegner empfindet —, damit seine Ehre bei Gott durch Gott wiederhergestellt ist (vgl. zu 16, 19—21). Die Vorstellungen und Wendungen des

Verses sind dem Pfandwesen entnommen: Durch „Hinterlegen eines Pfandgelds" beim Kläger oder Gläubiger (V. 3a) übernimmt der Bürge die Verantwortung für den Beschuldigten und bekundet ihm gegenüber durch „Handschlag" (V. 3b), daß er auf diesem Weg seine Freilassung bewirken werde. Gott soll also mit seiner Ehre für die Ehrenrettung des Hiob bei Gott eintreten. Mit dieser Bitte legt Hiob die Entscheidung in Gottes Hand. In diesem gläubigen Vertrauen, das er auf Gott setzt, wird ihm Gott selbst zum Mittler zwischen Gott und Mensch, der einzige, der die unheimliche Kluft zu schließen vermag, die sich dem Hiob in der Erkenntnis seiner von Gott bedrohten Existenz aufgetan hat. Ohne es zu wissen, appelliert Hiob an den Gott, der sich im Himmel dem Satan gegenüber für seine Frömmigkeit verbürgt hat (1, 8; 2, 3). Es geht hier wirklich im letzten Grunde um die Ehre Gottes, für die Hiob kämpft und leidet und die mit seiner eigenen Ehre in dieser Situation steht und fällt. Das Grundthema des gesamten Hiobbuches klingt hier auf; darin liegt die besondere Bedeutung dieser Stelle. Sie steht im Schnittpunkt, in dem Gottes Handeln und die Glaubensentscheidung des Hiob zusammentreffen: Indem Hiob Gott bittet, mit seiner Ehre für seine eigene (Hiobs) Ehre einzutreten, gibt er Gott die Ehre, die seit der himmlischen Szene auf dem Spiel

4 steht. V. 4 enthält die Begründung, warum Gott selber der einzige Bürge für Hiob sein kann, und schließt sich somit unmittelbar an die Frage von V. 3b an. Die Freunde, denen unter normalen Umständen die Pflicht der Bürgschaft am ehesten zukäme, scheiden aus, weil sie die Unschuld und lautere Frömmigkeit des Hiob gerade nicht einsehen können und wollen. In dieser Verstocktheit und in dem Spott der Freunde erkennt Hiob den Willen Gottes, so daß er darin eine göttliche Führung sehen muß, die ihn von den Freunden weg Gott selbst in die Arme treibt. Und darum wird es ihm auch zur Gewißheit, daß das Urteil der Freunde über ihn nicht das letzte Wort sein kann, denn Gott selbst kann ihnen nicht die Einsicht verschlossen haben, um sie schließlich triumphieren zu lassen. Der Vers weist über sich selber hinaus und wird im Endurteil Gottes

5 über die Reden der Freunde seine Antwort finden (42, 7 ff.). V. 5 bietet dem Verständnis besondere Schwierigkeit. Es scheint ein Sprichwort zu sein, das Hiob anführt, um die Art der Freunde zu charakterisieren. Natürlich kennzeichnet es als Sprichwort eine allgemein menschliche Eigenheit und muß zunächst von daher verstanden werden vielleicht in dem Sinn, daß einer, der so arm ist, daß seine eigenen Söhne schmachten, dazu greift, Freunde zu beschuldigen, um einen Anteil an ihrem Vermögen zu gewinnen. Auf die Freunde des Hiob angewandt ist es wohl ähnlich wie 6, 27 dahin zu verstehen, daß die Freunde hinter ihren brutalen Angriffen und Beschuldigungen dem Hiob gegenüber ihre eigene Schwäche verbergen wollen, daß sie auf Hiobs Kosten jetzt über ihn mit ihrer Weisheit triumphieren, weil sie im Grunde armselige Toren sind. Bei dieser Deutung scheint mir der Wortlaut des Urtextes sowie der Sinnzusammenhang des Verses im Gedankengang des Ganzen am ehesten gewahrt und der allgemeine Sinn des Sprichworts, das eine verbreitete menschliche

6 Schwäche geißelt, getroffen zu sein. V. 6 schließt sich dann ebenfalls reibungslos

an. Das Subjekt der ersten Vershälfte kann nicht Gott sein, denn dann müßte man im Gebet nach V. 4 die Anrede in der zweiten Person erwarten. Die dritte Person bezeichnet wie im vorausgehenden Sprichwort ein allgemeines Subjekt und hat dabei wie dort die Freunde im Auge. Ihr Verdammungsurteil zieht weitere Kreise, sei es, daß sie es selbst verbreiten, oder daß das Gespräch in Gegenwart einer größeren Hörerschaft gedacht ist (vgl. zu 18,2 f.). Gleichviel, Hiobs Ehre wird in aller Öffentlichkeit geschmäht, daß er zum abschreckenden Beispiel wird, vor dem die Leute ausspeien. So sieht es aus mit ihm, dessen einziges Gut die Ehre seines Glaubens ist, die er nicht aufgeben kann, ohne sich selbst aufzugeben. Kein Wunder, daß unter dem inneren Druck dieser Leidens= 7 last sich auch seine letzten Lebenskräfte verzehren und er auch hier noch einmal den erschreckenden Verfall seines Körpers beklagt. Aber es ist nicht nur der per= 8 sönliche Jammer seiner subjektiven Empfindung, der in ihm aufsteigt; sein Leiden hat eine objektive Wirkung insofern, als „die Redlichen sich darüber ent= setzen". Darin liegt eine Andeutung, daß Hiob bei aller Einsamkeit nicht nur für sich allein leidet, eine schwerwiegende Erkenntnis, die in dem Lied vom leidenden Gottesknecht in Jes. 53 ihre letzte theologische Tiefe im Alten Testa= ment erreicht und im Neuen Testament auf Christus bezogen zentrale Be= deutung gewonnen hat. Die in V. 8 f. gebrauchten Wendungen stammen aus der Sprache der Kultpsalmen; vielleicht bedient sich der Dichter hier überhaupt eines Zitats aus der Psalmenüberlieferung, um das überpersönliche Gewicht der darin enthaltenen Wahrheiten zu unterstreichen. Die Beobachtung, daß V. 8b aus dem Rahmen etwas herausfällt, könnte diese Auffassung bestätigen. Oder sollte das Wort von der Empörung des Reinen über den Frevler auf V. 6 zu= rückgreifen? Dann würde auch dem Tragen der Schmach im besonderen eine positive Wirkung zugemessen sein. Noch wichtiger für das Verständnis des Zu= sammenhangs ist V. 9. Trotz der allgemeinen Form ist dieses Wort dem 9 Hiob vom Dichter in den Mund gelegt, um eine aus seiner persönlichen Situ= ation erwachsene Erkenntnis — allerdings wiederum von allgemeingültiger Bedeutung — zum Ausdruck zu bringen. Mit einer deutlichen Spitze gegen den Vorwurf des Eliphas, Hiob „zerbreche die Gottesfurcht" (15,4), hält dieser unbeirrbar an seinem Weg fest. Er läßt sich nicht von Gott abbringen, weder durch Spott und Schmach (V. 2.6) noch durch Krankheit (V. 1a.b.7) noch durch den Tod (V. 1c.13 ff.). Das Bekenntnis der Entschlußfestigkeit seines Glaubens, das er allem in menschlicher Hoffnungslosigkeit endenden Leiden entgegensetzt, ist das Siegel unter der Bitte, mit der er die Entscheidung über seine Gottesfurcht dem Eliphas aus der Hand nimmt und voll Vertrauen in die Hand Gottes legt. Die der Kultsprache entstammenden Ausdrücke „der Gerechte" und „der reine Hände hat" sind nicht zu pressen; sie bezeichnen ur= sprünglich die Zugehörigkeit zur Bundesgemeinde; hier die Gesamthaltung einer ganz an Gott sich hingebenden Frömmigkeit, die sich Hiob nicht abstreiten läßt. Von besonderem Gewicht ist der Schlußsatz: „Wer reine Hände hat, gewinnt an Kraft." Darin ist in Worte gefaßt, was sich an verschiedenen Punkten schon andeutete, daß Hiob über sich selbst hinauswächst: Indem er seiner Not nicht mehr ausweicht, sondern ihr ins Auge schaut und sie auf sich nimmt, spürt er mitten in seiner inneren und äußeren Ohnmacht, im Zerbruch seiner gesamten irdischen Existenz eine neue Kraft in sich wachsen, die ihn über die Not hinauszuheben beginnt. „Die auf den Herrn harren, kriegen neue Kraft" (Jes. 40, 31).

17, 10—16 Keine falschen Hoffnungen! Vom Gebet zu Gott wendet sich Hiob wieder an die Freunde. Seine Rede kehrt am Schluß wieder zu ihrem Anfang zurück (vgl. 16, 2 ff.), indem sie die Freunde auch da ablehnt, wo sie, ohne Hiob zu verurteilen und seiner zu spotten, in guter Absicht ihn mit der
10 Aussicht auf eine baldige Wendung seines Schicksals zum Guten zu trösten versucht hatten. Hiob beginnt in der Form, die als Einladung des Weisheitslehrers zum belehrenden Gespräch in Spr. 1, 23 überliefert ist, läßt aber sogleich seiner Bitte um Aufmerksamkeit sein Urteil folgen, das alle Tröstungsversuche der Freunde unmöglich macht. Auch an diesem Punkt sieht Hiob jetzt klarer als am Anfang seiner Rede, warum die Freunde „leidige Tröster" sind. Er hat sein eigenes Gefühl mehr in die Gewalt bekommen und kann deshalb von einer klareren Position aus ruhiger und sachlicher urteilen und reden. Seine Empfindlichkeit gegenüber der gefühllosen Art ihres Trostes (16, 2 ff.) macht hier einem nüchternen Urteil Platz, das zwar scharf, aber treffend ist: Der Mangel an Weisheit ist es, der sie selbst da, wo sie es in guter Absicht versucht hatten, der Möglichkeit zu trösten beraubt. Die Grundvoraussetzung aller Weisheit, die Hiob bei seinen Freunden vermißt, und die ihm selber immer mehr als Ausgangspunkt aller Überlegungen dient, ist die Fähigkeit, die Dinge zunächst einmal so zu sehen, wie sie sind. Der Wille zur Wahrheit ist das tragende Fundament aller Weisheit; denn nur er bewahrt den Menschen davor, sich selbst und andere zu täuschen und an der Wirklichkeit vorüberzugehen. Weil ihnen diese Grundlage der Weisheit fehlt, darum verstehen die Freunde den Hiob nicht, darum haben sie weder Sinn noch Herz für seine wirkliche Lage und lassen ihn trotz allen wohlgemeinten Zuspruchs ohne Trost mit seiner Not
11 allein. Aus diesem Grunde faßt Hiob wie am Anfang seines Gebets vor Gott (17, 1) nun auch noch einmal den Freunden gegenüber kurz das Bild seiner Lage (beachte die ähnlich gebauten kurzen Sätze!) dahin zusammen, daß er mit allen irdischen Hoffnungen am Ende ist. Der Anfang der Wahrheit ist die Selbsterkenntnis. Hiob gibt unumwunden zu, daß auch er einmal sein Herz an Pläne und Hoffnungen gehängt hat, die ihm jetzt „zerrissen" sind. In dieser Zerstörung seiner Illusionen liegt seine Schwäche, aber auch seine Stärke. Er lehnt sich nicht mehr dagegen auf, sondern bejaht sie als das Selbstgericht der Wahrheit, dem er mit solchem Geständnis sich unterwirft. Und damit hat er den festen Punkt erreicht, von dem aus er auch die lockenden Zukunftsbilder, mit denen die Freunde ihn über seine gegenwärtige Not hinwegtrösten wollten, als wohlgemeinte — Täuschungen zu beurteilen vermag, denen er nicht mehr erliegen wird. Davon redet V. 12.

12 Daß sich Hiob von diesen Illusionen befreit und sich auch von den Freunden an den Punkten innerlich gelöst hat, wo sie sich bemühten, ihm Hoffnungen zu wecken, das verrät schon der Stil, in dem Hiob, gleichsam von den Freunden

abgewendet, von ihnen in der dritten Person spricht. Er hat innerlich nichts mehr mit ihnen gemein. „Sie machen ihm die Nacht zum Tag", indem sie ihm unter der Voraussetzung seiner Bußfertigkeit die Wendung seiner Not in lichten Farben ausgemalt haben (vgl. 5, 17 ff.; 8, 20 ff.; 11, 13 ff.). Aber Hiob läßt sich nicht verlocken durch die Sirenenklänge solcher Zukunftsmusik; er blickt dem Dunkel, das gegenwärtig vor ihm steht, unmittelbar ins „Angesicht" und ist bereit, auf dem Boden der Wirklichkeit stehenzubleiben, alle Illusionen hinter sich werfend. Hiob sieht dabei klar und nüchtern genug, daß 13-14 alle irdischen Hoffnungen für ihn in Frage gestellt sind und es nicht Weisheit, sondern Torheit wäre, unter diesen Umständen noch hoffen zu wollen. Er hat sich mit dieser harten Wirklichkeit abgefunden, mit dem Gedanken an den Tod vertraut gemacht. Das ist der Sinn der Bilder in V. 13 und 14, aus denen weder das Grauen vor dem unheimlichen Dunkel der Unterwelt noch die lebensmüde Todessehnsucht von früher spricht, sondern das einfache klare Ja zur Wirklichkeit des Sterbens, hinter dem für Hiob der Gott steht, in dessen Hand er das letzte Anliegen seines Gott suchenden Glaubens gelegt hat. Hiob ist zum Sterben bereit; auch von innen her gesehen ein moriturus, der sich schon „die Lagerstätte in der Finsternis bereitet hat" und in dem Gedanken an den Tod heimisch geworden ist wie im „eigenen Haus". Mit dem, was ihn im Tode erwartet, ist er so vertraut wie mit Vater, Mutter und Schwester. Die bis an die Grenze des Tragbaren gehenden Bilder in V. 14 reden nicht mehr von der Angst vor den Schrecken des Todes, sondern von ihrer Überwindung. In 15 der rhetorischen Frage „wo bliebe da noch meine Hoffnung?" liegt die klare Antwort: Hiob hat aller Hoffnung auf eine Wendung seiner Lage zu irdischem „Glück" entsagt. Mit ruhiger und fester Hand schiebt er den menschlich so begreiflichen Versuch, am Grabe noch seine Hoffnung aufzupflanzen, als unmögliche Illusion beiseite. Denn auch diese Art Hoffnung, an die er sich selbst 16 einst geklammert, und die seine Freunde ihm wieder zu wecken versuchten, gehört zu den Fragwürdigkeiten des menschlichen Wesens, das mit dem irdischen Leben in den Staub hinabfährt und in der Unterwelt zusammen mit ihm vergeht. Hiob hat es aufgegeben, um Rettung dieses Lebens zu flehen; er steht sich selbst nicht mehr im Wege. Nun ist der Weg frei, zu Gott allein aufzublicken und sich am gläubigen Vertrauen auf seine Liebe und die Ehre seiner höheren „Gerechtigkeit" genügen zu lassen.

Kapitel 18. Die zweite Rede des Bildad

1 Da entgegnete Bildad, der Schuchit, und sprach:
2 Bis wann wollt ihr die Worte zügeln?
   Besinnt euch, und dann reden wir!
3 Warum sind wir wie Vieh geachtet,
   sind unrein wir in euren Augen?
4 Der sich im Zorne selbst zerfleischt,
   soll deinethalben sich die Erd' entvölkern,
   von seinem Ort der Felsen weichen?

5 Gleichwohl erlischt der Bösen Licht,
    und seines Feuers Flamme leuchtet nicht.
6 Das Licht in seinem Zelt ist dunkel,
    und seine Leuchte über ihm verlischt.
7 Kurz werden seine kräft'gen Schritte,
    sein eigner Plan bringt ihn zu Fall[1].
8 Die eignen Füße treiben ihn ins Netz,
    auf Fallen[2] wandelt er einher.
9 Es faßt das Klappnetz seine Ferse,
    die Schlinge legt sich fest um ihn.
10 Am Boden liegt sein Strick verborgen,
    die Falle für ihn auf dem Pfad.
11 Ihn scheuchen Schrecken ringsherum
    und jagen ihn auf Schritt und Tritt.
12 Es hungert nach ihm sein Verderben,
    und Unheil steht zu seinem Sturz bereit.
13 Es frißt die Stücke seiner Haut,
    des Todes Erstling seine Glieder.
14 Aus seinem sichern Zelt wird er gerissen,
    zum Könige der Schrecken treibt's ihn fort.
15 Ihm Fremdes wird in seinem Zelte wohnen,
    und Schwefel wird auf seine Flur gestreut.
16 Es dorren unten seine Wurzeln,
    und oben welket sein Gezweig.
17 Es schwindet sein Andenken von der Erde,
    kein Name bleibt ihm auf der Flur.
18 Sie stoßen ihn vom Licht ins Dunkle
    und scheuchen ihn vom Erdkreis fort.
19 Nicht Schoß noch Sproß bleibt ihm im Volke,
    kein Überlebender, wo er geweilt.
20 Ob seines Endes[3] schaudern die im Westen,
    und die im Osten packt ein Graus.
21 Ja, so geht's mit des Frevlers Wohnung
    und mit der Stätte des, der Gott nicht kennt!

Die veränderte Situation im fortschreitenden Drama des Hiobbuches macht sich auch in der Rede des Bildad bemerkbar. Während seine erste Rede (Kap. 8) im Ton der Verheißung ausklang, fehlt dieser bei der zweiten vollständig, obwohl die theologischen Voraussetzungen und die Grundhaltung des Sprechers die gleichen geblieben sind. Der Bruch zwischen den Freunden und Hiob ist nicht mehr zu heilen, und was Bildad zu entgegnen weiß, und die Art, wie er das tut, drängen immer mehr zur Entscheidung. Im Unwillen der Ungeduld braust er auf und beginnt mit einem Verweis V. 2—4, um nach dieser kurzen Einleitung zum Hauptteil überzugehen V. 5—21, in dem er das Schicksal des „Bösen", „der Gott nicht mehr kennt" (V. 21), weitläufig ausmalt als Beweis dafür, daß die Ordnung der vergeltenden Gerechtigkeit Gottes, die er durch Hiobs Reden in Frage gestellt glaubt, keineswegs außer Geltung gesetzt sei.

---

[1] Wörtlich: wirft ihn ab (wie das Pferd den Reiter); vielleicht besser mit G „läßt ihn straucheln"; s. BH; Spr. 4,12.

[2] Wörtlich: Gitter, das aus Flechtwerk gemacht und über die Fanggrube gelegt wird.

[3] Wörtlich: seines (Gerichts) Tages.

Bildad verläßt dabei in keinem Augenblick den Standpunkt, den er schon in seiner ersten Rede ein für allemal eingenommen hatte. Das ernste Glaubensanliegen des Hiob bleibt ihm nach wie vor fremd. Er nimmt die unbewegliche Haltung des unbelehrbaren Apologeten ein, nicht die des Seelsorgers. Vieles von dem, was er zu sagen hat, ist zwar an sich richtig, kommt aber um seine Wirkungsmöglichkeit; denn es stehen hier zwei hochgeladene Spannungsfelder einander gegenüber, denen auf der menschlichen Ebene der Ausgleich versagt ist. Dieser wird an einer anderen Stelle und auf anderer Ebene erfolgen. Die Verfolgung der bisher eingehaltenen Linie bewirkt, daß die Rede des Bildad gewisse ermüdende Wiederholungen und Anlehnungen aufweist, wenn sie auch gelegentlich zu eigenständiger und eindrucksstarker dichterischer Größe emporsteigt. Darin, daß die direkten Anspielungen auf Hiob sich mehren und deutlicher heraustreten, liegt eine gewisse vom Dichter beabsichtigte Steigerung der dramatischen Spannung.

18, 2—4 **Der Verweis.** Mit den gleichen Worten wie bei der ersten Rede beginnt Bildad die zweite und gibt ähnlich wie Hiob in 16, 3 seine aufbrausende Ungeduld zu erkennen, die es nicht abwarten kann, bis der Gegner endlich zu reden aufhört. Solcher Unwille ist vom Standpunkt des Bildad aus begreiflich, denn er hört nur „Worte"; ihr Sinn und letzter Urgrund bleibt ihm verschlossen. Und wenn er wünscht, daß den Worten Zügel angelegt werden sollen, dann sieht er in Hiobs Äußerungen nur ein unbeherrschtes und unüberlegtes Herausreden, das er zur „Besinnung" zu rufen für nötig hält, wenn es überhaupt noch einen Sinn haben soll, daß sie miteinander reden. Die Anrede des Bildad wendet sich nicht an Hiob allein, sondern an eine Mehrheit; am ehesten wird man dabei an eine größere fiktive Hörerschaft denken und darin die Reaktion des Bildad darauf sehen dürfen, daß Hiob in 17, 6. 8 f. seine Angelegenheit zur Sache aller Frommen erweitert hat. Bildad fühlt demgegenüber die Schwäche seiner Position; das zeigt die Empfindlichkeit des in seiner Ehre gekränkten Weisen darüber, daß Hiob den Freunden die Weisheit abgesprochen hat (17, 4. 10 ff.). Er läßt sich zu Übertreibungen hinreißen; daß sie dem „Vieh gleichgeachtet" seien (vgl. Ps. 49, 13. 21; 73, 22), hat Hiob nicht behauptet; ebensowenig, daß sie unrein seien. Das letztere erschließt Bildad aus den Worten 17, 8 f., in denen Hiob den „Reinen", „der reine Hände hat", als auf seiner Seite stehend bezeichnet und sich selbst zu den „Redlichen" gerechnet hat. Erst mit V. 4 wendet sich Bildad an Hiob direkt und auch da noch, wie um die Distanz zu wahren, in der möglichst unpersönlichen Form des Vokativs „der sich in seinem Zorn selbst zerfleischt". Inhaltlich nimmt dieses Wort Bezug auf die Klage des Hiob 16, 9, daß „Gottes Zorn ihn zerreiße". Bildads Tendenz ist es hier wie überall, Gott zu entlasten: Nicht Gottes Zorn gegen Hiob, sondern Hiobs Zorn gegen Gott sei die Ursache seiner Not; wie kann Hiob da noch erwarten, daß Gott für ihn eintrete! Das hieße die Dinge auf den Kopf stellen. Hiob kann doch nicht verlangen, daß die göttliche Weltordnung um seinetwillen aus den Angeln gehoben werde, daß die Erde ihren gottgewollten Charakter als oikumene (= bewohnte) verliere, und die Felsen von ihrer Stelle

weichen — eine sprichwörtliche Redefigur, die auch Hiob in 14, 18 gebraucht hat. Weil Bildad den Hiob für einen Sünder hält, betrachtet er es als seine Aufgabe, diese göttliche Weltordnung am Schicksal des Gottlosen vom Boden der Weisheitslehre aus erneut zu bezeugen (18, 5—22). Diese Weltordnung ist ihm gleichbedeutend mit dem begreifbaren Schema der göttlichen Vergeltungs=
gerechtigkeit, in dessen Schranken er sich sicher fühlt. Der ungeschützte Bereich eines wagenden Glaubens, der Berge versetzt, ist diesem Rationalisten der Religion eine fremde Welt, die er fürchtet. Und einen Menschen, der wie Hiob in diesen Bereich vorzustoßen wagt, kann er nicht verstehen, sondern nur als Gotteslästerer, der „Gott nicht kennt", verdammen.

18, 5—22 **Das Schicksal des Gottlosen.** An der Darstellung des Geschicks des Gottlosen fällt auf, daß das Wort Gott erst im letzten Vers genannt wird und die Weltordnung, die Bildad verteidigen will, fast als ein unpersönliches Schicksal erscheint, das sich selbsttätig in reiner Immanenz vollzieht. Dies ist natürlich nicht die Meinung des Bildad, sondern hängt einerseits mit seiner Absicht zusammen, den Entlastungsbeweis für Gott dadurch zu führen, daß der im Ergehen des Menschen erfahrbare Gang der Dinge als solcher die von ihm vertretene Theorie der vergeltenden Gerechtigkeit Gottes bestätige, anderseits mit dem rationalen Charakter der Weisheit, die ihre Sätze auf die innerwelt=
lichen Erfahrungen stützt und deshalb zunächst einmal von Gott absieht, um ihn am Ende des Beweisgangs desto eindrucksvoller hervortreten zu lassen. Nach Form und Inhalt bewegen sich die Worte des Bildad ganz im Rahmen der Weisheitsüberlieferung. Sprichwörtliche Wendungen und geläufige Ge=
danken wechseln mit neugeprägten Bildern, in denen sich die reiche Phantasie und Gestaltungskraft des Dichters gelegentlich zu wirklicher Größe erhebt. Der Wechsel der Tempora unterstreicht die Tatsache, daß hier von alten Er=
fahrungen die Rede ist, deren Geltung jedoch aktuell in die Gegenwart herein=
ragt und von Bildad z. T. in verletzender Schärfe auf Hiob zugespitzt wird.

5-6 18, 5—6 **Das Licht des Bösen erlischt.** In betontem Gegensatz zu der ver=
meintlichen Tendenz des Hiob, die göttliche Weltordnung umzustürzen („den=
noch"), beharrt Bildad auf dem Prinzip der göttlichen Vergeltungsgerechtigkeit. Die unverminderte Geltung dieser Gottesordnung ist das Leitthema seiner Rede, die mit dem vierfach abgewandelten Gedanken vom Erlöschen des Lichts der Gottlosen allgemein eingeleitet wird. Das Bild ist in der Spruchweisheit ver=
breitet (vgl. Spr. 13, 9; 24, 20). Das brennende Licht der im Zelt aufgehängten Lampe oder das Leuchten des Herdfeuers ist das Zeichen, daß Zelt oder Haus bewohnt sind, und wird dann als Symbol traulichen Familienlebens auf das Lebensglück im ganzen ausgedehnt. Die beiden Verse enthalten somit den Grundgedanken der Rede, der im Folgenden näher ausgeführt ist: Der böse Mensch hat kein bleibendes Lebensglück.

7-10 18, 7—10 **Die eigenen Füße treiben ihn ins Netz.** In sechs verschiedenen Bildern von der Jagd wird die gefährliche Bedrohung aufgezeigt, der das Leben des Freviers auf Schritt und Tritt ausgesetzt ist, wobei sich die tiefe Wahrheit verwirklicht, daß es keine strengere und gerechtere Strafe für den Menschen gibt, als daß ihm zunächst sein Wille erfüllt wird (vgl. 5,12 f.). Stolz und selbstbewußt, das Herz von kühnen Plänen geschwellt, schreitet er aus mit kräftigem langem Schritt. Doch plötzlich wird er unsicher, seine Schritte sind gehemmt, er wittert den Abgrund, an dessen Rand ihn sein selbstgewählter Weg unvermutet führt, daß er an seinen eigenen Plänen scheitert. Er hat selbst das Garn gewoben, das ihm zur Schlinge ward. Er sieht sich im Klappnetz gefangen wie ein Vogel oder ein Raubtier; und er spürt, wie die fesselnde Schlinge sich immer fester zuzieht und ihm die Rückkehr verbietet. Die lockenden Möglichkeiten seines Lebens sind zu Unmöglichkeiten geworden. Wo er geht und steht, lauert verborgene Gefahr wie auf einem Weg durch vermintes Gelände. Bildad nennt, im Bilde der Jagd bleibend, die mit Flechtwerk überdeckten Fanggruben (V. 8b), Strick und Falle, die auf seinem Pfad versteckt liegen.

18,11—12 **Der gejagte Mensch.** Die Bedrohung des Gottlosen, die in V. 7—10 von außen her durch die Bilder von der Jagd illustriert wurde, ist in V. 11—12 zusammengefaßt und von innen her beleuchtet. Die anfängliche Sicherheit des Frevlers ist dahin. Nirgends kommt er mehr zur Ruhe. Auf Schritt und Tritt wird er gehetzt und gejagt von der inneren Stimme eingebildeter oder wirklicher Schrecken (vgl. 15,21 ff.), rings umgeben und verfolgt von Rachegeistern, die sich an seine Fersen heften. Die verzehrend bohrende Ahnung des lauernden Verderbens, das „nach ihm hungert", und des zu seinem Sturz schon bereitstehenden Unheils, das unaufhaltsam und unausweichlich auf ihn zukommt, um ihn zu verschlingen, ist in den kurzen Sätzen meisterhaft geschildert und dazu angetan, bei Hiob verwandte Gefühle angesichts seines drohenden Sterbens wieder wachzurufen.

18,13—14 **Krankheit und Tod.** Aber Bildad wird noch deutlicher; die Art, wie er nun von Krankheit und Tod des Gottlosen spricht, zeigt eine fast sadistische Grausamkeit in der Anspielung auf Hiobs eigenes Leiden. Denn es ist kaum zu bezweifeln, daß das Bild der Krankheit, das Bildad entwirft, und die Bezeichnung „der Erstling des Todes" auf den Aussatz geht, der Hiob befallen hat, bei dem die Haut Stück für Stück „gefressen" wird und die Glieder nacheinander abfallen (siehe zu 2,7). Der doppelte Gebrauch des Ausdrucks „fressen" untermalt mit Absicht den schrecklichen Eindruck der Krankheit. Hinter ihr steht der Tod. Sie ist nur der Vorbote des „Königs der Schrecken", zu dem es den Kranken forttreibt von Qual zu Qual; ein grausiges Spalier, durch das der unheimliche Todesgang des Kranken führt in einem fürchterlichen Spießrutenlaufen bis zum letzten, die Schrecken zum Höhepunkt steigernden Ende! Die dichterische Personifikation des Todes ist auch sonst im Alten Testament bekannt (vgl. Jes. 28,15; Ps. 49,15). Daß sich in der Bezeichnung „König der Schrecken" die mythologische Vorstellung des Herrschers der Unterwelt, wie Nergal bei den Babyloniern oder Pluton bei den Griechen verberge, ist ebensowenig wahrscheinlich wie bei der analog zu beurteilenden Bezeichnung des Aussatzes als „Erstgeborener des Todes". Das Alte Testament kennt keinen Unterweltsgott. Und selbst wenn die dichterische Personifikation aus mythologischen Wurzeln entstanden sein sollte, so haben diese jedenfalls im Alten Testament keine religiöse Eigenbedeutung mehr. Der Tod ist endgültige Trennung von dem Leben und allem, was zu ihm gehört. Wie eine Pflanze aus dem Boden herausgerissen wird, so wird der Gottlose aus seinem Zelt, dem Wurzelboden seiner Existenzsicherheit und seines Lebensglücks herausgerissen.

15-19 **18,15—19 Verwelkt und vergessen; ausgestoßen und ohne Nachkommen.** Für den Gottlosen heißt Tod nicht nur, daß er die Stätte seines Lebensglücks für immer verlassen muß; diese selbst wird zur Stätte des Grauens und des Fluchs. In seinem Zelt werden fremde Dinge (wörtlich „was ihm nicht angehört") ihr Wesen treiben; dabei werden wir wohl nach analogen Darstellungen verlassener Ruinen an Gestrüpp, wilde Tiere und Gespenster zu denken haben (vgl. Jes. 13, 20 ff.; 27, 10 f.; Zeph. 2, 9). Vielleicht ist, falls der Text an dieser Stelle nicht verderbt sein sollte, absichtlich nur unheimlich angedeutet, was sonst in den prophetischen Drohworten ausgemalt zu werden pflegt. Die Flur, die der Tote einst besessen, wird mit Schwefel bestreut werden; manche Ausleger denken an eine Katastrophe wie Sodom und Gomorrha, die gelegentlich als typisches Beispiel des göttlichen Strafgerichts dient (1. Mose 19, 24; Ps. 11, 6; 5. Mose 29, 22), andere an die alte, in Ri. 9, 45 erwähnte Tabu-Sitte, Salz auf das Gelände einer zerstörten Stadt zu streuen[1], die in späterer rationalistischer Umdeutung als Desinfektionsmaßnahme an einem verseuchten Ort verstanden wurde (vgl. Odyssee XXII 481 f.; Ovid, Ars amat. II 329 f.; Plinius, Nat. hist. XXXV 50). Im verbreiteten sprichwörtlichen Bild vom Baum (vgl. das Bild vom „Stammbaum" und das Gegenbild in Ps. 1) wird die völlige Ausrottung des Frevlers und seines Geschlechts angedeutet, wovon V. 19 ausführlicher ohne Bild redet („seine Wurzeln unten und seine Zweige oben"). Selbst das Andenken an ihn wird ausgelöscht. Er wird vergessen sein, daß nicht einmal mehr der Wanderer, der in die Gegend seines einstigen Flurbesitzes kommt, dort seinen Namen erfährt. Auch auf seinem Namen ruht der Fluch; man vermeidet, ihn auszusprechen, weil er zum Fluch werden könnte (vgl. das Gegenbeispiel vom gesegneten Namen des frommen Mannes 1. Mose 12, 2 f.). So ist sein Andenken ins Dunkel zurückgestoßen und aus der Welt verbannt. Und auch in seinen Kindern wird der Gottlose nicht weiterleben; er wird keine Nachkommen haben in seinem Volke, die sein Gedächtnis pflegen und in Ehren halten. Ohne Nachkommen und Gedächtnis zu sterben, wird auch heute noch bei den Naturvölkern als schlimmstes Unglück empfunden; und den Hiob muß diese herzlose Anspielung auf den Tod seiner Kinder doppelt schmerzlich berühren.

20 **18, 20—21 Zusammenfassung.** Am Schluß seiner Rede zieht Bildad das stärkste Register. Hat Hiob in 17, 8 gesagt, daß aufrichtige und reine Menschen sich entsetzen über das Verhalten seiner Freunde, so folgt nun der Gegenschlag: Die ganze Welt schaudert vor „seinem Tag". Gemeint ist mit diesem geläufigen Ausdruck der Unglückstag des Gerichts, der Tag des Todes, wie die freie Übersetzung oben andeutet (vgl. Ps. 37, 13; 137, 7; Jer. 50, 27; Ez.

---

[1] Vgl. Fensham, Salt as Curse in the Old Testament and the Ancient Near East: The Biblical Archaeologist 25 (1962), S. 48 ff.

21, 3; Ob. 12). Alle Menschen im Westen und Osten werden vom Grausen gepackt vor solchem Ende des Freylers. So, und zwar, wie der Urtext sagt, nur so sieht es mit dem Gottlosen aus. Ob Hiob nun — denn ihn meint Bildad, wenn er am Schlusse sagt „der Gott nicht kennt" — immer noch so gelassen wie zuvor dem Tode ins Auge schaut und an seiner Hoffnung festhält? Wieder ist es die Stimme des Satans, die im Munde des Freundes dem Hiob zur grausamen Versuchung wird. Sie ist um so gewichtiger, als Bildad im ganzen mit seinem Schreckgemälde nicht unrecht hat. Und darin liegt die eigenartige dramatische Wucht solcher Partien der Freundesreden, die die Künstlerhand des Dichters verrät, daß sie in sich wahr sind und dadurch die innere Problematik des Glaubenskampfes weitertreiben und vertiefen. Denn Hiob kann zwar die grundsätzliche Wahrheit solcher Gedanken nicht bestreiten, aber ebensowenig zugeben, daß sie ihn in seiner besonderen Lage trifft und seine Fragen erhellt. Er muß die persönliche Anwendung der Lehre von der vergeltenden Strafgerechtigkeit Gottes auf seine Situation als grausame Lüge und bitteres Unrecht empfinden; aber gerade diese Verschärfung seines Leidens um des Glaubens willen treibt ihn weiter dem entscheidenden Punkt zu.

Kapitel 19. Hiobs Antwort

1 Da entgegnete Hiob und sprach:
2 Wie lang noch quält ihr meine Seele
und wollt mit Worten mich zermartern?
3 Ihr schmäht mich schon zum zehnten Mal
und schämt euch nicht, mir weh zu tun.
4 Und hätt' ich wirklich mich verfehlt,
so ging' mein Fehlen mit mir heim[1].
5 Könnt ihr euch wirklich über mich erheben
und mir beweisen meine Schmach?
6 Erkennet doch: Gott tut mir unrecht,
sein Netz stellt' er rings um mich auf.
7 Ich schrei: „Gewalt!", bleib' ohne Antwort;
um Hilfe ruf' ich, doch da ist kein Recht.
8 Er sperrte mir den Weg; ich komm' nicht weiter;
er breitet Dunkel über meinen Pfad.
9 Er hat der Ehre mich entkleidet,
nahm mir die Krone von dem Haupt.
10 Zerbrach mich ringsum; ich muß gehen.
Wie einen Baum riß er mein Hoffen aus.
11 Ließ gegen mich entbrennen seinen Zorn
und achtet' mich gleich seinem Feind[2].
12 Zusammen rücken seine Scharen an;
sie schütteten den Weg auf gegen mich;
ihr Lager schlugen sie rings um mein Zelt.
13 Er hat von mir entfernt die Brüder,
und wer mich kannte, ward mir fremd.
14 Die mir verwandt, verließen mich;
und die mich kannten, haben mich vergessen.

---
[1] Wörtlich: weilte bei mir zu Gast.   [2] s. BH.

15 Hausgäste[1], Mägde halten mich für fremd,
   landfremd ward ich in ihren Augen.
16 Dem Knechte ruf' ich; er gibt keine Antwort;
   muß zu ihm flehn mit eignem Mund.
17 Mein Atem widert an mein Weib;
   den eignen Brüdern bin ich eklig.
18 Die Jungen schon verachten mich;
   will ich aufstehen, höhnen sie mich noch.
19 Ein Abscheu bin ich meinen guten Freunden;
   und die ich liebte, sind (nun) gegen mich.
20 Jetzt bin ich nur noch Haut und Knochen[2],
   nur mit der Zähne Haut kam ich davon.
21 Erbarmt, erbarmet euch, ihr meine Freunde!
   denn Gottes Hand ist's, die mich traf.
22 Warum verfolgt ihr mich wie Gott,
   seid unersättlich ihr nach meinem Fleisch?

23 Ach, daß doch aufgeschrieben würden meine Worte;
   wären sie eingegraben doch in Schrift
24 mit Eisengriffel und mit Blei
   „zum Zeugen"[3] in den Fels gemeißelt!
25 Doch ich, ich weiß: Es lebt mein Löser;
   zuletzt erscheint er auf dem Staub;
26 und ohne[4] meine Haut, die so zerfetzt,
   ohne mein Fleisch werd' ich Gott schauen.
27 Ihn werd' ich schauen mir (zum Heil);
   mein eigen Aug', kein anderer „wird ihn sehen"[3].
   Mein Herz[5] schmachtet (danach) in meiner Brust!

28 Und wenn ihr denkt: Wir woll'n ihn jagen,
   bei mir fänd' sich der Sache Grund,
29 fürchtet euch selber vor dem Schwert!
   Denn „dieses"[3] ist die Schuld fürs Schwert,
   auf daß ihr „den Allmächtgen"[6] kennenlernt!

Das harte Urteil des Bildad und das gefühllos grausame Schreckbild vom Schicksal des Gottlosen, das er dem Hiob vorgehalten hat, sind nicht wirkungslos an ihm abgeprallt. Was Hiob zunächst darauf antwortet, zeigt ihn in einer niedergeschlagenen Stimmung, der man weder anmerkt, daß eine ironisch überlegene Abrechnung mit den Freunden und eine scharfe Distanzierung von ihnen vorausging, noch daß Hiob kurz zuvor mit gesammelter Kraft und Zuversicht über sein Todesschicksal hinauszublicken gewagt hat. Aber gerade in diesem Wechsel der Gefühle, in dem jähen Absturz der Stimmungskurve spüren wir die Meisterhand des Dichters, der, die Hand am Puls des Lebens, den lebendigen

---

[1] Wörtlich: „die sich in meinem Haus aufhalten"; der Ausdruck ist vielleicht aus metrischen Gründen zum vorhergehenden Satze zu ziehen.

[2] Wörtlich: an meiner Haut und meinem Fleisch hängt mein Gebein.

[3] s. BH.

[4] Wörtlich: nach meiner Haut.

[5] Wörtlich: meine Nieren (als Sitz des Seelenlebens; vgl. z. B. Ps. 16,7; 73,21; 139,13; Jer. 12,2).

[6] s. BH; MT = damit ihr erkennt, daß es ein Gericht gibt.

Herzschlag menschlicher Wirklichkeit fühlt und — wohl aus eigenen Erfahrungen schöpfend — ein wahrheitstreues und lebensnahes Bild der verschlungenen Wege des Leids entwirft. Die feine, aus der Tiefe seiner eigenen Existenz fließende realistische Beobachtungsfähigkeit des Dichters, der, fern von aller Theorie über das Leiden, sich nur der Wahrheit verpflichtet weiß, bedingt die Zuverlässigkeit und die erstaunliche seelsorgerliche Kraft, die von seinem Buch ausgeht, weil er die Vollmacht besitzt, die den Freunden fehlt, durch das Leiden, durch das er selbst hat hindurchgehen müssen, hindurch zu trösten, indem er es ganz ernst nimmt. Das liegt allerdings nicht nur daran, daß der Dichter ein Mann ist, cui nihil humanum alienum est, dem gegeben ist zu sagen, was er leidet; daß er aus dem Weggenossen der Leidenden zu ihrem Führer und Seelsorger werden kann, ist darin begründet, daß er über die rein menschlichen und psychologischen Wahrheiten hinaus in den Bereich der Wirklichkeit des Glaubens und seiner Anfechtungen vorgedrungen ist und auch da Entscheidendes und Gültiges zu sagen hat. Die innere Bewegungskurve des 19. Kapitels, die durch die Niederungen der Klage hindurch auf der Höhe einer letzten Glaubensgewißheit ausschwingt, weist erneut auf den dynamischen Charakter des Glaubens als Wagnis hin. Glaube ist nie fester Besitz auf einer statischen Höhenlage; er vollzieht sich in immer wiederholten Kämpfen mit den niederdrückenden Schwerkräften menschlicher Unzulänglichkeit und muß den Mächten des Zweifels, der Niedergeschlagenheit und der Enttäuschung jedesmal aus der Tiefe des Leidens heraus wieder neu abgerungen werden. Die Tatsache, daß dieser Kampf, in dem die Lebensäußerung des Glaubens greifbar wird, im Unterschied zu dem ethisch-rationalen Charakter der Weisheit sich nicht in der Sphäre des intellektuellen Erkennens abspielt, sondern in einer viel tieferen Schicht des Lebens ausgefochten wird, läßt gerade in diesem Kapitel die Grundlinie hervortreten, die sich durch die gesamte Hiobdichtung hindurchzieht.

Die beiden Pole, um welche die Gedanken von Kapitel 19 kreisen, sind durch den merkwürdig weichen wehmütigen Ton der Klage einerseits und durch die gestraffte Entschlossenheit der Glaubensgewißheit des Hiob anderseits bestimmt. Damit ist zugleich der Spannungsbogen umrissen, an dem sich die in dem Glaubenskampf wirksamen Energien abschätzen lassen; er erreicht in diesem Kapitel seine gewaltigste Weite: Kann man in der Perspektive des innerlich vorwärtsschreitenden Seelendramas den gehalteneren weichen Ton der Klage, die in die flehentliche Bitte um Erbarmen ausmündet (V. 21), gegenüber der trotzigen ironischen Schärfe früherer Ausfälle des Hiob gegen seine Freunde im Sinne eines inneren Fortschreitens zur Selbstüberwindung verstehen, so bedeutet jedoch theologisch gesehen gerade diese Änderung der Gefühlslage in der Klage von Kapitel 19 ein sich Niederbeugen in einen noch tieferen Abgrund des Leidensbewußtseins, aus dem heraus erst die Schwungkraft zum Flug des Glaubens in eine bisher noch nicht erreichte Höhe der Hoffnungsgewißheit möglich wird. Das dialektische Gesetz dieser grandiosen Dramatik in Hiobs inneren Kämpfen und Wachsen liegt in der Steigerung der Spannweite der zum Einsatz gebrachten Glaubensenergien: Je tiefer die Beugung, desto höher die

Energie des Glaubens. In immer neuen Anläufen aus den Abgründen der sich mehr und mehr vertiefenden Leidenssituation steigt der Glaube des Hiob jedesmal weiter empor von dem ausgedachten Wunsch (14, 13 ff.) zur erwartungsvollen Hoffnung (16, 18 ff.), zur Bitte an Gott (17, 3 ff.), um in 19, 23 ff. den Gipfel der Glaubensgewißheit zu erklimmen.

Die Gliederung des Kapitels ist einfach: In der Einleitung V. 2—5 wehrt sich Hiob gegen die wiederholten Angriffe und Kränkungen seitens der Freunde; in V. 6—22 versucht er noch einmal, den Freunden seine Lage darzulegen unter dem Gesichtspunkt der ihn quälenden Gottesfrage. Diese Klage endigt unter dem Eindruck der gänzlichen Verlassenheit in einer flehentlichen Bitte des von Gott Geschlagenen um das Erbarmen der Freunde (V. 21). Dann (V. 23—27) rafft sich Hiob auf zur kühnen Gewißheit des Glaubens an Gott, den er als seinen Freund und „Löser" nach dem Tod persönlich schauen werde. Mit einer Warnung an die Freunde, die zur wahren Gottesfurcht mahnt (V. 28—29), wird das Kapitel abgeschlossen.

Obwohl Kapitel 19 formgeschichtlich gesehen keine eigentliche „Klage" ist, bewegt es sich doch nach Form und Inhalt im Rahmen der „Klagelieder"; nicht nur daß verschiedene aus den Klagepsalmen bekannte Bilder, Wendungen und Stilformen dorther entlehnt sind, sondern der Gesamtgedankengang erklärt sich aus der Vorstellungswelt und der Rolle, die das Klagelied einst in der kultischen Tradition des Alten Testaments gehabt hat (siehe die Einzelerklärung).

2   **19, 2—5 Die Abwehr.** Mit den gleichen Worten wie Bildad beginnt Hiob seine Entgegnung. In seinem Mund hat das „wie lange noch?" mehr Recht und einen tieferen Grund als bei Bildad. Es ist hier nicht der Ausdruck unwilliger Ungeduld, sondern der Seelenqual eines durch dauernde Angriffe wundgeschlagenen und erschöpften Herzens, das sich windet und weichgeworden ist unter der unausgesetzten Folter des ätzenden Spotts. Die trotzigen ironischen Entgegnungen, mit denen Hiob die Freundesreden als „nichtiges Geschwätz" abzufertigen versucht hatte, sind hier verstummt und haben einer Stimmung Platz gemacht, welche die andere Seite des Redekampfs erkennen läßt, in der das Wort zur scharfen gefährlichen Waffe wird, die den Gegner zwar nicht in seinem Verstande, aber doch um so schneidender ins Herz trifft. Die Passion des Hiob wird zum Martyrium des Worts, das unter solchen Umständen die Seelenpein ins Maßlose steigert und unvergleichlich schwerer macht als aller sonstige Schmerz. Die Worte treffen wie immer neugeführte Dolchstiche in die
3   offene Wunde, daß Hiob der pausenlosen Marter zu erliegen droht. Hiob ist in einem Zustand, daß er sich nicht mehr anders zu wehren weiß als durch einen Appell an das menschliche Mitgefühl der Freunde. So viel einfache Menschlichkeit setzt er wenigstens noch bei ihnen voraus, daß sie selber Scham empfinden müßten über ihre Grausamkeit, dem todwunden Kranken mit immer wiederholten Schmähungen neuen Schmerz zu bereiten. Die Wendung „ihr schmäht mich schon zum zehnten Mal" ist als runde Zahl zur Bezeichnung für „viele Male" wie 1. Mose 31, 7; 3. Mose 26, 26; 4. Mose 14, 22 zu verstehen und von der Zahl der Finger hergenommen. Das gleiche Motiv, das Hiob in 16, 2 ff. mit

ironischem Unterton den Freunden nahegebracht hat, ist hier in die weiche Moll=
tonart wehmütiger Leidensergebung transponiert; der Vergleich beider Stellen
zeigt den fortschreitenden Wandel im Seelenzustand des Hiob (s. o.). Auf den
Inhalt der Reden eingehend, die mehr oder weniger versteckt den Vorwurf
verborgener Schuld enthielten, weist Hiob es zurück, daß seine Freunde sich als
seine Richter aufspielen. Selbst wenn er gefehlt hätte, so hätte er allein die Ver=
antwortung und Folgen zu tragen; die Aufgabe der Freunde gegenüber einem
von Gott Geschlagenen wäre selbst in diesem Fall nicht zu richten, sondern zu
trösten. Obwohl die Aussage des Hiob keineswegs ein Zugeständnis besonderer
Verfehlungen im Sinne der Freunde enthält, stellt er doch anderseits auch die
Möglichkeit eigener Fehler nicht in Abrede. Sein Unschuldbekenntnis erhebt
nirgends den Anspruch der Sündlosigkeit. Hiob hat von den Freunden nicht mehr
als menschliches Verstehen erwartet; statt dessen spürt er mit dem feinen Gefühl
des leidenden Menschen, daß sich hinter dem Richten der Freunde ein gewisser
Hochmut verbirgt, der auf Kosten des anderen „großtut", um selbst auf solchem
Hintergrund in günstigem Licht zu erscheinen. Dieses verbreitete Motiv einer
unsachlichen und darum verlogenen Kritik des anderen empfindet Hiob als
besonders verletzend; denn er vermißt nicht mit Unrecht das menschliche Mit=
gefühl. Den Freunden geht es letztlich nicht um den Freund, sondern um sich
selbst. Und dies ist um so schlimmer, weil sie gar nicht einmal in der Lage
sind, ihm eine Schuld nachzuweisen. Denn damit werden ihre Worte zur
grund= und haltlosen Verleumdung, die ihm sein Leiden — wiederum ein
typischer Zug — unnötig erschwert. Der wahre Grund seines Leidens — das hat
Hiob richtig erkannt — ist nicht bei ihm selbst zu suchen, wie es die Freunde
tun, sondern bei Gott. Davon die Freunde endlich zu überzeugen, ist die Absicht
der folgenden Klage.

19,6—22 **Die Klage.** Das Mittelstück des Kapitels, wo Hiob in einer aus=
führlichen Klage die eingeschlagene Gedankenrichtung fortsetzt, führt in seinem
ersten Teil V. 6 — 12 den Grundgedanken, daß bei Gott der wahre Grund
seines Leidens zu suchen ist, näher aus, während der zweite Teil V. 13—20 die
Einsamkeit des von allen Menschen verlassenen Hiob eindrücklich schildert, um in
V. 21—22 in die flehentliche Bitte um Erbarmen auszumünden.

In engem Anschluß an V. 5, doch durch die feierliche Einleitung den Anfang
eines neuen Abschnitts bezeichnend, beginnt Hiobs Klage mit dem Versuch, die
Freunde zur Einsicht in den wirklichen Grund seines Leidens zu bringen. Sie
suchen den Grund bei Hiob selbst, er sucht ihn bei Gott. Und die Frage, die ihn
nicht zur Ruhe kommen läßt, ist nicht eine Frage des Ethos, wie die Weisheit
der Freunde meint, sondern die Gottesfrage, die jenseits von Gut und Böse liegt.
Bekannte Gedanken und Bilder kehren wieder auf dem Weg des Leidens, den
Hiob noch einmal in Gedanken durchschreitet. Gott hat ihn „gekrümmt", d. h.
nicht nach dem Recht behandelt; es kann also nicht die Strafgerechtigkeit Gottes
sein, die sich in seinem Leiden auswirkt. Was die Freunde als Gottes Ge=
rechtigkeit deuten, kann Hiob nur als „Gewalt" und „Un=Recht" verstehen (vgl.
9, 20 ff.). Sein Hilferuf verhallt ungehört und ohne Antwort (vgl. 9, 16). Gott

ist sein Feind, der Jagd auf ihn macht (vgl. 18, 8 ff.); er hat ihn rings umstellt
mit einem Netz[1]. Der Weg ist ihm versperrt (vgl. 3, 23), daß er nicht weiter=
kommt, und rätselvolles Dunkel bannt dem Gefangenen Gottes jeden Blick und
Schritt. Gott hat ihn seiner Ehre (kābôd) entkleidet (vgl. 16, 15) und ihm
„die Krone vom Haupt genommen". Diese Bilder, die vielleicht aus dem
vorderorientalischen Königsritual entstammen, wo der König im Festkult als
Büßer erniedrigt und der Insignien seiner Majestät entkleidet wird, beziehen sich
nicht nur auf das äußere Ansehen, dessen sich der weise und reiche Hiob einst hat
erfreuen dürfen; sie schließen ebenso auch die Ehre seines Glaubens und die
rechtschaffene Aufrichtigkeit seiner Frömmigkeit mit ein, die gerade von seinen
Freunden in Zweifel gezogen wird (vgl. 12, 4). Auf Grund dieses Wortes hat
die spätere Legende den Hiob zu einem König gemacht. In V. 10 kehren die
Bilder von der belagerten Festung (vgl. 16, 14) und dem ausgerissenen Baum
(vgl. 14, 16 ff.) wieder; sie deuten auf das unaufhaltsame Ende und den Verlust
jeder Lebenshoffnung hin. Hiob fühlt den Zorn Gottes gegen sich entbrannt (vgl.
16, 9), so daß er als Gottes Feind gelten muß (vgl. 13, 24). Vielleicht ist der
Plural „seine Feinde" im MT doch ursprünglicher Text; dann wird es sich um
eine traditionsgebundene Vorstellung handeln aus der heilsgeschichtlichen Kult=
überlieferung, die von den Heilstaten Gottes in Gestalt der Kämpfe gegen seine
Widersacher zu berichten wußte. In die gleiche Richtung weist das in V. 12 ver=
wandte Bild von den anrückenden Kriegerscharen Jahwes, die eine Festung
belagern (16, 14) und einen Belagerungsdamm für den Angriff aufschütten
(vgl. 30, 12). Der Umstand, daß das „Zelt" nicht zu dem Bild der Belagerung
paßt, macht deutlich, daß es sich auch hier um ein aus anderen
Traditionszusammenhängen entlehntes Bild handelt, das auch in den Klage=
liedern des Psalters[2] nach der heilsgeschichtlichen Tradition der Kämpfe Jahwes
mit seinen Feinden stilisiert ist. Auch hier leuchtet demnach der kultische
Hintergrund des übernommenen Bildes durch. Im vorliegenden Zusammenhang
meint dieses Bild das Heer der Drangsale, Schmerzen, Sorgen und Schrecken,
das Hiob überfallen hat.

Auch der zweite Teil der Leidensbetrachtung V. 13—20, der die Klage des
vereinsamten Hiob über die Untreue seiner Mitmenschen enthält, ist trotzdem dem
generellen Leitthema untergeordnet, daß in Gott der Grund von Hiobs Leiden
zu suchen ist. Auch da, wo sich Hiob darüber beklagt, daß ihn alle „Brüder"
(hier im Sinne von „Verwandte") und Bekannte verlassen haben, stellt er
ausdrücklich fest, daß dies alles auf Gott zurückgehe. Er kommt eben nicht von
der Gottesfrage los, die ihm auch aus allem, was er von Menschen erdulden
muß, entgegentritt. Der allgemeinen Form der Klage des Hiob, von den ihm
nahestehenden Menschen verlassen und vergessen zu sein (V. 13—14), die im

---

[1] Vgl. die sog. Geierstele des Königs Eannatum von Lagasch (Greßmann, AOB S. 11 und Abb. 33), wo der Gott Enlil (?) mit einem Netz abgebildet ist, in dem er die feind= lichen Krieger gefangenhält.

[2] Zum Bild des Krieges in den Klagepsalmen vgl. Ps. 3,7; 27,3; 55,19; 56,2; 59,5; 62,4; 109,3; 120,7; 140,3.8; Jer. 20,16.

Stil der Klagepsalmen gehalten ist (vgl. dazu Pf. 31,12 f.; 38,12; 88,9), folgen in V. 15—19 einzelne Beispiele dafür, was Hiob an Achtung und Liebe im Kreise der Seinen verloren hat. Eine völlige Verkehrung der normalen Verhältnisse ist eingetreten: Die Fremden, die den Schutz des Gastrechts in seinem Hause genießen durften, und ebenso seine Mägde behandeln nun ihn als Fremden. Sein Knecht, der ihm sonst den Wunsch an den Augen ablas und seines Winks gewärtig stand, ignoriert ihn und würdigt ihn nicht einmal einer Antwort, so daß der Herr den Sklaven anflehen muß, wenn er etwas von ihm wünscht. Selbst die Allernächsten, sein Weib und seine leiblichen Brüder[1], 17 wenden sich in Abscheu und Ekel vor seinem kranken Körper von ihm ab. Sogar 18 die Jugend hat alle natürliche Ehrfurcht vor dem Alter ihm gegenüber verloren. Mit der ihr eigenen Gefühllosigkeit und Spottsucht gegenüber dem Ungewohnten — ein dem Leben gut abgelauschter Zug — höhnen sie den kranken Mann, wenn er mühsam unter Schmerzen aufzustehen versucht. Zuletzt kommt Hiob auf den 19 „Kreis" seiner Freunde zu sprechen, die sich in herzlos kühler Selbsterhebung zu seinen Richtern aufgeworfen und im Lauf des Gesprächs als seine Gegner entpuppt haben. Alles steht gegen ihn, den einsam Gewordenen; Gott und die Menschen sind seine Feinde. Hiob, der jetzt der Hilfe und des Erbarmens am 20 meisten bedürfte, ist mit seiner Krankheit allein gelassen. Kurz streift er auch den erbärmlichen Zustand seines gebrechlichen Körpers. Seine „Knochen hängen nur noch an Haut und Fleisch"; er hat jeglichen körperlichen Halt verloren. „Die Haut seiner Zähne", sein Zahnfleisch, ist das einzige, was er aus diesem Zusammenbruch noch „gerettet" hat. Vermutlich handelt es sich hierbei um eine sprichwörtliche Redewendung voll bitterer Jronie, die in ähnlichem Sinne wie Am. 3,12 von der „Rettung" redet, wo von Rettung überhaupt nicht mehr die Rede sein kann. Nur so versteht sich die Fortsetzung in V. 21; das Wort meint also das Gegenteil von dem, was unsere Redensart „mit einem blauen Auge davonkommen" besagt.

Hiob fühlt sich so elend, daß er, obwohl er weiß, daß er von seinen Freunden 21 nichts mehr zu erwarten hat, sie inständig um Erbarmen anfleht. Seit seiner ersten Rede (vgl. 6,28 f.) hat er so nicht mehr gesprochen. So tief ist er hinabgestoßen in die rettungslose Einsamkeit seines zerbrochenen Herzens. Er kann es 22 nicht verstehen und möchte nicht wahrhaben, was er mit erschreckender Deutlichkeit in zunehmendem Maße erkennen muß: Gott und die Freunde stehen in einer Front gegen ihn, den von Gott Geschlagenen, der doch wenigstens das menschliche Mitgefühl seiner Freunde verdient hätte. Statt dessen kommen ihm seine Freunde vor wie gierige Raubtiere, die aus dem Körper der geschlagenen Beute das Fleisch stückweise herausreißen und nicht satt werden. Aus diesem grausamen und furchtbaren Bild spricht die ganze Qual der körperlichen und

---

[1] Der Ausdruck „Söhne meines Mutterleibs" ist nicht eindeutig und wird von anderen als „Söhne" oder „Enkel" oder „Stammesgenossen" gedeutet; die Beziehung auf Hiobs eigene Kinder (bzw. Enkel) stößt sich mit dem Bericht über ihren Tod im Prolog (1,18f.). Nach dem Zusammenhang muß es sich um die allernächsten Angehörigen des Hiob handeln, weshalb auch die Deutung auf „Stammesgenossen" ausscheidet.

seelischen Marter des an den Rand der Verzweiflung getriebenen Dulders. Indem Hiob mit seiner letzten Frage die Hand nach dem Grund des unbegreiflichen Geschehens ausstreckt, zieht er sie wieder zurück in hoffnungslosem Verzicht: Von daher wird ihm keine Antwort kommen.

19, 23—27 **Die Hoffnungsgewißheit.** Aus der tiefsten Beugung schwingt sich Hiobs Glaube zu seiner höchsten Höhe empor, zu einer letzten Gewißheit, wie er sie zuvor nicht erreicht hatte. Man würde dieser berühmtesten Stelle im Hiobbuch nicht gerecht, wenn man sie als Flucht vor der grausamen Leidenswirklichkeit in ein Traumland gläubiger Phantasie verstehen wollte. Im Gegenteil, es handelt sich um einen klaren festen Entschluß, um das kühne Wagnis einer persönlichen Glaubensentscheidung, in der das Leid nicht übersehen, sondern überwunden wird. Hiob ist nüchtern genug, um durch seine Leidenserfahrungen und -kämpfe zu wissen, daß ihm die zu diesem Glaubensaufschwung erforderlichen Kräfte nicht aus der Ohnmacht seiner an ihre äußersten Grenzen zurückgeworfenen menschlichen Existenz wachsen können. Am Tor des Todes stehend, hat er alle in dieser Richtung gehende Hoffnung fahrenlassen, um sie dort einzusetzen, woher ihm allein noch Hoffnung werden kann: bei Gott. Und das ist sein Glaube, daß er alle seine Sorgen auf Gott und zwar auf ihn allein wirft und sich von dorther über den Tod hinaustragen läßt in den Bereich Gottes hinein. Aber nicht nur von der negativen Seite her, auch von der positiven kommt dieses Glaubenswagnis nicht unvorbereitet. Beides hängt miteinander aufs engste zusammen: Je tiefer ihn die illusionslos wahrhaftige Betrachtung seiner Lage hinabführt in die bittere Erkenntnis ihrer Aussichtslosigkeit auf Genesung (6, 8 ff.; 7, 6 ff.; 13, 13 ff.; 14, 18 ff.; 17, 11 ff.) oder in den Verzicht auf Anerkennung auf hilfreichen Trost seiner Freunde (12, 4 f.; 16, 2 ff. 20), so daß er sich schließlich auch mit dem Gedanken an den Tod vertraut gemacht hat (17, 1. 11 ff.), desto fester klammert er sich an Gott, von dem er trotz aller bis an die Gotteslästerung grenzenden Auflehnung gegen ihn, den er als seinen Feind argwöhnt, nicht lassen kann in dem Glauben, daß Gott sich doch im Geheimen nach ihm sehne und für ihn eintreten werde (vgl. 7, 8. 21; 10, 3. 8 ff.; 13, 22; 14, 13. 15). In steigendem Maße, zuerst mit tastendem Versuch (14, 13 ff.), dann in Wunsch und Bitte (16, 18 ff.; 17, 3 ff.) hat sich die Hoffnung des Hiob in immer neuen Anläufen aufgeschwungen und verdichtet zu dem Glauben, daß Gott jenseits des Todes sich für ihn verbürgen und ihn rechtfertigen werde. Dieser Glaube an die göttliche Rechtfertigung nach dem Tode erreicht nun in 19, 23 ff. seinen Höhepunkt darin, daß er zur festen Gewißheit wird. Die in 16, 19 ausgesprochene Hoffnung des Hiob auf seinen Zeugen und Bürgen im Himmel ist hier dahin erweitert und konkretisiert, daß Hiob in der persönlichen Begegnung mit diesem Gott die Entscheidung über die Ehre und Aufrichtigkeit seines Glaubens und damit auch die Klärung der Gottesfrage erwartet, aus der seine tiefste Glaubensnot immer wieder aufgebrochen ist. Es ist nicht zu verkennen, daß diese Gedanken in einer durchgehenden Grundlinie der inneren Dramatik des Hiobbuches liegen, die schließlich bei der Theophanie in Kapitel 38 ff. endet. Daß diese entscheidende Theophanie inhaltlich die Erwartungen des Hiob übertrifft und korrigiert, spricht nicht gegen einen solchen vom Dichter beabsichtigten Zusammenhang, sondern dafür; denn gerade das innere Wachstum und die Befreiung von Vorurteilen bei dem Helden ist die Grundtendenz der Dichtung, die erst da zu ihrem Ende kommt, wo Hiob auch an diesem letzten Punkt seiner Glaubenshoffnung umlernt unter dem Eindruck der Begegnung mit dem lebendigen Gott. An diesem Punkt wird die lebensvolle Dynamik des Hiobleidens als göttliches Mysterium offenbar.

23-24 Hiob sieht sich wieder an der äußersten Grenze seiner Existenz einer geschlossenen Front gegenüber, in der Gott und seine Freunde gegen ihn stehen und keinerlei Hoffnung auf Rettung mehr winkt. Wer wird sein Anliegen vor Gott bringen und die geschmähte Ehre seines Glaubens wiederherstellen, wenn sein eigener Mund für immer verstummt ist? Das ist die letzte Frage, die bohrend ihn noch quält. In dieser Situation entringt sich seinen Lippen der heiße Wunsch, daß „seine Worte" nicht verstummen möchten, wenn er selber nicht mehr reden kann; ein Wunsch, den er schon einmal geäußert hat (16, 18). Die Form des Gedankens ist hier jedoch eine andere als dort. Der Wunsch des Hiob, daß seine Worte schriftlich aufgezeichnet und in Stein gemeißelt werden möchten, wird vielfach als momentaner Einfall einer irrealen Möglichkeit verstanden, die durch die in V. 25—27 folgende Aussicht auf einen Zeugen, der besser und zuverlässiger ist als eine Felsinschrift, überboten und überholt werde. Aber dann ist die Frage nicht unberechtigt, wozu eine schriftliche Aufzeichnung der Worte des Hiob überhaupt nötig ist, wenn diese nicht mit dem Grundgedanken des Ganzen, der Rechtfertigung Hiobs durch Gott, in Beziehung steht. Der Wunsch Hiobs nach einer schriftlichen Fixierung seiner Worte ist m. E. aus dem Gesamtzusammenhang seines Anliegens und dem damit verbundenen Vorstellungskreis zu erklären. Wie bei der Vorstellung des Gerichts, in deren Rahmen Hiob den Gedanken an seine Rechtfertigung des öfteren bekundet hat, liegt auch hier die aus der alten Bundeskulttradition stammende Vorstellung von der Theophanie zugrunde, die in der Kultfeier über das Heil der Kultteilnehmer und ihre Zugehörigkeit zu Jahwe entscheidet. Der Bundesfestkult war auch der Ort, an dem die Klagepsalmen vor Gott vorgebracht und ihre Erhörung in der göttlichen Epiphanie erlebt wurden (vgl. die Wendung in einem babylonischen Gebet an die Göttin Ischtar: „Dein Schauen ist Erhörung"; dazu weiter Zimmern, Babylonische Hymnen und Gebete, A. O. 7. H. 3, 1905, S. 16 und AOT² S. 258, Z. 40, und Weiser, Die Psalmen⁷, S. 49). Auch die Sitte der schriftlichen Aufzeichnung der Gebete als einer Art Votivgaben an die Gottheit gehört in diesen Vorstellungskreis (vgl. Zimmern, Babylonische Hymnen und Gebete AO 13. H. 1, 1911, S. 26) und ist im Alten Testament für das Klage- und Danklied (vgl. Ps. 102,19) bezeugt. Im Sinne eines Votivsteins¹, der nach

---

¹ Galling, Die Grabinschrift Hiobs (Die Welt des Orients 1954, S. 3ff.), der sich lediglich auf die archäologische Untersuchung der Stelle beschränkt, denkt an eine Grabinschrift, worauf auch die Theophanie am Grabe (siehe unten zu 19,25) hinweisen könnte. Die obige Interpretation, die die archäologische Frage offenläßt, hat Galling insofern mißverstanden, als er ihr unterstellt, die Hiobinschrift sei dabei als ein im Tempelbezirk aufgestellter Votivstein gedacht (dagegen siehe die Erklärung zu V. 25). Er entgeht dabei nicht der Gefahr

dem Tode des Hiob die Funktion eines Klagepsalms vor Gott übernehmen und seine Erhörung und Rechtfertigung durch Gott bewirken soll, wird man sich also den Wunsch des Hiob nach schriftlicher Aufzeichnung seines Anliegens zu erklären haben. Das Interesse des Hiob ist nicht darauf gerichtet, seine Worte „in Ewigkeit" (so nach der masoretischen Punktation) zu erhalten, was ja an sich auch wenig sinnvoll wäre, sondern darauf, daß sie bei der entscheidenden Theophanie, die er nach seinem Tode erwartet, noch einmal „als Zeuge" (lies mit Theodotion laʻed) vor Gott zur Geltung kommen und Erhörung finden möchten. Der Ausdruck sepher bezeichnet jede Art Schriftstück; nach dem Zusammenhang kann demnach nicht das Buch Gottes gemeint sein, in dem die Taten der Menschen aufgezeichnet sind (2. Mose 32,32f.; Ps. 56,9; 69,29; 139,16 usw.), sondern nur die auf Felsen eingegrabene Inschrift. Über ihren Inhalt erfahren wir nichts Näheres; daß der Ausdruck „meine Worte" lediglich auf V. 25—27 zu beziehen sei, wird durch Form und Inhalt dieser Verse widerraten. Man wird einfach an eine dem Anliegen des Hiob entsprechende Klage und Unschuldsbeteuerung zu denken haben etwa in der Richtung der Gedanken, die Hiob in den Kap. 29—31 in breiter Ausführlichkeit darlegt. Das „Blei" diente wohl zum Ausgießen der in Stein gemeißelten Buchstaben, die dadurch deutlicher lesbar werden sollten[1].

25 Ist der Wunsch in V. 23f. noch unter dem Druck der hoffnungslosen Verlassenheit angesichts des Todes, aber doch schon im Blick auf die darüber hinausliegende zukünftige Entscheidung gesprochen, so bricht mit V. 25 die volle Hoffnungsgewißheit durch und überstrahlt alles mit ihrem hellen Licht. In Fortsetzung der eingeschlagenen Gedankenrichtung, aber zugleich alle Bedenken zurückweisend (vgl. die adversative Stilform), kommt Hiob auf den entscheidenden Punkt seiner Gewißheit zu sprechen: „Ich weiß, daß mein Löser lebt." Hiobs Hoffnung gründet sich ganz und ausschließlich auf den lebendigen Gott. Der Ausdruck „Löser" (Luther: Erlöser) bedeutet ursprünglich den Bluträcher (2. Sam. 14,11), der die Rache für einen Ermordeten zu übernehmen

---

einer aus dem Zusammenhang herausgenommenen Exegese, daß bei seiner Auffassung der Hiobinschrift als Grabinschrift „für ewig" (siehe dazu unten) mit einem aus 19,21 und 16,17 rekonstruierten Inhalt (= Hiob von Gottes Hand geschlagen, obschon kein Frevel an seinen Händen und sein Gebet ohne Makel war) die oben aufgeworfene entscheidende exegetische Frage nach dem Zweck einer Inschrift (V. 23f.) neben der Hoffnung auf Gott als Löser (V. 25ff.) unbeantwortet bleibt. Diese Frage nach der Funktion der Inschrift in solchem Zusammenhang ist m. E. erst durch Heranziehung der Votivinschriften und deren Bedeutung im religiösen Raum zu beantworten. Außer den obengenannten Beispielen wäre auch auf Mowinckel, Die vorderasiatischen Königs- und Fürsteninschriften (Gunkel-Festschrift, 1923, S. 278ff.) zu verweisen, der den Ursprung des Inschriftenstils in den Votivinschriften und deren sakraler Funktion sucht. Auf die gleiche Funktion weisen auch die sumerischen Inschriften auf der Dioritstatue des Gudea: „Sprich zu dem Standbild meines Gottes" oder „Möge dies Standbild meine Bitte vorbringen" hin (vgl. Schmökel, Ur, Assur und Babylon, 1955, S. 136).
[1] Dies ist bei den persischen Königsinschriften auf dem Felsen von Bisutun festgestellt (vgl. Weidner, AfO XV [1945/51] S. 146f.; dazu Galling, a.a.O., S. 6, und Stamm, ZAW 1953, S. 302).

hat, dann den Verwandten eines Verstorbenen, der als Treuhänder dessen Erbe antritt, um es der Familie des Toten zu erhalten (Ruth 2,20; 3,9; 4,1 ff.), oder der in Verlust geratenes Eigentum einlöst (vgl. zu 3,5) und wiedererwirbt (3. Mose 25, 25 ff.; 4. Mose 5, 8). Die Voraussetzung der Anwendung des Wortes „Löser" auf Gott, die auch in der liturgischen Psalmensprache belegt ist (vgl. Ps. 19, 15), ist die besonders nahe Lebensbeziehung Gottes zu dem Menschen, dessen Erbe er gleichsam als Treuhänder verwaltet, wenn dieser nicht mehr am Leben ist. In bemerkenswertem Unterschied zu 3, 5, wo der verzweifelte Hiob den Mächten des Chaos den Besitzanspruch auf seine Person zugestehen will, weiß er sich hier auch im Tode in Gottes Hand, dem er die Sorge für die Wiederherstellung seiner von den Freunden bezweifelten Glaubensehre anvertraut, weil er ihm jetzt allein „der Nächste" ist. Daß er dies wissen darf, das gibt ihm den kühnen Aufschwung der Seele über alle Dunkelheiten, denn in Gottes Händen ist seine Sache in bester und sicherster Hand. Hiobs Vertrauen gründet sich nicht auf eine mehr oder weniger unpersönliche Ordnung der „Gerechtigkeit" als einen jenseitigen Ausgleich, sondern auf die Tatsache, daß Gott „lebt". Er allein ist durch den Tod nicht beschränkt in seinem Walten; und gegenüber der Gewißheit von 16, 19, daß Gott als sein Zeuge im Himmel „existiert", bedeutet diese Aussage insofern eine Steigerung, als Gott nicht nur für ihn da ist, sondern als der „Lebendige" in Aktion treten und für ihn handeln und ihm erscheinen wird. Der dynamische Charakter der alttestamentlichen Gottesauffassung kommt hier zum bedeutsamen Durchbruch.

Auch der vielgedeutete zweite Halbvers von V. 25 ist aus dem Gesamtzusammenhang heraus zu verstehen; er redet von der Theophanie, in der für Hiob die entscheidende Begegnung mit Gott sich vollzieht. Auch diese Vorstellung hat ihre Wurzeln im alten Bundesfestkult. Daß Jahwe „aufsteht" (vgl. Ps. 3,8; 7,7; 9,20; 46, 11, 76, 10 u. ö.), d. h. sich vom Sinai erhebt (jākūm ist terminus technicus für die Theophanie; vgl. z. B. Ps. 12,6; Jes. 2, 19. 21; 33, 10) und bei seinem Volk „erscheint", gilt dem alttestamentlichen Bundesvolk als der Höhepunkt des Festgeschehens, wo in der Begegnung (môʻed; vgl. ʼohel môʻed als Bezeichnung des Wüstenheiligtums) zwischen dem über der Heiligen Lade gegenwärtig gedachten Gott und dem Volk der Bund erneut besiegelt und das Bundesheil verwirklicht wird (vgl. Weiser, Die Psalmen[8], S. 18 ff., 24 ff.). Aus diesen traditionellen Wurzeln erklärt sich die Form der Hoffnung, die Hiob hier ausspricht. Ihre Verpflanzung von ihrem ursprünglich kultischen Mutterboden in die außerkultische Sphäre einer rein persönlichen Gottesbeziehung hat eine Abwandlung und Anpassung an die besondere Situation des Hiob zur Folge gehabt, die sich aus dem Zusammenhang ergibt. Aber die Grundvorstellung der Theophanie und ihrer Heilsbedeutung hat sich auch in diesem neuen Gewand noch erhalten. „Als Letzter" wird Gott selbst erscheinen. Das hat temporale und modale Bedeutung zugleich. Die Theophanie ist der letzte Akt des Hiobdramas, in dem die Entscheidung fällt — ein verborgener Hinweis auf den inneren Aufbau der Hiobdichtung, die tatsächlich in der Erscheinung Jahwes ihren Gipfel und ihr Ende erreicht. Aber es bedeutet auch, daß Gott das letzte Wort hat in dem Geschehen, in das Hiob hineingestellt ist. In der Theophanie selbst liegt die endgültige Entscheidung des Falles Hiob, nicht im Urteil der Freunde über Hiob, auch nicht in seinem Tod. Was von Gott her geschieht, daß er selbst in Aktion tritt, hat Gewicht über den Tod hinaus. Die „eschatologische" Deutung auf den „jüngsten Tag" (Vulgata: et in novissimo die) hat im hebräischen Urtext keinen Anhaltspunkt. Über die näheren Umstände der Theophanie äußert sich Hiob sehr zurückhaltend. Wichtig ist ihm nur das „Daß", nicht das „Wie". Dies erklärt sich einerseits daraus, daß ihm für die Einzelheiten keine Überlieferung zu Gebote stand; bedeutet doch der Gedanke einer Gottesbegegnung nach dem Tode an sich schon einen gewagten Durchbruch durch die geläufige alttestamentliche Vorstellung, daß mit dem Tod auch die Beziehungen zu Gott aufhören (vgl. Ps. 6,6; 30,10; 88,11 ff.; 115, 17; Jes. 38,18 f.). Anderseits ist diese Zurückhaltung auch in der Sache selbst begründet. Denn aus ihr spricht eine gewisse Ehrfurcht vor dem göttlichen Geheimnis als innere Konsequenz der Glaubenshaltung des Hiob, der, nachdem er seine Person ganz in Gottes Hand gegeben hat, vertrauensvoll es ihm überläßt, auf welche Weise er die Entscheidung herbeiführen will. Das spezifische und primäre Interesse des Glaubens hängt wirklich nur an der Tatsache des göttlichen Handelns, nicht an dem Modus seiner Durchführung. Nur ein Umstand bei der Theophanie wird näher und nachdrücklich hervorgehoben, weil er der oben genannten alttestamentlichen Vorstellung vom Tode widerstreitet und gegenüber der allgemeinen Auffassung ein Novum bedeutet: Gott wird „auf dem Staube" erscheinen. Der Ausdruck ist zwar nicht eindeutig, wird aber nach dem Gesamtzusammenhang — vor allem im Blick auf 19,26 und im Vergleich mit 16,18 f. — am ehesten auf die Theophanie nach dem Tode des Hiob gehen, der im Tode wieder „zum Staube" zurückgekehrt ist (vgl. 1. Mose 3,16). Will man in der Wendung eine Ortsbestimmung sehen — was nicht unbedingt nötig ist —, so wird man wohl an die Erscheinung Gottes über Hiobs Grab denken können. Vielleicht aber geht schon das Suchen nach einer genaueren Zeit- und Ortsbestimmung über die Absicht des Dichters hinaus, der aus den bereits erwähnten Gründen es vermeidet, mehr als nur die relative Zeitbestimmung zu geben, daß die Gottesbegegnung jenseits von Hiobs Tod stattfinden wird. In der Tatsache, daß Gott dem Hiob erscheint, liegt das entscheidende Geschehen; denn damit bekennt sich nach der traditionellen Auffassung Gott zu dem, den er seiner Gegenwart würdigt; und mit der Theophanie ist die Verwirklichung des Heils gegeben (vgl. zu 13,16).

26 Während in V. 25 der entscheidende Akt der erhofften Erhörung und Rechtfertigung Hiobs in der göttlichen Perspektive, d. h. von Gott her, gesehen wird, ist in V. 26—27 dasselbe Ereignis unter dem menschlichen Gesichtswinkel als die Begegnung Hiobs mit Gott dargestellt. Im Sinne des dialogischen Verhältnisses von Gott und Mensch gehören die beiden Verse notwendig zusammen wie die beiden Schalen einer Muschel; sie ergänzen sich gegenseitig zum Gesamtbild: Gott neigt sich zum Menschen herab und offenbart sich ihm als sein Gott in der Theophanie, und anderseits darf der Mensch im Schauen Gottes sich zu ihm auf=

richten in der Gewißheit seiner heilbringenden Gegenwart. Was die Beter der Klagepsalmen in der Theophanie am Höhepunkt des Festkults als die Erhörung ihres Gebets zu erleben hoffen (siehe oben), das erhofft Hiob in der persönlichen Gottesbegegnung — nach seinem Tod. Die Wendungen „nach meiner Haut" und „weg von meinem Fleisch" sind nicht ganz eindeutig, so daß es begreiflich ist, wenn ein Teil der Ausleger mit Rücksicht auf die geläufige alttestamentliche Vorstellung, daß im Tod die Verbindung zwischen Gott und Mensch aufhört, an eine Gottesbegegnung des Hiob im letzten Augenblick v o r seinem Tode denkt. Doch gerade die Betonung und die negative Form der in Frage stehenden Ausdrücke sprechen im Gesamtzusammenhang (siehe oben) und im Vergleich mit 16,18f.; 17,11 ff. ebenso wie das Bild vom „Löser" (siehe oben) eher dafür, daß es sich um ein Geschehen nach dem Tode des Hiob handelt. Für eine Gottesbegegnung zu Lebzeiten des Hiob müßte man positivere und angesichts der kritischen Situation genauere Angaben erwarten. Man wird also „nach Verlust meiner Haut" und „ohne mein Fleisch" auf den Tod des Hiob zu beziehen haben. Das Ringen um den sprachlichen Ausdruck, die nachdrückliche Betonung und negative Form weisen darauf hin, daß Hiob sich gegen die herrschende Auffassung wendet, indem er die Schranken des Todes zu durchbrechen sucht, aber für eine positive Formulierung kein Vorstellungsmaterial zur Verfügung hat, da es sich dabei um einen für den alttestamentlichen Menschen unerhörten Griff in das Jenseits des Todes handelt. Aber auch für diese Stelle gilt, daß dem Hiob das „Daß" des Gott=schauen=Dürfens nach seinem Tode wichtiger ist als das „Wie". Es ist der Glaube, der nicht sieht und doch glaubt; und die Gewißheit des Glaubens ist stärker als alles Wissen und alle Erkenntnis. Man hat den Eindruck, daß Hiob selbst vor der Kühnheit seines Glaubens über den Tod hinaus fast erschrickt (vgl. zu 14,14); denn in dem Wort „nach meiner Haut, die so zerfetzt ist" mischt sich eine letzte Hemmung in die Begründung, daß der Zustand seines zerschundenen Körpers keine Aussicht auf Wiedergenesung zuläßt, sondern nur noch die Überwindung der Todesschranke als letzte Möglichkeit freigibt, die Hiob im Glauben vollzieht. Daß er Gott schauen darf, bedeutet ihm höchste Seligkeit, die alles Erdendunkel überstrahlt mit ihrem himmlischen Licht.

Hiob ist selbst überwältigt von dem Aspekt, der sich ihm hier öffnet. Der stammelnde Stil von V. 27, der im Deutschen nicht nachahmbar ist, atmet noch die Überraschung eines Menschen, der staunend vor dem Wunder steht, das er noch nicht ganz zu fassen vermag: „Ich selbst, ich persönlich werde Gott schauen" „f ü r mich", d. h. nicht mehr als meinen Feind, sondern mir zugewandt als Freund, zu meinem Heil! Der Glaube, den alle Qual, die Hiob in seiner Anfechtung als Angriff eines ihm feindlich gesinnten Gottes gedeutet hat, nie ganz auslöschen konnte, Gott werde sich trotz allem noch einmal nach dem Werk seiner Hände sehnen, das er jetzt zertrümmert (vgl. 7,8.21; 10,3.8. ff.; 14,13 ff.; 16,19 f.), bricht hier zu letzter Gewißheit durch, daß Gott im tiefsten Grunde doch sein Freund ist und die Seligkeit der Gemeinschaft mit ihm als seine persönliche Rechtfertigung, wenn auch erst nach dem Tode, Wirklichkeit werden läßt, daß sie ihn jetzt schon innerlich über den Tod hinausträgt in den Bereich der ewigen Wirklichkeit Gottes. Es geht hier nur noch um Gott und Hiob; kein Fremder wird dieses Mysterium der wunderbaren Gottesoffenbarung schauen. Der letzten Einsamkeit im Leiden und Sterben (vgl. 14,21f.) entspricht die letzte Einsamkeit in der Begegnung mit Gott. Das tiefste Wunder bleibt das persönliche Geheimnis zwischen Gott und dem einzelnen. Und an dieser Gnade Gottes läßt sich Hiob genügen. Er wagt es nicht, den Schleier des göttlichen Geheimnisses, der über dieser seiner Glaubenshoffnung noch gebreitet ist, mit ungeduldiger Wissensgier zu lüften. Die Ehrfurcht vor Gottes Wunder verbietet ihm, in frevler Neugier weiter in das Mysterium eindringen zu wollen. Er kann nur noch sagen, wie es ihm jetzt zumute ist: Brennende Sehnsucht, endlich seinem Gott gegenüberstehen und seiner Treue gewiß werden zu dürfen, ist das Gefühl, das ihn allein noch erfüllt und sein Inneres verzehrt. Des Leidens Schmerzen und die quälenden Fragen gehen auf in diesem Verlangen nach einer Gemeinschaft mit dem lebendigen Gott, dem auch der Gedanke an den Tod nicht mehr hemmend im Wege steht, sondern im Gegenteil den Weg zu seiner Erfüllung freigibt.

Die Hiobstelle 19,25—27 hat in der Geschichte der christlichen Theologie dadurch besondere Bedeutung gewonnen, daß sie als Beweisstelle der christlichen Lehre von der Auferstehung verwendet wurde und in dieser Deutung auf kirchliche Glaubensbekenntnisse und Kirchenlieder („Jesus meine Zuversicht" und „Ich weiß, daß mein Erlöser lebt") eingewirkt hat. Schon Clemens Romanus in seinem ersten Brief an die Korinther und Origenes im Kommentar zu Mt. 22,23 ff. haben dieses Verständnis vertreten, während andere griechische Kirchenväter, wie besonders Chrysostomus, den Gedanken der Auferstehung in Hi. 19,25 ff. nicht ausgesprochen finden. Den stärksten Einfluß auf die Deutung im Sinne der Auferstehungslehre hatte die Übersetzung des Hieronymus, die gegenüber der altlateinischen Übersetzung stark vom Urtext abweicht und lautet: V. 25 scio enim quod redemptor meus vivit et in novissimo die de terra surrecturus sum; V. 26 et rursum circumdabor pelle mea et in carne mea videbo Deum meum; V. 27 quem visurus sum ego ipse et oculi mei conspecturi sunt et non alius: reposita est haec spes mea in sinu meo (die Hauptabweichungen vom hebräischen Urtext sind durch Sperrdruck gekennzeichnet). In dieser sehr „freien" Übersetzung und Deutung des „Lösers" auf Christus ist ihm Luther gefolgt: „Aber ich weiß, daß mein Erlöser lebt, und er wird mich aus der Erde aufwecken und werde danach mit dieser meiner Haut umgeben werden und werde in meinem Fleisch Gott sehen..." Von da aus fand diese Auffassung Aufnahme in die Konkordienformel, Katechismen und Kirchenlieder; sie ist bis ins 17. Jahrhundert sowohl in der römischen als auch in der evangelischen Kirche unangefochten geblieben. (Zur Geschichte der Auslegung vgl. Speer, ZAW 1905, S. 47 ff.; Peters, Das Buch Job 1928, S. 202 f.).

19,28—29 **Die Warnung an die Freunde.** Am Schluß seiner Rede wendet sich Hiob noch einmal seinen Freunden zu. Von der Höhe der Glaubens- gewißheit, die er erklommen hat, vermag er auch die Gefahr zu beurteilen, in der sich die Freunde befinden. Das Blatt hat sich gewendet; jetzt ist es an Hiob, die warnende Stimme zu erheben, um seine Warner zur Besinnung zu bringen und sie von ihrem gefährlichen Weg im letzten Augenblick zurückzurufen zu Gott. Der Text der beiden Verse ist dunkel; die Auslegung bleibt daher unsicher. Wie im übrigen Kapitel fällt besonders bei der Warnung im Vergleich zu den 28 früheren Hiobreden der ruhigere, gehaltene Ton auf; der über alle Erdennöte hinaus auf Gott allein gerichtete Blick des Glaubens hat den Hiob auch über die Niederungen menschlicher Empfindlichkeit emporgehoben und ihn geadelt zum „edlen Dulder", der bei aller eigenen Not ein Herz hat für die anderen und sie aus ihrer Nacht herausführen möchte in das Licht, das ihm selber strahlt. So geht Hiob noch einmal auf die Gedanken der Freunde ein, die seine Gegner geworden sind, weil sie den Grund der Leiden des Hiob bei ihm selbst, d. h. in seiner Sünde gefunden zu haben glauben, während ihn Hiob bei Gott sucht. Wenn nun Gott für ihn eintreten wird und durch sein Erscheinen sich zu Hiob 29 bekennt, so ist damit das endgültige Urteil in der Sache gesprochen, an dem auch die Freunde — auch wenn sie selbst Gott nicht schauen sollten (vgl. V. 27) — nicht achtlos vorübergehen können. Daher die Mahnung Hiobs „Fürchtet euch vor dem Schwert!". Das Schwert ist in diesem Zusammenhang, in dem wie zuvor wieder die aus der alten Kultüberlieferung herrührende, mit der Theo- phanie verbundene Gerichtsvorstellung verwendet ist, als Symbol der Straf- gerechtigkeit Gottes gedacht (vgl. 5. Mose 32, 41 f.; Jes. 34, 5 ff.; Sach. 13, 7 und die Darstellung des babylonischen Gottes Nergal mit dem Schwert). Wollen die Freunde auf ihrer bisherigen Meinung verharren, so werden sie — das ist die Gedankenfolge des Hiob — in Widerspruch treten zum Urteil Gottes und dadurch seine Feinde werden, die er im Gericht vernichtet. Etwas Ähnliches will offenbar V. 29b sagen. Da jedoch der Satz sowohl metrisch als auch gram- matisch und sachlich sich schlecht in den Zusammenhang zu fügen scheint, ist es nicht unwahrscheinlich, daß wir es hier mit einer erklärenden Glosse zu tun haben.

Das letzte Wort des Hiob ist, wenn die vorgeschlagene Lesart richtig ist, ein Hinweis auf Gott. Er trifft den entscheidenden Punkt in der Differenz zwischen Hiob und seinen Freunden. Wie Hiob seine eigene Person und Lage ganz auf Gott bezogen sieht und von der erhofften persönlichen Offenbarung Gottes die letzte Wahrheit über sich selbst und über Gott erwartet, so denkt er auch, daß für die Freunde in der Erkenntnis Gottes Sinn und Ziel ihres Gesprächs liegen werde, wenn die Wahrheit über sie offenbar wird, daß sie einer eingebildeten Vorstellung von Gott bisher erlegen sind und daraus notwendig falsche Fol- gerungen gezogen haben (vgl. 13,11). In der gemeinsamen Erkenntnis des wirklichen Gottes liegt der Punkt, in dem die auseinandergehenden Auf- fassungen der Menschen sich wieder zusammenfinden.

Im Blick auf die Wette im Himmel scheint mit dem Bekenntnis des Hiob, das alle irdischen Wünsche hinter sich wirft und allein noch in der Begegnung mit dem lebendigen Gott die Erfüllung aller Glaubenssehnsucht sieht, der Punkt erreicht, an dem Gottes Vertrauen in Hiobs selbstlose Frömmigkeit gerechtfertigt und des Satans Zweifeln der Boden entzogen ist. Ist nicht Hiob hier wirklich „umsonst" gottesfürchtig? Hat er nicht auf alle selbstsüchtigen Wünsche seines Erdenlebens verzichtet und begehrt er nicht Gott um seiner selbst willen zu schauen? Daß der Dichter jedoch sein Werk nicht an diesem Punkt abgeschlossen hat — wie einige Ausleger annehmen —, hat einen tieferen Grund: Die Entscheidung liegt nicht in der Hand des Menschen. Das Glaubensbekenntnis des Hiob bleibt bei aller Selbstlosigkeit seiner Frömmigkeit menschliches Bekenntnis, menschliches Suchen. Aber es ist Gott allein vorbehalten, ob er sich finden läßt. Auch die ernsteste Glaubensgewißheit des Menschen kann Gott nicht herbeizwingen; und die Frage ist in diesem Augenblick immer noch offen, ob Hiob an seinen eigenen Glauben glaubt, oder an Gott, ob in diesem Glauben des Hiob trotz allem nicht doch noch eine letzte fromme Selbstsucht verborgen ist, von der sich auch der fromme Dulder nicht selbst befreien kann. Diese offene Frage bleibt auch in der Haltung des Glaubens die offene Wunde, an der der Mensch so lange krankt und der Anfechtung ausgesetzt ist, bis Gott selbst diese Wunde schließt, die der Mensch von sich aus nicht heilen kann. Auch wenn Gott durch Hiobs Frömmigkeit gerechtfertigt ist, die Rechtfertigung des Hiob steht noch aus. Sie kann nur durch Gott selbst erfolgen und wird erst in dem Moment wirksam, wo Hiob nach neuen Anfechtungen dahin gelangt ist, daß er vor der Gegenwart Gottes den letzten Rest einer geheimen frommen Selbstsucht und Eigengeltung seines Glaubens, der auch in den Worten 19,23ff. mitschwingt, einer tieferen Gotteserkenntnis und Selbsterkenntnis zu opfern bereit ist, um sich ohne jeglichen Rückhalt unter Preisgabe seiner eigenen Glaubensvorstellungen und =gedanken an Gott hinzugeben. Sein Weg durch das Mysterium des Leidens geht weiter über Höhen und Tiefen, bis ihm Gott von sich aus in der Rechtfertigung Ende und Ziel setzt.

Kapitel 20. Die zweite Rede des Sophar

1 Da entgegnete Sophar, der Naamatit, und sprach:
2 Darauf muß ich (dir) Antwort geben[1],
 deswegen wallt es (so) in mir.
3 Beschämenden Verweis muß ich vernehmen,
 doch meiner Einsicht Geist läßt mich entgegnen.

4 Weißt du dies nicht von Urzeit an,
 Seit Menschen auf der Erde sind[2]?
5 Nicht weit her ist der Bösen Jubel,
 der Frevler Freude währt nur einen Augenblick.
6 Steigt auch sein Übermut zum Himmel,
 und rührt sein Haupt bis ans Gewölk,
7 vergeht er doch wie Kot für immer.
 "Wo ist er?" sagen, die ihn sah'n.

---

[1] Wörtlich: meine Gedanken veranlassen mich zu erwidern.
[2] Wörtlich: seit er Menschen auf die Erde gesetzt hat.

8 Verfliegt dem Traum gleich, ist nicht mehr zu finden,
 und wie ein Nachtgesicht wird er verscheucht.
9 Das Auge, das ihn sah, erblickt ihn nimmer,
 und seine Stätte schauet ihn nicht mehr.
10 Den Armen müssen seine Söhne es ersetzen,
 und ‚ihre Hände rückerstatten'¹ sein (geraubtes) Gut.
11 Strotzen von Jugendkraft auch seine Glieder,
 sie müssen² sich doch mit ihm legen in den Staub.

12 Schien ihm auch süß im Mund das Böse,
 barg er es gern auch unter seiner Zunge,
13 bewahrt' er's auf, um es nicht zu verlieren,
 und hielt's in seinem Gaumen fest,
14 in seinem Innern wandelt sich die Speise,
 wird ihm im Leib zum Natterngift.
15 Das Gut, das er verschlungen, muß er ausspei'n,
 Gott treibt es ihm zum Bauch heraus.
16 Das Gift von Nattern sog er ein;
 es tötet ihn der Viper Zunge.
17 Nicht darf er froh auf Bäche schauen,
 auf Ström', da Milch und Honig fließt.
18 Nicht schluckt er; muß erstatten, was erworben,
 kann sich nicht freuen am ertauschten Gut.
19 Denn Arme schlug er, ließ sie hilflos liegen,
 raubte das Haus, das er nicht hat gebaut.
20 Nicht kannte er Befriedigung in seinem Leib,
 drum ‚rettet er sich'³ nicht durch seinen Schatz.
21 Keiner entrann noch seiner Freßgier,
 drum hat sein Gut auch nicht Bestand.
22 Es wird ihm eng bei vollem Überfluß,
 die ganze Macht ‚der Mühsal'³ fällt ihn an.
23 ' '³ Er sendet auf ihn seines Zornes Glut,
 läßt auf ihn regnen ‚seines Grimmes Flut'⁴.
24 Entfliehet er der Eisenrüstung,
 durchbohret ihm der Pfeil⁵ das Herz.
25 Zieht er heraus, es tritt aus seinem Rücken,
 ' '⁶ aus seiner Gall' blitzender Strahl.
 Fort muß er, Schrecken über sich!
26 ‚Ihm'³ aufgespart ist alles Dunkel,
 Feuer verzehrt ihn, nicht entfachtes,
 frißt auch den letzten Mann im Zelt.
27 Enthüllen wird der Himmel seine Sünde,
 und gegen ihn erhebt die Erde sich.
28 Es schwindet der Ertrag von seinem Haus;
 zerronnen ist's an Seines⁷ Zornes Tag.
29 Das ist des Bösen Menschenlos von Gott,
 das Erbteil, das ihm Gott zuspricht!

---

¹ s. BH.   ² MT Sing. auf „Jugendkraft" bezogen.
³ s. BH.   ⁴ Lies 'ālāw mabbûl ḥᵃmātô nach Duhm.   ⁵ MT: Bogen.
⁶ Streiche û vor bāräḵ.   ⁷ Gottes.

Daß das Treuebekenntnis des Hiob zu Gott, welches das Bild seiner echten, die Spekulation auf Vergeltung hinter sich lassenden Frömmigkeit bis zu einem gewissen Grade abgerundet hat, für den Dichter noch nicht das Ende des Leidensgeheimnisses seines Helden bedeutet, kennzeichnet die Wirklichkeitsnähe und den nüchternen Ernst seiner Lebenserfahrung ebenso wie die theologische Tiefe seines Glaubensdenkens: Es gehört zu den schweren Erfahrungen des Glaubenslebens, daß der Glaube nie fester Besitz ist, auf den man in allen Fällen einfach zurückgreifen kann, sondern daß seine Gewißheit durch Anfechtungen hindurch immer wieder neu errungen werden muß im Weiterschreiten der veränderten Verhältnisse und ihrer Fragestellungen. Dieser Weg ist auch dem Hiob nicht erspart. Eine dieser Fragestellungen, die wohl gelegentlich schon in den vorausgehenden Kapiteln berührt wurde, tritt nun stärker in den Vordergrund. Es ist die Gottesfrage, die auch innerhalb der Glaubensgewißheit als Frage bestehen bleibt. Im Zusammenhang des Hiobbuches wächst sie heraus aus der konkreten Frage, ob das Vertrauen, das Hiob auf Gottes Gerechtigkeit und Güte setzt, nicht eine Illusion sei; sie wird zur Frage an Gott nach dem Wesen seiner Wirklichkeit. Der dogmatische Standpunkt der Freunde, den sie auch in dem weiteren Gespräch hartnäckig vertreten, sieht Gottes Wesen in der Gerechtigkeit verwirklicht, die sich in der gerechten Verteilung von Lohn und Strafe für das sittlich-religiöse Verhalten der Menschen erschöpft. Für Hiob aber ist das eine Antwort, die weder mit seiner persönlichen Erfahrung der Wirklichkeit Gottes noch mit den Beobachtungen restlos zusammenstimmt, die sich ihm sonst im Leben aufdrängen. Damit tritt die sog. Theodizeefrage in den Gesichtskreis der Hiobdichtung; aber nicht so, wie man vielfach gemeint hat, daß sie die einzige Frage sei, um die sich der Dichter bemühe. Sie steht vielmehr im Hiobbuch neben anderen Fragen in weiteren über die rein theologische Problematik hinausgreifenden Zusammenhängen. Die Problemstellung der Theodizee befaßt sich hier mit den beiden Fragen, ob es dem Menschen möglich sei, vom Weltlauf aus Gott zu rechtfertigen mit Hilfe einer ethisch-rationalen Auffassung seiner Gerechtigkeit, die wie ein übergreifendes Gesetz Gott und Welt zusammenbindet, oder umgekehrt, ob der Weltlauf von Gott her gesehen werden muß, der die Welt an sich bindet aus einer ganz anderen höheren „Gerechtigkeit" heraus, die sich dem menschlichen Begreifen entzieht, weil sie jenseits der menschlichen Begriffe von Gut und Böse, von Lohn und Strafe liegt und nur erfahren wird im Glauben, der aus der persönlichen Begegnung mit Gott entsteht. Die Erweiterung der Fragestellung in dieser Richtung ist veranlaßt durch die Erwiderung des Sophar in Kapitel 20, der am Schicksal der Gottlosen noch einmal die Gültigkeit der Theorie von der Strafgerechtigkeit Gottes nachzuweisen sucht.

Auch in seiner zweiten Rede ist Sophar als der jugendlich ungestüme Vertreter der Weisheitslehre gezeichnet, der schon in der Einleitung V. 2—3 seiner Empörung Luft macht, die er nicht mehr länger zurückhalten kann, und auch in dem Hauptteil seiner Rede über das Schicksal des Gottlosen V. 4—28 durch gelegentlich derbe Ausdrucksweise das ungezügelte Temperament seiner Jugend verrät (vgl. V. 7. 14 f.; 20 f.). Ohne grundsätzlich Neues zu sagen, vertritt er mit gewandter Beredsamkeit geschickt seine Auffassung in der Meinung, Gottes Ordnung zu verteidigen, während er in Wirklichkeit nur seine eigene Meinung verteidigt und jeder neuen Erkenntnis sich dabei verschließt. Dadurch, daß seine Worte nicht getragen sind von einer verstehenwollenden Liebe, werden die Wahrheiten, die sie unbestreitbar enthalten, dem Hiob gegenüber um ihren Wert und ihre Wirkung gebracht, denn Lieblosigkeit macht jede Wahrheit zur Lüge.

20, 2—3 Einleitung. Die Erwiderung des Sophar schließt unmittelbar an 2-3 Kapitel 19 an. Aber die Worte des Hiob gehen ihm nicht zu Herzen; seine persönliche Empfindlichkeit hört nur den Vorwurf, der seine Ehre kränkt. Für das tiefere Anliegen, das aus der Schlußmahnung des Hiob spricht, und für seine Bitte um Erbarmen hat Sophar kein Ohr. Der aufwallende Zorn hat ihn der Fähigkeit zu hören beraubt. So setzt er dem Wunsch des Hiob, die Freunde möchten Gott in seiner Wirklichkeit erkennen (19, 29), die eigene „Einsicht" entgegen, die seiner Meinung nach keiner Revision bedarf. Der rationale „Geist" der Weisheit, in der für ihn alle Gotteserkenntnis beschlossen liegt, ist auch hier wieder das Fundament, auf das er sich zurückzieht und von dem aus er seine Entgegnung unternimmt. Der Text ist an dieser wie auch an anderen Stellen des Kapitels mehrdeutig; auf Grund der Septuaginta, die allerdings sehr frei paraphrasiert, wollen einige Ausleger in V. 3b eine Kritik der Worte des Hiob sehen „Wind ohne Einsicht antwortet mir", was jedoch nur mit Textänderung möglich ist.

20, 4—28 Das Los des Gottlosen. Sophar macht darauf aufmerksam, daß 4 die Lehre der Weisheit, die er vertritt, ewig gültige Wahrheit ist; uralte Menschheitserfahrung liegt ihr zugrunde, vor der sich auch ein Hiob beugen muß, selbst wenn er sie in seinem eigenen Leben nicht finden sollte. V. 5 umreißt das 5 Thema dessen, was hernach in einzelnen Beispielen ausgeführt wird: Die Freude des Gottlosen ist von kurzer Dauer; sein Glück ist ein Scheinglück; es ist „nicht weit her", d. h. es läßt sich nach vorwärts und rückwärts nicht weit verfolgen. Der Schein trügt; zwar nimmt gottloses Wesen häufig die Form 6-9 eines um Gott und die Welt unbekümmerten Stolzes und Hochmuts an, die gerade dem Frommen besonderes Ärgernis und Anstoß erweckt (vgl. Ps. 73, 8—11) und ihn durch ihre gotteslästerliche Hybris ängstigt und am Glauben an Gott und an den Sieg des Guten irre werden läßt (vgl. Jes. 14, 13 ff.; Ob. 4). Aber dem jähen Aufstieg folgt der Sturz in die Tiefe. Es gehört ebenso zum Wesen des Freylers, daß er schimpflich vergeht, und daß es sich wie beim Traum oder Nachtgesicht schließlich herausstellt, daß alles nur Schein war, der in nichts zerflattert. Es ist ein starker Glaube, der, gestützt auf ein entschlossenes Ethos, zu einer solch eindeutigen Perspektive gelangt. Nur bleibt zu fragen, ob diese Eindeutigkeit nicht die Folge einer Einseitigkeit ist, die zu rasch und leicht an der Realität des Bösen vorübergeht. Und wenn man in der Darstellung der Hybris des Freylers (V. 6) eine Anspielung auf die kühne Glaubenshoffnung des Hiob (19, 23 ff.) sehen will, so zeigt sich nur erneut, wie weit ab von einem wirklichen Verstehen des Freundes das Urteil des Sophar sich bewegt. Die 10 Strafe des Gottlosen beschränkt sich jedoch nicht auf seine Vernichtung; seine

Kinder müssen die Folgen seiner Sünden tragen und denen, die der Vater arm gemacht hat, das geraubte Gut wiedererstatten. Der Vers, dessen Übersetzung schwierig ist, wird von manchen Auslegern an seiner jetzigen Stelle als störend empfunden und in den Zusammenhang von V. 18 f. versetzt, wo von der Unterdrückung der Armen die Rede ist; doch ist es bei dem mosaikartigen Charakter der Bilder fraglich, ob man dazu berechtigt ist, zumal V. 10 auf den Gedanken der solidarischen Haftung der Söhne hinausläuft und sich deshalb auch nicht ohne weiteres in die Umgebung von V. 18 f. fügt. Auch die kraftstrotzende Gesundheit des Sünders erklärt Sophar als trügerischen Schein. Ein früher Tod bringt ihn vorzeitig ins Grab.

11

12-16 Mit V. 12 beginnt ein neuer Gedanke. Der Gottlose fällt selbst der Täuschung zum Opfer. Die Sünde erscheint ihm zunächst als etwas Verlockendes und Angenehmes (vgl. 1. Mose 3, 6) wie eine süße Speise, die er im Munde behält, um recht lange den Genuß davon zu haben. Aber in seinem Inneren verwandelt sie sich in Gift. Die Sünde ist Gift, das wie der Biß einer Giftschlange dem Menschen den Tod bringt (V. 16). Unrecht Gut gedeiht nicht; was der Sünder verschlingt, das treibt Gott wieder heraus (V. 15). An diesem drastischen Bild haben die griechischen Übersetzer Anstoß genommen und das Wort „Gott" durch „Engel" ersetzt. Es liegt eine tiefe und ernste Wahrheit in dieser Beurteilung der Sünde als der zersetzenden und Leben zerstörenden Macht, die im Inneren des Menschen mit geradezu unheimlich zwingender Naturnotwendigkeit als Gottes Wille und Ordnung sich auswirkt. Und es ist nur die Folgerung aus

17-19 dieser Beurteilung der Sünde, daß der Frevler keinen bleibenden Gewinn und damit auch keine Hoffnung auf Lebensfreude hat. Ihm winkt nicht der Ausblick auf lockendes Glück, das hier in das Bild der Verheißung des gelobten Landes gefaßt ist, da „Milch und Honig fließt" (vgl. 2. Mose 3, 8. 17; zu Dickmilch und Honig als Sinnbild für köstliche Lebensgüter vgl. Ovid, Metam. 1, 111 f.). Die Sünde hat keine Verheißung; auf ihr lastet der Fluch, der an allem haftet, was durch Unrecht erworben ist. Was der Mensch durch listige und brutale Ausbeutung der anderen sich angeeignet, das schafft ihm nicht Freude und hat nicht

20-22 Bestand; es macht den Besitzer nicht reich, sondern arm. Sophar weiß auch etwas davon zu sagen, daß die Unersättlichkeit des Begehrens den Frevler nie zu ruhigem Glück gelangen läßt; er taumelt von Begierde zu Genuß und im Genuß verschmachtet er nach Begierde. Darum kann ihm das heiß Begehrte nicht Halt und Rettung bieten. Seine „Freßgier" richtet sich auf alles, und nichts von alledem bleibt bestehen. Mitten im Überfluß wird dem unglücklichen Reichen „eng" (vgl. 15, 23); es erfüllt ihn entweder die Angst um den Verlust seines Besitzes, oder seine blinde Gier endigt im Zustand einer Übersättigung, der ihm das Leben verleidet und entleert. Im Lebensüberdruß kommt „jede Hand der Mühsal" über den, der im Überfluß lebt. Die kurzen Andeutungen verraten gute Beobachtung und enthalten eine ernste Wahrheit, die sich nicht durch den Schein trügen läßt, sondern ihn durchstößt und das innere Gericht erkennt, das sich hinter der glänzenden Fassade des Lebens mit unerbittlicher Folgerichtigkeit vollzieht. Ähnlich wie in V. 15 wird in V. 23 der Schleier gelüftet

23

und die verschiedenen Beobachtungen über das Schicksal des Gottlosen religiös gedeutet als das Gericht Gottes, das über den Frevler kommt. Der erste Satz „es soll geschehen, um seinen Bauch zu füllen", der in der hexaplarischen Rezension der Septuaginta fehlt, wird meist als Glosse angesehen; oder sollte statt des merkwürdigen jehî ursprünglich ein jahwe gestanden haben, und der Anstoß an dem drastischen Bild der Grund zu einer leichten Textänderung gewesen sein? In diesem Falle entspräche V. 23a dem V. 15b. Wie dem auch sei, mit dem „er" in V. 23 kann niemand anderes als Gott gemeint sein. Und der Gedanke ist beachtenswert, daß die inneren Vorgänge im Frevler als die Wirkungen des Zornes Gottes verstanden sind, der in den Menschen eindringt und ihn wie giftige Fieberglut verzehrt (vgl. dazu die ähnliche Vorstellung bei Hos. 5,12, wo die unsichtbare Macht innerer Zersetzung als Gottes Gericht mit dem Bild vom Motten= und Wurmfraß umschrieben wird). Daneben steht aber auch das Gericht Gottes, das sich von außen her in mancherlei Schicksalsschlägen durchsetzt und hier vielleicht — der Text ist unsicher — in das Bild der Sintflut gefaßt wird, wo Gottes Zorn durch das Hereinbrechenlassen der chaotischen Himmelsflut (mabbûl) dem Leben der sündigen Menschheit ein katastrophales Ende bereitet hat.

Vor Gottes Gericht gibt es kein Entrinnen. Unter Wechsel des Bilds hält 24-25 Sophar die Erfahrung fest, die das lateinische Sprichwort umschreibt: incidis in Scyllam cupiens vitare Charybdin (vgl. dazu das entsprechende Bild, das Am. 5,19 vom Tage Jahwes entwirft). Der Frevler, der dem Gottesgericht zu entfliehen sucht, wird hier dargestellt als Kämpfer in der Schlacht, der vor dem eisengepanzerten Gegner flüchtet, da trifft ihn aus der Ferne der tödliche Pfeil; und zieht er sich das Geschoß aus seinem Rücken heraus, so muß er zu seinem Schrecken entdecken, daß es bis zur Galle eingedrungen und keine Rettung seines Lebens mehr möglich ist (zur Galle als dem Sitz des Lebens vgl. 16,13). Eindrucksvoll ist in diesem Einzelbild ausgemalt, was es für den Menschen, der auf der Flucht vor Gott von ihm eingeholt wird, bedeutet, wenn er die Wahrheit des „noch keiner entrann dem verhängten Geschick" erschreckend an sich selber erfährt und dabei erkennen muß, daß ihm jeder Fluchtweg verstellt ist. V. 26 faßt diesen Eindruck in allgemeinen Wendungen noch 26 einmal zusammen: Alle Finsternis ist gerade für ihn „aufgespart"; das „Feuer" Gottes, das keines Menschen Hand angefacht hat, verzehrt ihn und seine ganze Familie. Finsternis und Feuer sind hier als Sinnbilder für Gottes Gericht gebraucht; das hängt wohl zusammen mit der alten Vorstellung von der kultischen Theophanie Jahwes im Wolkendunkel und Feuerglanz zum Vollzug des Gerichts. Wenn Gott zum Gericht sich erhebt, so steht mit ihm die ganze 27 Welt, Himmel und Erde gegen den Gottlosen auf; und dann wird erst seine volle Schuld ans Licht kommen, die bis dahin mehr oder weniger verborgen war. Auch darin liegt eine sich immer wieder neu bestätigende Wahrheit, daß in der Begegnung mit Gott die Sünde des Menschen offenbar wird. Am Tag Jahwes, 28 dem dies irae, wenn Gott erscheint, schwindet der Sünder mit all seiner Habe und Hoffnung dahin.

29 Zusammenfassend und mit Nachdruck unterstreicht Sophar am Schluß seiner Rede das Ergebnis der Betrachtung, das mit einem ganz anderen Ausblick auf die Gotteserscheinung endet, als die Hoffnung des Hiob in 16, 18 f. und 19, 23 ff. sich ausgemalt hat. Die Bildworte vom „Los" und „Erbteil" sind der alten Landverteilungstradition des Bundesfestkults entnommen und bleiben wie das Vorausgehende im Rahmen der Theophanievorstellung (vgl. Ps. 16, 5 f.; 25, 13; 37, 9. 11; 60, 8 ff.; 61, 6). Die Rede des Sophar mündet also an dem gleichen Punkt wie die des Hiob in Kapitel 19; aber sie sieht die Kehrseite der Gerichtstheophanie, die dem Frommen Heil und Rechtfertigung, dem Gottlosen jedoch Unheil und Untergang bedeutet.

Es ist nicht zu bestreiten, daß diese Gedankengänge des Sophar das Gewicht einer alten Tradition und einer weitreichenden Erfahrung für sich beanspruchen können, und daß der Grundsatz der ausgleichenden Gerechtigkeit einem religiös-sittlichen Postulat entspricht, das in den Fundamenten des allgemein menschlichen Denkens und Wollens verankert ist. Und auch das wird man nicht bezweifeln können, daß göttliches Walten im Schicksal der Menschen sich weithin in der Richtung dieses Grundsatzes erschließt. Eine andere Frage ist jedoch, ob das Gedankenschema der vergeltenden Gerechtigkeit Gottes in der Hand des Menschen den Schlüssel darstellt, das Wesen der gesamten Wirklichkeit und damit auch das Wesen und Handeln Gottes in seinen letzten Gründen und Motiven zu erfassen und gedanklich zu bewältigen.

Kapitel 21. Hiobs Antwort

1 Da entgegnete Hiob und sprach:
2 O höret, hört doch auf mein Wort!
   Das wäre mir schon Trost von euch!
3 Erlaubt mir, daß ich reden darf;
   hab' ich geredet, magst du spotten.
4 Richt' ich an Menschen meine Klage?
   Hab' ich nicht Grund zur Ungeduld?
5 Kehrt euch zu mir und seid entsetzt
   und legt die Hand auf euren Mund!
6 Denk' ich daran, bin ich erschreckt,
   und Schauder fasset meinen Leib.
7 Wie kommt's, daß Frevler leben dürfen,
   alt werden, gar an Kraft noch wachsen?
8 Ihr Same stehet fest vor ihnen '¹,
   vor ihren Augen ihre Sprossen.
9 Ihr Haus im Frieden, ohne Furcht;
   Gottes Zuchtrute trifft es nicht.
10 Sein Stier bespringt und fehlet nicht²;
    und ohne Fehlgeburt kalbt seine Kuh.
11 Gleich einer Herde ziehen ihre Buben aus,
    und ihre Jugend springt im Tanz.
12 Zur Pauke singen sie und Zither
    und freu'n sich bei der Flöte Ton.

---
¹ s. BH.   ² Wörtlich: wirft nicht (den Samen) weg.

13 Ihr Leben führen sie im Glück;
   ins Schattenreich ‚fahr'n sie'¹ im Frieden.

14 „Weich von uns!" sagten sie zu Gott,
   „nicht woll'n wir deine Wege kennen."
15 „Wozu denn dem Allmächt'gen dienen;
   was nützt's uns, daß wir ihn angehn?"
16 Nicht liegt in ihrer Hand das Glück.
   Der Bösen Rat bleibt fern von mir.

17 Wie oft lischt denn der Bösen Leuchte
   und kommt Verderben über sie?
   (Wie oft) schickt er im Zorn Vernichtung,
18 werden wie Stroh sie vor dem Winde,
   wie Spreu vom Sturmwind fortgeweht?
19 Spart Gott sein Unheil seinen Söhnen auf?
   Ihm selber zahl' er's heim, daß er es spürt!
20 Sehn seine Augen das Verderben²,
   trinkt er von des Allmächt'gen Zorn?
21 Was liegt ihm noch³ an seinem Haus,
   wenn seiner Monde Zahl vollendet ist?

22 Will einer Gott Erkenntnis lehren,
   ihn, der die hohen Mächte richtet?
23 Der eine stirbt im vollen Glück,
   ist ganz im Frieden, sorgenfrei;
24 von Milch sind seine Tröge⁴ voll,
   und seine Knochen sind von Mark getränkt.
25 Der andre stirbt in Seelenqual;
   er hat ja nichts vom Glück genossen.
26 Zusammen ruhn sie dann im Staub,
   und die Verwesung deckt sie zu.

27 Seht, euer Denken kenn' ich wohl,
   die Tücken, die ihr sinnet gegen mich.
28 Sprecht ihr: „Wo blieb des Edlen Haus,
   und wo das Zelt, da Böse wohnen?" —
29 Frugt ihr nicht, die des Weges wandern,
   gebt nicht auf ihre Zeichen acht?
30 Daß ‚am Unglückstag'¹ wird verschont der Böse,
   getragen an dem Tag des Zorns?
31 Wer sagt ihm seinen Wandel ins Gesicht?
   Was er getan hat, wer vergilt es ihm?
32 Und er, er wird geleitet zu der Gruft⁵,
   und Wache hält man noch an seinem Grab.
33 Süß dünken ihm des Grabschachts Schollen;
   hinter ihm drein zieht alle Welt
   und vor ihm her zahllose Menge.
34 Wie wollt ihr mich mit Nicht'gem trösten?
   Erwidert ihr, so bleibt nur Trug.

---

¹ s. BH.   ² Bedeutung des Wortes ist unsicher.
³ Wörtlich: nach ihm = nach seinem Tod.   ⁴ Die Bedeutung des Wortes ist fraglich.
⁵ Wörtlich: Gräbern = Gräberstätte; hier Fürstennekropole.

Die Worte der Glaubensgewißheit und Hoffnung auf seine endliche Rechtfertigung durch Gott, die Hiob in Kapitel 19 gefunden hatte, hat Sophar in 20, 6 als gottlose Vermessenheit hingestellt. An diesem Punkt, der für Hiobs Glauben den letzten Halt bedeutet, ist der Riß zwischen ihm und dem Freund unheilbar und die Fortführung des Gesprächs sinnlos geworden. Hiob setzt deshalb an einer anderen Stelle ein. Mit unbelehrbarer, zunehmender Hartnäckigkeit haben ihm die Freunde das schlimme Schicksal des Gottlosen in den verschiedensten Farben als warnendes Schreckbild vorgehalten in der Meinung, daß Hiob es doch schließlich glauben müsse, wenn sie stets das gleiche sagen und ihm dabei immer näher auf den Leib rücken. Auf dieses Argument geht nun Hiob näher ein und unterzieht die allgemeine Frage nach dem Zusammenhang von Schuld und Schicksal im Leben der Gottlosen, die er gelegentlich schon berührt hatte (9, 22 ff.; 10, 3; 12, 6), einer kritischen Prüfung auf Grund der Beobachtung der Wirklichkeit, die die Theorie der Freunde in Frage zu stellen geeignet ist. Hiob ist sachlich genug, die strafende Gerechtigkeit Gottes nicht überhaupt zu leugnen; aber als Gesetz des göttlichen Handelns, das man für alle Fälle aufzustellen berechtigt wäre und das damit auch für die Klärung seines Falles Gültigkeit beanspruchen müßte, läßt es sich angesichts widersprechender Beobachtungen nicht aufrechterhalten. Die Frage nach dem Geschick der Gottlosen ist erfahrungsgemäß nicht eindeutig zu beantworten. Hiob ist sich voll bewußt, daß dieses sein Unterfangen an die Wurzeln des Glaubens an die göttliche Weltregierung rührt; und nur mit zitterndem Schrecken kann er dieser Frage nähertreten (V. 6), wohl wissend, daß er damit bei den Freunden als den selbstbewußten Vertretern des von ihm bekämpften Dogmas nichts anderes als Entsetzen hervorrufen wird (V. 5). Aber die Wahrhaftigkeit ist ihm wichtiger als die Geltung einer scheinbar noch so frommen Theorie. Den Angriff auf die **Frage der Theodizee**, die versucht, den Gedanken der Strafgerechtigkeit Gottes zu verteidigen, führt Hiob nicht leichten Herzens. Er bedeutet ja auch für ihn selbst eine neue schwere Anfechtung seiner eigenen Glaubenssituation. Denn hinter dieser Frage steht der Zusammenbruch der Möglichkeit, sein Vertrauen auf die schließliche Rechtfertigung seiner Unschuld durch Gott mit Gründen menschlicher Erfahrung zu stützen, und der schmerzliche Verzicht, von daher die Treue Gottes, an die er sich allein noch klammern kann, zu rechtfertigen. Auf dieser Basis ist auch Hiobs Lage nur ein Einzelfall des allgemeinen Problems der Theodizee, das auch Männer wie Jeremia (Jer. 12, 1 ff.) und den Dichter des 73. Psalms bis ins Innerste erschüttert hat. Weil sein eigener Glaube dabei auf dem Spiel steht, hat die Theodizeefrage für Hiob ihre persönliche Schärfe und drängende Wucht, die ihn erneut hinabdrückt in die Tiefe der Anfechtung. Aber gerade diese Anfechtung gehört zu dem innerlich notwendigen Fortschreiten der Seelendramatik des Hiobbuches; denn der Weg, auf dem Hiob darüber vollends klar wird, daß er darauf verzichten muß, seine Hoffnung auf eine Rechtfertigung durch Gott mit einer Theorie über die göttliche Vergeltungsgerechtigkeit zu begründen, endet wieder an der Grenze der menschlichen Möglichkeiten, über die nur noch ein Weg hinausführt: Das Risiko eines bedingungslosen Vertrauens

11*

auf den unbegreiflichen Gott selbst, das auch durch fromme Erwägungen menschlicher Vernunft weder gestützt noch geschützt werden kann.

In der Einleitung seiner Rede V. 2—6 bittet Hiob die Freunde um Gehör und bereitet sie auf den schweren Ernst der Theodizeefrage vor, die er im Folgenden darlegen wird. V. 7—16 handeln vom Glück der Gottlosen; in V. 17—21 widerlegt Hiob die Einwände dagegen und kommt in V. 22—26 zu dem Ergebnis, daß Gottes Walten alle menschliche Erkenntnis übersteigt, und daß Menschenschicksale nicht nach einem einheitlichen Schema zu begreifen sind. Den Schluß der Rede V. 27—34 bildet eine Zurechtweisung der Freunde mit einem weiteren Gegenbeispiel gegen ihre Theorie.

21,2—6 Einleitung. Die letzten Reden der Freunde hatten alle die gleiche 2 Wendung genommen: Mit immer deutlicheren Anspielungen auf Hiobs Lage hatten sie ihm das schlimme Schicksal des Gottlosen als abschreckende Warnung vor Augen gemalt. Begreiflich genug, daß Hiob, durch solche giftigen Seitenblicke verletzt, darunter leidet, daß er von ihnen überhaupt nicht verstanden, ja, in seinem Glaubensringen nicht einmal gehört wird. So bittet er wenigstens um das schlichte Recht, das jeder in seinem Leiden mißverstandene Dulder beanspruchen kann, gehört zu werden. Er wollte schon mit dieser rein menschlichen Rücksichtnahme sich zufriedengeben und sie als Trost empfinden, da er bis jetzt nur „nichtigen" Trost aus dem Munde seiner Freunde hat vernehmen müssen (V. 34). Ruhig und beherrscht bittet Hiob in höflich bescheidener Form („er- 3 tragt mich, daß ich rede") die Freunde, ihn mit Geduld anzuhören im Blick darauf, daß er etwas zu sagen hat, was ihre Gesamtposition in den Fundamenten zu erschüttern geeignet ist. Im zweiten Halbvers wendet er sich an Sophar allein, dessen Verdächtigungen nach Hiobs Flehen um Erbarmen ihn besonders verletzend getroffen haben. Er mag, hat er Hiob angehört, weiter spotten, wenn ihn dann noch danach gelüstet! Die Empörung der Freunde über 4 ihn ist um so weniger gerechtfertigt, als er mit seiner Klage ja nicht ihnen zur Last fällt, sondern sie an Gott und gegen Gott richtet. Das erstere hätten sie schon daran erkennen können, daß seine Klage immer wieder in ein Gebet an Gott ausmündete (Kapitel 7. 10. 14. 17); daß sich die Klage zugleich aber auch gegen Gott wendet, das gibt ihr die gefährliche und aufregende Note und ist, da alles auf dem Spiel steht, für Hiob Grund genug zur „Ungeduld". Die 5-6 Frage, für die Hiob die Aufmerksamkeit seiner Freunde erbittet, erwächst ihm nicht aus der Lust zu diskutieren oder gegen die Freunde recht zu behalten, sie hat ihre Wurzeln in der Tiefe seiner persönlichen Existenz und bedeutet für Hiob ein Hinabsteigen in neue Anfechtung seines Glaubens. Denn die Frage, die ihn nicht zur Ruhe kommen läßt, ist die, ob der Gott, auf den er sein ganzes Vertrauen setzt, vertrauenswürdig ist. Und hinter dem Problem, das Hiob nun aufrollt, steht der — vergebliche — Versuch des Menschen, Gründe für die Vertrauenswürdigkeit Gottes zu finden. Vertrauen läßt sich eben nicht begründen und durch keinerlei Beweise stützen. Und wenn Hiob die Freunde auf das vorbereitet, was in ihren Ohren entsetzlich klingen muß, daß sie vor Schrecken verstummen („die Hand auf den Mund legen" ist eine seit alters allgemein verbreitete Geste des Schweigens; vgl. 29, 9; 40, 4; Mi. 7, 16), so ist er selbst nicht weniger erschüttert von dem Blick in den Abgrund, der sich vor ihm jedesmal auftut, wenn er daran denkt. Weiß er doch um die Gefahr in den Unglauben hinabzustürzen, wenn er die Frage der göttlichen Weltregierung aufwirft und aus der Erfahrung der Wirklichkeit nachzuprüfen sucht. Ihn selbst faßt der Schauder vor dem Wagnis des Glaubens, der sich der bedrohlichen Nähe des Unglaubens bewußt wird. Die Grenzlinie zwischen „fromm" und „gottlos" geht mitten durchs eigene Herz! Man spürt den Worten von V. 6 das Bemühen des Hiob ab, sich gegen diese Gefahr in seinem Innern zu sichern und sich wie in V. 16 vor dem Verdacht zu schützen, als teile er die Meinung der Gottlosen, die sich um „Gottes Wege" nicht kümmern (V. 19).

7 21,7—16 **Das Glück der Gottlosen.** Die dichterisch eindrucksvolle Darstellung des Glücks der Gottlosen beginnt mit der Frage, **warum** diese überhaupt am Leben bleiben und dazu noch an Lebenskraft und -glück wachsen und alt werden. Der Theorie der Freunde von der absteigenden Linie im Geschick der Frevler und der kurzen Dauer ihres Scheinfriedens (vgl. 20, 5) setzt Hiob gegenteilige Beobachtungen der Wirklichkeit entgegen. Trotz dieser Frontstellung ist nicht zu verkennen, daß die Fragestellung des Hiob von den gleichen Voraussetzungen ausgeht und sich in denselben Denkbahnen bewegt wie die Theorie des Vergeltungsdogmas, das die Freunde verfechten. Der Versuch sich der Problematik des Geschehens denkerisch zu bemächtigen und seine verwirrende Irrationalität durch die Herstellung eines Gleichgewichts, in dem Schicksal und Schuld gegeneinander ausgewogen sind, entspringen, wie z. B. die griechische Tragödie erkennen läßt, einer allgemein menschlichen Denkstruktur, die ihren Grund hat in dem Lebensgefühl und der ethischen Lebensgestaltung und -sicherung des von seiner Ratio her bestimmten Menschen. Von dem jenseits der menschlichen Vernunft liegenden Bereich der Lebenswirklichkeit aus, der sich einer Bewältigung durch die Ratio entzieht, entsteht daher das Problem der Theodizee, solange der Mensch in Gott lediglich den Garanten einer menschlich ausgedachten sittlichen Weltordnung zu sehen meint. Der Versuch einer solchen Sinndeutung des Lebens hat sich schon gegenüber dem persönlichen Leiden des Hiob als vergeblich erwiesen. Er wird auch vergeblich sein im Blick auf das allgemeine Schicksal der Frevler. Aus der Erfahrung kann der Mensch nicht das Gesetz des göttlichen Handelns ableiten, das alles vernünftige Denken übersteigt und mehr ist als das, was Menschen „Gerechtigkeit" zu nennen pflegen.

8-11 In diese Richtung weist das Beispiel vom Glück des gottlosen reichen Bauern, das Hiob in V. 8 ff. im farbigen Bild eines ländlichen Familienidylls ausmalt. Von Unglück und Krankheit, der Zuchtrute Gottes, verschont, leben diese Menschen furchtlos in sicherem Frieden; Glück im Stall und Herdenreichtum sind das Zeichen ihres Wohlstands. Eine zahlreiche Kinderschar, die wie eine muntere Herde hinauszieht zu fröhlichem Spiel, dürfen sie um sich sehen als
12 Unterpfand einer gesicherten Zukunft der Familie. Kein Wunder, wenn sie — der Vers 12 bezieht sich nicht auf die Kinder, sondern auf die Erwachsenen —
13 ihres Lebens sich freuen bei frohem Gelage mit Gesang und Musik. Und wie

sie ihres Lebens Glück bis an ihr Ende im Frieden genießen, so entschlafen sie sanft ohne bitteren Todeskampf. Wo bleibt da die „gerechte" Strafe Gottes?

Bevor Hiob diese Frage berührt, zeigt er die Kehrseite, von der jener Anstoß 14-15 ausgeht: Nicht nur daß sie über ihrem äußeren Glück Gott vergessen und unbekümmert um ihn dahinleben, sie sagen ihm ins Angesicht ab und weisen ihn von sich mit der frechen Erklärung, daß sie kein Interesse an der Religion haben; sie wollen die Wege Gottes, die Offenbarung seiner Taten und seines Willens, nicht „kennen", und Gottesdienst und Gebet erscheint ihnen unnütz und sinnlos. Die Frage nach dem Nutzen der Frömmigkeit stellt Hiob hier als die Logik der Gottlosen heraus. Es ist die gleiche Logik, die der Frage des Satans im Prolog (1, 9) und den Reden der Freunde (besonders 22, 2 ff.) zugrunde liegt. Damit ist aber diese Logik in sich selbst fragwürdig geworden. Das eigent- 16 liche Rätsel liegt für Hiob jedoch darin, daß auch hinter dem Glück der Gott= losen Gott selber als sein Urheber steht, und die Wahrheit des Satzes „Jeder ist seines Glückes Schmied", die die Freunde für alle Fälle wahrhaben möchten, für die von Hiob ins Auge gefaßten Beispiele keine Geltung beanspruchen kann. So mündet auch diese Betrachtung in die Gottesfrage ein, die dem Hiob überall als die letzte entscheidende Frage entgegentritt (vgl. V. 4), aber ihm auch hier wieder neue Glaubensnot bereitet, sobald er von der Beobachtung des irdischen Lebens ausgeht. Auch in der Frage der Theodizee ist dem Menschen der Weg zu Gott versperrt. Hiob ist sich wohl bewußt, wie nahe er in seinem Gedanken= gang die Gefahr streift, selbst der Logik der Gottlosen zum Opfer zu fallen. Es droht ihm dieselbe Versuchung wie dem Beter des 73. Psalms, der „fast ge= strauchelt wäre" und sich die Konsequenz der Gottlosen zu eigen gemacht hätte (Ps. 73, 2.15 f.). Aber Hiob nimmt sich zusammen und weist energisch die Versuchung von sich. Mit dem „Rat der Gottlosen", der darauf hinausläuft, Gott den Abschied zu geben, will er nichts zu tun haben. Er hält an Gott fest, auch wenn ihm die Motive seines unbegreiflichen Handelns verborgen bleiben.

21, 17—21 **Die Einwände.** Hiob leugnet keineswegs die strafende Gerechtig= keit Gottes als solche; aber er kann sie nicht wie die Freunde als die Norm er= kennen, die in jedem Falle sichtbar wird und dazu dient, das Handeln Gottes in ein vom Menschen her erkennbares Gesetz einzuspannen. Der Behauptung des 17-18 Bildad (18, 5 f.), daß die Leuchte des Gottlosen auslöscht, entgegnet er mit der berechtigten Frage, wie oft denn dies der Fall sei. An diesem „wie oft", das grammatisch die Konstruktion der beiden Verse 17—18 beherrscht, entscheidet sich das Recht oder Unrecht der Theorie der Freunde. Denn nur wenn diese Theorie der göttlichen Strafgerechtigkeit für alle Fälle der Praxis gilt, kann sie als Norm der Gotteserkenntnis und des menschlichen Verhaltens Geltung beanspruchen. Aber es gibt eben Fälle genug, wo die Wirklichkeit der Theorie widerspricht. In V. 18 ist für das göttliche Strafgericht das aus der Weisheits= dichtung bekannte Bild (vgl. Ps. 1, 4; Jes. 17, 13) von der Spreu verwendet, die beim Worfeln auf der freiliegenden Tenne vom Winde weggeweht wird. Hiobs Wirklichkeitssinn und sein Mut zur Wahrhaftigkeit lassen sich auch von der alten Weisheitstradition nicht gefangennehmen; das Recht und die Pflicht kritischer Prüfung der Wahrheit ihrer Sätze, das er selbst in 12, 11 gefordert hat, aufzugeben, hieße für ihn, der Wahrheit und damit Gott untreu werden.

19-21 Auch die Möglichkeit, den Konsequenzen seiner Beobachtungen dadurch auszuweichen, daß man auf die solidarische Vergeltung zurückgreift, die oft die Söhne des Frevlers anstatt ihn selbst trifft (vgl. 2. Mose 20, 5), weist Hiob im Blick auf ähnliche Andeutungen der Freunde (5, 4; 20, 10) zurück mit der Forderung, daß der Gottlose die Strafe selbst zu spüren bekommen solle. Denn in dem Zusammenhang, in dem der Vergeltungsgedanke von den Freunden wie von Hiob hier vertreten wird, hat er nur in dieser seiner individuellen Form einen Sinn. In ähnlicher Weise haben sich auch Jeremia (Jer. 31, 29 f.) und Ezechiel (Ez. 18, 2 ff.) gegen die kollektive Ausweitung der Vergeltungslehre gewandt, die in dem Sprichwort ihren Niederschlag gefunden hatte: „Die Väter haben Herlinge (= saure Trauben) gegessen, und den Söhnen sind die Zähne stumpf geworden." Dem Wesen der „Gerechtigkeit" würde es entsprechen, daß der Frevler selbst „sein Verderben sieht" und den Zorn Gottes zu tragen hat. Aber das ist eben die Frage, über die sich Hiob, der sich hier als der folgerichtigere Denker erweist, nicht hinwegtäuschen läßt. Hinter der Redewendung „den Zorn des Allmächtigen trinken" steht die verbreitete, aber in ihren Wurzeln noch nicht klar erkennbare Vorstellung vom Zornesbecher (Taumelkelch) Jahwes (Jes. 51, 17 ff.; Jer. 25, 15 ff. 27 f.; 51, 7; Ps. 75, 9; Klgl. 4, 21; Sach. 12, 2; vgl. Jer. 8, 14; 9, 14; 23, 15; 51, 39; Ps. 60, 5; Ob. 16). Bei der Diesseitsbeschränkung der alttestamentlichen Lebensauffassung ist es dem Frevler, der ja nicht an Gott glaubt, gleichgültig, wenn, nachdem er die Fülle seines Lebensglücks genossen hat, die Strafe Gottes seine Familie nach seinem Tode treffen sollte. Wenn aber der Gottlose die Strafe an seinen Kindern nicht selbst erlebt als die furchtbare Anklage seiner Schuld, dann ist der Gedanke der kollektiven Vergeltung sinnlos geworden.

22 21, 22—26 **Die unlösbare Frage der Theodizee.** Aus seinen Feststellungen zieht nun Hiob die theologische Folgerung. In dem Versuch, die ausgleichende Vergeltungsgerechtigkeit als die Norm zu setzen, nach der Gottes Walten im Weltlauf bestimmt ist, kann Hiob nur überhebliche Anmaßung des Menschen erblicken, der Gott über die Ordnung belehren will, nach der er sich zu richten habe. In Wirklichkeit ist Gott viel zu erhaben, als daß ihm ein Mensch dreinreden könnte. Er ist der Herr der himmlischen Gerichtsversammlung, in der er selbst die Götter richtet (vgl. zu dieser aus dem Polytheismus entlehnten, aber hier monotheistisch umgebogenen Vorstellung Ps. 58; 82, 1). Und die 23-25 „Gerechtigkeit" Gottes ist eine andere, höhere, die alle menschlichen Begriffe von Gerechtigkeit übersteigt und sich der rationalen Erkenntnis entzieht. Dem entspricht die erfahrbare Wirklichkeit des menschlichen Lebens. Die Verteilung von Glück und Unglück erfolgt nicht nach einem dem Menschen immer einsichtigen Gesetz eines ausgewogenen Korrespondenzverhältnisses von Schuld und Schicksal. Feststellbar ist lediglich die Tatsache des Unterschieds im Ergehen der Menschen, aber der Grund für die ungleiche Verteilung ihrer Geschicke ist dem Menschen verborgenes göttliches Geheimnis. Hiob bleibt bei dieser Feststellung

stehen: Hier in der allgemeinen Frage denkt er objektiv und sucht nicht hinter das Geheimnis des Unterschieds in der geschichtlichen Existenz der Menschen vorzustoßen, wie er es in seiner ersten Klage (Kapitel 3) getan hat, wo er mit einem bohrenden „warum" als selbst Betroffener in das Rätsel seiner persönlichen Existenz einzudringen versuchte. So stellt er einfach die beiden Seiten des Menschschicksals einander gegenüber (ze... ze = der eine... der andere): Es gibt Menschen auf der Sonnenseite des Daseins, die in Gesundheit, Reichtum und Glück ohne Sorgen leben und im Frieden sterben, während andere auf des Lebens Schattenseite in Kummer und Qual dahinsterben, ohne je etwas vom Lebensglück genossen zu haben. Nur im Tode sind diese unverständlichen Unterschiede der menschlichen Existenz aufgehoben (vgl. zu 3, 14 f.). Der Gedanke an die Möglichkeit einer jenseitigen Vergeltung, der dem alttestamentlichen Denken im allgemeinen fremd ist, ist auch für Hiob, der ihn in 19, 25 f. gestreift hat, nicht Gegenstand einer allgemein menschlichen Erfahrung; nur im Augenblick der persönlichen Glaubensentscheidung war er als Gewißheit des Glaubens in Hiobs Blickfeld aufgetaucht, nicht als jederzeit verfügbarer Besitz menschlicher Erkenntnis. So rücksichtslos Hiob in seiner kritischen Auseinandersetzung mit der Theorie der Freunde um die Erkenntnis der Wirklichkeit und Wahrheit bemüht ist, so überschreitet er doch nicht die Grenze des frommen Sichbescheidens angesichts des Rätsels, das die unergründbare Verschiedenheit der Menschenschicksale dem gläubigen Denken aufgibt. Die Ehrfurcht vor dem unentschleierten Geheimnis Gottes hält ihn von vermessenen Gedankengängen zurück.

21, 27—34 **Die Zurechtweisung der Freunde.** Auf Grund seiner Erwägungen kommt Hiob zu dem Ergebnis, daß es den Freunden gar nicht so sehr um die möglichst objektive Erkenntnis des wahren Sachverhalts zu tun ist, sondern daß sie absichtlich die Tatsachen übersehen und ihm gegenüber verheimlichen, weil sie nicht aufrichtig sind. Sie wollen ihm gegenüber recht behalten und verstecken sich mit feigen Anspielungen hinter die Lehre vom Schicksal des Gottlosen, ohne es zu wagen, ihm offen ins Gesicht zu sagen, daß sie ihn für einen Frevler halten, und das alles, weil sie die Wirklichkeit nicht sehen wollen, wie sie ist, aus Angst, das Gedankengebäude ihrer Theologie könnte darüber zusammenbrechen. Hiob durchschaut die vielleicht ihnen selbst gar nicht voll bewußte Heimtücke ihrer Gedanken, denn sonst müßten sie doch selbst sehen, wie es in der Welt zugeht. Gerade bei den „Edlen", den mächtigen Fürsten, deren Leben sich vor den Augen der Öffentlichkeit abspielt und weithin bekannt ist, gilt doch die gleiche Beobachtung wie bei dem Beispiel des Bauern, das Hiob in V. 8—13 herangezogen hat. Wenn die Freunde fragen „wo bleibt des Edlen Haus?" — eine Anspielung auf 18, 21 —, so gibt es darauf wohl eine Antwort für den, der nur die Ohren und Augen offen hat. Jeder Wanderer, der von draußen kommt und in der Welt sich umgesehen hat, weiß davon zu berichten, welch gewaltige „Zeichen" ihrer Macht die großen Tyrannen der Weltgeschichte in ihren Bauten, Denkmälern und Inschriften hinterlassen haben. Diese zeugen doch zumeist von glücklichen Siegen und Rettung am Tage mörderischer Schlacht, nicht vom Sieg des Rechts, sondern vom Triumph der Gewalt! Wer wird es denn wagen, einen mächtigen Tyrannen zur Rechenschaft zu ziehen oder ihm seinen bösen Wandel vorzuwerfen? Und wer hätte die Macht, ihm seine Gewalttaten zu vergelten? Auf die Feigheit und Ohnmacht der Untergebenen ohne Charakter bauen doch gerade die Machthaber ihr Gewaltregiment! Das ist unter Menschen nie anders gewesen und wird immer so sein. Und daß die Geschichtsüberlieferung es für nötig hält, die wenigen "rühmlichen" Ausnahmen je und dann hervorzuheben, ist nur die

32-33 Bestätigung der weniger rühmlichen Regel. Seines Lebens Glanz und Glück folgen dem Mächtigen auch ins Grab. Mit großem Pomp und allen Ehren wird er feierlich zur Gruft geleitet inmitten eines zahllosen Trauergefolges. Und eine Wache am Königsgrab schützt die Ruhe und Schätze des Toten. Da „mag ihm die Erde leicht sein". So manches Königs= und Fürstengrab, das den Wechsel der Jahrhunderte überdauert hat, ist ein monumentaler Gegenbeweis gegen die These Bildads 18, 17, daß dem Gottlosen kein Gedächtnis bleibe. Die hier gegebene Deutung ist nicht unumstritten; manche Ausleger nehmen an der nach= hinkenden Stellung von V. 33b Anstoß und deuten ihn auf die Vorgänger und Nachfolger, denen eine ähnliche Grabesruhe beschieden ist. V. 32b wird gelegent= lich in der — ebenfalls möglichen — Übersetzung „und auf dem Grabe hält er Wache" von der Statue verstanden, die als Personifikation des Toten auf dem Grabe errichtet und dort weiterlebend gedacht wird. Schließlich sei erwähnt, daß in V. 33a das Wort, das mit „Grabschacht" oben übersetzt ist, auch „Tal" bedeuten kann; in diesem Falle wäre das Tal als bevorzugte Begräbnisstätte gemeint (man denke an die Grabdenkmäler im Kidrontal oder an das Königstal

34 in Ägypten). Nach dem Versuch, durch ein zweites eindrücklicheres und augen= fälligeres Beispiel gegen die Theorie seiner Freunde anzugehen, glaubt Hiob zu einem zusammenfassenden Urteil über sie berechtigt zu sein. Auf die Sache gesehen sind ihre Trostversuche in nichts zerronnen; und davon abgesehen bleibt nur noch ihre persönliche Falschheit, daß sie sich aus unlauteren Motiven als seine Richter aufspielen wollen.

Die Frontstellung des Hiob gegenüber der Position der Freunde bringt eine gewisse Einseitigkeit mit sich, die das Wahrheitsmoment und das relative Recht des Vergeltungsgedankens nicht genügend würdigt. Aber darin sieht Hiob schärfer als seine Freunde, daß er den Widerspruch aufdeckt, der es dem Menschen unmöglich macht, das Wesen und Walten Gottes einfach aus dem Gang der Dinge abzulesen. Worin allerdings dieser Widerspruch seinen Grund hat, bleibt auch ihm jetzt noch verborgen. Und dies macht ihm auch die Theodizee= frage zur quälenden und gefährlichen inneren Anfechtung des Gottesglaubens. Er hört hier zwar die Glocken läuten, aber er weiß noch nicht, wo sie hängen.

Drittes Rundgespräch
Kapitel 22—27
Kapitel 22. Die dritte Rede des Eliphas

1 Da entgegnete Eliphas, der Temanit, und sprach:
2 Kann denn ein Mensch Gott Nutzen schaffen?
  Nein, der Verständige nützt nur ‚sich selbst'[1].
3 Frommt's dem Allmächt'gen, wenn du fromm bist[2],
  bringt ihm dein rechter Weg Gewinn?

4 Für deine Gottesfurcht sollt' er dich strafen
  (und) mit dir gehen ins Gericht?
5 Ist denn nicht vielfach deine Bosheit
  und endlos deiner Sünden Zahl?
6 Du pfändest grundlos deine Brüder,
  ziehst Nackten ihre Kleider aus.
7 Den Durst'gen tränkst du nicht mit Wasser,
  dem Hungrigen verweigerst du das Brot.
8 Dem Mächtigen[3] gehört das Land.
  Der Günstling, er darf darin wohnen.
9 Doch Witwen treibst du fort mit leeren Händen
  und ‚hast'[1] der Waisen Arm ‚zermalmt'[1]!
10 Drum liegen Schlingen um dich her,
   und jähe Angst erschrecket dich.
11 Das ‚Licht ward Dunkel'[1]; kannst nicht sehen;
   und Wasserflut bedecket dich.
12 Ist Gott nicht wie der Himmel hoch?
   Sieh an der Sterne Pol, wie ragend!
13 Du denkst: „Was kann Gott wissen?
   Wird er im Wolkendunkel richten?
14 Ihn hüllen Wolken, er sieht nichts,
   er wandelt fern am Himmelskreis."

15 Willst du den Weg der Vorzeit gehn,
   welchen die Frevler je betraten,
16 die vor der Zeit dahingerafft?
   Ein Strom riß sie vom Boden weg[4],
17 die zu Gott sagen: Weich' von uns!
   Was kann ‚uns'[1] der Allmächtige schon tun?
18 Und doch hat er ihr Haus mit Gut gefüllt,
   fern blieb ‚von ihm'[1] der Bösen Rat.
19 Die Frommen sehn's und freuen sich.
   Der Reine spottet über sie:
20 „Fürwahr, es ist vernichtet ‚ihr Bestand'[1],
   und ihren Rest, den fraß das Feuer."

21 Vertrag' dich mit ihm, halte Frieden!
   Dadurch ‚kommt wieder'[1] Glück zu dir.

---

[1] s. BH.
[2] Das Verbum ṣadaq = gerecht sein ist hier wohl im religiösen Sinne gebraucht.
[3] Wörtlich: dem Manne des Arms; gemeint ist Hiob.
[4] Wörtlich: deren Boden als Strom hingegossen wurde.

22 Nimm Weisung an aus seinem Munde;
   präg' seine Worte in das Herz dir ein!
23 Kehrst zum Allmächtigen du um ‚und beugest dich'[1],
   entfernst das Arge du aus deinem Zelt,
24 wirf in den Staub das Edelgold,
   das Ophir(gold) in das Gestein der Bäche,
25 — dann wird dir der Allmächtige zum Edelgold,
   strahlendes Silber wird er sein für dich —
26 dann wirst du des Allmächtigen dich freu'n
   und hebst zu Gott dein Angesicht.
27 Du betest zu ihm; er erhört dich.
   Deine Gelübde zahlst du ihm.
28 Planst du etwas, wird dir's gelingen,
   und über deinen Wegen scheinet Licht.
29 ‚Er hat erniedrigt dich, der Stolzes redet'[2];
   doch hilft er auf dem, der die Augen senkt.
30 Er rettet den schuldlosen ‚Menschen'[1];
   wenn deine Hände rein, ‚wirst du befreit'[1].

Auf die Frage der Theodizee, die Hiob in Kapitel 21 angeschnitten hatte, geht Eliphas nicht weiter ein; das Gespräch verlagert sich von der sachlichen auf die persönliche Auseinandersetzung. Dadurch treten die Gegensätze noch schärfer heraus; und die dramatische Situation steigert sich zu einer Versteifung der Fronten und einer Spannung, für die es von den menschlichen Positionen her keinen Ausgleich mehr gibt. Der dritte Gesprächsgang und die Schlußreden des Hiob steuern auf den Punkt zu, an dem der Spannungsausgleich aus einer anderen Dimension heraus erfolgt durch den Eingriff Gottes in Kap. 38 ff.

Was sich in den vorausgehenden Freundesreden in der Form von indirekten Anspielungen auf Hiob bei der Charakterisierung der Gottlosen schon mehrfach andeutete, daß sie Hiobs Leiden als Strafe für begangene Sünden auffassen, das spricht nun Eliphas unverblümt aus, indem er ihm ganz bestimmte Verfehlungen auf den Kopf zusagt. Hervorgerufen ist diese persönliche Zuspitzung durch das Mißverständnis des Eliphas, als ob Hiob mit seiner Erörterung der Theodizeefrage in das Lager der Gottlosen übergegangen sei und eine göttliche Weltordnung überhaupt leugnen wolle. Insbesondere scheint die Zweifelsfrage nach dem Nutzen der Frömmigkeit, die Hiob in 21,15 den Gottlosen in den Mund gelegt hat, es ihm angetan haben; denn er hat das richtige Gefühl, daß diese Frage an die Fundamente der Weisheitslehre und des ihr zugrunde liegenden Dogmas der Vergeltung rührt. Will der Vertreter der „Weisheit" nicht den Boden unter den Füßen verlieren, so darf er an dieser Frage nicht wankend werden. Ihm ist es eben keine Frage: „Der Verständige (!) nützt nur sich selbst" (22,2). In der apologetischen Angst, die nur die Gefährdung der eigenen Auffassung fürchtet, merkt Eliphas den tieferen Unterschied zwischen Hiob und den Gottlosen gar nicht und stellt beide, obwohl sich Hiob von den Frevlern distanziert hat, auf die gleiche Ebene. Für Hiob ist die Frage nach dem Verhältnis von Frömmigkeit und Schicksal im Unterschied zu den Gottlosen

---
[1] s. BH.   [2] Lies: hischpîlekā 'omer (Partizip).

eine echte, offene Frage, der Ausdruck des in der Anfechtung Gott suchenden Glaubens, während den Gottlosen gerade die Frage „Was nützt es, gottesfürchtig zu sein?" keine Frage mehr ist, sondern der Laufpaß, mit dem sie Gott den Abschied geben. Indem nun Eliphas demgegenüber den Grundsatz eines nackten Utilitarismus menschlicher Frömmigkeit herausstellt und in Anwendung bringt, wird mit einer bis dahin nicht erreichten Deutlichkeit klar, wie nahe die populäre Frömmigkeit der Weisheit an die thematische Entscheidungsfrage des Hiobbuches heranrückt, die der Satan im Himmel dem Vertrauen Gottes in Hiobs Frömmigkeit entgegengesetzt hat: „Ist Hiob umsonst gottesfürchtig?" Der Satan in Gestalt des seines Glaubens und seiner Weisheit sich sicher dünkenden Freundes wird hier dem Hiob zur versucherischen Anfechtung, in die er erneut hinabgedrängt wird. Daß Eliphas nach der harten und ungerechten Beschuldigung des Hiob im Verlauf seiner Rede wieder zurücklenkt in die versöhnlichere Tonart eines wohlgemeinten eindringlichen Rats zur Buße und wie in seiner ersten Rede das Glück und den Frieden auf dem Boden eines neugewonnenen Vertrauensverhältnisses zu Gott dem Hiob verheißt, macht die Versuchung und Anfechtung des Hiob nicht leichter, sondern schwerer.

Nach einer kurzen Einleitung V. 2—3, in der Eliphas die Frage nach dem Nutzen der Frömmigkeit aufgreift, geht er in V. 4—11 dazu über, den Hiob mehrfacher bestimmter Sünden gegen seine Mitmenschen zu zeihen. In V. 12—20 spricht er den Verdacht aus, Hiob bezweifle, daß Gott sich um die Vorgänge auf der Erde kümmere, und schließt daran die Warnung, den Weg der Frevler der Vorzeit zu gehen, die dem Strafgericht Gottes verfielen. Der Schlußteil V. 21—30 enthält die Mahnung des Freundes zur Umkehr und Versöhnung mit Gott, auf der die Verheißung eines ungetrübten Verhältnisses zu Gott in Freude und Glück ruht.

22,2—3 **Vom Nutzen der Frömmigkeit.** Die Form der gehäuften Fragen 2-3 am Anfang der Rede des Eliphas verrät die Erregung des an den Wurzeln seiner Überzeugung getroffenen Weisen. Die merkwürdige Frage, ob Gott von der Frömmigkeit des Menschen etwa Nutzen habe, erklärt sich wohl daraus, daß Eliphas auf die in Kapitel 19 ausgesprochene Hoffnung des Hiob zurückgreift, die sich auf ein persönliches Interesse Gottes an Hiobs Frommsein gründet, was sich nach dem Prolog im Himmel auch durchaus mit der Auffassung des Dichters deckt. Aber Eliphas, der in den Kategorien der Weisheitslehre denkt, die ihren Zusammenhang mit den Grundsätzen praktischer Lebensführung nicht verleugnen kann, kommt nicht los von der Frage nach dem Nutzen der Frömmigkeit, die Hiobs Urteil über die Gottlosen in 21, 15 aufgeworfen hat. So kann er sich das Verhältnis des Menschen zu Gott nur unter dem Gesichtspunkt der Nützlichkeit vorstellen (vgl. das gleiche Wort skn in V. 2 und 21; weiter 15, 3). Daß der Mensch dem allmächtigen Gott „nützen" könne, erscheint dem alttestamentlichen Denken sinnwidrig. So bleibt für die Voraussetzung des Eliphas nur die andere Möglichkeit, daß der verständige Mensch — das ist eben der „Weise" — sich selbst durch seine Frömmigkeit nützt. In Gottes Handeln eigennützige Motive zu suchen (vgl. zu 7,20), verbietet ihm die Zurückhaltung sich bescheidender Demut V. 3. Aber die Folgerung, daß Gott kein Interesse (hephes) an der Frömmigkeit des Menschen habe, zeigt, wie weit diese rationale Logik von dem wegführt, was wahrer Glaube in der lebendigen Wechselbeziehung zwischen Gott und Mensch ist. Einerseits wird Gott hierbei entpersönlicht, auf einen mechanisierten Begriff der Gerechtigkeit als unparteiischer Norm reduziert; anderseits, wie bei aller Religion der „Gesetzlichkeit", bleibt von der Frömmigkeit des Menschen nur noch ein utilitaristisches Ethos des Gehorsams übrig, dessen letzte Motive trotz des religiösen Rahmens egozentrisch bestimmt sind. Solche Haltung scheint fromm und will es auch wohl sein, ist aber im Grund recht unfromm.

4-5 22,4—11 **Die Beschuldigung.** Auf den Prämissen der Weisheitslehre weiterbauend fährt Eliphas in der Logik seiner Schlußfolgerungen fort, indem er sie auf Hiob anwendet. Liegt der Grund des Handelns Gottes nicht in ihm selbst, sondern im Menschen, dann muß auch der Grund für Hiobs Leiden nicht, wie es Hiob immer wieder darzustellen versucht hat, bei Gott, sondern bei Hiob gefunden werden. Und da nach der üblichen Auffassung, die auch die Weisheitslehre teilt, Leiden als Strafe Gottes gilt, Gott aber nicht die Gottesfurcht strafen kann, so kann die Antwort auf das quälende „Warum?" seines schweren Leidens keine andere sein als die, daß er durch „vielfache Bosheit" und „zahllose Sünden" sich verschuldet haben muß. Das ist die starre und kalte Logik der Weisheit, für die es nur ein Entweder-Oder gibt. Und die rhetorischen Fragen des Eliphas haben den Zweck, den Hiob zu veranlassen, selbst nachzudenken und sich dem Zwange dieser Logik zu beugen.

6 Der schweren Heimsuchung des Hiob entspricht eine schwere Schuld; das ist das Postulat der Weisheit, auf das sich die einzelnen Beschuldigungen gründen, die Eliphas dem Dulder rücksichtslos ins Gesicht schleudert. Diese sind ebenfalls Postulate, keineswegs auf tatsächlichen Feststellungen beruhend, sondern lediglich erschlossen aus dem Vor-Urteil der Theorie der vergeltenden Gerechtigkeit. Denn weder der Prolog noch die große Generalbeichte des Hiob in Kapitel 31 lassen die Möglichkeit einer auch nur teilweisen Berechtigung derartiger Vorwürfe zu. Die Tatsache des einstigen Reichtums und Ansehens des Hiob genügt dem Eliphas, ihm solche Sünden vorzuwerfen, die als Mißbrauch von Macht und Reichtum in den Gesetzen verboten und von den Propheten gebrandmarkt sind. Es handelt sich um Verstöße gegen das soziale Ethos, um brutale Grausamkeit und Unbarmherzigkeit eines skrupellosen Machtmenschen, die ihm Eliphas zur Last legt. In dem Wechsel der Tempora (Perfekta und Imperfekta) drückt sich die Auffassung aus, daß die in der Vergangenheit begangenen Taten eine in die Gegenwart hereinragende Aktualität besitzen, die sich in Hiobs Leiden jetzt auswirkt (vgl. dazu Hos. 7,2: „Jetzt stehen alle ihre Taten um sie herum, vor mein Angesicht sind sie gekommen"). Das Sündenregister zählt folgende Einzelvergehen auf: Pfändung von „Brüdern" aus dem eigenen Volk ohne triftigen Grund, wobei dem Ärmsten, „der nichts anzuziehen hat", das letzte notdürftige Kleidungsstück genommen wurde,

obwohl das Gesetz in 2. Mose 22, 25 f. gebot, das gepfändete Kleid bis zum Sonnenuntergang zurückzugeben (vgl. Am. 2, 8); Unbarmherzigkeit, die dem 7 Durstigen selbst einen Schluck Wasser und dem Hungrigen ein Stück Brot verweigert; brutale Ausnützung der Macht; unersättlicher Hunger nach Land 8-9 und Besitz, der nur den Günstling neben sich duldet, den Besitz der Witwen an sich reißt und diese mit leeren Händen von Haus und Hof ins Elend treibt und die bittend erhobenen Arme der Waisenkinder „zermalmt" (vgl. 2. Mose 22, 21 f.; 5. Mose 24, 17 ff.; Jes. 1, 17; 5, 8; Mi. 2, 8 ff.). Als Gottes Strafe 10-11 für die Lieblosigkeit des durch Besitz und Macht betörten Hiob erklärt Eliphas dessen schweres Leid. Kein Wunder, wenn ihm jetzt „der Weg verzäunt" ist, und er überall die Schlingen sieht, in denen er sich gefangen hat (vgl. 3, 23; 19, 6. 8), daß plötzliche Angst ihn aufschreckt, da er sich der Verlorenheit seiner Situation bewußt wird (vgl. 3, 25; 7, 14) und verblendet im Dunkel seiner Not die Zusammenhänge und Auswege nicht mehr erkennt (vgl. 6, 3; 18, 5 f. 8 ff.) und wie ein Ertrinkender die Fluten über sich hereinbrechen sieht. Das Spiegel= bild der seelischen Nöte, das Eliphas dem Hiob vorhält, ist mit charakteristischen Strichen entworfen; und auch darin dürfte Eliphas nicht unrecht haben, wenn er, wie das Folgende zeigt, in diesem Zustand die Not eines Menschen sieht, der die Verbindung mit Gott verloren hat. Aber Eliphas sieht nicht, daß es bei Hiob die Not des Menschen ist, der vor Gott flieht, um ihn zu suchen, und unter der Spannung dieses Widerspruchs leidet.

22, 12—20 **Die Warnung.** Weil Eliphas aus den als Gottes Strafe ver= 12-14 standenen Leiden des Hiob dessen Sünden postuliert, darum sucht er auch hinter seiner Glaubensanfechtung eine Sünde gegen Gott. Er stellt ihn auf eine Stufe mit den Gottlosen und wirft ihm Unglaube vor, was den Hiob gerade in seinem Ringen um Gott noch tiefer treffen muß als die Vorwürfe von Ver= fehlungen gegen die Mitmenschen. Eliphas sieht auch darin richtig, daß die Gottesnot, auf die Hiob immer wieder abgehoben hat (3, 23; 6, 4; 10, 12 ff.; 16, 7 ff.; 19, 6 ff.; 21, 4), an dem Wissen um den unüberbrückbaren Abstand zwischen Gott und Mensch aufbricht, teilt er doch selbst dieses Wissen von der unendlichen Erhabenheit Gottes (V. 12). Aber ihn bedrängt dieses Wissen nicht wie den Hiob, der vergeblich nach der Brücke sucht, die zu jenem fernen Gott hinüberführt, damit er wieder in ein **persönliches** Verhältnis zu ihm gelangt. Eliphas glaubt diese Brücke zu besitzen in seiner Theologie, die ein **begriff= liches** Verhältnis zu dem fernen Gott durch die Lehre von seiner Vergeltungs= gerechtigkeit herstellt und dadurch seiner habhaft zu sein vermeint. Deshalb glaubt er, ohne Rücksicht darauf, daß Hiob in 21, 14 ff. die Haltung der Gott= losen weit von sich gewiesen hat, aus seinem Verzicht auf menschliche Einsicht in Gottes Walten eine Leugnung seiner Gerechtigkeit überhaupt heraushören zu müssen, und tut dem Hiob unrecht, indem er die Grenzen verwischt, die dieser zwischen sich und den Gottlosen gezogen hat. Dabei unterstellt er ihm Gedanken und Motive, die genau dem Anliegen Hiobs entgegengesetzt sind. Während Hiob bei der Unfähigkeit des Menschen stehenbleibt, mit der Erkenntnis zu dem himmelhoch erhabenen Gott vorzudringen oder ihn gar „belehren" zu wollen

(21,22), unterschiebt ihm Eliphas den Gedanken der Gottlosen, der ferne im „Wolkendunkel" verborgene Gott sei unfähig, die irdischen Vorgänge zu sehen und zu richten (V. 13—14). Die Vorstellung des vom Wolkendunkel umhüllten, dem menschlichen Blick entzogenen Gottes stammt aus der alttestamentlichen Theophanietradition (vgl. 2. Mose 20, 21; 5. Mose 4, 11; Ps. 18, 10; 1. Kö. 8, 10 ff.).

15-16 Als warnendes Beispiel und zugleich als Gegenbeweis gegen Hiobs vermeintliche Leugnung des göttlichen Gerichts glaubt Eliphas an das Schicksal der Frevler „der Vorzeit" erinnern zu müssen, die Gottes Gericht in der Flut vorzeitig hinweggerafft hat. Er hat dabei die Tradition der Urgeschichte im Auge, vielleicht wegen V. 17 f. in einer Variante aus der mündlichen Überlieferung; da in V. 20b mit der Vernichtung des „Überrests" „durch das Feuer" in diesem Zusammenhang auch auf die Katastrophe von Sodom angespielt zu sein scheint, so liegt die Vermutung nahe, daß sich Eliphas auf die heilsgeschichtliche Überlieferung des Pentateuch bezieht, die wahrscheinlich in gottesdienstlicher Rezitation sich erhalten hat. Der Vertreter der Weisheit stellt auch hier wie sonst die Tradition und Lehre gegen die Wirklichkeit (vgl. zu 12, 11 f.) und sucht
17 diese durch jene zu bewältigen. Der Weg der Frevler ist immer derselbe: Im leichtfertigen Glauben, Gott könne ihnen nicht gefährlich werden, weisen sie ihn
18 von sich und wollen nicht wahrhaben, daß sie ihm das Glück verdanken, solange
19-20 es den Anschein hat, als kümmere sich Gott nicht um ihre bösen Gedanken. Mag Hiob an dieser Tatsache Anstoß nehmen, der wahre Fromme, der die heilige Überlieferung kennt, läßt sich dadurch nicht beirren; er „sieht" das schreckliche Ende der Gottlosen und freut sich über den schließlichen Triumph des gerechten Gottes über die Bösen und weiß sich auf Gottes Seite, wenn er mit Spott sich von den Frevlern abwendet. Der Einfluß der alten Kultüberlieferung von der göttlichen Heilsverwirklichung in Geschichte und Gericht macht sich bis in den Stil hinein hier bemerkbar, wie ein Vergleich mit Ps. 107, 42; 52, 8; 69, 33 lehrt. Ein ähnlicher Weg der Überwindung der Glaubensanfechtung von der Tradition des Bundeskultes her scheint in Ps. 73 und 77 vorzuliegen (vgl. dazu Weiser, ThLZ 1947, Sp. 133 f. = Glaube und Geschichte im Alten Testament, 1961, S. 280 ff.). Mit dem Hinweis auf die Tradition der Jahwegemeinde glaubt Eliphas auch das Theodizeeproblem hinreichend erörtert und von der Lehre der Strafgerechtigkeit Gottes aus bewältigt zu haben.

22, 21—30 **Die Mahnung und Verheißung.** Die anfängliche Gereiztheit und verletzende Schärfe weicht im Schlußteil der Rede einem versöhnlicheren Ton. Mit einer wohlgemeinten Mahnung und Verheißung biegt Eliphas wieder in die seelsorgerliche Linie ein, die wir aus seiner ersten Rede kennen, ohne allerdings etwas aufzugeben von der rein utilitaristischen Denkweise, die den Anfang seiner
21 Rede gekennzeichnet hat. Ja, diese tritt nun, da er die praktischen Folgerungen zieht, erst recht mit fast erschreckender Deutlichkeit an den Tag. Die wörtliche Übersetzung des Rats in V. 21, sich mit Gott zu „vertragen", heißt, „schaffe Nutzen mit ihm und habe Frieden; dadurch wird dein Ertrag ein guter!" Ungeschminkter kann dieser Standpunkt des do ut des, der in der Frömmigkeit

ein nutzbringendes Geschäft erblickt, kaum zum Ausdruck gebracht werden. Nach der Meinung des Eliphas liegt es nur am Menschen selbst, das rechte Verhältnis zu Gott herzustellen. Aber dieser verbreitete und naiv scheinende ethische Optimismus, hinter dem sich die Zweifelsfrage des Satans (1, 9) verbirgt, ist gerade der Punkt, an dem der Glaube des Hiob irre geworden ist. Es ist die Religion der „Gesetzlichkeit", die Eliphas hier vertritt: Gottes „Gesetz", seine Worte und Gebote lernen und sich einprägen, so lautet die allzu einfache Mahnung des Weisheitslehrers, als ob er es mit einem Schüler zu tun hätte, dem man rechte Religion lehrt! Auch die Aufforderung zur demütigen Buße („Umkehr" ist stehender Ausdruck dafür) und der Rat, „das Böse zu entfernen", bleibt ganz auf der Ebene der moralischen Gesetzlichkeit, auf der Eliphas den Hiob weder trifft noch ihm weiterzuhelfen vermag. Die Not des Hiob liegt auf einer anderen Ebene; und selbst der gutgemeinte Rat des Freundes ist dazu angetan, die vorhandene Kluft nur noch deutlicher zu machen.

Die beiden folgenden Verse, deren Übersetzung schwierig ist, unterbrechen den stilistischen Zusammenhang und werden deshalb vielfach als später eingedrungene Glosse angesehen. Der gezierte Stil mit seinem Wort- und Gedankenspiel (bäṣer = Edelgold? und beṣûr = in das Gestein; 'ôphîr[1] und 'âphâr = Staub) fällt aus dem formalen Rahmen der übrigen Mahnungen, so daß man in den Versen ein Sprichwort hat sehen wollen. Anderseits ist nicht zu verkennen, daß sie sich an V. 23b anlehnen, und daß der Grundgedanke des Verzichts auf irdische Schätze, um Gott als das einzige Gut zu gewinnen, der im Gleichnis vom reichen Jüngling seine neutestamentliche Entsprechung hat, sich nicht schlecht in den Gesamtzusammenhang einfügt. Sind die Verse ursprünglich, dann wird man sie als eine Art näherer Erläuterung zu V. 23b „entferne das Arge aus deinem Zelt!" zu verstehen haben und stilistisch als Parenthese auffassen, was sich im Falle ihrer Herkunft aus dem Spruchgut ebenso erklären würde wie ihre sonstige formale Eigenart. Auf alle Fälle enthalten die beiden Verse eine tiefgreifende und weitgespannte Wahrheit, die ihre Bestätigung in dem Herrenwort der Bergpredigt findet: „Trachtet am ersten nach dem Reich Gottes!" (Mt. 6, 33).

Nach der Unterbrechung durch V. 24—25 folgt in V. 26 grammatisch der Nachsatz zu V. 23, inhaltlich die Verheißung: Selige Freude an Gott, zu dem Hiob nach seiner tiefen Niedergeschlagenheit wieder frei aufblicken darf, Erhörung seiner Gebete und Einlösung der für diesen Fall versprochenen Gelübde (vgl. Ps. 22, 26; 61, 6 ff. u. ö.), Erfolg in der Durchführung der Pläne, bei denen Gott zum Wollen das Vollbringen gibt, kurz ein Leben im Licht, wo Frömmigkeit und Glückseligkeit wieder beisammen sind. Die beiden Schlußverse, deren Urtext kaum einen verständlichen Sinn ergibt, fassen das Ganze noch

---

[1] Der Name Ophir bezeichnet wahrscheinlich eine Landschaft in Afrika an der Küste des Roten Meeres zwischen Massaua und der Straße von Bab el Mandeb; sie galt den Alten als Goldland (1. Kö. 10, 11). Hier ist der Landname für sein Erzeugnis gebraucht wie Damast von Damaskus oder Cheviot für das Tuch aus der Wolle der Schafe in den Cheviot Hills.

einmal zusammen: Ein ernster Rückblick auf Hiobs Not als Strafe für seine vermessenen Worte und eine Verheißung für den Fall demütiger Bußfertigkeit. Ist die oben versuchte Rekonstruktion des Textes richtig, dann wäre hier Beschuldigung und Warnung, Mahnung und Verheißung in prägnanter Form geschickt und eindrucksvoll vereinigt und die Verheißung in den beiden mittleren Halbversen auf allgemeine Wahrheiten aus der Spruchweisheit gestützt. Ein Beispiel der pädagogisch=seelsorgerlichen Technik eines Lehrers der „Weisheit"! Die letzte Rede des Eliphas läßt noch einmal alle Register spielen, die vom Standpunkt der Freunde aus möglich sind, ohne die Linie ihrer Lehre zu verlassen. Sie zeigt aber ebenso deutlich auch die Grenzen der doktrinären Befangenheit, die vom Dogma her die Wirklichkeiten des Lebens vergewaltigt und sich trotz ihrer rationalen, in sich geschlossenen Logik, ja gerade wegen ihrer Konsequenzmacherei nicht gegen den Vorwurf innerer Unwahrhaftigkeit (vgl. 13, 7 ff.) schützen kann. Diese auf einer rein utilitaristischen Ethik aufgebaute Theologie versteht die Seligkeit als irdisch gefärbtes sicheres Glück und legt sie in des Menschen Hand; der ringende Glaube des Hiob sucht sie in Gottes Herz.

Kapitel 23—24. Hiobs Antwort

Kapitel 23

1 Da entgegnete Hiob und sprach:
2 Auch heut' ist Aufruhr meine Klage,
 schwer liegt auf meinem Stöhnen ‚seine Hand'[1].
3 Ach, wüßt' ich doch, wie ich ihn fände,
 gelangen könnte bis zu seinem Thron!
4 Ich wollt' vor ihm das Recht darlegen
 und mit Beweisen füllen meinen Mund.
5 Ich möchte wissen, was er mir erwidert,
 erfahren, was er zu mir sagt.
6 Würde mit viel Gewalt er mit mir rechten?
 O nein, er hätt' nur acht auf mich.
7 Ein Redlicher würd' mit ihm rechten;
 für immer würd' ich meines Richters frei.
8 Sieh, ging' ich vorwärts — wär' er nicht da;
 und rückwärts — ich bemerkt' ihn nicht.
9 nach links — sein Tun erblick' ich nicht[2];
 ‚bög' ich'[1] nach rechts — ich säh' ihn nicht.
10 Er weiß ja, welchen Weg ich wandle;
 prüft er mich, wär' ich rein wie Gold.
11 Mein Fuß hielt fest an seiner Spur;
 von seinem Wege wich ich nicht[3].
12 Von seiner Lippen Wunsch[4] ließ ich nicht ab;
 ich barg ‚im Busen'[1] seines Mundes Wort.

---

[1] s. BH. [2] Streiche wᵉ vor loʾ als Dittographie.
[3] Wörtlich: ich bewahrte seinen Weg und wich nicht ab.
[4] Wörtlich: Befehl.

13 Doch er, der Eine — wer will's ändern? —,
gelüstet's ihn, so tut er es.
14 Denn ‚seinen'¹ Vorsatz führt er durch;
dergleichen hat er viel im Sinn.
15 Darum erschrecke ich vor seinem Antlitz;
denk' ich daran, graust's mir vor ihm.
16 Gott ist's, der mir mein Herz entmutigt;
und der Allmächt'ge ist es, der mich schreckt.
17 Denn nicht die Finsternis erdrückt mich,
wenn auch das Dunkel mir ‚den Blick'² verhüllt.

Kapitel 24

1 Warum kennt der Allmächtige die Zeiten³,
doch sahen ‚die ihn kennen'¹ seine Tage nicht?
2 ‚Die Bösen'¹ rücken weg die Grenzen,
sie rauben Herden, weiden sie;
3 treiben der Waisen Esel fort,
das Rind der Witwe pfänden sie.
4 Die Armen stoßen sie vom Weg;
des Lands Bedrängte müssen sich verbergen.

5 Seht, gleich dem Esel in der Wüste
ziehn sie ‚zu'⁴ ihrer Arbeit aus,
nach Nahrung suchend in der Steppe
‚und nach'⁵ Speise für ihre Kinder.
6 ‚Des Nachts'¹ ernten sie auf dem Felde
und lesen in des Bösen Weinberg auf.
7 Sie nächt'gen nackend, ohne Kleider
und ohne Decke bei dem Frost.
8 Durchnäßt vom Regenguß der Berge
drücken sie ohne Schutz sich an den Fels.

9 Sie reißen Waisen von der Mutter Brust,
‚den Säugling'¹ nehmen sie zum Pfand.
10 Sie gehen nackend ohne Kleid
und tragen hungernd Garben ein.
11 Sie pressen zwischen Mauern Öl,
die Kelter treten sie und leiden Durst.
12 Das Stöhnen ‚Sterbender'¹ tönt aus der Stadt,
und aufschreit⁶ der Erschlag'nen Seele.
Doch Gott nimmt keinen Anstoß dran.

13 Die sind des Lichtes Feind geworden.
Nicht achten sie auf Seine Wege
und bleiben nicht auf Seinem Pfad⁷.
14 Vor Tage steht der Mörder auf,
er tötet Elende und Arme.

---

¹ s. BH. ² s. BH; wörtlich: mein Angesicht.
³ Wörtlich: sind die Zeiten vor dem Allmächtigen nicht verborgen.
⁴ Lies lᵉ statt bᵉ.   ⁵ Lies wᵉlallehem.
⁶ nach Rache.   ⁷ MT: Plural.

15 Eh'brechers Auge harrt der Dämm'rung;
 kein Auge, denkt er, wird mich sehn,
 legt eine Hülle über sein Gesicht.
14c Und in der Nacht da schleicht der Dieb.
16 Im Dunkel bricht er in die Häuser ein;
18a schnell ist er fort vor ‚Tagesgrau'n'¹.
16b Bei Tage schließen sie sich ein,
 wollen nichts wissen von dem Licht.
17 Die Finsternis ist ihnen allen Morgen,
 mit ihren² Schrecken ‚sind sie wohl vertraut'¹.

18b Verflucht im Lande sei ihr Acker,
 kein ‚Kelt'rer'¹ kehr' sich ‚ihrem Weinberg'¹ zu.
19 Hitze und Dürre solle ‚sie'³ berauben,
 Schneewasser ‚schwemme sie davon'⁴!
 Zur Unterwelt mit denen, die gesündigt!
20 Der Mutterschoß vergesse ihn,
 es laben sich an ihm die Würmer,
 und keiner soll mehr sein gedenken!
 So muß Frevel wie Holz zerbrechen,
21 wer eine Unfruchtbare ausgebeutet⁵
 und einer Witwe Wohltat vorenthielt!
22 Den Mächt'gen hilft Er fort mit Seiner Kraft.
 Am Leben schon verzagend, steht er auf.
23 Er schafft ihm Sicherheit, daß er vertraut;
 und Seine Augen wachen über ihren Wegen.
24 Sie kommen hoch — im Nu ‚verschwinden sie'¹
 und werden, sind sie niedrig, wie alle hingerafft
 und welken wie der Kopf der Ähre.
25 Ist es nicht so? Wer straft mich Lügen?
 stellt meine Worte hin als Nichts?

Eliphas hat dem Hiob geraten, sich wieder mit Gott zu vertragen (22, 21) und in eine friedliche Beziehung zu setzen. Im Grunde sucht Hiob dasselbe Ziel; aber der Weg dahin ist ihm versperrt. Den Weg der Buße zu gehen, den ihm der Freund empfiehlt, verbietet ihm sein Gewissen, das durch die aus der Luft gegriffenen ungerechten Beschuldigungen des Eliphas zu neuem verstärktem Trotz geweckt wird. Hiob wird dadurch auf die Bahn der Selbstrechtfertigung gedrängt, die sich bis zur großen Generalbeichte in Kapitel 31 steigert und im Zusammenhang der inneren Dramatik der Hiobdichtung das sittliche Selbstbewußtsein als das letzte Hindernis heraustreten läßt, das wie eine mächtige Scheidewand zwischen dem Dulder und Gott sich auftürmt, um im Augenblick der Krisis zusammenzustürzen. In diesem letzten Aufbäumen des Menschen, der sich krampfhaft an seiner Selbstgeltung vor Gott festklammert, erreicht die Anfechtung des Hiob ihren Höhepunkt und ihre gefährlichste Form insofern, als der Angefochtene auf dem Boden subjektiver Wahrhaftigkeit in

---

¹ s. BH. ² MT: der Finsternis.
³ Lies jigz⁼lûm (Hölscher); gemeint sind Acker und Weinberg.
⁴ Ergänze jazzilûm. ⁵ Wörtlich: wer eine Unfruchtbare, die nicht gebar, weidet.

seiner ethischen Haltung sich unangreifbar dünkt und es auch zu sein scheint. Dem tiefer dringenden Blick kann es jedoch nicht entgehen, daß Hiob in diesen Gedankenreihen die gleiche Ebene betritt wie seine Freunde und, nur in eine andere Richtung gewendet, dieselben Voraussetzungen teilt, die er bei ihnen bekämpft. Hier liegt auch der innere Grund, weshalb in den folgenden Kapiteln Hiob gelegentlich Gedanken äußert, die wir aus dem Munde seiner Freunde zu vernehmen gewohnt sind und die man — m. E. zu Unrecht — durch radikale literarkritische Operationen kurzerhand in den Reden der Freunde auf die verschiedenste Weise unterzubringen versucht hat. Der „Widerspruch" liegt in Hiob selbst; er ist der eigentliche Grund seiner inneren Not. Und ihn durch Ausscheidung widerspruchsvoller Sätze beseitigen zu wollen, heißt den tiefsten Grund der Anfechtung des unter diesem seinem Widerspruch leidenden Menschen verkennen. Denn Hiobs Widerspruch geht zurück auf den Widerspruch zwischen dem gedachten Gott, der die Züge des Gottesbildes der Weisheitstradition trägt, und dem Gott der Wirklichkeit, der ihm in seinem eigenen Leiden gegenübertritt und ebenso auch hinter der „Ungerechtigkeit" des Weltlaufs, unter der so viele andere zu leiden haben, verhüllt bleibt und sich nicht finden läßt.

Deshalb verharrt Hiob im „Aufruhr" (23, 2) und sucht den Freunden immer wieder klarzumachen, daß nicht seine Schuld (23, 3—12), ja nicht einmal das Dunkel des aussichtslosen Leidens (23, 17) der tiefste Grund seiner Glaubensnot ist, sondern die Tatsache, daß Gott selbst mit seinem harten und unbegreiflichen Griff nach ihm ihn in Schrecken setzt und ihm den Mut und die Möglichkeit nimmt, sich im Vertrauen ihm zuzuwenden, so sehr auch sein eigen Herz und Gewissen ihn dazu drängt, die Begegnung mit Gott herbeizuführen (23, 13—17; vgl. V. 3—12). Hiob sieht hier die Anfechtung seines Gottesglaubens in größeren Zusammenhängen (23, 13—14) und stellt sie deshalb in den Rahmen des allgemeinen Theodizeeproblems hinein, das er in Kapitel 24 gegenüber der Beschränkung auf die Frage nach dem Glück der Gottlosen (Kap. 21) hier nach verschiedenen Seiten zur Frage nach der Gerechtigkeit im Leben der Menschen überhaupt erweitert (24, 1. 12c. 22—25). In 24, 2—4 (9) greift er noch einmal das Beispiel der gewalttätigen Bedrücker der Armen auf und schildert in 24, 5—8 die Not des gedrückten Proletariats, in 24, 9—12 die unmenschliche Versklavung der schutzlosen Waisen und gibt in 24, 13—18a ein Bild der Verbrechen lichtscheuen Gesindels, das eine gerechte Strafe geradezu herausfordert (24, 18b—21). Das rückblickend zusammenfassende Schlußwort (24, 22—25) stellt jedoch das Gegenteil von „Gerechtigkeit" im Menschenschicksal von Hoch und Niedrig fest.

23, 2—12 **Hiobs Wunsch nach Selbstrechtfertigung vor Gott.** Die einzelnen 2 schweren Vorwürfe des Eliphas läßt Hiob unbeantwortet; sie treffen ihn nicht. Aber auch der Rat des Freundes zur Buße und Frieden mit Gott kann ihm nicht weiterhelfen. Denn die alte Not ist mit dem neuen Tag („auch heute") wieder da; und wie oft muß er es den Freunden noch sagen, daß nicht seine Schuld, sondern Gottes Hand es ist, die ihm Klage und Stöhnen entpreßt, daß er nicht zum Frieden mit Gott kommen kann, sondern im „Aufruhr"

Kapitel 23

3   gegen ihn steht! Wie gerne wollte er mit Gott ins reine kommen, kennt er doch keinen sehnlicheren Wunsch, als vor „seinen Thron" zu gelangen und in der Begegnung mit ihm die Rechtfertigung zu finden, die alle Beschuldigungen der Freunde verstummen machte! Die Vorstellung vom „Thron Jahwes" ist in der alten Bundeskulttradition mit der Gegenwart Gottes auf der Heiligen Lade verknüpft gewesen (vgl. Jer. 3, 16 f.; Pf. 9, 8). Hiob denkt hier im Rahmen dieser alten Vorstellung an die Theophanie als an das über sein Heil entscheidende Ereignis der Gottesbegegnung (vgl. zu 19, 25 und Jes. 6, 1 f.). Aber diese Hoffnung, auf die er immer wieder zurückkommt, ist ihm wieder zerschlagen, weil Gott sich nicht von ihm finden läßt. Der Mensch kann die Begegnung mit Gott nicht erzwingen. Darum sucht Hiob den Grund seiner Not

4-5 in Gott, der sich ihm entzieht. Hiob ist durch den direkten Angriff des Eliphas mit psychologischer Notwendigkeit auf die Linie der Selbstverteidigung gedrängt, daß er mit gutem Gewissen vor Gott treten und seine Rechtfertigung vor ihm in die eigene Hand nehmen wollte, neugierig darauf gespannt, was Gott darauf

6   erwidern könnte. Er hat das Vertrauen in Gottes Gerechtigkeit — oder ist es vielleicht doch nicht auch das Vertrauen in seine eigene Gerechtigkeit? —, daß Gott ihn nicht mit Gewalt und dem schweren Geschütz eines Inquisitors nieder-

7   donnern, sondern ihm aufmerksam zuhören werde und dabei erkennen müßte, daß er „einen Redlichen" vor sich habe, der nicht das Strafgericht verdient, sondern den Freispruch. Dann wäre er für immer gerettet vor dem Richter, von

8-9 dem er sich gefangengesetzt und beständig bedroht fühlt. Wohin er sich auch wenden würde, nirgends müßte er dann mehr fürchten, dem anklagenden Auge des göttlichen Richters zu begegnen, das ihn jetzt nicht zur Ruhe kommen läßt. Diese Beziehung von V. 8 f. auf den „Richter" von V. 7b fügt sich besser in den Zusammenhang als die vielfach vertretene Anspielung auf den Gedanken von V. 3, daß sich Gott von dem ihn suchenden Hiob nicht finden lasse und sein

10-12 Walten in der Welt unerkennbar wäre. V. 10—12 gibt dann die Begründung zu V. 7—9, weshalb Gott nicht der gefürchtete Richter für Hiob sein könne; denn er muß ja, wie Hiob, seiner Sache gewiß, annimmt, seinen makellosen Lebenswandel kennen, der jeder Prüfung standhält. Im Blick auf den Rat des Eliphas (22, 22) fügt Hiob noch im Stil der Psalmen ein Unschuldsbekenntnis bei, das seine Gehorsamstreue Gott gegenüber unterstreicht. Er bedarf nicht erst der Mahnung, die Befehle Gottes zu befolgen und seine Worte sich ins Herz zu prägen; das hat er schon immer getan. Mit demselben Recht, mit dem Eliphas meint, daß Gott nicht die Frömmigkeit strafen **kann**, kommt Hiob seinerseits zu dem Ergebnis, daß Gott ihn als „Redlichen" erkennen und anerkennen **müsse**. Es ist bei beiden die gesetzliche Haltung des ethischen Menschen, der ein ebenso gesetzlicher Gottesbegriff entspricht, und die sich auf die Selbstgerechtigkeit einer korrekten Lebensführung stützt. Diese „Gesetzlichkeit", in der Hiob trotz der entgegengesetzten Folgerungen auf der gleichen Ebene mit den Freunden sich bewegt, fließt letztlich aus der Selbstbehauptung des moralischen Menschen, die sich als hemmender Riegel zwischen Hiob und Gott vorschiebt und in dem Seelendrama die letzte und schwerste Anfechtung des

Dulders in sich birgt, der sich selber dadurch im Wege steht. Das Selbstvertrauen des Hiob läßt das echte Gottvertrauen des Glaubens, der vor Gott einfach kapituliert, und sich ihm ganz in die Arme wirft, nicht hochkommen. Man spürt es den Worten Hiobs, besonders in V. 6 f., noch deutlich ab, wie sein aufkeimendes Gottvertrauen überlagert und überschattet wird von seinem moralischen Selbstbewußtsein, das ihm den Blick in Gottes Herz verdunkelt, daß er unter dieser Spannung zwischen Gottvertrauen und Selbstvertrauen leidet und trotz aller Sehnsucht nach Gott sich zu ihm in Widerspruch und Aufruhr befindet.

23, 13—17 **Die Gottesfrage.** Neben dem Gottvertrauen steht die Gottesangst; neben der erhofften Begegnung mit Gott der Zusammenprall mit seiner schrecklichen Wirklichkeit, der dem Hiob wieder allen Mut nimmt und ihn schaudern läßt, wenn er nur an Gott denkt. So hart beisammen liegen die widersprechenden Gefühle miteinander im Kampf. Den Grund solchen Widerspruchs sucht Hiob in Gott. Obwohl Hiob der Meinung ist, daß von ihm aus gesehen alles in Ordnung sei, kann er bei Gott diese Ordnung eben nicht finden. Eliphas hat gut reden, wenn er meint, Hiob halte sein Schicksal in eigener Hand. Hiob weiß es anders. Was mit ihm geschieht, steht allein in Gottes Hand. Aber er ist eben Gott und handelt nach anderen Vorsätzen, die sich nicht mit der menschlich ausgedachten Ordnung zur Deckung bringen lassen. Er, „der Eine", ist unabhängig und entzieht sich in seinem Handeln jeder Kontrolle und Beschränkung. Es gibt keinen Maßstab für Gottes Walten als eben nur sein eigener, den Menschen unbegreiflicher Wille: „Gelüstet's ihn, so tut er es". Gott setzt sich immer wieder durch. Dem steht der Mensch ratlos und hilflos gegenüber. „Was er sich vorgenommen, und was er haben will, das muß doch endlich kommen zu seinem Zweck und Ziel." Aber Hiob, der seine eigene Lage in diesen weiten Zusammenhängen schaut, bringt in diesem Augenblick nicht das Vertrauen auf, das aus Paul Gerhardts Lied aufklingt; seine Worte kommen aus dem Nein zu Gott, aus dem Widerspruch zu ihm, weil er hier nicht sieht, warum Gottes Handeln der von ihm postulierten Ordnung nicht entspricht. Er spürt wohl den **Griff Gottes** nach ihm, aber er hält ihn für den **Angriff** des überlegenen Feindes auf seine Unschuld. Darum erschrickt er vor Gottes Gegenwart in seinem Leiden, darum ist ihm der Mut des Gottvertrauens genommen, dem er kurz zuvor noch selbstbewußte Worte geliehen hat. Hiob muß hier das Gegenteil von dem erfahren, was er in 17, 9 (siehe dort) in einem lichten Augenblick des Vertrauens hat erkennen dürfen: Der Mensch auf der Flucht vor Gott verliert an Kraft und verwirrt sich in der Angst. Die Verse enthalten zugleich eine Antwort auf 22, 10: Nicht durch seine Sünden, wie Eliphas meint, ist Hiob in Schrecken gesetzt, sondern durch Gott. Es ist letztlich immer wieder die Gottesfrage, die ihn aufrührt. Hiob geht auch hier mit letztem Ernst den Dingen auf den Grund, wenn er sagt, daß nicht das Leiden als solches und die Tatsache an sich, daß sein „Blick verhüllt ist", ihn bedrängt — er hat ja schon in 17, 11 ff. mit dem Leben abgeschlossen —, sondern daß es Gott ist, der ihm diese innere Not des Glaubens, dieses Hin- und Hergeworfenwerden zwischen Vertrauen und Angst, zwischen Glaube und Unglaube, zwischen Hingabe und Aufruhr, zwischen Gott-suchen und Gott-fliehen schafft. Diese Gottesnot ist das eigentliche Mysterium des Leidens, das Hiob an sich erfährt. Der Fromme hat mehr und tiefer zu leiden als ein anderer in gleicher äußeren Lage.

Kapitel 24

Schon in 23,14 hat Hiob sein eigenes Leiden als Einzelfall in größere Zusammenhänge hineingestellt ("dergleichen hat er viel im Sinn"). In Kapitel 24 greift er diese allgemeine Frage wieder auf und führt das Theodizee-problem, das er in Kapitel 21 unter dem Gesichtspunkt des Glücks der Gott-losen beleuchtet hat, weiter aus zur allgemeinen Frage nach der "Gerechtigkeit" Gottes im menschlichen Leben. Neben der Tatsache, daß grausame Gewalttaten und Verbrechen geschehen können, ist es auch das Elend der sozial gedrückten Stände, das jene Frage nicht zur Ruhe kommen läßt. Es liegt zwar dem Hiob fern, die Gerechtigkeit Gottes überhaupt in Zweifel zu ziehen (vgl. auch B. 18 ff.). Gleichsam als Sicherung gegen jeden Verdacht eines solchen gottes-leugnerischen Gedankens stellt er thematisch zu Anfang seiner Erörterung fest, daß "die Zeiten (= Gerichtstermine) dem Allmächtigen nicht verborgen sind". Aber — und damit beginnt erst das Problem — sie treten für die Frommen nicht in Erscheinung. Warum Gott für die Seinen, "die ihn kennen", so oft **verborgen** bleibt, das ist die dunkle Glaubensfrage, die Hiob der gegenteiligen Auffassung des Eliphas (22,19) gegenüberstellt, die nicht nur persönliche Meinung des Eliphas, sondern, wie ein Blick in die Psalmen lehrt, Allgemeingut des alttestamentlichen Glaubens ist. Und nur weil Hiob selbst die innere Be-rechtigung dieses Glaubens anerkennt und selbst von dem Wunsch beseelt ist, Gottes gerechtes Walten erfahren zu können, darum kann er dieses quälende "Warum" sagen, das als Vorzeichen vor der Klammer den Sinn aller folgenden Feststellungen im Zusammenhang der Theodizeefrage bestimmt.

2-4 24,2—4 **Die reichen Verbrecher.** Als Beispiel verbrecherischer Gewalttaten der reichen Herrenklasse nennt Hiob die Verrückung der Grenzen, die nach 5. Mose 19,14; 27,17; Hos. 5,10; Spr. 22,28; 23,10 als fluchwürdiges Verbrechen galt; ferner Herdenraub, wobei der Räuber noch die Frechheit besitzt, die geraubte Herde in aller Öffentlichkeit wie seine eigene auf die Weide zu schicken. Die grausame Brutalität dieser Herrenmenschen zeigt sich darin, daß sie den armen, recht- und schutzlosen Witwen und Waisen Esel und Rind weg-nehmen und sie so der einzigen Hilfe für Arbeit und Lebensunterhalt berauben. Im reinen Übermut ihrer Macht verfolgen sie die Armen, die ihnen im Wege sind, so daß diese, ihres Lebens unsicher, sich vor den Unholden verstecken müssen.

5-8 24,5—8 **Das Leben der Unterdrückten.** Die folgenden Bilder aus dem Leben des Proletariats, in denen Hiob einen klaren Blick für die Gefahr der sozialen Gegensätze und ein tiefes Empfinden für die Not der Entrechteten verrät, sind äußerlich mit dem Vorausgehenden wahrscheinlich dadurch verknüpft, daß es sich um die Opfer der in V. 2—4 Genannten handelt. Der innere Zusammenhang mit dem Grundthema der Theodizee liegt auf der Hand; ist doch in der Geschichte der Menschheit der Schrei nach Gottes Gerechtigkeit da immer wieder laut geworden, wo die vom Schicksal Enterbten ohne Besitz, ohne Wohnung, Nahrung und Kleidung ihr dürftiges Leben unter den härtesten Bedingungen zu fristen gezwungen und durch die Not zum Mundraub und noch Schlimmerem verleitet werden.

24,9—12 **Die Versklavung der Waisen.** Das Schicksal der vaterlosen Waisen geht dem Hiob besonders nahe. Auch sie sind häufig das begehrte Objekt unmenschlicher Ausbeutung. Bei zerrüttetem Vatererbe werden sie von den reichen Gläubigern von der Mutterbrust weggerissen und an Zahlungs Statt als Sklaven verkauft, die sich für ihren Herrn bezahlt machen[1]. Die mitleidlose Ausnützung ihrer Arbeitskraft bei der schweren Arbeit der Ernte, des Ölpressens in der dumpfen Luft eines ummauerten Raums, des Keltertretens bei der Weinernte ist noch nicht das schlimmste; was man nicht einmal dem Arbeitstier vorenthält (vgl. „Du sollst dem Ochsen, der da drischt, das Maul nicht verbinden" 5. Mose 25,4; 1. Kor. 9,9; 1. Tim. 5,18), das verweigert man ihnen; und die Tantalusqual, daß sie bei der Ernte Hunger und an den von Most fließenden Keltern Durst leiden müssen, beleuchtet erst die schreiende Paradoxie der Ungerechtigkeit im Leben dieser Ärmsten der Armen. Elend, wie diese Menschen gelebt, gehen sie zugrunde; zu Tode gequält von ihren Peinigern, sterben sie dahin, und ihr Stöhnen und Schreien ist der Schrei nach der Gerechtigkeit Gottes, der doch seine sühnende Strafe geradezu herausfordert. Aber Gott scheint „keinen Anstoß daran zu nehmen"; der Protestschrei der Unterdrückten hallt durch die Jahrhunderte fort.

24,13—18a **Das lichtscheue Gesindel.** Der folgende Abschnitt spricht von den Verbrechern, die bei Nacht ihr Unwesen treiben und so der Entdeckung und verdienten Strafe entgehen. Auch die Erwähnung der ungesühnten Verbrechen des lichtscheuen Gesindels fügt sich ein in die Reihe der Tatsachen, die die Frage nach der Gerechtigkeit Gottes laut werden lassen. Dann erübrigt sich die vielfach vorgeschlagene Streichung des Abschnittes als spätere Erweiterung. Nur beim Bild vom Dieb scheint der Text in Unordnung geraten zu sein; V. 14b paßt besser vor V. 16a; und V. 18a besser hinter V. 16a. Damit wäre auch die offenbar beabsichtigte Reihenfolge des 5.—7. Gebots aus dem Dekalog wiederhergestellt. Der Hauptgedanke, unter dem die einzelnen „Übertretungen" zusammengefaßt sind, ist am Anfang und Ende des Abschnitts klar herausgestellt: Als Feinde des Lichts machen sie die Nacht zum Tage, denn die „Schrecken" der Finsternis, vor denen anderen graut, sind ihr vertrautes Geschäft. Die schillernde Zweideutigkeit, in der die Begriffe „Licht" und „Finsternis" hierbei verwendet werden — im wörtlichen und übertragenen Sinn —, ist eine besondere Feinheit der dichterischen Ausdrucksfähigkeit des Verfassers, die

---

[1] Es ist nicht einzusehen, warum V. 9 aus seiner Verbindung mit V. 10ff. gelöst und an V. 2—4 angeschlossen werden sollte, wie manche Ausleger vorschlagen. Als Einleitung der Darstellung des Geschicks der Waisen hat er hier seinen natürlichen Platz.

sich auch in der unheimlichen Plastik der mit knappen Strichen skizzierten Bilder verrät.

18b-21 **24, 18b—21 Die verdiente Strafe.** Der Abschnitt V. 18b—21 ist vielfach von der Literarkritik angefochten. Weil er dasselbe sagt, was man sonst aus dem Munde der Freunde hört, hat man ihn als abgesprengtes Stück einer Rede des Bildad oder Sophar nach Kapitel 25 oder 27 verpflanzen oder als späteren Einschub auffassen wollen. Beides ist unnötig, sobald man erkannt hat, daß es in der Beurteilung der Strafwürdigkeit der erwähnten Sünden überhaupt keinen Unterschied zwischen Hiob und seinen Freunden geben kann; denn es ist das allgemeine Urteil, das Hiob hier ausspricht, und das ja auch schon unausgesprochen hinter der Darstellung der verschiedenen Beispiele des Frevels steht. Was Hiob mit diesen Versen sagen will, ist im Grunde dasselbe, was er schon in 21, 19 f. ausgesprochen hat, daß nämlich solche Sünden, wie er sie angeführt hat und in V. 21[1] noch einmal ausdrücklich zusammenfaßt, die Bestrafung der Sünder notwendig herausfordern. Es ist das religiös-ethische Postulat der gesamten alttestamentlichen Tradition wie auch des allgemein menschlichen Gerechtigkeitsgefühls, das Hiob weder sich selbst noch andern gegenüber jemals aufgegeben hat oder zu bestreiten geneigt ist. Darum empfiehlt es sich auch nicht, die Worte ironisch zu deuten. Sie müssen vielmehr ernst genommen werden als Darstellung der Strafe, die jene Sünder verdient haben. Aus den Sätzen spricht das Pathos ehrlicher Entrüstung über die Frevler und zugleich die Absicht des Hiob, sich gegenüber den Verdächtigungen des Eliphas, die ihn in die bedrohliche Nähe der Gottlosen gerückt haben (22, 15 ff.), klar und entschieden von ihnen zu distanzieren. Auch Hiob will und kann nicht auf den Glauben an Gottes Gerechtigkeit verzichten. Deshalb glaubt er sich berechtigt, den Fluch auf die Frevler und ihren Besitz herabzuwünschen: Naturkatastrophen wie Dürre und Überschwemmung sollen ihre Äcker und Weinberge zerstören, sie selbst, von den Ihren — sogar von der eigenen Mutter (vgl. dagegen Jes. 49, 15!) — vergessen, in die Unterwelt hinabfahren den Würmern zum Fraß! Das wäre der Lohn ihrer Schandtaten an den recht- und schutzlosen Gliedern ihres Volkes.

22-25 **24, 22—25 Und die Wirklichkeit?** Die Erfahrung der Wirklichkeit gibt jedoch ein anderes Bild. Ohne Übergang, aber gerade in dieser unvermittelten Gegenüberstellung um so wirkungsvoller faßt Hiob noch einmal in kurzen Strichen das zusammen, was er ausführlich in Kapitel 21 schon dargelegt hat. Die Kürze der Ausdrucksweise und der im Hebräischen häufiger gebrauchte Subjekts- und Numeruswechsel bedingen gewisse Unebenheiten und Schwerfälligkeiten des Stils (die auf Gott bezogenen Pronomina sind in der Übersetzung in Großdruck wiedergegeben). Es ist ja nicht nur so, daß Gott an den Greueln „keinen Anstoß nimmt" (V. 12) und schweigt; damit finden sich die Gottlosen ab. Für den Glauben aber liegt die Anfechtung noch tiefer: Wenn anders Gott den

---

[1] Als besonders charakteristisches Beispiel der Recht- und Hilflosigkeit der armen Opfer wird die unfruchtbare Frau genannt, der außer dem Mutterglück auch die Achtung und Wertschätzung und der Schutz durch ihre Söhne versagt ist.

ganzen Lauf der Welt in seiner Hand hat, dann liegt der Grund der verwirrenden Paradoxie des Lebens bei Gott. Anstatt daß er, wie man erwarten sollte, dem Frevler ein vorzeitiges Ende bereitet, „zieht er durch seine Kraft ihr Leben in die Länge" und hilft dem in Todesgefahr Schwebenden und schon an seinem Leben Verzweifelnden wieder auf, daß er sich in Sicherheit wiegt und sich in seinem Selbstvertrauen wieder gestützt und durch Gottes Obhut geschützt fühlt. Die Lebenskurve der Mächtigen steigt zu ihrem Höhepunkt empor, um in einem raschen Tod, ohne Strafe durch Sturz oder langes Leiden, ihr Ende zu finden. Und auch die „Niedrigen" sterben wie alle anderen Menschen; ein ganz natürlicher Vorgang, vergleichbar mit dem Hinwelken der reifgewordenen Ähre. Mögen auch die von Hiob herangezogenen Beispiele einseitig ausgewählt und formuliert sein, die Betrachtung der Welt als Schauplatz des Unrechts und der Gewalt beruht doch auf Tatsachen, die nicht einfach geleugnet und als „Nichts" ignoriert werden können. Sie reichen jedenfalls hin, die Frage nach der Gerechtigkeit Gottes im Weltlauf als Frage nicht zur Ruhe kommen zu lassen. Und von der Theodizeefrage her, die Hiob selbst stellt, ist auch seine letzte Position, auf die er sich zurückzieht, ernstlich bedroht.

Kapitel 25. Die dritte Rede des Bildad

1 Da entgegnete Bildad, der Schuchit, und sprach:
2 Herrschaft und Schrecken sind bei Ihm,
  der Frieden schafft in seiner Höhe.
3 Sind seine Scharen denn zu zählen,
  und über wem geht denn sein Licht nicht auf?
4 Wie wär' ein Mensch vor Gott gerecht,
  wie wär' ein Weibgeborner rein?
5 Sieh, selbst der Mond, er ‚glänzt nicht hell'[1],
  die Sterne sind nicht rein in seinen Augen;
6 geschweige denn ein Mensch, der Wurm,
  des Menschen Kind, der Erdenwurm!

Die Entgegnung Bildads, das letzte Wort aus dem Kreis der Freunde Hiobs, ist sehr kurz. Die Fronten haben sich so versteift, und die Argumente der Freunde sich derart erschöpft, daß ihnen nicht mehr Neues zu sagen übrigbleibt, und Bildad auf Gedanken zurückgreift, die Eliphas schon zweimal geäußert (4, 17 ff.; 15, 14 f.), und auch Hiob in anderen Zusammenhängen ausgesprochen hat (9, 2 ff.; 21, 22). Von ganz verschiedenen Seiten herkommend, treffen sich die Gesprächspartner in einem Punkt, ohne sich allerdings dieser „Gemeinsamkeit" bewußt zu werden, da ihre Voraussetzungen und Folgerungen nicht die gleichen sind. Diese Tatsache und der Umstand, daß an verschiedenen Stellen des Hiobbuches derselbe Gedanke wiederkehrt, läßt erkennen, welches Gewicht der Dichter ihm beimißt. In dieser Hinsicht ist die Antwort Bildads keineswegs, wie man vielfach gemeint hat, dürftig. Ein solches Urteil bleibt zu

---
[1] s. BH.

sehr am Äußeren hängen und hat in der literarkritischen Erforschung des Hiob=
buches die verschiedensten Lösungsversuche gezeitigt. Meist vermißt man bei
Kapitel 25 eine Einleitung und einen Schluß und hat es mit Teilen von
Kapitel 24 (Hertzberg) oder 26 (Duhm, Dhorme, Hölscher) zu einer größeren
Rede ergänzen wollen. Gegenüber diesem unsicheren Mosaikspiel der Literar=
kritik gilt es zunächst zu prüfen, ob der überlieferte Text sich in einen sinnvollen
Zusammenhang fügt, ehe man zu Umstellungen oder Ausscheidungen ganzer
Redepartien schreitet. Das Fehlen einer Einleitung und eines Schlusses ist ohne
Schwierigkeit aus der Gesprächssituation zu erklären. Nach der zusammen=
fassenden Schlußrede des Eliphas (Kapitel 22), die noch einmal das ganze
Rüstzeug der Dialektik der Freunde in ihrer größtmöglichen Spannungsweite
zwischen direkter Beschuldigung und wohlgemeintem Rat und Verheißung
spielen läßt, sind die Diskussionsmöglichkeiten der Freunde erschöpft und kann,
wie Kapitel 25 beweist, nur bereits Gesagtes wiederholt werden. Dazu bedarf
es weder einer besonderen Einleitung noch eines Schlusses. Das Besondere der
letzten Rede von Freundesseite ist, daß der entscheidende Punkt, der für den
Fortgang der inneren Dramatik noch seine Bedeutung haben wird, noch einmal
zur Geltung kommt, und daß gleichzeitig — und darin zeigt sich die Fähigkeit
des Dichters — mit der Herausstellung dieses Punktes auch eine Entgegnung
auf die letzte Rede des Hiob, die in der Betonung seiner Selbstgerechtigkeit
und in der Theodizeefrage gipfelt, erfolgt. Die beiden eng zusammenhängenden
Grundgedanken, die diese doppelte Funktion hier haben, sind die überragende
Erhabenheit Gottes V. 2—3 und die Unmöglichkeit des Menschen, vor Gott
„gerecht" zu sein V. 4—6.

2 25, 2 — 3 **Gottes Erhabenheit.** Die Tatsachen, die Hiob zum Theodizee=
problem angeführt hat, kann Bildad weder leugnen noch erklären. Daher geht
er nicht direkt darauf ein, sondern sucht ihm mit dem von allen Gesprächs=
teilnehmern schon verschiedentlich geäußerten Gedanken, daß Gottes Wesens=
und Herrschaftsbereich alle menschlichen Begriffe und Maße übersteigt, zu
entgegnen. Nur mit „Schrecken" kann der Mensch sich der erdrückenden Fülle
der Macht und Majestät Gottes bewußt werden. Gott hat den „Frieden" in den
Himmelshöhen geschaffen; bei dem himmlischen Herrscher gelten höhere Ord=
nungen. Durch diese Vorstellungen schimmert noch ganz blaß der ehemalige
polytheistische Hintergrund des Gedankens einer Theomachie durch, des mytho=
logischen Motivs eines Kampfes der Götter, an dessen Ende der „Friede" im
Himmel steht und die Sicherung der Herrschaft des einen Gottes über die zu
seinen „himmlischen Heerscharen" depotenzierten göttlichen Gegner (Gestirne,
Engel usw.; vgl. 26, 13). Die Übernahme dieser Vorstellung in die biblische
Gedankenwelt hatte die Abstreifung ihres ursprünglich mythisch=polytheistischen
Charakters zur Folge. Schon der Gedanke an die zahllosen himmlischen Heer=
scharen unter Gottes Herrschaft macht den Versuch, die Ordnung des göttlichen
Waltens nachprüfen zu wollen, von vornherein unmöglich. Das geht auf die
Frage, die Hiob im Zusammenhang mit dem Theodizeeproblem aufgeworfen
3 hat. Auch der zweite Halbvers steht damit in Verbindung. Der unaufhebbare

Unterschied zwischen dem göttlichen Walten und dem menschlichen Verstehen tritt darin zutage, daß sich zwar die Ordnungen des Gotteshandelns der Einsicht des Menschen entziehen, aber umgekehrt das Handeln und Ergehen des Menschen dem Blick Gottes nicht verborgen und seinem Zugriff nicht entzogen ist. Das geht auf die Behauptung des Hiob in 24, 12c, die jenes ganze Kapitel beherrscht (vgl. auch die Bezugnahme auf das „Licht" als Thema des Abschnitts 24, 13—17). Denn der Ausdruck „sein Licht" meint nicht etwa die Sonne, sondern in Anlehnung an 24, 13 ff. (vgl. 24, 1) das Erscheinen Jahwes im Lichtglanz (kābôd) zum Gericht. Auch die Wendung jākūm ʻal (sein Licht steht auf gegen...) ist der Terminologie der Theophanievorstellung der alten Bundestradition entnommen und deutet in die gleiche Richtung. Bildad setzt also der Zweifelsfrage des Hiob von 24, 1, warum die Frommen, die Gott kennen, „seine Tage nicht sehen", die aus dem Bundesfestkult stammende Tradition scharf entgegen, daß die Frommen eben doch „die Tage Jahwes" sehen werden, nämlich an den Festtagen, wo Jahwe vor der Gemeinde zum Gericht erscheint, das sich dann an den Gottlosen vollzieht.

25, 4—6 **Kein Mensch ist gerecht vor Gott.** Im zweiten Teil seiner Antwort nimmt Bildad Bezug auf die Unschuldsgewißheit des Hiob (vgl. 23, 3—12). Er äußert dabei den Gedanken, den Hiob in 9, 2 ff. in ähnlicher Konfrontierung mit der unbegreiflichen Erhabenheit Gottes (nur in umgekehrter Reihenfolge) ausgesprochen hat. Die unbestreitbare Wahrheit des Satzes, daß die „Gerechtigkeit" des schwachen, „weibgeborenen" Menschen scheitert an der Erhabenheit Gottes, deren Bedeutung in der Hiobdichtung aus ihrer mehrfachen Erwähnung erhellt (vgl. 4, 17; 15, 14 [Eliphas]; 9, 2 [Hiob]), wendet sich gegen das gesteigerte sittliche Selbstbewußtsein des Hiob und legt mit vollem Recht den Finger auf den Punkt, von dem aus der angefochtene Hiob einer letzten sich auftürmenden Gefahr zusteuert, die ihm den Weg zu Gott versperrt. Mit demselben Schluß a maiore ad minus wie in 4, 18; 15, 15 wiederholt Bildad den alten Beweis, daß des Menschen Anspruch auf Anerkennung durch Gott in der unendlichen Distanz zwischen dem Erdenwurm und dem Herrn des Himmels zu nichts zerschmilzt. Aber die alte Wahrheit erhält ihren besonderen Akzent und ihre dramatische Wucht dadurch, daß das Wort, das am Anfang der Freundesreden als Gottes Offenbarung aus seiner Umgebung herausgehoben wurde, nun an deren Ende noch einmal als eine letzte Warnung dem Hiob in dem Augenblick entgegenklingt, wo er sich anschickt, sich über seine Wahrheit hinwegzusetzen und sich in den Fesseln menschlicher Selbstgerechtigkeit zu fangen. Es ist das Eigenartige der dramatischen Situation an diesem Punkt, daß der Freund zwar diese Gefahr für Hiob erkennt, aber nicht merkt, daß er selbst in der gleichen Gefahr steht und sich mit der Wahrheit seiner Worte sein eigenes Urteil spricht und damit den Hiob auf der gefährlichen Bahn der Selbstverteidigung weiter drängt in einen Gegensatz zu Gott, aus dem kein menschlicher Weg mehr herausführt. Erst der persönliche Eingriff Gottes vermag die heillos sich versteifende Lage des Hiob zu ändern.

Kapitel 26. Hiobs Antwort

1 Da entgegnete Hiob und sprach:
2 Wie hilfst du doch dem Schwachen auf,
  wie stehst du bei ohnmächt'gem Arm!
3 Wie gibst du dem Unweisen Rat
  und lehrest Klugheit du in Fülle!
4 Wem trägst du (deine) Worte vor,
  und wessen Geist spricht denn aus dir?
5 Es zittern selbst die Schatten drunten,
  die Wasser, und was darin wohnt.
6 Nackt liegt die Unterwelt vor ihm,
  und keine Hülle deckt die Hölle:
7 Der spannt den Norden überm Leeren,
  die Erde aufhängt an dem Nichts,
8 die Wasser schnürt in seine Wolken,
  daß drunter kein Gewölk zerreißt,
9 der zudeckt (seines) Thrones Antlitz,
  darüber breitet sein Gewölk.
10 Der auf den Wassern eine Grenze zieht,
  da wo sich scheiden Licht und Finsternis!
11 Des Himmels Säulen, sie erzittern
  und stehen starr vor seinem Dräun.
12 Durch seine Kraft schreckt' er das Meer,
  Rahab zerschmettert' er durch seine Weisheit.
13 Durch seinen Atem ward der Himmel blank,
  durchbohrt hat seine Hand die flücht'ge Schlange.
14 Sieh! Dies sind nur die Säume ‚seiner Wege'![1]
  Welch leises Flüsterwort hör'n wir von ihm!
  Doch wer versteht den Donner seiner Macht?

Die Versteifung der Situation macht sich in der Antwort des Hiob bemerkbar. Er verteidigt sich im Gegenangriff und verfällt seinerseits in den gleichen Fehler, nur die schwachen Seiten beim Gegner zu sehen, aber nicht bei sich selbst. Mit bissig überlegener Ironie fertigt er in der Einleitung den Bildad ab 26,2—4. Der Dichter hat dafür eine Form gewählt, die bei allem Spott über die Worte des Bildad doch für den tiefer Schauenden den Ernst der Wahrheit durchblicken läßt, die in jenen Worten enthalten ist. Der Hauptteil des Kapitels (V. 5—14) dient der Selbstverteidigung des Hiob gegen den Vorwurf mangelnder Ehrfurcht vor Gott, den er aus Bildads Worten herausgehört hat. Doch Hiobs Hymnus auf Gottes überlegene Größe und Wundermacht, der in der Kraft seines dichterischen und religiösen Pathos die allgemeinen Worte des Bildad weit überragt, zeigt, wie wenig gerade er diesen Vorwurf verdient, dem es in allem seinen Ringen letztlich um Gott geht, so daß er um jeden Preis dagegen sich wehrt, als Gottloser zu gelten. Er bekämpft den Gegner mit dessen eigenen, aber besser geschliffenen Waffen. Weshalb dieser Abschnitt nicht in den Mund des Hiob passen sollte, ist — obwohl in der Kritik bis heute immer wieder betont — angesichts ähnlicher Äußerungen Hiobs in 9,4 ff. und 12,13 ff. nicht einzusehen.

---
[1] s. BH.

26,2—4 **Die Abfertigung des Bildad.** Im Ton spöttischer Bewunderung bezweifelt Hiob, daß Bildads Worte Hilfe für die Schwachen und Rat für die Unweisen seien. In überlegener Selbstironie rechnet er sich selbst zu den hilfsbedürftigen Schwachen und den Toren, denen es an Weisheit mangelt, sarkastisch die kurze Rede des Bildad als „Fülle der Klugheit" bezeichnend. Indem Hiob gerade das Gegenteil meint von dem, was er sagt, merkt er nicht den Ernst der Wahrheit, die seine Worte ungewollt enthalten. Seine durch den Gegner herausgeforderte Selbstsicherheit verhüllt ihm den Blick in die tieferen Regionen seiner eigenen Brust. Und erst am Rande des Kapitels, wo er sich der Größe Gottes gegenübersieht, klingt jene Wahrheit an. Auch die beiden Fragen, an wen eigentlich Bildad seine Worte richte und woher er ihre Weisheit habe, stehen in dem Zwielicht der vom Dichter offenbar beabsichtigten Doppeldeutigkeit. Hiob meint sie zwar sehr eindeutig. Was soll ihm das, was er selbst schon vorgebracht hat (s. o.), sagen? Nach Hiobs Meinung trifft Bildads Rede sowohl an seiner Person als auch an der Sache vorbei. Er sieht nur die Theorie, die die Wirklichkeit zudeckt, und empfindet nicht, daß die Frage, die er dem Freund stellt, im Grunde ihm selbst gilt. Bei der zweiten Frage „wessen Hauch geht von dir aus?" ist nicht ganz deutlich, ob Hiob im Blick auf 4,12—17 an göttliche „Inspiration" denkt, auf die sich Bildad berufen wolle, und demgegenüber seine Worte als eigene Weisheit, die aus ihm selber komme, herabsetzen will, oder ob er Bezug nimmt auf das, was schon Eliphas und er selbst zur Sache gesagt haben, um damit anzudeuten, daß Bildad sich mit fremden Federn schmücke. Auch dabei bleibt dem Hiob die letzte Wahrheit noch verschlossen, daß tatsächlich nur vor Gott und von Gottes Geist her die Wahrheit über das wirkliche Verhältnis von Gott und Mensch erkannt wird.

26,5—14 **Die Säume der Wege Gottes.** Das nur an der Oberfläche verstandene Wort des Bildad und seine persönliche Empfindlichkeit haben den Hiob in die Verteidigungsstellung gedrängt. Er hat nur den Verdacht gegen seine Frömmigkeit herausgehört und zerstreut ihn nun durch ein erneutes Bekenntnis zu Gottes erhabener Wundermacht, das sowohl durch sein hymnisches Pathos als auch durch den Ernst der ehrfurchtsvollen Beugung dem Verdacht des Freundes den Boden entziehen und seine Behauptungen in den Schatten stellen soll. Obwohl es sich um das gleiche Thema handelt, ist ein unverkennbarer Unterschied in der Diktion und Haltung vorhanden, der durch die Verschiedenheit der Voraussetzungen bestimmt ist, unter denen Bildad und Hiob reden, und der nicht dadurch verwischt werden darf, daß man den Abschnitt 26,5—14, dessen Verse 5—11 in der Septuaginta fehlen, gegen die Überlieferung dem Bildad zuweist.

Hat Bildad von der Herrschaft Gottes „in der Höhe" gesprochen, so zeigt nun Hiob, daß Gottes Macht und Weisheit die ganze Welt beherrscht. An Hand des dreistöckigen Weltbildes der Antike verfolgt er in V. 5—9 den Weg von unten nach oben, auf dem ihm die Gestalt des verborgenen Gottes ganz groß emporwächst. Ohne daß er zunächst Gott nennt, spricht er in V. 5 von dem zitternden Schrecken, den Gottes Erscheinen bei den Schattengestalten der

Unterwelt und den meerbewohnenden Seeungeheuern hervorruft. Diese andeutende Art der Darstellung verstärkt den geheimnisvoll unheimlichen Eindruck der verborgenen Macht Gottes, der über dem gesamten Hymnus gebreitet ist. Dem verbreiteten Glauben, daß die Macht Jahwes an der Unterwelt ihre Grenze habe (vgl. Am. 9, 2; Pf. 139, 8), setzt Hiob die Behauptung entgegen, daß auch dieser Bereich der Welt seiner Macht und seinem Wissen offen liegt.

7 Von der Hölle zur Erde aufsteigend bleibt Hiob vor dem Wunder ehrfurchtsvoll stehen, daß Gott den „Norden", den Teil der Erde, wo man die höchsten (Götter-) Berge suchte (vgl. Jes. 14, 13), wo also die Erde am schwersten ist,
8 frei „aufgehängt" habe, so daß die Erde über dem leeren Raum schwebt. Der Blick geht weiter zum Himmel hinauf. Da ist es wiederum ein physikalisches Wunder, was ihn gefangen hält als Beweis von Gottes überragender Macht und Weisheit: In die regenschweren Wolken hat Gott das Wasser wie in Schläuchen „eingeschnürt", und doch zerreißen die hauchdünnen Wolken-
9 gebilde nicht unter ihrer Last! Der Gedankenweg des Hiob endet vor Gottes Thron, der über den Wolken und durch sie verhüllt in die höchste Höhe des Himmels hinaufragt. Die hier zugrunde liegende Vorstellung entstammt der alten, ursprünglich mit der Heiligen Lade verknüpften Tradition des Bundeskults (vgl. Jes. 6, 1; Weiser, Die Psalmen⁸, S. 18 ff., 24 ff.). Sie steht im Zusammenhang mit dem Gedanken der Theophanie. Auch in seiner Epiphanie bleibt der Gott des Alten Testaments der verborgene Gott, dessen „Angesicht" dem Blick der Kultteilnehmer entzogen ist (vgl. 2. Mose 33, 20—23), ein Gedanke, der in der erweiterten Perspektive von V. 14 nachwirkt.

Von der alten Bundestradition sind auch die folgenden Verse 10—13 bestimmt, in denen Hiob auf die Schöpfung zu sprechen kommt. Die Schöpfungstradition ist alter Bestandteil der Überlieferung des Jahwekults gewesen und wurde dort zusammen mit der Heilsgeschichte als regelmäßig sich wiederholendes sakrales Geschehen gefeiert. Trotz der mythologisch-dramatischen Färbung, die den Hymnus hier kennzeichnet, ist nicht zu verkennen, daß die Gedanken und Vorstellungen der Überlieferung entsprechen, die in entmythisierter Form in der priesterlichen Schöpfungsgeschichte (1. Mose 1) ihren
10 Niederschlag gefunden haben. Das Bild der rings vom Ozean umspülten Erde, von der Horizontlinie als der Scheide zwischen Licht und Finsternis (Tag und Nacht) deckt sich mit dem, was in 1. Mose 1, 1—5 über das erste Tagewerk
11 der Schöpfung berichtet ist. Die Fortsetzung hat einen stärkeren dichterisch-dramatischen Akzent als die priesterliche Schöpfungstradition von 1. Mose 1 und steht daher auch ihrer mythologischen Urgestalt näher als diese. Sie beginnt wieder wie V. 5 zuerst mit den Wirkungen, die von dem „Drohen" Gottes ausgehen. Wie Pf. 104, 3 ff. erkennen läßt, handelt es sich dabei um die verbreitete Vorstellung vom Chaosgötterkampf, die aus dem babylonischen Weltschöpfungsepos als Kampf des Gottes Marduk gegen die Tiamat und neuerdings aus Ras Schamra als Kampf des Baal mit dem Meer bekannt ist. Im Alten Testament ist der Mythos monotheistisch umgebogen: Jahwe erscheint als der schreckliche Held, daß die Berge, die wie Säulen das Himmelsgewölbe

stützen, vor ihm erzittern. Mit seiner Macht scheucht er das Meer und be= 12
zwingt Rahab, „die flüchtige Schlange" (V. 13; vgl. zu 9,13; 7,12), den
feindlichen Urmeerdrachen (auch als Lewjatan bezeichnet 3, 8; 40, 25 ff.; Jes.
27,1) durch seine List und überlegene Weisheit. Im Grunde meint hier der
Mythus dasselbe, was ohne mythologische Einkleidung in 1. Mose 1, 9 f. von
der Erschaffung von Land und Meer am dritten Schöpfungstage erzählt ist. So 13
ist durch Jahwes (Zornes=) Hauch der Himmel reingefegt, nachdem der Urwelt=
drache, der die himmlischen Lichtkörper zu verschlingen drohte, durchbohrt und
als „Meer" in seine fesselnden Grenzen gebannt ist. Schaudernd bewundernde
Ehrfurcht vor der Größe und Gewalt Gottes des Schöpfers ist das Grund=
gefühl dieses hymnischen Bekenntnisses des Hiob.

Doch Hiob läßt sich von dem Pathos der an der Wucht der alten Tradition 14
geweckten Begeisterung nicht mit fortreißen. Es ist nicht mehr das unmittel=
bare Erfaßtsein von der göttlichen Gegenwartswirklichkeit, wenn er plötzlich
innehält und reflektiert: Das „Wort" von der Schöpfung, das seit Jahrhunderten
immer wieder gehört wird, ist nur ein leises Flüstern gegen die volle Wirklichkeit
Gottes. Und was der Mensch dabei von Gott in sein Blickfeld bekommt, sind
nur die „Säume seiner Wege". Klein und ohnmächtig steht der Mensch vor den
Wundern Gottes, die er an der geschaffenen Welt zu entdecken vermag. Und da
erhebt sich wieder das qualschwere Rätsel: „Doch wer versteht den Donner
seiner Macht?" Alle Erkenntnisse über Gott reichen nur an den Rand seines
Wesens, und das gewaltigste Pathos, das Gottes Wunder preist, ist nur ein
leises Flüstern gegenüber dem Donner der Machtfülle seiner Wirklichkeit. Wie
soll der Mensch den verborgenen Gott verstehen, wenn ihn wie den Hiob die
Wirklichkeit dieses Gottes getroffen hat?

Kapitel 27. Hiobs Schlußrede

1 Da nahm Hiob noch einmal das Wort[1] und sprach:
2 Bei Gott, der mir mein Recht entzog,
   bei dem Allmächt'gen, der mich quält,
3 solang mein Atem in mir ist
   und Gottes Hauch in meiner Nase,
4 soll Unrecht nicht von meinen Lippen kommen,
   noch meine Zunge reden Trug!
5 Fern sei's von mir, euch recht zu geben,
   und bis zum Tod geb' ich nicht meine Unschuld preis,
6 halt' fest an meinem Recht[2] und laß' es nicht,
   und mein Gewissen[3] schmäht mich keinen Tag.
7 Dem Frevler gleich ergeh' es meinem Feind
   und meinem Gegner wie dem Bösewicht!
8 Was hofft der Schurke zu gewinnen,
   wenn Gott das Leben von ihm nimmt?
9 Wird Gott denn auch sein Schreien hören,
   wenn über ihn die Drangsal kommt?

---

[1] Wörtlich: Hiob fuhr fort, seinen Spruch vorzutragen.
[2] Wörtlich: Gerechtigkeit.   [3] Wörtlich: mein Herz.

10 Kann er sich des Allmächtigen getrösten
und Gott anrufen jederzeit?
11 Ich will euch über Gottes Tun belehren,
wie's beim Allmächt'gen steht, euch nicht verhehlen.
12 Ihr habt's ja alle selbst erkannt;
was führt ihr denn solch eitle Reden?
13 Dies ist des Frevlers Los bei Gott,
das Erbteil der Machtmenschen vom Allmächtigen:
14 Wachsen auch seine Kinder auf, so ist's fürs Schwert;
es hungern seine Sprößlinge nach Brot[1].
15 Was von ihm übrigbleibt, begräbt der Tod,
und seine Witwen weinen nicht.
16 Häuft er das Silber auf wie Staub
und stapelt Kleider auf wie Lehm,
17 er schafft es an, doch anzieh'n wird's der Fromme,
das Silber erbet der Gerechte.
18 Sein Haus hat er gebaut wie eine Motte,
wie eine Hütte, die der Wächter macht.
19 Reich geht er schlafen, ‚tut's nicht wieder'[2];
und wacht er auf, da ist's nicht mehr.
20 Wie Wasserflut ereilt ihn Schrecken[3],
ihn rafft der Sturm fort über Nacht.
21 Der Ostwind faßt ihn — er muß gehen;
er weht ihn weg von seinem Ort.
22 Er schleudert auf ihn[4] schonungslos;
seiner Gewalt will er entfliehen.
23 Doch klatscht man über ihn die Hände
und zischt ihm nach, geht er davon.

[1] Kapitel 27 bildet den Abschluß des Rundgesprächs. Vielleicht ist es aus diesem Grund durch eine besondere Überschrift herausgehoben (vgl. 29,1; 4. Mose 23,7.18; 24,3.15). Da sich das Kapitel jedoch sachlich an Kapitel 26 anschließt, indem es auf den zweiten Punkt der Bildadrede (Kap. 25) eingeht, legt sich die Vermutung nahe, daß die Überschrift von späterer Hand — vielleicht veranlaßt durch den Einschub von Kapitel 28 — nach dem Vorbild von 29,1 hier eingefügt wurde. Die Rede enthält eine letzte Auseinandersetzung mit den Freunden. Mit einem feierlichen Schwur hält Hiob gegenüber den Verdächtigungen der Freunde an seiner Unschuld fest V. 2—6. In V. 7—10 geht er von der Verteidigung zum Angriff über und schlägt seine Freunde mit ihrer eigenen Waffe V. 11—12, indem er ihnen, die sich durch ihr „eitles Gerede" als die Schuldigen erwiesen haben, das Schicksal des Frevlers in der Perspektive warnend vor Augen hält, die sie ihm selbst oft genug vorgehalten haben V. 13—23. Mit seinem Unschuldsbekenntnis, der Distanzierung von seinen Gegnern und ihrer Verwünschung bewegt sich Hiob hier wieder in der Ideologie der Gerichtsvorstellung der alten Bundestradition, wie sie in den

---

[1] Wörtlich: werden nicht satt des Brotes.   [2] s. BH.
[3] MT: Plural.   [4] Das Objekt fehlt; man wird an Sand oder Steine denken.

Klagepsalmen ihre Analogie hat. Daher erklären sich die formalen und inhaltlichen Entsprechungen mit den verschiedenen Gattungstypen. Unter der falschen Voraussetzung, daß es sich im Hiobbuch überall um theologisch und logisch einsträngige Gedankenprobleme handle, hat man vor allem die Darstellung des Schicksals des Frevlers in V. 13—23 mit den sonstigen Äußerungen des Hiob für unvereinbar gehalten und diese Verse (manche Ausleger auch V. 7—12) der Rede des Bildad zugeschrieben oder eine dritte Rede des Sophar daraus gemacht. Die Tatsache, daß Hiob, wie er in V. 12 ausdrücklich sagt, sich hier der Argumente seiner Freunde bedient — eine Aussage, die nur im Munde Hiobs möglich ist —, ist aber auch nicht mit der Annahme zu erklären, daß Hiob hier ironisch rede, oder daß er seine frühere Ansicht aufgegeben habe. Hiob sagt auch jetzt nichts, was nach seinen früheren Worten unmöglich ist. Die Strafgerechtigkeit Gottes gegenüber dem Frevler hat er grundsätzlich nicht bestritten (vgl. 21, 19; 24, 1); er hat sie in 24, 18 ff. direkt gefordert. Und wenn er davon angefochten ist, daß Gottes Gerechtigkeit im Weltlauf nicht überall sichtbar ist, so setzt diese Tatsache das Postulat der Gerechtigkeit Gottes ebenso voraus wie die Hoffnung des Hiob auf seine persönliche Rechtfertigung durch Gott. Der Widerspruch, unter dem Hiob leidet, ist gerade dadurch bedingt, daß er die Wirklichkeit des Gottes, der ihn im Leiden trifft, nicht zur Deckung bringen kann mit dem Bild des „gerechten Gottes", das ihm von der alttestamentlichen Tradition her immer wieder vorschwebt. In diesem Augenblick jedoch geht es dem Hiob gar nicht um diese persönliche Glaubensnot, sondern um die Konsequenz aus dem Bewußtsein seiner Unschuld, daß unter dieser Voraussetzung seine Freunde die Schuldigen sein müssen, die das Gericht Gottes trifft. Die moralische Selbstbehauptung, die als Grundmotiv die Gesamtsituation von Kapitel 27 beherrscht, verlangt geradezu, wie die Psalmen zur Genüge lehren, eine Abrechnung mit den Gegnern. Auch hier sagt Hiob nichts anderes, als was er schon in 13, 4—12 (vgl. besonders 13, 10) den Freunden gegenüber geäußert hat[1]. Der Unterschied besteht nur darin, daß er die von seinen Freunden gegen ihn benützte Waffe nun gegen sie selbst wendet und mit dieser im Sinne des Dichters vielsagenden Vertauschung der Rollen den Schlußstrich zieht unter die Auseinandersetzung im Gespräch der Menschen untereinander.

27, 2—6 **Hiob verteidigt seine Unschuld.** Mit feierlichem Schwur beteuert 2 Hiob seine Unschuld. Es ist die letzte entscheidende Abwehr gegen die Beschuldigungen seitens der Freunde. Die Einleitung der Eidesformel „so wahr Gott lebt, der mir das Recht entzog" ist eigenartig; sie umspannt die typische Duplizität als den Grundzug in der widerspruchsvollen Haltung Hiobs Gott gegenüber: Er hält sich, sein Recht suchend, an den Gott, der ihm sein Recht vorenthält! Er greift nach der Hand des Gottes, der ihn angreift in der Qual seines Leidens! V. 3 dient zur Begründung und Verstärkung des Schwurs. Hiob 3

---

[1] Dieser Zusammenhang ist von Stier nicht genügend beachtet, wenn er S. 317 lediglich auf die „dialektischen" Gegensätze in den Reden des Hiob aufmerksam macht, um damit der Zuweisung von V. 13—23 an Bildad oder Sophar zu entgehen.

redet im vollen Bewußtsein seiner Verantwortlichkeit; darum hat sein Eid Gültigkeit, solange der göttliche Lebensodem (vgl. 1. Mose 2, 7) noch in ihm ist. Es ist ihm ganz ernst um die Wahrheit und Aufrichtigkeit bis zum letzten

4-6 Augenblick seines Lebens; und da er nicht zum Lügner werden will, kann er nicht vor den Freunden kapitulieren und ihren Beschuldigungen recht geben, auch wenn sie in so allgemeiner Form gehalten sind wie in 25, 4—6. Er stützt sich dabei auf sein gutes Gewissen, das ihn noch keinen Tag angeklagt hat. Die unaufhörlichen Verdächtigungen seitens der Freunde haben ihn in die Bahn der Selbstverteidigung hineingedrängt, daß er seine ganze Lebensenergie auf die Selbstrechtfertigung konzentriert und hartnäckig auf sein „Recht" pocht. Wieder ist es der Standpunkt der moralischen Gesetzlichkeit, auf den sich Hiob, durch die Vorwürfe des Eliphas bestärkt, gegenüber den Freunden versteift, ohne freilich zu merken, daß er sich dabei auch von Gott entfernt und mit diesem Rückzug auf sich selbst sich in eine Haltung der Absonderung von Gott hineinsteigert, die das eigentliche Wesen der „Sünde" (Sünde von „sondern") ausmacht. Hiob befindet sich hier auf dem Weg seiner letzten Anfechtung, der ihn noch einmal in den Abgrund der Selbstgerechtigkeit hinabführt, aus dem ihn erst der Eingriff Gottes herausreißen wird.

7   27, 7—10 **Hiobs Angriff auf seine Gegner.** Aus der Verteidigung geht Hiob nun zum Angriff über. Da er von dem Bewußtsein seiner Unschuld ausgeht, ergibt sich ihm, daß die Freunde dadurch, daß sie ihn beschuldigen, selbst schuldig werden und das Schicksal der „Gottlosen" verdienen. Hiob verwünscht seine Gegner, indem er ganz in dem traditionellen Stil und der Ideologie der Psalmen sie mit den „Gottlosen" auf eine Stufe stellt. Er geht dabei weit über das hinaus, was die Freunde ihm angetan, und zerschneidet mit dieser schärfsten Waffe, die dem Ohnmächtigen in die Hand gegeben ist, endgültig das Band der

8-10 Freundschaft und die Möglichkeit einer Fortsetzung des Gesprächs. Die folgenden rhetorischen Fragen, die auf den Abbruch der Gottesbeziehung abheben, sollen einerseits das harte Urteil des Hiob über seine Freunde begründen, andererseits den Unterschied zwischen ihm und ihnen in der Stellung zu Gott heraustreten lassen. Während Hiob seine Hoffnung auch angesichts des Todes noch auf Gott setzt und seine Klagen immer wieder zum Gebet werden, ist dem Gottlosen dieser letzte Halt und Hoffnung genommen, wenn die Drangsal einmal über ihn kommt. Auch da, wo Hiob den Freunden die Maske ihrer Frömmigkeit vom Gesicht reißt, schwingt jenes Selbstbewußtsein mit, von dem die ersten Verse des Kapitels getragen sind.

11-12   27, 11—12 **Mit eigener Waffe geschlagen.** Im Schlußteil des Kapitels zieht Hiob den Trumpf, den ihm die Freunde selbst in die Hand gespielt haben. Die Rollen sind vertauscht. Jetzt ist er der Lehrer, der sie über Gottes Handeln belehren wird und ihnen das Schicksal des Gottlosen als warnendes Beispiel vor Augen hält. Sie haben ihm diese Aufgabe leicht gemacht; er braucht ihnen nur zu sagen, was sie ihm gegenüber als ihre eigene Erkenntnis und Erfahrung ausgegeben haben. Das Urteil haben sie damit sich selbst schon gesprochen und mit den ungerechtfertigten Beschuldigungen gegen Hiob die eitle Nichtigkeit ihrer ins Leere treffenden Worte erwiesen. Auch die Warnungstafel, die Hiob mit dem Bild des Geschicks des Gottlosen vor den Freunden mit ihren eigenen Worten und Gedanken aufrichtet, erhebt sich auf dem Untergrund seiner Selbstrechtfertigung.

27,13—23 Das Schicksal des Gottlosen als letzte Warnung. In dem einleitenden V. 13 greift Hiob die Worte des Sophar (20,29) auf und spricht in der traditionellen Terminologie und Ideologie, die aus der Kultüberlieferung des Bundesfestes stammt (s. o. zu 20,29), vom „Los" und „Erbteil", das Gott dem Frevler bestimmt hat. Auch die Einzelausführung über die drohenden Strafen bleiben in dem traditionellen Rahmen: Schwert, Hunger und Pest erscheinen auch in den prophetischen Drohworten als die Strafmittel, die Gott für das abtrünnige Gottesvolk bereithält (vgl. z. B. Jer. 15,2; 18,21). Der Tod wird die Opfer der Seuche selbst begraben, weil niemand da ist, der die Bestattung und Totenklage übernimmt (vgl. dazu Jer. 16,4). Der geläufige Gedanke, daß Andere in den Genuß des Vermögens gelangen, das der Frevler aufhäuft, ist hier nach der Tradition geformt, daß die Gerechten und Frommen, die das Gericht überstehen werden, die lachenden Erben sind (vgl. Spr. 13,22). Die beiden sprichwörtlichen Bilder von dem „Mottennest" und der rasch zusammengezimmerten Hütte des Feldwächters (vgl. Jes. 1,8) sollen die brüchige Vergänglichkeit der irdischen Existenzgrundlagen illustrieren, deren Zusammenbruch über Nacht den Reichen zum Bettler macht. Die mannigfachen Andeutungen gipfeln in der konkreten Beschreibung der Katastrophe, die den Frevler selbst trifft. Wieder sind es gängige Vorstellungen des Gerichts, derer sich Hiob bedient; der Vergleich mit der Wasserflut hat in 22,11.16; Ps. 18,5. 17; Am. 5,24; Jes. 8,7 seine Entsprechungen, der Wüstensturm, der mit seiner furchtbaren Gewalt über ihn hereinbricht, in Ps. 48,8; Jes. 27,8; Ez. 27,26 (zu beidem vgl. Jes. 17,12—14). Wer den Schaden hat, braucht für den Spott nicht zu sorgen: Schadenfreude und Hohn folgen dem Gottlosen hinterdrein, wenn er „von seinem Ort" verjagt wird. Mit dieser letzten religiösen Schärfe, die der Konflikt zwischen Hiob und seinen Freunden hier gewonnen hat, ist die Diskussion nach der sachlichen und persönlichen Seite an ihrem Ende angelangt. Der letzte Akt des Seelendramas vollzieht sich zwischen Hiob und Gott allein (Kap. 29—31.38—42).

Kapitel 28. Das Gedicht von der Weisheit

1 Silber, fürwahr, hat seinen Fundort
   und Gold die Stätte, da man's wäscht.
2 Eisen gewinnt man aus dem Boden,
   aus Steinen schmilzt man Kupfer aus.
3 Man setzt der Finsternis ein Ende
   und ganz und gar durchforschet man
   Gestein im Düster und im Dunkel.

Kapitel 28

4 An einer Stelle¹ bricht man einen Schacht;
 vergessen, ohne Fußes Halt,
 hängen sie, schweben fern von Menschen.
5 Die Erde, draus die Nahrung kommt,
 kehrt drunten man ‚mit'² Feuer um.
6 In ihren Steinen ist des Saphirs Fundort,
 und Stäubchen Goldes sind darin.
7 Ein Steig ist, den kein Geier kennt,
 und den des Habichts Auge nicht erblickt,
8 den nicht das stolze Wild betrat,
 nicht schritt der Löwe über ihn.
9 An harte Kiesel legte man die Hand,
 von Grund aus wühlte man die Berge um.
10 Im Felsen hieb man Stollen ein,
 und lauter Köstliches erschaut das Aug'.
11 Man stopft die Rinnen zu, daß sie nicht sickern³;
 und das Verborgene bringt man ans Licht.

12 Die Weisheit aber, wo wird sie gefunden,
 wo ist der Fundort der Vernunft?
13 Kein Mensch weiß je ‚den Weg zu ihr'⁴,
 in der Lebend'gen Land find't man sie nicht.
14 ‚Es spricht'⁴ die Urflut: Sie ist nicht bei mir;
 das Meer sagt: Bei mir ist sie nicht.
15 Für laut'res Gold wird sie nicht hergegeben,
 und nicht mit Silber zahlt man ihren Wert.
16 Nicht wiegt sie Gold aus Ophir auf,
 nicht Karneol kostbar noch Saphir.
17 Nicht kann man Gold und Glas mit ihr vergleichen,
 sie ist nicht einzutauschen für Gerät aus Gold.
18 Gar nicht zu reden von Korallen und Kristall⁵;
 Weisheits Besitz ist mehr als Perlen.
19 Nicht mit Topas aus Kusch ist sie vergleichbar,
 und feinstes Gold wiegt sie nicht auf.

20 Die Weisheit aber, woher kommt sie,
 wo ist der Fundort der Vernunft?
21 Verhüllt ist sie dem Blick alles Lebend'gen
 und ist verborgen vor des Himmels Vögeln.
22 Der Abgrund und der Tod sie sprachen:
 Nur ein Gerücht vernahmen wir von ihr.
23 Gott hat den Weg zu ihr erkannt
 und er (allein) kennt ihre Stätte.
24 Denn er schaut bis zum End' der Erde,
 und ‚alles unter'm'⁴ Himmel siehet er.
25 Als er dem Winde seine Wucht gegeben,
 dem Wasser gab sein festes Maß,

---

¹ Wörtlich: von da, wo man weilt (in die Tiefe). Andere lesen ner (Leuchte) statt gar; zur Schachtbeleuchtung vgl. Waterman, JBL 71 (1952), S. 167 ff.
² Lies vielleicht mit der Vulgata: bᵉmô.
³ Wörtlich: daß sie nicht weinen. ⁴ s. BH.
⁵ nämlich neben der Weisheit.

> 26 als er Gesetz dem Regen gab
> und einen Weg dem Donnerstrahl:
> 27 Da sah er sie und maß sie aus;
> stellte sie auf, erforschte sie.
> 28 Zum Menschen aber sprach er: Schau,
> die Furcht des Herrn, das ist die Weisheit,
> und Böses meiden ist Verstand!

Ehe der letzte Akt des Hiobdramas anhebt, tritt eine Atempause ein. In Kapitel 28 ist der Fluß des seelischen Geschehens gestaut durch eine mehr epische Betrachtung, die nach Form und Inhalt sich von dem Tenor des bisherigen Gesprächsgangs unterscheidet und zur Gattung der Weisheitslieder gehört. Das Kapitel ist ein kunstvoll aufgebautes Lehrgedicht in farbiger, bilderreicher Sprache, das durch einen Kehrvers (V. 12 und 20) in drei allerdings nicht gleichgebaute „Strophen" aufgegliedert wird. Der Kehrvers enthält zugleich das **Thema: Die Weisheit bleibt dem Menschen unzugänglich. Nur Gott allein kennt den Weg zu ihr** (V. 23). Zwar haben sowohl die Freunde als auch Hiob des öfteren von der Weisheit geredet, sie für sich beansprucht und sie dem Gegner in der Hitze des Wortgefechts abgesprochen (8, 8 ff. [Bildad]; 11, 2 ff. [Sophar]; 15, 2. 8 [Eliphas]; 12, 2; 13, 5; 17, 10; 26, 3 [Hiob]); aber von dieser Art Weisheit redet Kap. 28 nicht. Und auch da, wo Hiob von der absoluten Weisheit Gottes spricht (12, 13; 21, 22), ist die Vorstellung doch eine andere als die von Kapitel 28. Diese formalen und sachlichen Unterschiede im Verein mit der Tatsache, daß das Kapitel keine Überschrift trägt und einen Gedanken vorwegnimmt, den der Dichter des Hiobbuches in Kapitel 38 ff. mit ganz anderen Ausdrucksmöglichkeiten und Perspektiven zur Darstellung bringt, legen die Annahme nahe, daß es sich in Kapitel 28 um eine spätere Ergänzung der Hiobdichtung handelt, die, aus anderen Zusammenhängen stammend, hier eingefügt wurde, um gleichsam noch einmal einen deutlichen Schlußstrich unter die Unterredung Hiobs mit seinen Freunden zu ziehen und die Bankerotterklärung der menschlichen Weisheit in neuer Perspektive gegenüber der Hiobfrage zu unterstreichen.

Über die Herkunft dieses anonymen Lehrgedichts und seinen ursprünglichen Zweck lassen sich keine sicheren Angaben machen. Die merkwürdig selbständige Stellung der „Weisheit" Gott gegenüber, die noch in V. 23 ff. durchschimmert und eine Art Parallele in Spr. 8, 22 ff. hat, deutet auf mythologische Wurzeln, die auch in der spätjüdischen Hypostasenspekulation über die Weisheit noch feststellbar sind. Man hat an iranisch-persische, griechische oder auch an gemeinsemitische Einflüsse gedacht. Jedenfalls ist im Alten Testament der mythologische Ursprung verwischt und dem Eingottglauben dienstbar gemacht. Der ursprüngliche Zweck des Gedichts scheint die Ablehnung eines gewissen selbstbewußten säkularen Rationalismus gewesen zu sein, der jeder menschlichen „Aufklärung" eignet und als Spekulation über den Ursprung der als höchstes Prinzip und Gut der Welt aufgefaßten „Weisheit" in die Geistesgeschichte des Judentums Eingang gefunden hatte. So erklärt sich die doppelte Front des Gedichts, das sich gegen die Weisheit als Erkenntnis und Wissen des Menschen ebenso richtet wie gegen die Möglichkeit, die Weisheit mit irdischen Schätzen zu erwerben. Letzteres wird verständlich im Blick auf die Tatsache, daß der Träger solcher Aufklärungsideen wie überall die wohlhabende Bildungsschicht gewesen ist. Die positive Seite des Gedichts stellt demgegenüber die Grundgedanken der biblischen Tradition heraus, daß Gott allein im Besitz der Weisheit ist (V. 23—27), und daß das, was er davon den Menschen geoffenbart hat, für diese sich in der Gottesfurcht und dem ethischen Gehorsam (V. 28) erschöpft.

28, 1—11 Was der Mensch durch eigene Kraft erforscht (Der Bergbau). Der große einleitende Abschnitt V. 1—11 ist vorbereitender Natur. Er schildert am Beispiel des Bergbaus, den der Dichter offenbar aus eigener Anschauung kennt — übrigens die einzige Stelle im Alten Testament, die davon ausführlich redet —, den Drang des Menschen, den Dingen auf den Grund zu gehen, und erkennt die menschliche Klugheit und Fähigkeit an, die er in seinem Forschungs=

1-2 drang entfaltet hat. Die beiden ersten Verse reden von der Gewinnung der wichtigsten Erze, Gold, Silber, Eisen und Kupfer aus der Erde („Staub") und dem Gestein durch „Auswaschen" und „Schmelzen". Von jedem weiß der

3-11 Mensch den Fundort und die Art der Verarbeitung. Auf welchem Weg er dazu gelangt, schildern in breiter Ausführung die Verse 3—11. Er dringt in das Dunkel des Erdinneren und entreißt der „Finsternis" das Geheimnis ihrer kostbaren Schätze. In einem in die Erde getriebenen Schacht arbeiten die Bergleute, an einem Seil hängend ohne Halt für den Fuß in menschen= abgeschiedener Einsamkeit, in die weder das scharfe Auge der Raubvögel noch der alle Schlupfwinkel durchstreifende Tritt der Raubtiere vordringt. So wird die Erde, deren Oberfläche die Nahrung spendet, „umgekehrt". Ist die oben für V. 5b angenommene Lesart des an verschiedenen Stellen schwierigen Textes richtig, dann ist hier wohl an das schon aus vorgeschichtlicher Zeit bekannte und bis ins Mittelalter gebräuchliche Verfahren des „Feuersetzens" gedacht, indem man „durch Feuer" das Gestein sprengte. Von Grund aus wühlt der Mensch die Berge um; und selbst die sprichwörtliche Härte des Kiesels (5. Mose 8,15; 32,13; Jes. 50,7) bedeutet ihm ebensowenig wie die Wasseradern ein Hindernis auf der Suche nach den verborgenen Schätzen der Erde, die er ans Licht bringt.

28, 12—19 Der verschlossene Weg zur Weisheit. Aber alle bewunderten Erfolge der Technik und Intelligenz des Menschen, die ihm selbst die in der Erde schlummernden Geheimnisse und Güter erschließt, sind nicht imstande, den Weg zur Erkenntnis und zum Erwerb der Weisheit als dem köstlichsten der

12 Güter zu finden. Die resignierte Frage des Kehrverses nach dem „Ort" der Weisheit bleibt unbeantwortet und wirft ihre Schatten nach rückwärts und vor=

13-14 wärts. Auf der Erde, „im Lande der Lebendigen", ist sie unauffindbar, und auch im Meer ist ihre Fundstätte nicht. Die Urflut, das Chaosmeer (vgl. 1. Mose 1,2; Luther: „Die Tiefe"), wurde nach der alten Vorstellung bei der Schöpfung in die Gestade des Ozeans und unter die Erde und über dem Himmel ein=

15-19 geschlossen (vgl. 1. Mose 7,11; 49,25). Alle Kostbarkeiten der Welt sind der

Weisheit nicht zu vergleichen und reichen nicht hin, die Weisheit dagegen einzutauschen. Mit großem Nachdruck und breiter Ausführlichkeit bemüht sich das Gedicht, die Schranken aufzuzeigen, die allem menschlichen Weisheitsstreben gesetzt sind.

28, 20—28 **Gott allein hat den Zugang zur Weisheit.** Auch die letzte Strophe 20-22 geht von dem — geringfügig variierten — Kehrvers aus und unterstreicht noch einmal das dem Menschen unzugängliche Geheimnis der Weisheit, das auch, aus der höchsten Höhe der Vogelperspektive und der tiefsten Tiefe der Unterwelt gesehen, verborgenes Geheimnis bleibt. Nur einer hat „den Weg zur Weisheit 23-24 erkannt" und weiß um ihren „Ort"; das ist Gott, vor dessen Blick alle Geheimnisse des Daseins in Raum und Zeit entschleiert sind. Und zwar ist dies 25-27 bei der Schöpfung geschehen; da hat Gott die Weisheit „gesehen" und „erforscht". Er hat sie „gezählt", d. h. nach der Zahl und Maß bestimmt und sie „aufgestellt" als das Prinzip der Weltordnung, so daß die Weisheit in die Schöpfungsordnung eingebaut, ja geradezu mit den Geheimnissen der göttlichen Weltordnung identisch ist. Die merkwürdige Gegenüberstellung von Gott und Weisheit läßt noch die ursprüngliche Selbständigkeit der Weisheit durchblicken, die auf die ehemaligen polytheistischen Wurzeln dieser Vorstellung hinweist und später zur Hypostasierung der Weisheit geführt hat (s. o.). Es ist jedoch kein Zweifel, daß hier nichts anderes gesagt sein soll, als daß Gott allein die Weisheit kennt, sie besitzt und über sie verfügt. Was die Weisheit ist, bleibt das Geheimnis des Schöpfers; ihr Wesen ist dem Geschöpf verborgen und keiner Spekulation zugänglich. Die Ehrfurcht vor dem göttlichen Geheimnis verbietet dem menschlichen Wissensdrang, die Pforten aufzustoßen, die Gottes Hand verschlossen hält.

Mit dieser echt biblischen Grundhaltung, die das ganze Gedicht beherrscht, ist 28 die letzte Folgerung schon vorbereitet, die V. 28 zieht. Es besteht somit kein Grund, diesen Vers als nachträgliche Erweiterung auszuscheiden, wenn auch das Wort „Weisheit" in diesem Vers eine andere Bedeutung hat, nämlich im Sinne der traditionellen alttestamentlichen Auffassung als praktische Lebensweisheit (vgl. Spr. 1,7; 3,7; 9,10; Pf. 111,10). Was für den Menschen „Weisheit" bedeutet, ist eben etwas anderes als das unerreichbare Ideal seines Erkenntnisdranges, der in den Bereich der göttlichen Geheimnisse vorstoßen will (vgl. Spr. 3,5 ff.; 28,26). Gott selbst hat es dem Menschen geoffenbart: Gottesfurcht und sittlicher Gehorsam, das sind die beiden bleibenden Grundpfeiler und Kennzeichen der rechten Lebensführung des Weisen. So steht am Ende des Lehrgedichts die altehrwürdige Tradition biblischer Lebensweisheit als der gottgewiesene Weg des frommen und klugen Menschen, der im Leben weiter führt als alle vergeblichen Versuche des Menschengeistes, aus eigener Kraft, d. h. ohne Gott das Wissen um das Geheimnis der göttlichen Weltordnung an sich zu reißen.

In seiner jetzigen Stellung im Hiobbuch fällt dem Gedicht über die Weisheit eine doppelte Aufgabe zu. Es bildet die Brücke, die von dem Gespräch Hiobs mit den Freunden hinüberleitet zu seinem letzten Gespräch mit Gott. Rückblickend zieht Kapitel 28 den Schlußstrich unter alle Versuche, den geheimen Sinn des

Hiobleidens von der Weisheit her zu ergründen; das gilt vor allem den
Freunden mit ihrem Pochen auf die Weisheit, aber auch dem Hiob, soweit er von
den Voraussetzungen des Denkens aus dem Problem auf den Grund zu kommen
suchte. Vorwärtsblickend bereitet jedoch Kapitel 28 den letzten Akt des Hiob=
dramas vor, indem es noch einmal grundsätzlich das bestätigt, was Hiob
schmerzlich erkannt hat, daß es keinen Weg für den wissenden und erkennenden
Menschen gibt, der ihm das letzte „Warum" seines Leidens beantworten könnte,
und daß dieses „Warum" das Geheimnis Gottes bleibt, das er sich nicht ent=
winden läßt. In dieser Hinsicht kann Kapitel 28 als Hinweis verstanden
werden auf einen Gedanken, den der Hiobdichter in den Gottesreden Kapitel
38 ff. zum Ausdruck bringt.

Kapitel 29—30. Einst und Jetzt

Kapitel 29. Einst

1 Da nahm Hiob noch einmal das Wort und sprach[1]:
2 O wär' ich wie in früh'ren Monden,
   den Tagen, da mich Gott beschirmt',
3 als seine Leuchte über meinem Haupt erstrahlte,
   in seinem Licht ich durch das Dunkel ging,
4 wie ich in meines Lebens Reife war,
   als Gottes Freundschaft über meinem Zelte stand,
5 als der Allmächtige noch bei mir war,
   und meine Kinder mich umgaben,
6 als meine Schritte sich in Milch gebadet,
   dem Fels entquollen ' '[2] Bäche Öls!

7 Ging ich durchs Tor zur Stadt hinauf,
   nahm meinen Platz am Markte ein,
8 sah'n mich die Jungen, traten sie beiseit,
   die Alten standen auf und blieben stehn.
9 Die Fürsten hielten an im Reden
   und legten ihre Hand auf ihren Mund.
10 Zurück hielt sich der Edlen Stimme,
   am Gaumen klebte ihre Zunge.

11 Denn hörte mich ein Ohr, pries es mich glücklich,
   das Auge, das mich sah, bezeugt' es mir,
12 daß ich den Armen rettete, der schrie,
   und eine Waise, die ohn' Helfer war.
13 Der Segen der Verlor'nen kam auf mich,
   und jubeln machte ich der Witwe Herz.
14 Ich legte an Gerechtigkeit, mich kleidete
   wie Mantel und Turban mein Rechttun.
15 Dem Blinden bin ich Aug' gewesen,
   dem Lahmen wurde ich zum Fuß.

---

[1] Vgl. zu 27,1.   [2] s. BH.

16 Ein Vater ward ich für die Armen,
 Rechtsstreit von Unbekannten prüfte ich.
17 Dem Bösewicht zerschmettert' ich den Kiefer
 und riß den Raub ihm aus den Zähnen.
18 Ich dacht': Mit meinem Neste werd' ich sterben,
 dem Phönix gleich die Tage mehren.
19 Dem Wasser ist geöffnet meine Wurzel,
 in meinen Zweigen nächtiget der Tau;
20 neu wird mir bleiben meine Ehre,
 verjüngt in meiner Hand des Bogens Kraft.
21 Auf mich hat man gehört und harrte,
 schweigend erwartete man meinen Rat.
22 Hatt' ich geredet, sprachen sie nicht wieder,
 so träufelte mein Wort auf sie.
23 Sie hofften auf mich wie auf Regen,
 auf Spätregen mit offnem Mund.
24 Lacht' ich im Scherz, glaubten sie's nicht;
 leuchtet' mein Antlitz, war'n sie unverzagt.
25 Den Weg erzählt' ich ihnen, saß zuoberst
 und thronte wie ein König in dem Heer[1].

Kapitel 30. Jetzt

1 Doch jetzt lachen sie über mich,
 die jünger sind als ich an Jahren;
 sie, deren Väter ich nicht würdig hielt,
 sie meinen Schäferhunden zu gesell'n.
2 Was sollte mir auch ihrer Hände Kraft?
 Dahin war ihre Rüstigkeit
3 durch Mangel und durch harten Hunger;
 sie, die das dürre Land abnagen,
 Gestrüpp der Wüste und der Wüstenei;
4 die von dem Dornstrauch Melde[2] pflücken,
 und Ginsterwurzeln sind ihr Brot;
5 aus der Gemeinde fortgetrieben,
 schreit man wie Dieben ihnen nach.
6 Sie hausen an der Täler Hang
 in Erdhöhlen und Felsgeklüft;
7 sie schreien zwischen Dorngesträuch,
 drängen sich unter Distelkraut.
8 Gottlos' Gesindel, Pack ohne Namen,
 das aus dem Land verstoßen ist.
9 Doch jetzt ward ihnen ich zum Spottlied,
 bin für sie worden zum Geschwätz.
10 Sie halten sich mit Abscheu von mir fern
 und scheu'n sich nicht, mich anzuspei'n.
11 Denn mein Seil löste er und beugte mich,
 ‚warf ab'[3] den Zügel, der mich hielt[4].

---

[1] „Wie einer, der Trauernde tröstet" ist wahrscheinlich Randglosse, die besser zu V. 24 paßt.
[2] Ein Strauch, dessen salzige junge Blätter von den Armen gegessen werden.
[3] s. BH.
[4] Wörtlich: von meinem Gesicht.

Kapitel 29—30

12 Zur Rechten stand auf eine Schar,
   warfen mir Unheilsdämme auf;
13 sie stießen mir den Fuß weg[1], rissen die Straße auf,
   helfen zu meinem Fall; keiner ‚wehrt'[2] ihnen.
14 Durch eine breite Bresche zieh'n sie ein,
   wälzen sich unter Trümmern her.
15 Es fallen Schrecken über mich;
   wie Sturm geht's über meine Würde her;
   und wie die Wolke schwand mein Heil.

16 Doch jetzt zerfließt in mir die Seele,
   des Elends Tage packten mich.
17 Des Nachts durchbohrt es mir die Knochen;
   es nagt an mir, kommt nicht zur Ruh'!
18 Mit Allgewalt faßt er am Kleid mich,
   schnürt mich wie meines Hemdes Kragen;
19 warf mich hinunter in den Lehm,
   daß ich der Asche gleiche und dem Staub.

20 Ich schrei' zu dir, du gibst nicht Antwort.
   Ich stehe da, du achtest ‚nicht'[2] auf mich.
21 Du hast dich mir zum Wüterich gewandelt,
   mit deiner Hand Gewalt bekämpfst du mich.
22 Du hebst mich in den Wind, läßt mich hinfahren,
   läßt mich ‚im Sturmgebraus'[2] zergehn.
23 Ich weiß ja wohl: zum Tode führst du mich,
   zum Sammelhaus alles Lebendigen.
24 Streckt man die Hand nicht unter Trümmern aus?
   ‚Schreit man um Hilfe nicht'[2] in Not?
25 Weint' ich nicht über harte Tage,
   grämt' meine Seel' sich nicht der Armut?
26 Denn Gutes hofft' ich — Böses kam;
   des Lichtes harrt' ich — doch kam Dunkel.
27 Mein Innres wallt und kann nicht schweigen;
   Tage des Jammers haben mich erreicht.
28 Ich wandle trauernd ohne ‚Trost'[2];
   in der Versammlung steh' ich auf und schreie.
29 Ein Bruder ward ich den Schakalen,
   den Straußenhennen ein Genoß.
30 Die Haut an mir ist schwarz,
   von Fieberglut brennt mein Gebein.
31 Zur Trauer ward mein Harfenspiel,
   der Flöte Ton zum Klagelied!

Das Gespräch zwischen Hiob und seinen Freunden ist zu Ende. Man kann nicht sagen, daß es irgendwo zu einem positiven Ergebnis geführt hat. Beide Parteien stehen unversöhnt einander gegenüber; jede fühlt sich in ihrem Recht. Zwischen diesen beiden versteiften Fronten wird die Entscheidung nicht fallen. Die Gottesfrage des Hiob kann nur auf einer anderen Ebene ihre Antwort

---
[1] Dieser Satz ist aus V. 12, wo er den Zusammenhang stört, besser nach V. 13 zu ziehen.
[2] s. BH.

finden, nicht von den Menschen, sondern von Gott her. Daher ist der innere Schauplatz des Hiobdramas in seinem letzten Akt verlagert auf die Begegnung des Hiob mit Gott selbst, die in Kap. 38 ff. erfolgt. Den Kapiteln 29 — 31 fällt in diesem Zusammenhang die Rolle der Vorbereitung zu. Von den Freunden ist nicht mehr die Rede; Hiob wendet sich an Gott (30, 20 ff.). Und auch ehe er Gott direkt anredet, ist das Gesicht seiner Worte Gott zugewandt. Auf diesem für Hiob typischen Wege faßt er in einer großen Rechenschaft, rückblickend das Einst und Jetzt einander gegenüberstellend, sein Verhältnis zu Gott in einem Selbstbildnis zusammen, das die wesentlichen Züge seines Charakters und die ganze Spannungsweite seines widerspruchsvollen Schicksals mit einer bis dahin unerreichten Prägnanz noch einmal in sich vereinigt (Kap. 29—30) und in Kap. 31 auf eine Selbstrechtfertigung hinausläuft, die nach einem ins einzelne gehenden Unschuldbekenntnis mit der Herausforderung der göttlichen Entscheidung endet. Im Gesamtzusammenhang der Hiobdichtung sind diese Kapitel nicht nur nach dem Gesetz der ästhetischen Logik (Hölscher) als Vorbereitung der Gottesrede zu verstehen, sondern nach dem Typus der (Klage= und Dank=)Psalmen, in denen die „Erzählung" der Not des Beters und das Bekenntnis seiner Unschuld vor der in der Theophanie erwarteten Erhörung und Heilszusicherung ein fester Bestandteil alter Kulttradition gewesen ist (vgl. Weiser, Die Psalmen[8], S. 47 f., 56f.). Darauf führen eine Reihe von Wendungen, die aus der Sprache der Psalmen oder anderer Stücke aus dem Bundeskult entnommen sind, ferner das „Vollkommenheitsideal" der Gottesforderungen, an dem der Anspruch des Hiob auf „Gerechtigkeit" (ursprünglich gleichbedeutend mit der Zugehörigkeit zur Jahwegemeinde) sich mißt, und schließlich die Rolle, die der Theophanie als der letzten Entscheidung über die „Rechtfertigung" des Hiob durch Gott zufällt. Die Denkformen der alten Kultüberlieferung wirken somit in der Struktur der Hiobdichtung auch an diesem Punkte nach und haben auch für die theologische Auslegung ihre gewichtige Bedeutung.

Kapitel 29

Es wäre zu wenig, wollte man in dem Rückblick des Hiob auf seine leuchtende Vergangenheit, den er in Kap. 29 gibt, lediglich die Flucht des leidenden Menschen in die Erinnerung an glücklichere Zeiten sehen, die ihn in ihrer sterilen Wehmut lähmend hemmt. Der Gesamttenor der letzten Hiobrede ist vielmehr bestimmt durch eine gesammelte Energie, die sich noch einmal zu letzter Aktivität aufrafft und zur dramatischen Entscheidung drängt. In dieser Perspektive hat Kap. 29 die doppelte Aufgabe, einerseits die Basis zu bilden, von der aus die ganze Größe des Hiobleidens abschließend noch einmal in Erscheinung tritt, anderseits aber auch das Fundament positiv herauszustellen, auf das Hiob seine Hoffnung gründet, um das sein ganzer Glaubenskampf bis zu diesem letzten Augenblick geht: Der Friede in der Gemeinschaft mit Gott. Er ist der Einsatz=

punkt und zugleich das Ziel seiner Glaubenssehnsucht; daß Hiob mit Gott in "vertrautem Umgang" stand, ist die "Ehre" seines Glaubens und der innere Halt seines ganzen Wesens, um den er auch jetzt noch hoffend ringt. Es handelt sich dabei nicht um einen Traum oder ein unerreichbares Ideal, sondern um eine Realität. Und die Tatsache, daß Hiob einst des Segens inniger Gottesgemeinschaft wirklich teilhaftig war, verbietet es, seinen Griff nach Gott als Vermessenheit zu deuten; er ist vielmehr das "Ich lasse dich nicht" der Lebenswirklichkeit und =notwendigkeit des in der Anfechtung glaubenden Menschen und steht nicht ohne Grund mehrfach betont in beherrschender Stellung am Anfang des 29. Kapitels.

In 29,2—6 spricht Hiob von seiner Sehnsucht nach der ehemaligen Gemeinschaft mit Gott und von ihrem Segen, in V. 7—10 von seiner bürgerlichen Ehrenstellung in der Gemeindeversammlung, in V. 11—17 von seiner "Gerechtigkeit", in V. 18—20 von der Lebenshoffnung, die sich darauf gründete, in V. 21—25 von seinem Einfluß und seiner Autorität bei den Menschen.

1 Die besondere von der üblichen Gestalt abweichende Form der Überschrift soll wohl den Anfang des neuen Teils der Hiobdichtung nach dem Abschluß des Dialogs zwischen Hiob und seinen Freunden kennzeichnen.

2 29,2—6 **Die Sehnsucht nach dem Segen der einstigen Gottesgemeinschaft.** Der Wunschsatz in V. 2 beherrscht grammatisch den gesamten Abschnitt. In der Sehnsucht nach der Wiedererlangung des inneren Friedens und Segens des Geborgenseins in der Lebensgemeinschaft mit Gott liegt der Motor der folgenden Hiobrede. Alles, was Hiob in Kapitel 29 von seinem einstigen "Glück" zu sagen weiß, steht unter diesem Vorzeichen: An Gottes Segen ist alles gelegen; aus ihm fließt der innere und äußere Frieden eines Menschenlebens, und in dem vertrauten Lebensverhältnis zu Gott besteht die Ehre des Glaubens, die

3-6 Achtung und Ehre bei den Menschen zur Folge hat. Hiob kann sich nicht genug tun, die Gegenwart des gütigen Gottes in seinem Leben und die Seligkeit des "vertrauten Umgangs" mit ihm (V. 4b) in immer neuen Wendungen zu betonen: Gottes "Licht" erstrahlte über ihm — eine Reminiszenz an die alte Theophanievorstellung des Bundeskultes (vgl. Ps. 50, 2; Jes. 60, 2) als Hinweis auf die "Gegenwart" Gottes (vgl. V. 5a) in seinem Leben, unter deren Schutz er getrost auch "durch das Dunkel ging" (V. 3b). Gerade dieser letzte Satz warnt deutlich davor, die Darstellung des Hiob nur unter dem Gesichtspunkt des äußeren Glückes verstehen zu wollen. Erst in V. 5b—6 kommt Hiob auf den irdischen Segen zu sprechen, der in der blühenden Kinderschar und im Wohlstand des Herden= und Landreichtums seinen Ausdruck fand. Die hyperbolischen Wendungen in V. 6 sind geprägte Stilform nach der Art der Segensverheißungen der alten Kultsprache (vgl. 1. Mose 49,11; 5. Mose 33, 24), die die wunderbare Fülle des Gottes=Segens hervorheben, als dessen Träger Hiob erscheint.

7-10 29,7—10 **Hiobs Ehre im Rat der Gemeinde.** Als ein von Gott Gesegneter erfreute sich Hiob der Achtung und Ehre im Rat der Ältesten. Wenn er zur Stadt hinaufging und auf dem am Tor gelegenen Markt (der Agora der

Griechen; dem Forum der Römer) seinen Platz in der Gemeindeversammlung einnahm, traten die Jungen ehrfurchtsvoll beiseite, und die Alten erhoben sich in Ehrerbietung, bis er Platz genommen hatte. Selbst die fürstlichen Stammeshäupter hielten mit der Rede inne und bekundeten durch ihr Schweigen die Achtung vor seiner Person.

29,11—17 **Hiobs „Gerechtigkeit"**. Die folgenden Verse geben den Grund dafür an: Hiob war ein „Gerechter", begleitet von dem Segen aller derer, denen er ein Helfer in der Not gewesen war. Es handelt sich hier nicht um eine unerträglich hochfahrende Selbstbespiegelung, sondern um eine dem antiken Menschen weit objektiver klingende Feststellung der Realität des göttlichen Segens, der sich an dem auswirkt, der den Forderungen Gottes im Verhalten gegen die Notleidenden sich unterzieht. Diesem Zweck dienen auch die verschiedenen Entlehnungen aus der Kultsprache der Psalmen wie z. B. V. 12 (vgl. Pf. 72,12, f. u.). So kann sich Hiob auf das Zeugnis der Witwen, Waisen, der Blinden und Lahmen berufen, denen er als Vater der Armen — beachte das Wortspiel im Urtext — aus ihren mannigfachen Nöten geholfen hat (das Gegenbild von 22,4 ff.). Daß er die Rechtssachen von unbekannten Leuten nicht beiseite schob, als ob sie ihn nichts angingen, sondern unparteiisch geprüft hat, zeigt den Ernst seiner rechtlichen Gesinnung, so daß er — wieder in einem durch die Kulttradition geprägten Bild — in V. 14 „Recht und Gerechtigkeit" (vgl. Jer. 22,15; 23,5; 33,15) als sein Gewand und Kopfschmuck bezeichnen kann, die seinem Wesen das Gepräge geben (vgl. dazu Jes. 11,5; 61,10; Pf. 132,9). Auch die in den Bekenntnissen der Psalmen belegte Bekämpfung der Bösen (vgl. Pf. 3,8; 58,7; 101,8) fehlt nicht als ergänzender Zug im Bilde des Gerechten, das Hiob hier als den Maßstab des Gottessegens von sich entwirft.

29,18—20 **Hiobs Lebenshoffnung**. Aus diesem Gottessegen, als dessen Träger Hiob einst vor den andern und sich selbst gelten durfte, glaubte er die Hoffnung auf ein langes gesegnetes Leben ableiten zu dürfen, wie es den an die frommen Väter ergangenen Gottesverheißungen entsprach. Hiob spielt hier auf die weitverbreitete Sage vom Vogel Phönix an[1], die zu berichten wußte, daß er nach einem langen Leben zusammen mit seinem Nest verbrannte, um aus der Asche wieder verjüngt zu erstehen; auf das letztere Motiv der Sage ist hier nicht Bezug genommen, wohl aber auf die beiden ersten. In V. 19 wechselt das Vergleichsbild mit dem „an Wasserbächen gepflanzten Baum" (vgl. Pf. 1,3), der von unten durch seine Wurzeln und von oben auf seinen Blättern durch den nächtlichen Tau bewässert wird und so dauernd neue Lebenskraft zugeführt erhält; so kommt es, daß Hiobs „Ehre" (kābôd hat hier den umfassenden Sinn von „Gewichtigkeit" des Gerechten) immer „neu" bleibt und seine Kraft (wie in 1. Mose 49,24 symbolisiert durch den „Bogen") sich immer wieder verjüngt.

---

[1] Die Übersetzung des Wortes hôl mit „Sand" gibt wohl für V. 18b einen möglichen Sinn, paßt aber nicht zu V. 18a, der eine nähere Präzisierung verlangt.

21-25 29,21—25 **Hiobs Autorität.** An den Gedanken der „Ehre" anknüpfend kommt Hiob noch einmal auf seine einflußreiche Stellung in der Gemeinde (vgl. V. 7—10) zurück. Da der Abschnitt die Begründung von V. 11—17 voraussetzt und weiter gespannt ist als V. 7—10, besteht kein Grund, ihn mit vielen modernen Auslegern hinter V. 7—10 zu versetzen, um so weniger als sein Gedankengang die Voraussetzung bildet zu Kapitel 30, das unmittelbar daran anschließt. Die Macht des auf Hiob ruhenden Gottessegens kam auch zur Geltung in der Klugheit, die seinem Wort und Rat Gewicht und seiner Person Autorität verlieh. Er fand das rechte Wort zur rechten Zeit, daß man auf seinen Rat wartete wie lechzendes Land auf den Spätregen (V. 21. 22b. 23; vgl. 5. Mose 32, 1 f.), und seine Worte eine Aussprache überflüssig machten, da sie das Richtige trafen (V. 22a). Das Vertrauen in sein Urteil ging so weit, daß, wenn er eine Sache belächelte, diese auch von den andern nicht ernst genommen wurde, und das freudige Leuchten seines Angesichts genügte, um den Verzagten neuen Mut zu machen (V. 24; vgl. Spr. 16,15). Als der gegebene Führer und Ratgeber genoß er uneingeschränkte Achtung und war geehrt „wie ein König inmitten seiner Heerschar" (V. 25). In dem Vergleich schimmert noch etwas durch von der alten Vorstellung vom „Königsheil" als der von Gott verliehenen, die Kategorie des Normalen übersteigenden Macht und Autorität des Herrschers. Dies alles war einmal Wirklichkeit im Leben des Hiob, darin begründet, daß Gott „mit ihm war".

Kapitel 30

„Jetzt aber" hat sich das Blatt gewendet (vgl. 30, 1. 9. 16). Vom Verlust der „Ehre" und des „Heils" (30, 15c) redet Hiob in Kapitel 30. Seine Gedanken gehen hier den umgekehrten Weg wie in Kapitel 29, ein Zeichen des kunstvollen Aufbaus der Reden. Dort ging der Weg von innen nach außen, von der Gottesgemeinschaft zu ihren segensreichen Folgen, hier geht er von außen nach innen, von der Feststellung der unheilvollen Folgen der veränderten Situation (30, 1—17) hin zu dem göttlichen Grund (30, 18 ff.), eine Gedankenführung, die sich auch in der charakteristischen Wendung von der Schilderung in erzählender Form zur Anrede Gottes bemerkbar macht. Mit seiner Klage spannt Hiob den weiten Bogen zwischen dem Einst und Jetzt und geht auch hier ganz in der Ideologie der Klagepsalmen, zu denen Kapitel 30 zahlreiche Analogien aufweist, auf dem Weg weiter, der ihm die Entscheidung über Heil oder Unheil bringen soll. Hat er in Kapitel 29 seine Gerechtigkeit im Frieden mit Gott aufgerufen, so soll jetzt sein unverdientes und unbegreifliches Leiden, das ihn in eine Reihe mit den Leidensgenossen der Klagepsalmen stellt, den Weg zum Heil sichern helfen, auf dem jene durch Nacht zum Licht gekommen sind. Hinter der „Stilisierung" der Klage des Hiob nach den Formen der kultischen Klagepsalmen, d. h. der Entlehnung traditioneller Wendungen und Gedanken aus der Kultpoesie, die nicht ohne weiteres auf die besondere

Situation des Hiob passen, steht — theologisch gesehen — jene unsichtbare Gemeinschaft der Leidenden, die kraft der Tradition zugleich eine Weggemeinschaft zum Heil bedeutet. Diese Mobilisierung der sakralen Überlieferung für die persönliche Notlage des Hiob gibt dem Kapitel seine besondere Note im Zusammenhang des Ganzen. Der Umstand, daß sich Hiob dabei oft nur kurzer Anspielungen und Bilder bedient, bringt es leider mit sich, daß wir die Bezüge nicht immer erkennen können, und manches für die Einzelauslegung dadurch im Dunkel bleibt. Im ganzen ist das Kapitel auf den widerspruchsvollen Gegensatz zu Kapitel 29 gestimmt: Dort Hiob, ein Mann von weitreichendem Einfluß, hochgeehrt von den vornehmsten Vertretern des Volkes; hier der in der Ohnmacht seiner Krankheit Verlassene und aus der Gemeinde Ausgestoßene draußen vor dem Dorf, wo sich das Gesindel „ohne Namen" und Ehre herumtreibt und ihn verachtet und verspottet! Dieser schreiende Gegensatz ist der Inhalt von 30, 1—10; V. 11—15 sprechen davon, wie es dazu kam; V. 16—19 von der Not der Krankheit; V. 21—23 von der Gottesnot seines Glaubens, während V. 24—31 noch einmal die ganze trostlose Hilflosigkeit seiner jetzigen Lage zusammenfassen.

30, 1—10 **Hiob vom Gesindel verachtet und verspottet.** Mit bitteren Worten der Empörung stellt Hiob den Unterschied von Einst und Jetzt dar: Damals war er nach dem zuständigen Urteil der Ältesten und Ehrenmänner geehrt und geachtet, jetzt ist er zum Spott der Jungen (vgl. 19, 18) geworden, denen weder Ehre noch Urteil zukommt. Die Worte sind wahrscheinlich in Gegenwart dieser Leute gesprochen zu denken (vgl. zu 17, 6; 18, 2 f.), die sich draußen vor dem Dorf um ihn und seine Freunde angesammelt haben. Denn V. 2—8 sind nicht eine „Abschweifung", die nach der Ansicht mancher Ausleger später in den Text eingedrungen ist, sondern eine auch aus dem Psalmenstil bekannte „Verspottung" der Gegner, die die wirkungsvolle Kraft ihres Spottes durch Herabsetzung ihrer Autorität mindern soll. Daß sich Hiob dabei auf der Linie einer vorgegebenen Tradition bewegt, indem er ein Bild in festgeprägten Vorstellungen entwirft, zeigt der Vergleich mit der stereotypen Darstellung des „Proletariats" in 24, 4 ff., die trotz völlig anderer Tendenz ähnliche Züge aufweist. Hinter solchem Spott und Gegenspott verbirgt sich noch die urtümliche Vorstellung von der Macht des ausgesprochenen Worts aus dem „dynamistischen" Denkbereich. Diese durch Armut ausgemergelten Menschen haben weder „Kraft" (V. 2—4) noch „Ehre" (V. 5—8); aus der Gemeinde ausgestoßen, sind sie „ruchloses", rohes Gesindel ohne Geschlecht und „Namen", das man allgemein verachtet und meidet (V. 1). Und ausgerechnet dieser Auswurf der Gesellschaft meidet nun seinerseits den Hiob, den einstigen Ehrenmann, maßt sich ein Urteil über ihn an und macht ihn zum Gegenstand seines rohen Spotts (V. 9—10; zu den traditionellen Wendungen des Klagelieds vgl. Ps. 69, 13; Klgl. 3, 14, ferner 17, 6 und Jes. 50, 6).

30, 11—15 **Wie es kam.** Der folgende Abschnitt gibt die Begründung des Vorausgehenden und stellt dar, wie es kam, daß Hiob seiner „Würde" und seines „Heils" (V. 15) verlustig ging. Er bereitet mit seinen kurzen bildhaften

Andeutung der Auslegung besondere Schwierigkeit. Jetzt erst kommt Hiob auf Gott als den Urheber seines Unglücks zu sprechen. Vermutlich in Anlehnung an das Bild des mit Seil und Zügel sorgsam geführten Tieres (vgl. dazu Hos. 11, 4) will Hiob in V. 11 einleitend sagen, daß Gott die tragenden Bindungen seines Lebens gelöst und ihn damit den Mächten des Unglücks preisgegeben habe, ohne daß er ihrem vernichtenden Angriff wehrt (V. 13b). Auch hier verwendet Hiob durch die Tradition der Klagepsalmen geprägte Bilder von Krieg und Belagerung (vgl. dazu 16, 9 ff.; 19, 12 und S. 144 Anm. 2), die nicht unmittelbar aus seiner persönlichen Situation abzuleiten sind, sondern umgekehrt diese von der allgemeinen Tradition her beleuchten und von dem Sinn der kultischen Überlieferung her verständlich werden sollen. Auf diese Weise reiht sich Hiob ein in die große Gemeinde der Leidträger, die in ihrer Klage vor Gott um ihr Heil gerungen haben.

16-19 **30, 16—19 Die Not der Krankheit.** Zusammenfassend spricht Hiob noch einmal von seinen körperlichen und seelischen Leiden (vgl. Ps. 42, 5; 1. Sam. 1, 15; Ps. 62, 9; Klgl. 2, 19) unter der Allgewalt Gottes, die ihn in Staub und Asche niedergebeugt hat und ihn den Würgegriff Gottes spüren läßt, unter dem er zu ersticken droht (V. 18b); ein erschütternder Aufschrei eines von der höchsten Höhe des Lebens in seine tiefsten Abgründe hinabgeschleuderten Menschen!

20-23 **30, 20—23 Die Gottesnot.** Jetzt erst aus der Tiefe der Not wendet sich Hiob mit seiner Klage direkt an Gott. Auch sein Verhältnis zu Gott ist in jenen paradoxen Wandel mit hineingezogen, unter dessen Widerspruch Hiob sich verzehrt: Einst in vertrautem Umgang mit Gott, schreit er jetzt zu ihm und wird nicht einmal von ihm beachtet und gehört (V. 20; vgl. 19, 7). Er vermag dies nicht anders zu fassen, als daß Gott selbst „sich verwandelt" habe aus dem Freund und Hüter seines Lebens in den Feind, der ihn auf Leben und Tod „bekämpft" (V. 21). Hier tritt es noch einmal deutlich heraus, wie Hiob unter der Gottesnot leidet, und daß in der Gottesfrage der Kernpunkt seines Leidens liegt. Von Gottes Sturm wird er emporgehoben (vgl. Ps. 102, 11) und vernichtet (V. 22), denn er macht sich keine Illusion darüber, daß Gott seinen Tod will (V. 23). Hiob hat zwar in 17, 11 ff.; 19, 25 ff. mit dem Leben innerlich abgeschlossen, aber hier, wo er noch einmal sein ganzes Leid überblickt, steht die Schwere dieses Ringens mit all ihrer Wucht wieder lebendig vor ihm auf.

24 **30, 24—31 Die trostlose Hilflosigkeit.** Hiob hat selbst das Empfinden für diesen Widerspruch der Gefühle; darum begründet er seine Klage vor Gott mit dem allgemein menschlichen Lebenstrieb, der in der Todbedrohung die Hand „unter Trümmern" nach Rettung ausstreckt und in der Not um Hilfe ruft.
25 Hiob ist auch ein Mensch wie andere, dem der Gram über seine Erniedrigung
26 Tränen entpreßt, deren er sich nicht zu schämen braucht. Die Enttäuschung über den jähen Sturz vom Licht ins Dunkel hat ihn, der zu guter Hoffnung berechtigt
27-28 war, doch zu schwer getroffen. Kein Wunder, daß sein „Inneres kocht" (vgl. Klgl. 1, 20) und er in der trostlosen Trauer (vgl. Ps. 38, 7) die Beherrschtheit

seiner einstigen Haltung verloren hat, daß er jetzt öffentlich aufschreien muß. In dieser elementaren Äußerung des Schmerzes ist er, der einstige ungekrönte "König", auf die Stufe der Tiere hinabgesunken, äußerlich durch die Krankheit entstellt zu einem Bild des Jammers (V. 31) und innerlich ein Opfer der "Katastrophe", die das Lied seines Lebens in den Tönen der Klage verklingen läßt. In diesem aus der Überlieferung entlehnten Gedanken von V. 31 (vgl. Am. 8,10; Klgl. 5,15) spannt der Dichter noch einmal abschließend den gewaltigen Bogen um die beiden Pole im Leben des Hiob, an deren Widerspruch die Spannkraft seines Glaubens zu zerspringen droht.

Kapitel 31. Hiobs Reinigungseid

1 Mit meinen Augen schloß ich einen Bund,
  nicht eine Jungfrau anzuschaun.
2 Was wäre sonst mein Teil von Gott,
  mein Erbe vom Allmächt'gen droben!
3 Gebührt Verderben nicht dem Frevler
  und Ungemach dem Übeltäter?
4 Sieht er denn meine Wege nicht,
  zählt er nicht alle meine Schritte?

5 Wenn ich mit Falschheit umgegangen,
  wär' je mein Fuß zum Trug geeilt,
6 Gott wäge mich auf rechter Waage
  und mög' erkennen, daß ich schuldlos bin.

7 Wenn je mein Schritt vom Weg gewichen,
  und lief mein Herz den Augen nach,
  blieb etwas an den Händen hängen,
8 so eß' ein anderer, was ich säte,
  und was mir sproßt[1], das sei entwurzelt!

9 Ließ sich mein Herz vom Weib betören,
  lauert' ich je an Nachbars Tür,
10 so mahle mein Weib einem andern,
  und andre soll'n sich beugen über sie!
11 Denn das ist eine Schandtat,
  ist eine Schuld, strafbar vor dem Gericht;
12 ein Brand ist's, der zur Hölle frißt;
  meinen Erwerb ,verbrenn'[2] er ganz!

13 Wenn ich mißachtet meines Knechtes Recht
  und meiner Magd, die mit mir stritten,
14 was sollt' ich tun, wenn Gott nun aufsteht,
  was ihm erwidern, wenn er heimsucht?
15 Schuf er nicht ihn wie mich im Mutterleib;
  hat nicht der Eine uns im Mutterschoß gebildet?

16 Wenn ich den Armen ihren Wunsch verweigert,
  der Witwe Augen schmachten ließ,
17 wenn ich allein aß meinen Bissen,
  und der Verwaise aß nicht mit —

---

[1] Luther versteht den Ausdruck bildlich von den Nachkommen Hiobs; doch siehe die Erklärung. [2] f. BH.

Kapitel 31

18 denn wie ein Vater ‚zog ich ihn'¹ von Jugend auf²,
  und wie ein Bruder³ führt' ich sie.
19 Sah ich jemand verkommen ohne Kleid
  und ohne Decke den Verarmten,
20 wenn seine Lenden mich nicht segneten,
  und meiner Schafe Wolle ihn nicht wärmte, —
21 wenn meine Hand der Waise drohte,
  weil ich im Tor⁴ mir Hilfe sah, —
22 so fall' die Schulter mir vom Nacken,
  breche den Arm mir vom Gelenk!
23 Denn Schrecken träf' mich, das Verderben Gottes;
  erhöb' er sich, ich hielt's nicht aus.

24 Wenn ich auf Gold je mein Vertrauen setzte:
  zum Feingold spräche: „Meine Zuversicht!",
25 Wenn ich mich freute über großen Reichtum,
  und daß gewaltig sei, was meine Hand erreicht, —
26 sah ich der Sonne Licht, wenn's strahlte,
  den Mond, der herrlich zog dahin,
27 daß heimlich sich mein Herz betören ließ,
  und meine Hand dem Mund zum Kuß sich bot, —
28 auch das ist ein strafwürdiges Verbrechen,
  ich hätte ja Gott in der Höh' verleugnet.

29 Wenn ich der Not des Feinds mich freute
  und triumphierte, daß ihn Unglück traf, —
30 doch hab' ich meinen Mund nicht fünd'gen lassen,
  ihn zu verwünschen mit dem Fluch.

31 Wenn meine Zeltgenossen nicht bezeugen:
  „Wer ward nicht satt von seinem Fleisch?". —
32 Kein Fremder durft' im Freien nächt'gen,
  dem Wandrer öffnete ich meine Tür.

33 Hätt' ich nach Menschenart⁵ verheimlicht meine Sünden,
  in meinem Busen bergend meine Schuld,
34 weil ich die große Menge fürchtete
  und von der Sippe Mißachtung erschreckt,
  ich schwieg und nicht zur Tür hinausgehn durfte —

38 Wenn über mich mein Acker schrie,
  und seine Furchen miteinander weinten,
39 wenn ich ohn' Entgelt seine Kraft verzehrte,
  der Ackerleute Seelen Kummer schuf,
40 so soll'n statt Weizen Disteln wachsen
  und statt der Gerste gift'ges Kraut!

35 O wär' doch einer, der mich hörte!
  Hier ist mein Kreuz!⁶ Gott geb' mir Antwort!
  Das Schriftstück, das mein Gegner schrieb,

---

¹ f. BH.   ² Lies minneʿûrāw.
³ Wörtlich: vom Leib meiner Mutter; Objekt des Satzes ist die Witwe, vgl. V. 16.
⁴ D. h. vor Gericht.
⁵ Kann auch übersetzt werden: „wie Adam".
⁶ Das Kreuz ist in der althebräischen Schrift der letzte Buchstabe des Alphabets und gilt als Unterschrift.

36 auf meine Schulter wollt' ich's heben,
als Turban winden mir ums Haupt!
37 Von jedem Schritt gäb' ich ihm Rechenschaft,
wollte ihm nahen wie ein Fürst!
40c Zu Ende sind die Worte Hiobs.

Mit dem sog. Reinigungseid erreichen die Schlußreden des Hiob ihren Höhepunkt. In einer letzten Gewissensprüfung vor Gott schwingt der Versuch der Selbstrechtfertigung noch einmal gewaltig aus und drängt zur Entscheidung, nachdem Hiobs Selbstbehauptung gegenüber den Freunden diese nicht herbeiführen konnte. Dahinter steht das gleiche Bemühen des Dulders, aus dem heillosen Widerspruch seiner Position gegenüber Gott herauszukommen, das in zunehmendem Maße bei Hiob in dem Verlangen nach einer letzten Begegnung mit Gott sich kristallisierte, an der die Entscheidung über Sein oder Nichtsein des Glaubens für ihn hängt. Die Herausforderung Gottes am Schluß des Kapitels (V. 35—37) läßt darüber keinen Zweifel und zielt im dramatischen Aufbau des Ganzen direkt auf die in Kapitel 38 ff. folgende Antwort Gottes hin. Aber auch mit den unmittelbar vorhergehenden, Hiobs Lage zusammenfassenden Kapiteln besteht trotz des scheinbar unverbundenen neuen Einsatzes von Kapitel 31 ein innerer Zusammenhang, der das psychologische Feingefühl des Dichters erkennen läßt: Der dem Hiob unfaßliche Sturz aus der Ehre in die Verachtung fordert geradezu seine Rechtfertigung heraus. Für das Verständnis des Kapitels im ganzen und einzelnen ist es wichtig zu erkennen, daß hier der Dichter einen traditionellen Rahmen verwendet, in den er auch den letzten Akt des Hiobdramas eingebaut hat. Hinsichtlich der „negativen Beichte" hat man das ägyptische Totenbuch oder die babylonischen Schurpu-Texte als Vergleichsmaterial herangezogen. Doch liegt es näher, an die Kulttradition des Alten Testaments selbst zu denken, wo im alten Bundeskult das Unschuldsbekenntnis in der Form des „Beichtspiegels" seinen festen Platz hatte (vgl. 5. Mose 26, 13 ff.; Ez. 18, 5 ff.; Ps. 15; 24, 3 ff., ferner 2. Mose 22, 9 f.) und mit der Teilnahme am Gemeindekult im Zusammenhang mit der Theophanie und Gerichtsvorstellung verknüpft gewesen war; denn die Vorstellung von Gottes Gericht beherrscht das ganze Kapitel, und in 31, 2. 6. 14. 23 ist die Theophanie ins Auge gefaßt. Auch die auffallende Tatsache, daß auf die Vorwürfe der Freunde und auf die Leiden des Hiob in Kapitel 31 nirgends Bezug genommen ist, erklärt sich aus der Abhängigkeit von einem in der Tradition vorgegebenen Gedankenschema. Damit ist natürlich nicht gesagt, daß die Generalbeichte des Hiob im Raum des Kultus vorgetragen zu denken sei; doch wirkt die alte Kultüberlieferung mit ihren Denkformen noch in ihr nach und hat weitgehend ihre Ideologie beeinflußt. Über solcher Traditionsgebundenheit darf jedoch die Freiheit der Einzelgestaltung und vor allem auch die Vertiefung und Verinnerlichung des individuellen Ethos nicht übersehen werden, die an verschiedenen Stellen bis an die sittliche Höhe der Bergpredigt heranreicht und das Vollkommenheitsideal der alten Bundes=

ordnung durch seine persönlich geläuterte Sittlichkeit übertrifft. Aus der Tradition übernommen ist auch die äußere Form der Selbstverfluchung nach dem Schema: Wenn ich das und das getan habe, so geschehe mir das und das!, wobei der Grundgedanke des jus talionis „Auge um Auge" vorherrscht (V. 8. 10. 22. 40). Gelegentlich ist der Nachsatz variiert oder weggelassen (V. 29 f. 31 f. 33 f.) und dadurch der Stil gegenüber der ermüdenden Uniformität der rituellen Vorbilder lebendiger gestaltet.

1-4   31, 1—4 **Lüsternheit**. Die Einleitung hat grundsätzliche Bedeutung und darum eine besondere Form. Sie läßt am Beispiel der Sinnenlust gegenüber der jungfräulichen Keuschheit, worüber das Gesetz kein Verbot enthielt, zugleich das Grundmotiv der Sünde und die Selbstzucht eines reinen Willens als die tragende Intension der Gewissensprüfung heraustreten, die ihrerseits wieder in der Gottesfurcht ihren religiösen Grund hat. Die traditionelle Bundesideologie ist dabei sogar auf das persönliche Verhältnis von sittlicher Willensforderung und Sinnlichkeit übertragen (V. 1) und macht sich in V. 2 auch in den Ausdrücken „Teil" und „Erbe" (vgl. 20, 29; 27, 13) geltend. Hiob hat das göttliche Gericht im Auge und teilt hier wie in 24, 18 ff.; 27, 13 ff. die damit verbundene Vorstellung der gottesdienstlichen Überlieferung von der Prüfung und Strafgerechtigkeit des allwissenden Gottes, die auch dem 139. Psalm zugrunde liegt.

5-6   31, 5—6 **Falschheit**. Auch bei der zweiten Sünde ist der Zug zum Grundsätzlichen zu beobachten, der die Gewissensprüfung des Hiob bestimmt. Wahrhaftigkeit und Ehrlichkeit ist die Grundlage jedes persönlichen Ethos; dieser Grundsatz gilt auch für die Selbstprüfung vor Gott, der wie beim ägyptischen Totengericht den Menschen „auf gerechter Wage wägt".

7-8   31, 7—8 **Begehrlichkeit**. Als dritte Sünde wird — noch immer im weitgespannten Rahmen einer allgemein grundsätzlichen Betrachtung — die Begehrlichkeit genannt, wenn „das Herz den Augen nachläuft" (vgl. 4. Mose 15, 39) und fremdes Gut „an den Händen hängen bleibt". Es handelt sich um den Bereich des 9. Gebots, dessen Übertretung mit dem Verlust des eigenen Ertrags bestraft werden soll (vgl. Am. 5, 11; 3. Mose 26, 16; 5. Mose 28, 30 ff.).

9-12   31, 9—12 **Ehebruch**. Erst mit V. 9 beginnt die konkrete Kasuistik der Beichte. Der Einbruch in die fremde Ehe bedeutet die Zerstörung der eigenen. Die eigenartige Form, daß sich das jus talionis an der eigenen Frau auswirken soll, erklärt sich aus der antiken Auffassung, nach der die Ehefrau als Besitz ihres Mannes galt. Die Handmühle zu drehen, war niedrigste Sklavenarbeit (2. Mose 11, 5; Jes. 47, 2; Mt. 24, 41; Homer, Od. XX 105 ff.). Die alten Übersetzungen und jüdischen Erklärer deuten, ohne daß dazu eine Notwendigkeit besteht, V. 10a als Metapher im selben geschlechtlichen Sinne wie das, was V. 10b ohne Bild besagt. Der Ernst des alttestamentlichen Ethos auf diesem Gebiet wird in V. 11 f. durch Hinweis auf den kriminellen Charakter der „Schandtat" innerhalb der Bundesordnung Israels unterstrichen (vgl. 5. Mose 22, 22). Die vergiftenden Folgen aus dem Bruch der ehelichen Treue, die den

Schuldigen samt seinem Besitz ruinieren, sind hier klar erkannt (vgl. Spr. 6, 27 ff.; 7, 26 f.).

31, 13—15 Mißachtung des Rechts der Sklaven. Im Streitfall, der hier ins Auge gefaßt ist, war der Sklave trotz gewisser Regelung seiner Rechtsverhältnisse (vgl. 2. Mose 21, 1 ff.) im allgemeinen rechtlos und weithin der Willkür seines Herrn ausgeliefert. Was Hiob hier über sein Verhältnis zu seinen Sklaven sagt, geht weit über das Recht hinaus und ist vor allem durch die religiöse Begründung vom Schöpfungsglauben her bemerkenswert: Das gegenseitige Verhältnis der Menschen wird nicht etwa von der Idee der Gleichheit aller Menschen im Sinne der „Menschenrechte" abgeleitet, die meist einer Täuschung unterliegt, sondern von der gemeinsamen Gotteskindschaft, die bei aller Würdigung der schöpfungsmäßigen Unterschiede zwischen den Menschen, zu einer sozialen Gerechtigkeit führt im Blick auf die allein durch Gott gegebene Menschenwürde (vgl. Pf. 8, 5; Eph. 6, 9). Das Maß der Verantwortung für den Mitmenschen ergibt sich aus der Verantwortung vor Gott, vor dem Hiob Rechenschaft abzulegen hat, wenn er in seiner Epiphanie „aufsteht" zum Gericht V. 14.

31, 16—23 Hartherzigkeit gegen Arme. Mit dem Gebot der Nächstenliebe, insbesondere gegenüber den hilflosen Witwen, Waisen und Bedürftigen berührt Hiob ein Gebiet, von dem er schon in 29, 12 ff. ähnliches in positiver Form gesagt hat. Und auch in dieser negativen Beichte ist es gerade die positive Einstellung zu den Armen, die seine Haltung gegenüber dem Gebot, den Nächsten zu lieben, charakterisiert; denn V. 18 ist, wenn wir ihn richtig verstehen, nichts anderes als eine Umschreibung des „wie dich selbst" im Gebot, wenn Hiob an den Waisen „wie ein Vater" und an den Witwen „wie ein leiblicher Bruder" gehandelt hat. Und das Mitleid mit der rechtlosen Waise hielt ihn davon ab, Gewalt anzuwenden, wo er damit rechnen konnte, das Recht auf seine Seite zu bringen (V. 21). Nach der Selbstverwünschung V. 22, die den drohenden Arm treffen soll, macht die Anspielung auf das Gottesgericht bei der Theophanie, die den Menschen klein werden läßt (V. 23), den Eindruck einer Überfüllung; man könnte deshalb erwägen, ob der Vers ursprünglich nicht hinter V. 30 gestanden habe; doch fehlen auch bei V. 31 f. und 33 f. die abschließenden Nachsätze, was jeden Versuch einer Schematisierung der Form zur Vorsicht mahnt.

31, 24—28 Verleugnung Gottes durch Geiz und Aberglaube. Unter dem Gesichtspunkt der Verleugnung Gottes sind hier zwei verschiedene Sünden zusammengefaßt, die bezeichnenderweise als Verletzung des ersten Gebots verstanden werden: Vertrauen auf Reichtum und Macht (V. 24 f.) und abergläubische Naturverehrung (V. 26 f.). Bei der Diesseitseinstellung des alttestamentlichen Denkens ist es besonders beachtenswert, wie klar die Gefahr des Reichtums für den rechten Glauben an Gott gesehen wird (vgl. Spr. 30, 9), eine Erkenntnis, die an das neutestamentliche „Ihr könnt nicht Gott dienen und dem Mammon" und an die Geschichte vom reichen Jüngling (Mk. 10, 17 ff.) erinnert. Die feierliche Begrüßung der aufgehenden Sonne (zum Ausdruck 'ôr in diesem Sinne vgl. 37, 21; Hab. 3, 4 und φάος Homer, Od. III 335) oder des Monds mit einem Handkuß als Zeichen der Verehrung (das assyrische Ideogramm für „Gebet" ist eine an den Mund gelegte Hand), ist verbreitete orientalische Sitte, die in der Zeit des Synkretismus besonders unter König Manasse (2. Kö. 21,3ff.; 23,5) in Israel vielleicht offizielle Bedeutung erlangte, aber als „Abfall" von Jahwe in den Bundesordnungen streng verpönt war (5. Mose 4,19; 17,2ff.; vgl. Jer. 8,1f.).

29-30   31,29—30 **Schadenfreude.** Die Distanzierung von der Schadenfreude gegenüber dem Feind unterscheidet sich zwar von dem Gebot der Feindesliebe, aber der Vergleich mit manchen Äußerungen in den Rachepsalmen zeigt doch die Wendung zu einer Vertiefung des persönlichen Ethos, die auf dem Weg zum neutestamentlichen Ideal liegt (vgl. dazu 2. Mose 23,4f.; 3. Mose 19,18; Spr. 20,22; 24,17f. 29; 25,21f.).

31-32   31,31—32 **Ungastlichkeit.** Das dem Orientalen heilige Gesetz der Gastfreundschaft gegenüber den Eigenen und Fremden darf in der Generalbeichte natürlich nicht fehlen; auf ihm ruht die Ehre und der Ruf des Hauses, für den der Hausvater verantwortlich ist.

33-34   31,33—34 **Heuchelei.** Die letzte der drei ohne Selbstverwünschung genannten Sünden ist die verbreitete Unwahrhaftigkeit, die aus Angst vor der Bloßstellung vor andern die eigenen Sünden verheimlicht und das Licht der Öffentlichkeit scheut, weil sie mehr scheinen will als sein. Das Bekenntnis zum Grundsatz der aufrichtigen Offenheit vor den Menschen gibt auch der Beichte des Hiob vor Gott ihr besonderes Gewicht.

38-40b   31,38—40b **Ausbeutung des Ackers.** Am Schluß des Kapitels wird noch eine weitere Sünde genannt, die sachlich in den Zusammenhang gehört und ursprünglich wohl auch vor V. 35—37 gestanden hat; denn V. 35ff. bilden den eigentlichen Abschluß der Beichte und sind zugleich Überleitung zu Kapitel 38ff. (s. o.). Die Begründung des eindrucksvollen Bildes vom klagenden Acker in V. 39 ist nicht mehr durchsichtig. Man hat an Unterlassung des Brachjahres (2. Mose 23,10f.; 3. Mose 25,2ff.), oder an Verletzung von Tabuvorschriften gedacht (vgl. 3. Mose 19,19; 5. Mose 22,9 Besäen mit verbotener Saat; oder 3. Mose 19,9; 23,22 restlose Aberntung). Die radikale Aberntung des Ackers würde zugleich als Zeichen der Rücksichtslosigkeit gegenüber den armen Landarbeitern, die am Ackerrand ernten durften (3. Mose 23,22), zu V. 39b am ehesten passen, während die andere mögliche Übersetzung „ihren Besitzern die Seele ausblasen" aus dem Rahmen des Ganzen stark herausfallen würde. Denn es ist das Eigenartige der Generalbeichte des Hiob, was ihr in der alttestamentlichen Ethik ihren besonderen Platz anweist, daß sie auf die innere Gesinnung und Lauterkeit des Herzens und ihre letzten religiös-ethischen Motive zurückgeht und von daher einen viel feineren und untrüglicheren Maßstab für das sittliche Verhalten des Menschen gewinnt, als es sonst bei einem gesetzlichen Ethos zu beobachten ist.

35-37   31,35—37 **Die Herausforderung Gottes.** Die Selbstrechtfertigung des Hiob in seinem großen Reinigungseid hat nur Sinn, wenn dieser von Gott gehört wird; so ist es ganz natürlich, wenn Hiob am Schluß seiner Beichte diesen

Wunsch noch einmal ausspricht, in dem die alte nicht erloschene Sehnsucht nach der Gottesbegegnung (vgl. 13,3; 16,18 ff.; 23,3 ff.) vermischt ist mit dem trotzig stolzen Verlangen nach seinem „Recht". Auf diesem Weg hat nun Hiob mit seinem Reinigungseid den letzten Schritt getan. Als bekräftigendes Siegel setzt er sein „Zeichen" unter seine Selbstrechtfertigung; an Gott ist es jetzt, ihm Antwort zu geben. Ohne Bangen, ja mit ungebeugtem Stolz erwartet er die Anklage„schrift" seines Gegners in dem sicheren Gefühl, daß er sich ihrer nicht zu schämen brauche; im Gegenteil, er wird sie auf die Schulter emporheben und als „Krone" sich aufs Haupt setzen[1]. Denn nicht wie ein Schuldbeladener, der um Gnade fleht, sondern „wie ein Fürst" wird er Gott nahen im Bewußtsein, über jeden seiner Schritte mit gutem Gewissen Rechenschaft ablegen zu können. Hiob hat sich so sehr in den Gedanken der letzten Entscheidung im göttlichen Gericht hineingesteigert, daß er hier ganz in den Vorstellungen des Prozeß= verfahrens (Anklage= und Verteidigungsschrift) sich bewegt. Schon in 19,23 gingen seine Gedanken in ähnlicher Richtung. Ein letztes Mal steht Hiob vor dem Widerspruch seiner Situation, den er nur als Widerspruch in Gott zu fassen vermag, daß er in Gott seinen Gegner zu erkennen glaubt und gleichzeitig an Gott als seinen Anwalt und gerechten Richter appelliert, von dem er die Be= stätigung seiner Selbstrechtfertigung erwartet. Es ist die gleiche innere Situation wie in 16,21 (s. dort), nur mit dem Unterschied, daß Hiob jetzt von seinem Reinigungseid aus mit einer kühnen Selbstsicherheit sich gewappnet und schein= bar die Anfechtung seines Glaubens von der Basis seines guten Gewissens aus, das ihm subjektiv recht gibt, überwunden hat. Im tiefsten Grund jedoch ist gerade das, was Hiob in seiner Selbstgewißheit empfindet, wo er sich auf dem Höhepunkt seines siegesgewissen Stolzes fühlt, der Tiefpunkt seiner letzten Anfechtung. Und die Schritte, mit denen er sich an Gott heranzudrängen wähnt, sind in Wirklichkeit der Weg, auf dem er sich von ihm entfernt, weil er nur noch sich selbst sieht, und weil sein Rechthabenwollen vor Gott letztlich nichts anderes ist als die Auswirkung jener menschlichen Ursünde des eritis sicut Deus, einer verkehrten Grundhaltung des Menschen, der sich Gott gegenüber überhebt, indem er ohne ihn, neben ihm, ja gegen ihn selbständig sein und als „gerecht" gelten will. Hier ist der kritische Punkt zwischen Gott und Mensch, an dem die Ent= scheidung fallen muß und wird.

Die Schlußbemerkung des Kapitels „zu Ende sind die Worte des Hiob" ist eine spätere redaktionelle Zutat, die ursprünglich ähnlich wie Jer. 51,64 wohl als Abgrenzung gegenüber dem Nachtrag in Kapitel 32—37 gemeint war. Im Zusammenhang des Ganzen kommt jetzt dieser Abschlußformel jedoch eine tiefere Bedeutung zu: Nicht nur äußerlich formal, sondern auch sachlich und von innen her gesehen ist Hiob durch seine Selbstrechtfertigung am Ende dessen, was vom Menschen her gesagt werden konnte; der hier von ihm eingeschlagene Weg führt nicht mehr weiter.

---

[1] Dahinter steht vermutlich die Vorstellung eines „Gottesurteils" (vgl. Preß, ZAW 1933, S. 124 f. Anm. 1).

Die Reden des Elihu
Kapitel 32—37

Obwohl der Schluß von Kapitel 31 formal und inhaltlich unmittelbar auf die Antwort Gottes hinsteuert, tritt mit Kapitel 32—37 eine erneute Atempause ein, die den Fortgang der Dramatik des Hiobbuches noch einmal aufhält. In der Gestalt des Elihu, der im Unterschied zu den anderen Personen des Hiobbuches durch den Namen seines Vaters und seines Stammes näher bezeichnet ist, tritt unerwartet und unvorbereitet eine neue Figur auf den Plan. Er wird weder im Prolog noch — was man doch mindestens erwarten sollte — im Epilog des Hiobbuches erwähnt; er verschwindet, wie er gekommen, ohne eine Spur seines Auftretens in der Dichtung zu hinterlassen. Die vier Elihureden (32—33; 34; 35; 36—37) stehen nicht nur völlig isoliert im Hiobbuch da, sondern sie stören direkt den formalen und sachlichen Zusammenhang des Ganzen (siehe zu 31, 35 ff. und 38, 1 ff.; 40, 6, wo vorausgesetzt ist, daß Hiob und nicht Elihu unmittelbar vorher geredet hat). Diese Beobachtungen und die Tatsache, daß die Elihureden in ihrer sprachlichen Gestalt (Aramaismen, besonderer Wortschatz) und Stilform (weitschweifige Eintönigkeit) sowie in der Struktur des Gesprächs sich von den Reden der Freunde unterscheiden (Elihu wendet sich bald an Hiob, bald an die Freunde, bald an beide Parteien gemeinsam, und greift einzelne Aussagen heraus), führt zu dem Schluß, daß Kap. 32—37 einen nachträglichen späten Einschub darstellen, der nicht von der Hand des Hiobdichters stammt. Elihu spielt in diesen Reden trotz seiner Jugend die Rolle eines Kritikers und Schiedsrichters. Offenbar ist das Bedenken gegen verschiedene blasphemisch klingende oder unbefriedigend einseitige Äußerungen der Gesprächspartner der Grund gewesen für den Einschub, dessen apologetische Tendenz auf die Beseitigung der Anstöße durch eine Korrektur im Sinne der orthodoxen Dogmatik hinausläuft. Daß in den Elihureden das Hiobproblem aus der Lebensnähe unmittelbaren Betroffenseins von den Wirklichkeiten auf die Ebene theologischer Erörterungen abgezogen und das Leiden des Hiob im pädagogischen Sinn als Läuterung des Menschen von seinem Hochmut gedeutet wird, verrät den Epigonen, der in dogmatische Reflexionen und pädagogische Lehren das nachträglich zu fassen versucht, was dem Dichter nur im Geschehen der lebendigen Gottesbegegnung Wirklichkeit wird. So kommt es, daß sich diese Reden des weisen Elihu bisweilen lesen wie ein theologisch-pädagogischer Kommentar, der manches von dem lehrhaft vorwegnimmt, was der Dichter, der ohne Zweifel der größere, fähigere und tiefere Geist ist, in der Dramatik der Gottesreden Kap. 38 ff. zum Ausdruck gebracht hat. Darauf beruht der zwiespältige Eindruck, den die Elihureden hinterlassen: Sowohl der Ernst ihrer tiefgehenden Wahrheiten als auch anderseits die Tatsache, daß ihnen der unnachahmliche Hauch des Geheimnisses abgeht, mit dem die ehrfürchtig zurückhaltende Darstellung des Dichters die letzten Hintergründe heiligen Geschehens umwoben hat. Die Reden des Elihu tragen das unverkennbare Gepräge der agonalen Streitgespräche, deren Ziel es ist, den Gegner zu besiegen, indem man ihn durch Reden zum Schweigen bringt. Da Elihu die anderen überhaupt nicht zu Worte kommen läßt, erscheint er als der, der am Ende recht behält. Auf diese Weise werden die Elihureden zum Monolog, der aus der nachträglichen Beschäftigung mit der Hiobdichtung entstanden ist. Ihren Verfasser wird man in den Kreisen der jüdischen Weisheitslehrer zu suchen haben, wo diese Art theologischer Diskussion üblich gewesen zu sein scheint. Die Reden des Elihu, die denn auch gegenüber den Freundesreden im Dialog auf eine Art Ehrenrettung der Vertreter jüdischer Weisheit hinauslaufen (Steinmann), sind somit eine eigentliche „Lehrdichtung" über theologische Gedankenprobleme, die sich aus der Hiobdichtung ergaben. Dadurch, daß die Elihureden dem Eingriff Gottes (Kap. 38 ff.) vorgeschaltet wurden, ist die dramatische Unmittelbarkeit und Folgerichtigkeit der Hiobdichtung verwischt worden und die irrige Meinung entstanden, die das gesamte Hiobbuch als Lehrgedicht über die Theodizeefrage hat auffassen wollen.

Kapitel 32—33. Die erste Rede des Elihu

Kapitel 32

1 Da gaben es jene drei Männer auf, dem Hiob zu entgegnen. Denn er war nach seiner Meinung gerecht. 2 Da entbrannte der Zorn des Elihu, des Sohnes Barachels, des Busiters aus dem Geschlecht Ram. Gegen Hiob entbrannte sein Zorn, weil er sich Gott gegenüber für gerecht erklärt hatte; 3 und gegen seine drei Freunde entbrannte sein Zorn, weil sie keine Antwort gefunden hatten und den Hiob schuldig sprachen. 4 Elihu hatte gewartet, ‚solange sie mit Hiob redeten'[1], denn sie waren älter als er. 5 Als Elihu jedoch sah, daß die drei Männer keine Antwort mehr vorzubringen hatten, da entbrannte sein Zorn.

  6 Und Elihu, der Sohn Barachels, der Busit, entgegnete und sprach:
  Ich bin an Jahren jung, doch ihr seid Greise,
  drum hielt ich ängstlich mich zurück,
  euch anzusagen, was ich weiß.
  7 Ich dacht': Mag erst das Alter reden,
  der Jahre Menge Weisheit künden.
  8 Jedoch, es ist der Geist im Menschen,
  der Gotteshauch, der klug sie macht.
  9 Nicht (immer) sind die Alten weise,
  verstehen Greise sich aufs Recht.
  10 Drum meine ich: Mich ‚sollt ihr hören'[1];
  auch ich will sagen, was ich weiß:
  11 Sehet, ich wartete auf eure Worte,
  hört' eurer klugen Rede zu,
  bis ihr nach Worten habt geforscht,
  12 gab aufmerksam ich auf euch acht.
  Den Hiob, seht, hat keiner widerlegt,
  Keiner von euch konnt' ihm entgegnen.
  13 Sagt nicht: „Die Weisheit haben wir gefunden".
  Gott wirft ihn nieder, nicht ein Mensch.

---
[1] s. BH.

14 Nicht gegen mich richten sich seine Worte;
 und nicht mit euren Worten werd' ich ihm entgegnen.
15 Betroffen stehn sie da; reden nicht mehr;
 die Worte gingen ihnen aus.
16 Soll ich da warten, wenn sie schweigen,
 wenn sie dastehn, nichts mehr zu sagen wissen?
17 So will auch ich mein Teil erwidern[1],
 mein Wissen künden will auch ich.
18 Denn selber bin ich voll von Worten,
 mich drängt der Geist in meiner Brust.
19 Die Brust ist mir wie Wein, der keine Luft hat,
 wie neue Schläuche reißt er sie entzwei.
20 So muß ich reden, um mir Luft zu machen,
 die Lippen öffnen, Antwort tun.
21 Ich will keines Partei ergreifen
 und keinem sag' ich Schmeichelei'n.
22 Denn ich versteh' mich nicht auf's Schmeicheln,
 sonst rafft' mich bald mein Schöpfer weg.

Kapitel 33

1 Du aber, Hiob, höre meine Rede
 und horch' auf alle meine Worte!
2 Sieh, meinen Mund hab' ich geöffnet,
 in meinem Gaumen meine Zunge spricht.
3 Gradheit des Herzens, so sind meine Worte,
 und lauter reden meine Lippen Wissen.
4 Geschaffen hat mich Gottes Geist,
 und des Allmächt'gen Hauch belebt mich.
5 Vermagst du es, so gib mir Antwort,
 mach' dich bereit, tritt vor mich hin!
6 Sieh, ich bin gleich wie du vor Gott,
 auch ich bin nur geformt aus Lehm.
7 Nicht braucht dich Angst vor mir zu schrecken,
 kein Druck von mir soll auf dir lasten.

8 Du sagtest doch vor meinen Ohren,
 und ich vernahm der Worte Laut:
9 „Lauter bin ich und ohne Sünde,
 bin makellos und ohne Schuld.
10 ‚Vorwände'[1] sucht er gegen mich,
 er achtet mich als seinen Feind.
11 Er ‚legt'[1] mir in den Block die Füße
 und er bewacht all' meine Wege."
12 Sieh, darin hast du unrecht, sag' ich dir,
 denn Gott ist größer als der Mensch.

13 Warum denn haderst du mit ihm,
 er gäb' auf keines seiner[2] Worte Antwort?
14 Denn Gott, er redet einmal,
 ein zweites Mal, nur achtet man nicht drauf.

---

[1] s. BH.   [2] nämlich des Menschen (V. 12).

15 Im Traum, in dem Gesicht bei Nacht,
   wenn Tiefschlaf auf die Menschen fällt,
   im Schlummerzustand auf dem Lager,
16 da öffnet er das Ohr der Menschen
   und durch Verwarnung ‚schreckt er sie'[1],
17 ‚von seinem Tun' den Menschen abzubringen,
   des Mannes Hochmut ‚auszutilgen'[2],
18 sein Leben vor der Grube zu bewahren
   und seine Seele vor des Tods Geschoß[3].
19 Er wird gemahnt durch Schmerz auf seinem Lager,
   der Streit in seinen Gliedern hört nicht auf;
20 sein Leben ekelt ihn der Speise
   und seine Seele auch der Lieblingskost;
21 sein Fleisch nimmt ab, nicht anzusehen,
   und seine Knochen, die man nicht sah, treten vor.
22 Sein Leben nähert sich dem Grabe,
   den Todesmächten[4] seine Seele.
23 Ist da ein Engel ihm zur Seite,
   ein Mittler, einer von den Tausend,
   dem Menschen kund zu tun, was recht ist:
24 dann ist Er[5] gnädig ihm und spricht:
   Erlös' ihn, daß er nicht zur Grube fahre,
   ein Lösegeld hab' ich gefunden;
25 dann strotzt sein Fleisch in junger Kraft,
   der Jugend Tage kehren ihm zurück.
26 Fleht er zu Gott, ist er ihm freundlich;
   sein Antlitz darf er schau'n beim Festesjubel.
   Er gibt dem Menschen die Gerechtigkeit zurück.
27 Den Leuten ‚singt er'[1] zu und spricht:
   „Gesündigt hab' ich und das Recht verkehrt,
   doch ward mir Gleiches nicht vergolten.
28 Erlöst hat er mich von dem Tode[6],
   mein Leben darf das Licht erschaun."
29 Sieh, alles dies pflegt Gott zu tun
   zweimal, ja dreimal an dem Menschen,
30 um seine Seel' vom Grabe fernzuhalten,
   damit ihm leuchten mög' des Lebens Licht.
31 Merk' auf, Hiob, und hör' mir zu;
   verhalt' dich schweigend, daß ich rede!
32 Hast Worte du bereit, entgegne mir;
   sprich, denn ich wollt', du hättest recht!
33 Ist's nicht der Fall, so hör' auf mich;
   sei still, daß ich dich Weisheit lehre!

---

[1] s. BH.
[2] s. BH.; vielleicht ist aber mit Dhorme zu lesen: miggewä ma'asehū und zu übersetzen: um den Menschen von seinem Hochmut abzubringen, sein Werk verhüllt er vor den Menschen.
[3] Wörtlich: vor dem Dahinfahren durch das Geschoß; der bildhafte Ausdruck meint nicht notwendig einen gewaltsamen Tod.
[4] Vielleicht ist an Todesengel gedacht (vgl. 2. Sam. 24,16; Ps. 78,49).
[5] Gemeint ist Gott; andere denken an den Engel als Subjekt in V. 24; der eigentlich Handelnde ist jedoch Gott (vgl. V. 29), was schon in V. 25 vorausgesetzt ist.
[6] Wörtlich: von dem Hinabfahren in die Grube.

32, 1—5 Erzählende Einführung. Kapitel 32 beginnt mit einer erzählenden Einleitung in Prosa (V. 1—5), die das unerwartete Auftreten des Elihu begründet. Sie enthält trotz ihrer wortreichen Weitschweifigkeit im wesentlichen nichts anderes, als was aus der ersten Elihurede zu entnehmen ist, die in 32, 6—33, 7 ebenfalls umständlich motiviert, warum Elihu das Wort ergreift.

1 Schon der erste Satz deutet die Gründe an, weshalb der Verfasser gerade an dieser Stelle mit seiner Kritik einsetzt: Die Freunde sind am Ende ihrer Weisheit, und Hiob fußt auf seiner Selbstgerechtigkeit. In V. 3 f. sind diese Gründe noch einmal wiederholt. Dabei zeigt es sich, daß der Verfasser den künstlerischen Aufbau der Hiobdichtung nicht beachtet, denn das Gespräch zwischen Hiob und seinen Freunden hat schon mit Kapitel 27 sein Ende gefunden, und die Kapitel 29—31 stehen in einer anderen Verbindung, die der Verfasser der Elihureden nicht berücksichtigen konnte, wenn er diese unmittelbar vor den Gottesreden einschieben wollte.

2-3 Der „Zorn", d. h. die sittliche Entrüstung über das Versagen der Freunde und die Selbstgerechtigkeit des Hiob, werden hier als die Motive des Eingriffs Elihus in die Debatte mit auffallender Betonung herausgestellt. Vielleicht verbirgt sich hinter dem Namen Elihu (= Er ist Gott) und dem Namen seines Vaters Barachel (= Gott segnet), möglicherweise auch hinter dem Geschlechtsnamen Ram (= Erhaben) die apologetische Tendenz der Reden, die für die gefährdet erscheinende Ehre Gottes eine Lanze brechen (vgl. 36, 3). Der Name Buz, der in 1. Mose 22, 21 als Bruderstamm von Uz (vgl. 1, 1)
4-5 erwähnt wird, soll wohl die nähere Beziehung zu Hiob andeuten. Daß Elihu erst jetzt das Wort nimmt, wird wie in V. 6 f. 11. 16 mit seiner Jugend begründet, der es geziemt, dem Alter den Vortritt zu lassen und erst zu reden, wenn die Alten schweigen.

6-7 **32, 6—10 Einleitung.** Mit einer captatio benevolentiae, die das Gleiche sagt, was schon die einführende Erzählung in V. 4 f. vorweggenommen hat, beginnt
8-10 Elihu seine wortreiche Rede an die Alten. Der höflichen Zurückhaltung gegenüber dem Alter ist eine Grenze gesetzt, wo dieses versagt. Der Gottesgeist der Weisheit ist nicht immer das Privileg des Alters; und Elihu fühlt sich im Besitz dieser „Weisheit", die ihn zur Kritik zwingt und seinen Worten Gewicht geben soll.

11-13 **32, 11—22 Die Motivierung.** Im Folgenden wendet sich Elihu an die Freunde. Ihre Reden will er mit Aufmerksamkeit verfolgt haben, muß aber feststellen — ein sachlich zweifellos richtiges Urteil —, daß es ihnen nicht gelungen ist, den Hiob zu widerlegen und die Weisheit zu finden, die des Rätsels Lösung wäre (V. 13). Aus dem vielleicht absichtlich dunkel gehaltenen Wort „Gott wirft ihn nieder, und nicht ein Mensch" kann man beides herauslesen: eine Bestätigung dessen, was Hiob selbst immer wieder gesagt hat, daß Gott der Urheber seines Leidens ist und nicht seine menschliche Schuld; aber auch eine Anspielung auf die Gottesreden, wo die Entscheidung über Hiob von Gott her und nicht von der Seite menschlicher Weisheit her fallen wird (Kap. 38 ff.).
14 Auf alle Fälle trifft das, was Hiob gegen die Freunde sagte, nicht die Position,
15-17 die Elihu vertreten wird, denn er hat andere Argumente als die Freunde. Noch einmal überlegt er sich die kägliche Situation der verstummten Freunde, die am

Ende ihrer Weisheit angelangt sind; sie macht es ihm zur Pflicht, nun mit
seinem „Wissen" auf den Plan zu treten. Denn lange genug hat er mühsam die 18-20
Fülle dessen, was er sagen zu müssen glaubt, in sich zurückgehalten. Es kocht in
ihm wie gärender Wein, der selbst gute, neue Schläuche zerreißt. Mit diesem
doppelten Vergleich in V. 19 — übrigens das einzige Beispiel bildhafter Aus=
drucksweise in den Elihureden, das mehr drastisch als treffend ist — gibt sich
Elihu den Anschein prophetischen Geisterfülltseins (vgl. Mi. 3, 8); aber freilich
nur den Anschein, denn es fehlt bei ihm gerade das, was den echten Propheten
kennzeichnet, daß neben dem göttlichen Auftrag nichts anderes mehr Platz
hat. Die Selbstgefälligkeit des seiner Überlegenheit bewußten weisen Theologen
kann er weder hinter seiner Bescheidenheit noch hinter seiner Entrüstung ver=
bergen. Davon zeugt auch die Art, wie er in den beiden letzten Versen von 21-22
Kapitel 32 die Unparteilichkeit seines Vorgehens ins Licht rückt. Es ist nicht
daran zu zweifeln, daß er es mit der Wahrheit ernst meint, und daß ihn die
Gottesfurcht dabei leitet, persönliche Rücksichtnahme hintanzustellen; aber daß
er sich selbst dabei im Unterschied zu den Propheten reichlich wichtig nimmt,
können seine Worte nicht verheimlichen.

Kapitel 33

33, 1—7 **Einleitung.** Im Stil der weisheitlichen Diskussionsrede, die Fiktion 1-7
des Streitgesprächs aufrechterhaltend (V. 5. 32), wendet sich Elihu nun an
Hiob. Die wortreiche Einleitung V. 1—7 dient wieder der captatio benevolentiae. In einer merkwürdigen Mischung von bescheidener Vertraulichkeit und
siegesgewissem Selbstbewußtsein will er Hiobs Vertrauen in die Redlichkeit
seiner wohlmeinenden seelsorgerlichen Absichten wecken V. 3—6 und ihm die
Furcht (!) nehmen V. 7 (vgl. 9, 34; 13, 21). Aber er läßt auch keinen Zweifel
darüber, daß hinter seinen Worten die göttliche Autorität der Weisheit steht
V. 4, gegen die Hiob kaum wird aufkommen können. Tatsächlich verlaufen denn
auch die Elihureden als Monolog.

33, 8—12 **Hiobs Unrecht: Gott als Feind.** Erst in 33, 8 kommt Elihu zur 8-12
Sache. Im Unterschied zu den Freunden, die Hiobs Schuld in seinen früheren
Verfehlungen suchten, greift Elihu nur solche Äußerungen des Hiob zur Kritik
heraus, die im Laufe des Dialogs gefallen sind; ein Beweis dafür, daß es dem
Verfasser der Elihureden um eine kritische Beleuchtung der ihm vorliegenden
Hiobdichtung zu tun ist. Die eigenen Worte des Hiob summarisch rekapitulierend
(V. 8—11; V. 10b ist wörtliches Zitat aus 13, 24b), wendet sich Elihu zu=
nächst gegen Hiobs Behauptung, daß Gott ihn als Feind behandle (vgl. 10,
13ff.; 19, 11; 30, 21). Hiobs Beteuerung seiner Unschuld wird zwar in V. 9
genannt, aber erst in Kapitel 34 der näheren Kritik unterzogen. Mit vollem
Recht ist der Irrtum in Hiobs Auffassung Gottes als seines Feindes ganz kurz
in V. 12 mit der Unzulänglichkeit alles menschlichen Denkens gegenüber der
Erhabenheit Gottes begründet; der Vers enthält eine kurze Vorwegnahme

dessen, was Hiob in Kapitel 38 ff. durch Gott selbst viel tiefgreifender und eindrucksvoller erfährt, und was die schwache Seite aller menschlichen Aussagen über Gott trifft, die ihn in die Sphäre menschlicher Analogien herabziehen.

33,13—30 **Hiobs Unrecht: Gott schweigt.** Unter das gleiche Urteil fällt auch das Hadern des Hiob mit Gott, weil er „keine Antwort gebe" (vgl. 9,16 und Fragen wie 7,20 f.; 10,18; 24,1 ff.). Es ist nicht nur grundlos, mit Gott zu hadern, weil „Gott größer ist als der Mensch" (V. 12 vgl. 40,2), sondern auch Unrecht, denn Gott schweigt keineswegs. Mehr als einmal redet er in seiner Weise, nur achtet der Mensch nicht auf solches Wort Gottes. Mit deutlicher Beziehung auf die Worte des Eliphas (in V. 15 ist 4,13 wörtlich zitiert) greift Elihu die Träume und Nachtgesichte als solche Möglichkeiten heraus, bei denen Gott zum Menschen spricht und ihn durch „Schrecken" mahnt — eine Anspielung auf Hiobs Worte von 7,14 —, um ihn vom falschen Wege und von seinem „Hochmut" abzubringen. Obwohl Elihu hier ganz allgemein redet, sind seine Worte doch auf Hiob gemünzt. Der Frage des Hiob nach dem „Warum", die Gott gleichsam in die Verteidigung drängt, stellt Elihu die andere Frage nach dem „Wozu" gegenüber, die der souveränen Freiheit Gottes gerecht zu werden versucht, da sie nicht vom Hochmut, sondern von der Demut gestellt wird, die Gott das Gesetz seines Handelns überläßt. Nicht Feindschaft, wie Hiob meinte, oder eine in der göttlichen Absolutheit begründete Unbekümmertheit um das Wohl und Wehe des Menschen ist dieses Gesetz des göttlichen Handelns, sondern im Gegenteil seine Liebe und Sorge: „Gott will nicht den Tod des Sünders, sondern daß er sich bekehre und lebe" (Ez. 33,11).

Auch den Sinn des Hiobleidens, das offenkundig für die Darstellung der Krankheit zum Tode in V. 19—22 Modell gestanden hat, sucht Elihu in dieser Richtung. Menschlich gesehen geht der Weg dem Grabe zu; aber Gott geht seinen eigenen Weg: Er hat seinen Boten, der als Mittler (wörtlich: Dolmetscher) die Sprache Gottes im Leid deutet und dem Menschen kundtut, „was recht ist", d. h. den gottgewollten Weg durch Buße zum Heil zeigt. Schwerlich will Elihu unter dem Engel und „Mittler" sich selbst oder irgendeinen beliebigen Menschen verstehen; bei allem seinem Selbstbewußtsein widerspräche dieses Verständnis doch der alttestamentlichen Auffassung vom Gottesengel und wird auch widerraten durch die emphatische Hervorhebung des einen von den tausend (vgl. Pred. 7,28). Absichtlich ist die Gestalt des einen, der unter tausend hervorragt, im geheimnisvollen Halbdunkel gelassen, in das der Eingriff Gottes zum Heil getaucht ist. In der alttestamentlichen Figur des Mittlerengels, der die Kluft zwischen Gott und Mensch (V. 16) überbrückt, ist das göttliche Mysterium ahnungsvoll vorgebildet, das in Jesus Christus geschichtliche Gestalt gewonnen hat. Der Vorgang der Erlösung des Menschen von seinem Leid geht von Gott aus und spielt sich zunächst in der dem Menschen unsichtbaren himmlischen Sphäre des Gottesbereichs ab (vgl. ʿālāw und 16, 21; 19,25). Gottes Gnade allein ist es, die den Menschen erlöst; darum wird man V. 24 auf Gott und nicht auf den Engel zu deuten haben. Denn nur im Munde Gottes ist die Anerkennung und Annahme des „Lösegelds" sinnvoll, unter dem man nach dem Zusammenhang wohl die Bußfertigkeit des Sünders in Sündenerkenntnis und Reue als Wirkung der Mittlertätigkeit des Engels zu verstehen haben wird. An diesen ist Gottes Aufforderung gerichtet, den Kranken vom Tode zu befreien, daß er wieder in die Jugendfrische des Lebens zurück=kehren darf. 25

Das Bild des himmlischen Vollzugs der Erlösung, das in B. 23—24 sub specie Dei dargestellt ist, wird in V. 26—28 ergänzt durch die Perspektive vom Menschen her, in der es als das Heilserlebnis des bußfertigen Sünders erscheint. Es ist bezeichnend und auch für das Verständnis der Hiobdichtung, die der Verfasser der Elihureden vor sich hatte, bedeutsam, daß die Verleihung der „Gerechtigkeit" durch Gott nach dem Vorbild der Tradition des alten Bundesfestkults, wie es sich in den Psalmen widerspiegelt, stilisiert ist. Wendungen wie „er ist freundlich", „Gottes Angesicht schauen", „Festjubel", „Gerechtigkeit" im Sinne der Teilhabe an der Heilsverwirklichung Gottes, ferner das in der Gemeinde „gesungene" Bußbekenntnis und Danklied (B. 27 f.) verraten deutlich den Einfluß der Kultüberlieferung auf die Diktion und Vorstellungswelt des Autors. 26-28

Was schon in dem Rückgriff auf die Tradition der Begegnung zwischen Gott und Mensch im Kult beschlossen liegt, faßt V. 29 f. im Rückblick auf V. 14 (beachte die Verwendung des „Zahlenspruchs") zusammen: Gottes Wort (B. 14) ist sein Handeln zum Heil der Menschen, um sie vom Tode zu erretten und ihnen „des Lebens Licht" leuchten zu lassen. Und das Motiv seines Handelns ist seine auch im Menschenleid verborgene Liebe und Gnade. 29-30

33, 31—33 **Überleitung.** Der Schluß des Kapitels mit seiner Aufforderung an Hiob zum Schweigen und Hören klingt wie eine Einleitung zu einer weiteren Rede des Elihu und ist wohl auch so gedacht, ohne daß es erforderlich wäre, die Verse zu Kapitel 34 zu stellen, das seine eigene Einführung hat. Die Aufforderung an Hiob, zu entgegnen, wenn er könne, und die höflich wohlwollende Herablassung in den Worten „ich wollte, du hättest recht" dienen als Zwischenbemerkung zwischen V. 31 und 33 nur dazu, den unbestreitbaren Erfolg der ersten Rede des Elihu und seiner „Weisheit" zu dokumentieren und damit den Boden für die Fortsetzung seiner Belehrung zu bereiten. 31-33

Kapitel 34. Die zweite Rede des Elihu

1 Da hob Elihu an und sprach:
2 Ihr Weisen höret meine Worte,
   und lauschet mir, ihr Kundigen!
3 Das Ohr soll ja die Worte prüfen,
   so wie der Gaumen ‚Speise'[1] kostet.
4 Laßt uns das Recht denn untersuchen,
   was gut ist, unter uns erkennen!
5 Denn Hiob hat gesagt: „Ich bin im Recht,
   und Gott hat mir mein Recht entzogen.
6 Gegen mein Recht werd' ich zum Lügner;
   unheilbar traf der Pfeil mich, ohne Schuld."

---

[1] s. BH.

Kapitel 34

7 Wer ist ein Mann, dem Hiob gleich,
   der Lästerung wie Wasser trinkt,
8 im Bund mit Übeltätern wandelt
   und mit den Frevlern Umgang pflegt?
9 Denn er behauptete: „Nichts nützt's dem Menschen,
   daß er mit Gott in Freundschaft lebt."

10 Drum hört mir zu, ihr Männer von Verstand:
   Fern sei's von Gott, unrecht zu handeln
   ‚und vom'¹ Allmächtigen ‚zu freveln'²!
11 Nein, was der Mensch tut, das vergilt er,
   läßt's ihm ergehn nach seinem Wandel.
12 Nein, wahrlich, Gott tut niemals unrecht,
   und der Allmächtige beugt nicht das Recht.
13 Wer hat ihm ‚seine Erde'¹ anvertraut,
   und wer den ganzen Erdkreis hingestellt?
14 Dächte er nur an sich,
   zög' seinen Geist zurück und seinen Odem,
15 dann würde alles Fleisch zusammen sterben,
   der Mensch zurückkehren zum Staub.

16 Hast du Verstand, so höre dies,
   vernimm, wie meine Worte lauten.
17 Kann, wer das Recht haßt, Herrschaft führen?
   Willst du beschuldigen den Mächtigen-Gerechten?
18 ihn, ‚der'¹ zum König ‚sagt'¹: „Du Nichtsnutz!"
   und zu den Edelleuten: „Bösewicht!",
19 der nicht auf Fürsten Rücksicht nimmt,
   nicht Vornehme den Armen vorzieht,
   denn alle sind sie seiner Hände Werk.
20 Sie sterben plötzlich, mitten in der Nacht;
   das Volk gerät in Aufruhr, und sie³ müssen fort;
   den Mächt'gen ‚läßt er weichen'¹ ohne (Menschen)hand.
21 Denn seine Augen schauen auf des Menschen Wege
   und alle seine Schritte sieht er wohl.
22 Da ist kein Dunkel, keine Finsternis,
   wo sich die Übeltäter bergen könnten.
23 Denn nicht braucht er nach jemand lang zu fahnden,
   daß er zu Gott käm' vor Gericht.
24 Ohne Verhör zerbricht er Große,
   stellt andere an ihren Platz;
25 darum merkt er auf ihre Taten,
   ‚stürzt sie'¹ bei Nacht, sie sind zermalmt.
26 Wie Frevler schlägt er sie
   an einem Ort, wo man es sieht,
27 deshalb, weil sie von ihm gewichen,
   nicht achteten auf seine Wege all',
28 daß sie Elender Schreien vor ihn brachten,
   er hörte der Armen Geschrei.

---

¹ s. BH. ² Lies meʻawwel (Hölscher).
³ Gemeint sind die Machthaber von V. 18; vgl. V. 20c.

29 Hält er sich still — wer spricht ihn schuldig?
   Verhüllt sein Antlitz er — wer nimmt ihn wahr? —
   über dem Volk und über einzelnen[1],
30 daß nicht ruchlose Menschen herrschen,
   dem Volke nicht zum Fallstrick werden.

31 Denn ‚soll Gott etwa sagen: „Ich habe mich geirrt'[2],
   nicht mach' ich's (wieder) falsch[3];
32 was ich nicht sehe, lehr' du mich;
   tat Unrecht ich, will ich's nicht wieder tun"?
33 Soll er nach deinem Sinn vergelten?
   denn du hast ja Kritik geübt[4];
   so mußt du ja entscheiden[5] und nicht ich;
   und was du weißt, sage es an!

34 Verständ'ge Männer werden zu mir sagen,
   und jeder Weise, der mir zugehört:
35 Es redet Hiob nicht mit Einsicht,
   und was er sagt, ist unbedacht.
36 Wohlan, er werde immerfort geprüft,
   weil er erwiderte wie böse Leute!
37 Denn zu der Sünde fügt er noch den Abfall,
   in unsrer Gegenwart klatscht er sich Beifall,
   mehrt seine Worte gegen Gott.

Die zweite Elihurede befaßt sich mit der Frage der Gerechtigkeit Gottes (vgl. Kap. 8). Sie zeigt den Elihu ganz auf der Seite der Freunde, die er deshalb auch am Anfang (V. 2. 4. 10) und am Ende (V. 34) als seine Bundesgenossen gegen Hiob apostrophiert, während Hiob in V. 16—33 angeredet ist. Elihu verteidigt das Dogma der „Weisheit" von der vergeltenden Gerechtigkeit Gottes, das er von verschiedenen Gesichtspunkten her zu beweisen sucht, ohne im Grunde sachlich über die von den Freunden bereits vertretene Theorie hinauszukommen.

34, 2—4 Einleitung. Wie bei der ersten Rede hat die Einleitung den Zweck der captatio benevolentiae, die zum rhetorischen Stil des Weisheitsgesprächs gehört. Von daher und aus der gemeinsamen Front gegen Hiob in der zur Debatte stehenden Frage erklärt sich der im Vergleich zu 32, 6 ff. auffallende Wechsel im Ton gegenüber den Freunden. Die Anrede an die Freunde im Blick auf 32, 6 ff. ironisch zu deuten, verbietet der Gesamttenor des Kapitels. Ebensowenig empfiehlt es sich, unter den „Weisen" und „Kundigen (beides Fachausdrücke) andere anwesende Hörer oder die Leser verstehen zu wollen; dafür ist im Text nicht der geringste Anhalt. Mit einer Anspielung auf 12, 11 (V. 3) fordert Elihu die Freunde zu einer gemeinsamen Untersuchung „des Rechts" in der Angelegenheit des Hiob auf, die er dann allerdings allein führt, ohne das Urteil der Freunde abzuwarten, ein Beweis für den fiktiven Charakter der Elihureden und ihre nachträgliche Einschaltung.

---

[1] Die Übersetzung von VV. 29 ff. ist unsicher.
[2] s. BH. [3] Wörtlich: handle ich verderbt.
[4] Wörtlich: verworfen; das bezieht sich auf die Theorie der göttlichen Vergeltung V. 33a.
[5] Wörtlich: wählen.

5-6 **34,5—6 Der Streitpunkt.** Der Gegenstand der Untersuchung sind die Aussagen des Hiob, daß er, obwohl schuldlos, von Gott ungerecht behandelt werde, die Elihu teils wörtlich (V. 5b = 27, 2), teils dem Sinne nach zitiert (zur Beteuerung der Unschuld vgl. 9,21; 10,7; 12,4; 16,17; 23,10; 27,5 f.; Kap. 31; zum Bild von den „Pfeilen" Gottes vgl. 6,4; 16,13; daß sein Leiden nach der Vergeltungstheorie gegen ihn zeuge und seine Unschuldsbekenntnisse zur Lüge stemple [V. 6a], hat Hiob in 9,29; 10,17 [vgl. 27,4] angedeutet).

7-9 **34,7—9 Das Vor-Urteil.** Um sich selbst zu distanzieren von der Ungeheuerlichkeit solcher Behauptungen Hiobs (vgl. die ähnliche Stilform in 21,15 f.) und gleichzeitig das Ergebnis seiner „Untersuchung" vorwegnehmend, stuft Elihu den Hiob in die Kategorie der „Übeltäter" (vgl. 15,16) ein, indem er Worten des Hiob wie 9,22 ff. oder 21,7—13 eine Konsequenz unterschiebt (V. 9), die Hiob nicht nur nicht selbst ausgesprochen, sondern gegen die er sich ausdrücklich in 21,16b verwahrt hat. Hinsichtlich der Auffassung vom „Nutzen" der Frömmigkeit teilt Elihu die eudämonistische Meinung, die Eliphas in 22,2 schon vertreten hat. Der Versuch Hertzbergs, aus den Versen ein teilnehmendes Mitgefühl des Elihu für Hiob herauszulesen, kann sich zwar auf die Übersetzung der Septuaginta berufen, ist aber nur möglich durch einen bedenklichen Eingriff in den Text (Ausscheidung von V. 9) und eine gequälte Deutung, die zu dem Gesamtcharakter des Kapitels in Widerspruch steht.

34,10—15 Die Antithese. Ehe sich Elihu an Hiob selbst wendet, stellt er den Behauptungen Hiobs seine eigene These entgegen; sie gibt die Begründung zu seinem in V. 7—9 vorweggenommenen Urteil und deutet zugleich die allgemeine Gedankenrichtung an, in der seine kritische Beweisführung verlaufen wird.
10-12 Zwei Sätze sind es, um die sich die Rede des Elihu bewegt: „Gott ist nicht ungerecht" (V. 10) und: „Gott handelt nach dem Gesetz der Vergeltung" (V. 11). Mit großer Emphase setzt sich Elihu für die Apologie der Gerechtigkeit Gottes und des Vergeltungsdogmas ein und unterstreicht in V. 12 noch einmal den ersten Satz, indem er sich die ähnlichen Aussagen des Bildad (vgl. 8,3) zu 13 eigen macht. Die „Gerechtigkeit" Gottes begründet er in V. 13 mit dem Schöpfungsglauben, aus dem hervorgeht, daß Gott als der Herr der Welt in niemandes Auftrag handelt und darum auch von niemandem zur Rechenschaft gezogen werden kann. Das hat Hiob in ähnlicher Weise schon behauptet, als er 14-15 in Kap. 9 von der absoluten Gerechtigkeit Gottes sprach. Darauf scheint V. 14 f. Bezug zu nehmen, wenn hier der Verdacht der subjektiven Willkür und Selbstsucht (siehe zu Kap. 9 S. 72 f.) von Gott ferngehalten und darauf hingewiesen wird, daß, wenn Gott „nur an sich dächte", d. h. ohne Gottes liebende Fürsorge, alle Menschen dem Tod verfallen wären.

16-30 **34,16—30 Die Gerechtigkeit Gottes.** Jetzt erst wendet sich Elihu unmittelbar gegen Hiob, indem er an dessen Einsicht appelliert. Seine Gedankengänge bewegen sich ja durchaus auf der Ebene des Verstandes. Aus dem Gedanken der Herrschaft Gottes leitet er Gottes Gerechtigkeit ab, weil nur durch Gerechtigkeit der Bestand einer Regierung gewährleistet sei (V. 17). Da für Elihu Gottes Macht und Gerechtigkeit zusammenfallen (vgl. „der Gerechte=Mächtige" V. 17b),

15*

kommt ihm die Fragwürdigkeit seiner Logik, die Hiob schon in Kapitel 9 gestreift hat, nicht zum Bewußtsein. Er sieht die Gerechtigkeit Gottes in seiner Unparteilichkeit, die er wiederum mit dem Schöpfungsgedanken begründet (V. 18 f.). Die Revolutionen der Geschichte, in denen die Machthaber gestürzt werden, dienen ihm als Beweis für Gottes gerechte Weltregierung (V. 20), dessen Allwissenheit alles Dunkel durchdringt, so daß er es nicht nötig hat, in einem langen Ermittlungsverfahren (dieser Gedanke richtet sich gegen Hiobs Forderung 31, 35—37) den Menschen zu verhören, ehe er das Urteil fällt und vollstreckt (V. 21—28). Neben solchen Fällen, wo Gottes Gerechtigkeit gegen den Frevler sichtbar in Erscheinung tritt (V. 26b), gibt es auch solche, wo Gott „sein Angesicht verhüllt" und scheinbar ruhig zusieht (V. 29). Doch ist die Tatsache, daß man Gott nicht wahrnimmt, noch kein Grund, ihn der Ungerechtigkeit beschuldigen zu wollen; auch in diesen Fällen wacht er über dem einzelnen und dem Volk, daß die Frevler nicht zur Macht kommen und dem Volk zum Verderben werden. So ist also auch das Stillhalten Gottes im Grunde ein zweckvolles Handeln.

34,31—33 **Hiobs Vorwürfe.** Mit diesen Gedankengängen glaubt Elihu Hiobs Position soweit erschüttert zu haben, daß er ihm selbst die Frage nach der Berechtigung seiner Vorwürfe zuschieben kann in einer Form, die ihm die groteske Verkehrung des Verhältnisses Gott=Mensch in seinen Anklagen eindrücklich machen soll. Soll etwa Gott als der schuldige und reuige Sünder vor ihn treten und ihm Abbitte tun und Besserung geloben? Eine Frage, die nur gestellt zu werden braucht, um keine Frage mehr zu sein. Der Text ist an dieser Stelle sehr dunkel und die Deutung unsicher. Vermutlich hat der Anstoß an der gewagten Formulierung dazu geführt, daß der ursprüngliche Text durch kleine Abänderungen nachträglich umgestaltet wurde, um die Gefahr einer Blasphemie zu vermeiden, so daß nun V. 31 f. auf einen Menschen als den reuigen Sünder gehen, was man als Bußmahnung an Hiob zu verstehen pflegt. Doch würde ein derartiges Beispiel völlig aus dem Rahmen fallen, während bei dem obigen Verständnis die Verse 31—32 sowohl nach rückwärts als auch nach vorwärts sich dem Gedankengang reibungslos einfügen. Denn V. 33 setzt den Gedanken fort, daß Hiob gegen Gott im Recht zu sein beansprucht und ihm damit eigentlich vorschreiben wolle, wie er Vergeltung üben soll, und daß es nun an Hiob wäre, seine Kritik an Gottes Verhalten durch einen Vorschlag zu ergänzen, wie es anders und besser zu machen sei. Elihu glaubt damit den Hiob in die Enge getrieben und ihm seine Argumente entwunden zu haben; denn er schreitet nun, ohne mit einer Entgegnung des Hiob zu rechnen, unmittelbar zum Urteil.

34,34—37 **Das Urteil.** Nach V. 7—9 stand das Ergebnis der „Untersuchung" dem Elihu schon von vornherein fest, so daß er jetzt sein Urteil als das Urteil aller Weisen ausgeben und damit seinen rhetorischen Sieg über Hiob dokumentieren kann (V. 34): Hiob redet ohne Einsicht; die „Weisheit" des Elihu und der Freunde hat ihn besiegt (V. 35). Daraus leitet Elihu das Recht ab, daß Hiob weiter „geprüft" werde (V. 36), was man sowohl im Sinne weiterer Leiden als auch im Sinne einer Fortsetzung der Untersuchung durch Elihu verstehen kann. Der Vers bildet somit die Überleitung zu den folgenden Elihureden. Der Schlußvers gibt noch einmal eine zusammenfassende Begründung des Urteils. Im Rückblick auf V. 7—9 stellt Elihu fest, daß zu dem wiederholten Aufbegehren des Hiob gegen Gott noch die Sünde des Abfalls hinzukomme, und daß seine Unschuldsbeteuerungen und seine Selbstrechtfertigung als Zeichen eitler Selbstüberhebung zu werten seien. Der tiefsten Not des in der Anfechtung seines Glaubens gerade um die innere Gemeinschaft mit Gott ringenden Hiob wird Elihu so wenig gerecht wie die Freunde, deren Urteil er hier teilt.

Kapitel 35. Die dritte Rede des Elihu

1 Da hob Elihu an und sprach:
2 Hältst du denn dieses für das Recht
und nanntest (dies) „mein Recht vor Gott",
3 daß du erklärst: „Was bringt, mir's[1] Nutzen,
was frommt mir's, ohne Schuld zu sein?"
4 Ich will mit Worten dir entgegnen
und deinen Freunden gleich wie dir.

5 Schau doch den Himmel an und sieh,
blick' zu den Wolken auf, zu hoch für dich!
6 Wenn du gesündigt hast, was tut das[2], ihm'[1]?
Sind deiner Frevel viel, was macht's ihm aus[2]?
7 Handelst du recht, was gibst du ihm,
und was empfängt er denn aus deiner Hand?
8 Den Menschen, deinesgleichen, trifft dein Frevel;
und tust du recht, kommt es Menschen zugut.

9 Man schreit über die Menge der Bedrückung,
klagt über die Gewalt der Großen;
10 jedoch man fragt nicht: „Wo ist Gott mein Schöpfer?",
der Lieder gibt in tiefer Nacht,
11 der uns mehr als der Erde Tiere lehrt,
uns weiser als des Himmels Vögel macht.
12 Da schreien sie, doch er antwortet nicht
wegen der Bösen Übermut.
13 's ist ganz umsonst. Gott hört es nicht,
und der Allmächt'ge achtet nicht darauf.
14 Nun gar, wenn du erklärst, du säh'st ihn nicht.
Recht komme vor ihn, und du harrest sein!
15 Jetzt aber, weil sein Zorn nicht eingriff
und er um Albernes sich nicht groß kümmert,
16 reißt Hiob sinnlos[3] seinen Mund auf
und hält im Unverstand (noch) große Reden!

---
[1] s. BH.   [2] Wörtlich: was tust du ihm?
[3] Wörtlich: in nichtiger Weise.

Die dritte Rede des Elihu setzt die Betrachtung fort, indem sie die bereits in 34,9 gestreifte Frage nach dem Nutzen der Frömmigkeit aufgreift und von zwei Seiten her beleuchtet: In V. 5—8 unter dem Gesichtspunkt der Erhabenheit Gottes, und in V. 9—16 im Blick auf die unerhörten Gebete; V. 2—4 bilden die Einleitung.

35,2—4 Einleitung. Die Einleitung, in der sich Elihu wieder an Hiob 2 wendet, stellt gleichzeitig die Verbindung mit der vorausgehenden Rede her und enthält das Thema der folgenden. Denn V. 2 blickt sowohl nach rückwärts als auch nach vorwärts. Hiob glaubt sich im Recht vor Gott (der Ausdruck scheint hier komparative Bedeutung zu haben), wenn er auf Grund seines Unschuldsbewußtseins Kritik übt an Gottes Verhalten und nach einer „besseren Gerechtigkeit" Ausschau hält. Von da aus meint Elihu verstehen zu müssen, daß 3-4 Hiob den Nutzen der Frömmigkeit überhaupt geleugnet habe, was eine unberechtigte Unterstellung ist (siehe zu 34, 9).

35,5—8 Vom Nutzen der Frömmigkeit. Der erste Teil der Rede geht aus 5-7 von dem Gedanken der Erhabenheit Gottes (vgl. 11, 7 ff. [Sophar]; 22, 12 ff. [Eliphas]). Schon der Blick zum Himmel muß dem Menschen den Maßstab für den unendlichen Abstand zwischen Gott und Mensch geben, daß ihm dabei die Unmöglichkeit klar werden sollte, auf Gott einwirken zu wollen durch eigenes Tun. Gott ist der Sphäre menschlicher Kategorien entzogen, so daß weder die Sünde des Menschen ihm schaden, noch menschliches Rechttun ihm nützen könne, ein Gedanke, den Hiob schon in 7, 20 — wenn auch in anderer Blickrichtung — und Eliphas in 22, 2 f. ausgesprochen haben. Natürlich soll damit nicht gesagt sein, daß moralisches Handeln religiös gleichgültig sei, sondern nur, daß es nicht als Waffe oder Druckmittel in der Hand des Menschen gegen Gott mißbraucht werden kann. Wie Eliphas in 22, 2 vertritt auch Elihu die eu- 8 dämonistische Nützlichkeitsmoral der Weisheitslehre, daß der Mensch durch sein Handeln sich selbst schadet oder nützt, weil er glaubt, daß die Wirkungen von Gut und Böse nur im Bereich des Menschlichen verbleiben.

35,9—16 Gott schweigt. Der zweite Teil der Rede bringt die notwendige Ergänzung zu dieser in ihrer Einseitigkeit nicht unbedenklichen Feststellung. Elihu widerlegt den Einwand, der im Blick auf die unerhörten Gebete gegen seine These erhoben werden könnte, und der bereits von Hiob im Zusammenhang mit der Theodizeefrage in Kapitel 24 gegen die Theorie von der vergeltenden Gerechtigkeit Gottes erhoben worden ist. Auf Hiobs Einwand ein- 9-13 gehend, zeigt er am Beispiel der unter der Bedrückung leidenden Menschen ganz allgemein, daß ihre Klage einer verkehrten egozentrischen Grundhaltung entspringt, die nur das Ihre sucht und nicht nach „Gott dem Schöpfer" fragt. Die Klagen solcher Menschen, die nur sich selbst kennen, gleichen den elementaren Schmerzenslauten der Tiere, denen die „Weisheit" fehlt, die Gott dem Menschen lehrt und ihn dadurch über das Tier erhebt (V. 11). Elihu streift hier den Gedanken der Gottebenbildlichkeit (vgl. 1. Mose 1, 26 f.) im Sinne des Korrespondenzverhältnisses zwischen Gott und Mensch, wenn er in V. 10b hinweist auf den Gott, „der Loblieder gibt in der Nacht". Mit dieser etwas dunklen

Andeutung sind vermutlich die Hymnen oder Danklieder gemeint, die in den Nächten des Kultfestes als Echo auf die Offenbarung Gottes in der Schöpfung und Heilsgeschichte dargebracht wurden (vgl. Ps. 22,26 „Dir gilt mein Preislied in großer Gemeinde"; zur Festnacht vgl. Jes. 30,29; Ps. 16,7). Gleichzeitig scheint die Erwähnung des Schöpfers auf Kap. 38 ff. hinzuweisen. Das jedenfalls ist klar, daß einer falschen egozentrischen Haltung die theozentrische als die richtige gegenübergestellt werden soll, in der sich der Mensch von Gott her bestimmt weiß und von da aus sich selbst verstehen und sich entscheiden muß. Immerhin ist es bezeichnend, daß, wie V. 11 nahelegt, Elihu diese Perspektive eines lebendigen Glaubens unter den Begriff der „Weisheit" faßt. Er sieht in der Haltung des Menschen, der nur sich selbst kennt, ein Zeichen des Übermuts und findet es gar nicht verwunderlich, daß Gott das Schreien solcher Menschen nicht beachtet und ihre Gebete nicht erhört; denn sie wissen ja nicht, was Beten

14—16 wirklich heißt (V. 12—13). Bezug nehmend auf Hiobs Äußerungen über die Theodizeefrage in Kap. 24 und seine mehrfach ausgesprochene Erwartung der Entscheidung Gottes im Gericht, die in der Herausforderung 31, 35 ff. gipfelte[1], fällt Elihu ein ähnliches Urteil wie in Kap. 34, daß Hiob ohne Weisheit und Verstand große Reden führe, weil das Verhalten Gottes nicht seinen Erwartungen entspreche. Es ist einfach die logische Folgerung aus dem Gedankengang von V. 9—13, die zwar nicht mit Unrecht an den wichtigen Unterschied zwischen Moral und Sünde als Grundhaltung des Menschen zu Gott rührt, aber dem Anliegen des Hiob insofern nicht gerecht wird, als sie seine tiefe Sehnsucht nach Gott und echter Gemeinschaft mit ihm völlig ignoriert.

Kapitel 36—37. Die vierte Rede des Elihu

Kapitel 36

1 Da fuhr Elihu fort und sprach:
2 Warte ein wenig, daß ich dir es künde;
ich hab' für Gott noch mehr zu sagen.
3 Mein Wissen hole ich von ferne her,
um meinem Schöpfer Recht zu schaffen.
4 Denn, wahrlich, meine Worte sind kein Trug.
Ein Mann vollkomm'nen Wissens steht vor dir.

5 Sieh, Gott ist mächtig, doch nicht teilnahmslos[2],
an Kraft gewaltig und an Weisheit.
6 Den Bösen läßt er nicht am Leben,
doch den Bedrückten schafft er Recht.
7 Nicht wendet er sein Aug' von dem Gerechten;
auch Kön'ge auf dem Thron, die setz' er ein
für immer, und sie wurden groß.

---

[1] Die verschiedentlich vertretene Auffassung von V. 14b als Mahnung zur Geduld widerstrebt dem Gesamtzusammenhang der Rede und wird auch durch die Fortsetzung in V. 15f. stilistisch und inhaltlich widerraten.

[2] Wörtlich: er verwirft nicht.

8 Doch sind in Fesseln sie geschlagen,
   gefangen in des Elends Banden,
9 so hielt er ihnen vor ihr Tun
   und ihre Frevel, daß sie überheblich,
10 und öffnete ihr Ohr zur Warnung
   und hieß sie umkehren vom Bösen.
11 Wenn sie gehorchen und ihm dienen,
   vollenden ihre Tage sie im Glück
   und ihre Jahre in Glückseligkeit.
12 Hören sie nicht, trifft sie des Tod's Geschoß,
   sie sterben hin im Unverstand.
13 Ruchlos Gesinnte hegen Groll,
   sie flehen nicht, wenn (Gott) sie bindet.
14 Jung schon muß sterben ihre Seele,
   und den Schandbuben[1] gleicht ihr Leben.
15 Den Dulder rettet er (gerade) durch sein Leiden
   und öffnet durch Bedrängnis ihm das Ohr.

16 Auch dich lockt' er aus Drangsals Rachen;
   in Weite stehst du[2], nicht in Enge;
   und deine Tafel ist mit Fettem reich besetzt.
17 Doch wenn du wie ein Frevler richtest,
   dann wird Recht und Gericht (dich) treffen.
18 Laß nicht den Zorn zu Lästrung dich verleiten
   und reiches Lösegeld dich nicht verführen!
19 Wird ‚ihm'[3] dein Schreien in der Not genügen
   und alle Aufwendung von Kraft?
20 Sehne doch nicht die Nacht herbei
   . . . . [4]
21 Hüt' dich, dem Argen wende dich nicht zu,
   denn dazu ‚bist'[5] vom Leiden du ‚geprüft'[5].
22 Sieh, groß ist Gott in seiner Macht.
   Wer ist ein Lehrmeister wie er?
23 Wer könnt' ihm seinen Weg vorschreiben,
   und wer ihm sagen: Du hast mißgetan?
24 Denke daran, sein Tun zu preisen,
   davon die Menschheit Lieder sang.
25 Staunend sehn's alle Menschen an,
   und doch erblickt's der Mensch von ferne nur.

26 Sieh, Gott ist groß — doch wir erkennen's nicht —,
   und unausforschlich seiner Jahre Zahl.
27 Zieht er des Wassers Tropfen an,
   zerstieben sie in seinem Dunst zu Regen,
28 den Wolken niederrieseln lassen,
   (und) träufeln auf der Menschen Menge.

---

[1] s. BH. „Geweihte" bezeichnet die Lustknaben (so auch Luther) im Zusammenhang mit der kultischen Prostitution des kanaanäischen Heidentums.
[2] Wörtlich: ist ‚unter dir' (s. BH.).   [3] Lies lô statt lo'.
[4] Der zweite Halbvers ist dunkel; wörtlich: daß Völker aufsteigen an ihrer Stelle.
[5] Lies mit S bohartā.

29 Wer gar versteht den Zug¹ der Wolken,
   den Donnerhall aus seinem Zelt?
30 Sieh, wie sein Licht er um sich breitet,
   ‚der Berge Gipfel'² damit deckt!
31 In ihnen³ richtet er die Völker,
   gibt ihnen Nahrung (auch) in reicher Fülle.
32 Mit Licht bedeckt er beide Hände,
   gegen den Angreifer entbietet er's⁴.
33 Ihn kündet an sein Donnerhall,
   ‚der Zorn anschürt gegen den Frevel'⁵.

Kapitel 37

1 Ja, es erzittert drob mein Herz
   und es springt auf von seinem Ort.
2 Hört, hört auf seiner Stimme Toben,
   das Brummen, das aus seinem Munde geht!
3 Unter dem ganzen Himmel läßt er's los,
   sein Blitzesleuchten zu der Erde Säume.
4 Hinter ihm brüllt der Donner drein;
   er donnert mit erhab'ner Stimme.
   Er hält (die Blitze) nicht zurück,
   wenn sein Donner sich hören läßt.
5 Gott donnert wunderbar mit seiner Stimme.
   Großes tut er, wir fassen's nicht,
6 wenn er zum Schnee spricht: Fall' zur Erde!
   ‚zum'² Guß des Regens ' '²: ‚Schwelle an!'²
7 Auf jedes Menschen Hand legt er ein Siegel⁶,
8 daß jedermann erkennt sein Werk.
   In ihr Versteck verkriechen sich die Tiere
   und legen sich in ihre Schlupfwinkel.
9 Aus seiner Kammer bricht der Sturm hervor,
   und durch die Winde⁷ kommt die Kälte.
10 Durch Gottes Hauch ‚entsteht'² das Eis,
    starr liegt des Wassers Fläche da.
11 Mit feuchtem Naß belädt er Wolken,
    jagt wirbelnd sein lichtes Gewölk.
12 Das ziehet hin und her nach seinem Willen,
    auf Erden auszuführen sein Gebot⁸.
13 Bald als Zuchtrute ' '⁹ für sein Land,
    bald als (Beweis) der Huld gebraucht er es.
14 Vernimm dies, Hiob; stehe still,
    die Wunder Gottes zu betrachten!

---

¹ Wörtlich: das sich Ausbreiten.   ² s. BH.
³ Hier wird auf die Epiphanie Jahwes in Wolke und Lichtglanz angespielt. Diese gesamte Vorstellung stammt aus der Festkulttradition von der Theophanie zum Gericht und Heil.
⁴ Gemeint ist der Blitz.   ⁵ Lies mᵉqamè 'aph 'al 'awlā.
⁶ D. h. er zwingt sie zur Untätigkeit.   ⁷ Wörtlich: die (die Wolken) zerstreuen.
⁸ Freie Übersetzung.
⁹ Streiche 'im (Dillmann, Budde); möglich wäre auch abzuteilen: 'im lo' rāṣû = wenn sie nicht zufrieden sind (mit Gott).

15 Weißt du, wie Gott sie alle ordnet
und seiner Wolken Licht aufstrahlen läßt?
16 Begreifst du denn der Wolke Schweben,
die Wunder seiner Weisheitsfülle?
17 Du, dem die Kleider schon vor Hitze glüh'n,
wenn im Südwind die Erde liegt,
18 schaffst du mit ihm das Firmament,
fest, dem gegoß'nen Spiegel gleich?
19 Lehr' uns, was sollen wir ihm sagen;
nichts bring'n wir vor vor Finsternis.
20 Soll man ihm sagen, daß ich reden will?
Verlangt ein Mensch, daß er vernichtet werde?
21 Und nun — man kann nicht in die Sonne sehen,
wenn an dem Himmel sie erstrahlt,
nachdem ein Wind darüber fuhr und ihn geklärt.
22 Vom Norden kommt ein gold'ner Schein —
um Gott her ist furchtbare Pracht.
23 Den Allgewaltigen finden wir nicht;
mächtig an Kraft ist er und Recht,
reich an Gerechtigkeit; Recht beugt er nicht.
24 Drum sollen ihn die Menschen fürchten;
er achtet keinen, der sich weise dünkt.

In seiner letzten Rede tritt Elihu noch einmal dem Hiob als Anwalt der „Gerechtigkeit" Gottes entgegen. Ähnlich wie in Kapitel 33 deutet er hier das Leiden als Warnung Gottes, um den Menschen von seinem Hochmut zu bekehren (36, 5—15), und zieht daraus in Mahnung und Warnung die praktische Folgerung für Hiob (36, 16—25), die auf den Preis der Größe und Weisheit Gottes hinausläuft (V. 24). Dann geht Elihus Rede in einen Hymnus über (36, 26—37, 13), der an die in Kapitel 38 ff. folgenden Gottesreden heranführt und offenbar die Elihureden mit dem Schluß der Hiobdichtung verknüpfen soll, indem er Gedanken der Gottesrede vorwegnimmt und z. T. ergänzt und auf die Epiphanie hinweist (36, 30 ff.; 37, 1 ff.). Der Schlußabschnitt 37, 14—24, der ebenfalls merkwürdige Parallelen zu den Gottesreden enthält (vgl. die Fragen 37, 15 ff.), soll den Hiob auf die bevorstehende Theophanie vorbereiten[1] und faßt die Grundgedanken der Elihureden ein letztes Mal mahnend und warnend zusammen. Auch von da aus bestätigt sich der Eindruck, daß der Verfasser der Elihureden die Hiobdichtung im Sinne der Weisheitslehre und ihres Dogmas kommentiert, wobei er zwar Wesentliches erkannt und Richtiges zu sagen hat, aber doch nicht die letzte Tiefe der Gottes- und Glaubenserfahrung erreicht, die darzustellen dem Werk des Hiobdichters vorbehalten war.

36, 1—4 Einleitung. Der Monolog des Elihu geht weiter. Zwar wird die Fiktion des Gesprächs aufrechterhalten durch eine neue rhetorische Einleitung, die aber lediglich dazu dient, den Worten des Weisen pathetischen Nachdruck zu verleihen (V. 4) und seine apologetische Absicht, „Gott Recht zu schaffen", in gebührendes Licht zu setzen (vgl. zu 13, 8). „Von fern her" holt Elihu sein

---
[1] Vgl. dazu auch Stier, S. 344 f.

Wissen; er setzt den Zirkel seiner Gedanken bei Gott ein und schlägt den Kreis seiner Überlegungen um weiteste Horizonte.

5-6 **36, 5—15 Gottes Macht und Weisheit ist seine Gerechtigkeit.** Im Blick auf Hiobs Aussagen über die Allmacht Gottes (vgl. Kp. 9. 26) beginnt Elihu in V. 5—6 mit thematischen Sätzen, in denen er Hiobs Auffassung von der absoluten Macht und Weisheit Gottes, die Hiob gegen sich gerichtet sieht, korrigiert durch den Begriff der Gerechtigkeit Gottes. Gottes Walten vollzieht sich nicht in jener absoluten, um den Menschen unbekümmerten Erhabenheit (vgl. 24, 22 ff.), sondern in der ausgleichenden Gerechtigkeit, die den „Gottlosen" vernichtet und dem „Bedrückten" „Recht verleiht". Elihu stützt sich hier auf die Tradition. Die Terminologie von V. 6 und 7a (vgl. V. 15a) ist der
7-15 Kultsprache, wie wir sie aus den Psalmen kennen, entnommen. Gottes fürsorgliche Anteilnahme am Leben des „Gerechten" ist nun der Ausgangspunkt für die Deutung des Leidens, die Elihu in 36, 7—15 im gleichen Sinne wie in 33, 14—29 gibt. Als Beispiel für seine Lösung der Theodizeefrage wählt er das Schicksal der Könige (vielleicht könnte hier speziell an die Überlieferung von Manasses Abfall und Buße [2. Chron. 33, 10 ff.] gedacht sein), die Jahwe eingesetzt, aber durch Unglück von ihrem Hochmut zu bekehren versucht hat (vgl. V. 7c. 9b. 10b). Besonderer Nachdruck liegt auf der Alternative von Verheißung und Drohung V. 11 ff., die den prophetischen Stil nachahmt (vgl. Jes. 1, 19 f.). V. 13 macht auf die Gefahr aufmerksam, daß der Mensch in der Not das Beten verlernt. V. 14 nennt als abschreckendes Vergleichsbeispiel die sakrale Unzucht der heidnischen Fruchtbarkeitskulte, die im Alten Testament als Schande und Abfall von Gott streng verpönt war (vgl. 5. Mose 23, 18 f.; 1. Kö. 14, 24; 15, 12; 22, 47). Um so wirkungsvoller hebt sich von diesem Hintergrund der durch ein Wortspiel einprägsame positive Ausblick ab, mit dem V. 15 zugleich hinüberleitet zur Anwendung des Weisheitssatzes auf Hiob: Den „frommen Dulder" rettet Gott gerade durch das Leiden, das in seiner Hand zum Offenbarungs- und Gnadenmittel wird.

16-21 **36, 16—25 Die Anwendung auf Hiob.** Diese weitgespannten Gedanken über den Sinn des Leidens werden in V. 16—21 auf Hiob angewandt. Es kommt nur darauf an, daß Hiob die in seinem Leiden verborgene Retterhand Gottes spürt und sich von ihm „locken" läßt; dann wird ihm die Enge seines Leidens zur Weite der Verheißung göttlichen Segens (V. 16). Verharrt er aber im Trotz und in der Kritik an Gott, dann wird ihn das Gericht treffen, von dem er seine Rechtfertigung erhoffen zu können meint (V. 17). Die schwierigen Verse 18—21 enthalten den Versuch, Hiob von dem falschen Weg der Auflehnung gegen Gott abzubringen: Die Größe seines Leidens, in dem Hiob den Zorn Gottes sieht, und das ihm als „Lösegeld" zu hoch erscheinen mag (vgl. 33, 24 und 2. Sam. 12, 15 ff.), soll ihn nicht zur Gotteslästerung verführen (V. 18); aber auch umgekehrt soll er nicht glauben, durch eigene Kraftanstrengung (dabei ist wohl an Kapitel 31 gedacht) die Wendung selber erzwingen zu können (V. 19). Es wäre doch nur sein Verderben, was er herbeisehnt (V. 20a). Was V. 20b im Zusammenhang besagen soll, ist dunkel; es könnte an das Gottesgericht über die Völker gedacht sein, das in der Tradition mit der Epiphanie Gottes verbunden war; ein einwandfreier Sinn ist nicht zu gewinnen. V. 21 rundet den Gedankengang ab mit einer letzten Warnung vor dem Argen, die nach der Meinung des Elihu in Hiobs Leiden als einem „Prüfungs"=Leiden selbst schon enthalten sei.

Der negativen Warnung folgt in V. 22—25 die positive Mahnung, die zugleich hinüberleitet zu dem Hymnus auf die unerforschliche Größe Gottes, welcher von da ab die Rede des Elihu beherrscht. Sie beginnt in V. 22 mit dem Hinweis auf die Macht und Weisheit Gottes, des unvergleichlichen „Erziehers", dem kein Mensch „den Weg vorschreiben" oder sein Handeln einer Kritik unterziehen kann (V. 23; vgl. 34, 31). Ihm gegenüber bleibt auch einem Hiob nichts anderes übrig als seine unbegreiflichen Wundertaten zu preisen, von denen die gottesdienstlichen Lobgesänge der Gemeinde Zeugnis ablegen (V. 24). Im Lobpreis Gottes sieht Elihu den Weg, auf dem der Mensch über sein Leiden hinausgehoben wird und Gott nahekommt. Dieser Weg, den er dem Hiob empfiehlt, ist der Weg, den viele Psalmsänger vor ihm gegangen sind, wenn sie in heiliger Stunde voll Ehrfurcht mit der Gemeinde vor Gott standen und staunend Gottes Heilswirken „von ferne schauten" und es doch als gegenwärtiges Geschehen und Gottes Nähe anbetend erleben durften (V. 25; vgl. 35, 10).

36, 26—37, 13 **Der Hymnus auf Gottes Größe.** In die Linie des Lobpreises Gottes reiht sich nun auch der Hymnus des Elihu ein (36, 26—37, 13), der vom Verfasser der Elihureden zugleich als Vorbereitung auf die Epiphanie in Kapitel 38 ff. gedacht ist und sachlich und formal sich von der Hiobdichtung abhängig erweist, an die er sich anlehnt, ohne freilich an deren dichterische Größe und dramatisch unmittelbare Tiefe heranzureichen. Auf diese Weise sind die verschiedenen, mehr oder weniger lose aneinandergefügten Einzelzüge, soweit sie noch erkennbar sind, durch die traditionelle Vorstellung von der Theophanie zusammengehalten, die am Anfang (36, 30 ff.) und am Ende (37, 22 ff.) deutlich hervortritt.

Nach einer thematischen Einleitung (V. 26) spricht der Hymnus im Blick auf das Erscheinen Jahwes „im Wettersturm" (38, 1) zunächst von der wunderbaren Entstehung des Regens (V. 27—28), der Gewitterwolken, des Donners und Blitzes (29—30) als den Begleiterscheinungen der göttlichen Epiphanie zum Völkergericht (V. 31—33), das sich in doppelter Weise auswirkt: In seiner Fürsorge zum Heil und Segen für die Frommen, in seinem Zorn zum Unheil für seine Gegner.

Kapitel 37

Die Einleitung von Kapitel 37 läßt erkennen, daß die Theophanie hier als gegenwärtiges Ereignis gedacht ist, wenn in V. 1—2 von dem unmittelbaren Eindruck geredet wird, den sie auf Elihu, Hiob und die Freunde macht. Daran schließt sich wieder eine hymnische Darstellung des Gewitters und seiner Wirkung auf Mensch und Tiere, die in ihrer breiten Ausmalung auch die winterlichen

Naturerscheinungen von Schnee und Eis am Rande streift (V. 6. 10). Daß es beim Hymnus jedoch nicht nur um die Beschreibung der Naturphänomene geht, sondern um die ehrfürchtig bewundernde fromme Betrachtung der Wunder Gottes, lassen V. 7 und 12 durchblicken, wo auf die Erkenntnis des Werkes Gottes abgehoben ist, der auch in der Natur sein Wesen als Gericht und Gnade offenbar macht.

14-18 37, 14—24 **Die Mahnung an Hiob.** Der Schlußteil der Rede Elihus wendet sich an Hiob allein mit Fragen, die den Gottesfragen von Kapitel 38 nachgebildet sind und ihm die eigene Unfähigkeit, Gott zu begreifen, zum Bewußtsein

19-20 bringen sollen. In V. 19 f. spricht Elihu zwar in der ersten Person, meint aber mit seinen Fragen den Hiob, der Gott herausgefordert hat. Den Gang der Dinge vorwegnehmend (vgl. 40, 3 f.), deutet Elihu an, daß Hiob vor Gott nichts wird vorbringen können; ja schon der Vorsatz, mit Gott reden zu wollen, müßte ihm peinlich sein, weil er es sich gar nicht anders denken kann, als daß Hiob

21-22 damit in frevelhaftem Übermut sein eigenes Unglück herbeisehnt. Denn wenn der Mensch schon vom Licht der Sonne geblendet wird, daß er nicht hineinsehen kann, wieviel weniger wird er Gott standhalten können, wenn er nun im himmlischen Lichtglanz und „furchtbarer Pracht" erscheint. Daß Gott vom Norden her kommt, scheint auf die verbreitete Vorstellung vom Gottesberg im Norden zurückzugehen, die auch in den Bereich des Alten Testaments eingedrungen ist

23-24 (vgl. Jes. 14, 13; Ez. 1, 4; 28, 14; Ps. 48, 3). Die beiden letzten Verse halten noch einmal zusammenfassend das Wesentliche mit mahnendem Akzent fest: Die Unzulänglichkeit des Menschen und die Macht und Gerechtigkeit Gottes, so daß die Mahnung zur Gottesfurcht und die Warnung vor falscher Einbildung der Weisheit letzter Schluß ist.

Es ist kein Zweifel, daß die Reden des Elihu ernste, gültige Wahrheiten enthalten, wenn sie das Leiden des Menschen als Gottes Weg zu seinem Heil deuten im Sinne eines Zucht- und Besserungsmittels, um die sündliche Grundrichtung menschlichen Hochmuts zu tilgen. Daß Männer wie Augustin, Thomas, Calvin und unter den Neueren Budde, Sellin, Hertzberg die Elihureden durchweg positiv beurteilen, hat darin seinen Grund, den ein objektiv abwägendes Urteil nicht übersehen kann. Andersetts läßt sich der Eindruck einer gewissen Peinlichkeit schwer ableugnen, der einen Hieronymus, Gregor d. Gr., Herder und die Mehrzahl der modernen Forscher zu einer mehr oder weniger negativen Beurteilung veranlaßt hat. Tatsächlich haben die Elihureden, abgesehen von ihrer formalen Schwäche, ihre zwei Seiten. Sie stellen eine Mischung von Wahrheit und Anmaßung dar, die dadurch bedingt ist, daß das, was in der Hiobdichtung in und mit Hiob vor sich geht und in der Existenz des Leidens persönlich durchkämpft und erlebt wird, hier von außen her gesehen und mit Hilfe einer Theologie der „Weisheit" gedanklich zu bewältigen versucht wird, so daß Elihu sich vielfach mit dem berührt, was aus dem Munde der Freunde bekannt ist.

Die Theophanie

Kapitel 38—42,6

Kapitel 38,1—40,5. Die erste Gottesrede

Kapitel 38

1 Da antwortete Jahwe dem Hiob aus der Wetterwolke und sprach:
2 Wer ist's, der meinen Rat verdunkelt
   mit Worten, die ohn' Einsicht sind?
3 Auf, gürte deine Lenden wie ein Mann;
   ich will dich fragen, du belehre mich!

4 Wo warst du, als die Erd' ich gründete?
   Sag' an, sofern du Einsicht hast!
5 Wer setzte ihre Maße, daß du's wüßtest,
   wer zog die Meßschnur über sie?
6 Worauf sind ihre Pfeiler eingesenkt;
   wer setzte ihren Eckstein ein,
7 als alle Morgensterne jauchzten,
   beim Jubel aller Gottessöhne?

8 ‚Wer schloß'[1] das Meer mit Toren ein,
   als sprudelnd es dem Mutterschoß entquoll,
9 da Wolken ich ihm zum Gewande,
   zu Windeln gab dunkles Gewölk?
10 als ich ihm ausbrach ‚seine'[2] Grenze
   und Riegel setzte ein und Tore
11 und sprach: „Bis hierher kommst du und nicht weiter!
   Hier ‚muß sich legen'[2] deiner Wellen Stolz!"?

12 Hast du den Morgen je einmal[3] entboten,
   bestimmtest du dem Frührot seinen Ort,
13 daß es der Erde Säume fasse,
   von ihr die Frevler zu verscheuchen?
14 Sie wandelt sich wie Siegelton,
   und wie ein Kleid steht (alles) da.
15 Den Bösen wird ihr Licht versagt,
   zerbrochen der erhob'ne Arm.

16 Kamst du bis zu des Meeres Quellen,
   durchwandeltest der Tiefe Grund?
17 Hat sich des Todes Pforte[4] dir geöffnet,
   sahst du das Tor[4] der Finsternis?
18 Hast du der Erde Breiten überschaut?
   Sag' an, wenn du das alles weißt!
19 Wo ist der Weg, da wohnt das Licht;
   die Finsternis, wo hat sie ihre Stätte?

---

[1] Lies: mi sāk mit Vulgata.   [2] f. BH.
[3] Wörtlich: von deinen Tagen an = in der kurzen Zeit deines Lebens.
[4] MT: Plural.

Kapitel 38—40,5

20 daß du in ihr Gebiet[1] sie führtest,
 kenntest den Weg zu ihrem Haus?
21 Du weißt's doch, warst ja damals schon geboren,
 und deiner Tage Zahl ist groß!

22 Kamst du bis zu des Schnees Kammern,
 des Hagels Kammern, sahst du sie,
23 die ich für Drangsalszeiten aufgespart,
 zum Tag des Kampfes und der Schlacht?
24 Wo ist der Weg, da sich ‚der Wind'[2] zerteilt,
 der Ost ‚sich' übers Land ‚zerstreut'[2]?
25 Wer grub dem Regengusse Rinnen,
 wer bahnt dem Donnerstrahl den Weg,
26 zu regnen über menschenleeres Land
 (und) auf die Wüste, die kein Mensch bewohnt,
27 zu sättigen die Wildnis und Einöde,
 sprossen zu lassen Pflanzengrün?
28 Hat denn der Regen einen Vater?
 Wer hat die Tautropfen erzeugt?
29 Aus wessen Schoß entstand das Eis,
 und wer gebar des Himmels Reif,
30 wenn Wasser wie zu Stein gerinnen,
 des Meeres Fläche sich zusammenzieht?

31 Knüpfst du die Bande der Plejaden,
 tust des Orion Fesseln auf?
32 Führst du zur Zeit herauf den Tierkreis,
 leitest den Bären[3] du samt seinen Jungen?
33 Kennst du die Ordnungen des Himmels,
 setz'st seine Herrschaft du auf Erden ein?
34 Erhebst du zu den Wolken deine Stimme,
 daß dich bedecke Wassers Flut?
35 Entsendest du die Blitze, daß sie fahren
 und zu dir sagen: „Da sind wir!"?
36 Wer legte Weisheit in die Wolken[4],
 wer gab dem Luftgebild[4] Verstand?
37 Wer kann in Weisheit Wolken zählen;
 des Himmels Schläuche, wer läßt sie ergießen,
38 wenn sich zusammenballt das Erdreich[5]
 und Erdschollen zusammenkleben?

39 Erjagst du Beute für die Löwin,
 stillst du der jungen Löwen Gier,
40 wenn sie sich ducken auf den Lagern,
 im Dickicht auf der Lauer liegen?
41 Wer schafft dem Raben seine Nahrung,
 wenn seine Jungen schrei'n zu Gott,
 wenn sie umherirr'n ohne Fraß?

---

[1] Gemeint ist der Bereich von Licht und Finsternis (Tag und Nacht).
[2] s. BH.   [3] s. zu 9,9.
[4] Übersetzung unsicher; Manche vermuten „Ibis" und „Hahn"; aber dies fügt sich schlecht in den Zusammenhang.
[5] Wörtlich: wenn Staub sich gießt zu Gegossenem.

Kapitel 39

1 Kennst du der Felsenböcke Wurfzeit,
  gibst auf der Hinden Kreißen acht?
2 Zählst du die Monde, da sie tragen,
  weißt du denn ihres Werfens Zeit?
3 Sie kauern sich, lassen die Jungen aus
  und ihre Wehen sind sie los.
4 Die Kleinen werden stark und größer,
  laufen hinaus, kehr'n nimmer heim.

5 Wer hat das Zebra freigelassen,
  Wildesels Fesseln aufgelöst,
6 dem ich die Steppe zur Behausung gab,
  zu seiner Wohnung salz'ges Land?
7 Er lacht des Lärmens in der Stadt,
  des Treibers Schreien hört er nicht.
8 ,Durchsucht'[1] die Berge, seine Weide,
  und allem Grünen spürt er nach.

9 Wird dir der Wildochs dienen wollen,
  an deiner Krippe stehn zur Nacht?
10 Hältst du am Seil ihn in der Furche,
   pflügt er die Täler hinter dir?
11 Wirst du ihm trauen, weil er stark ist,
   und überläßt ihm dein Geschäft?
12 Glaubst du ihm, daß er ,wiederkehrt'[1]
   und er ,dein Korn zur Tenne'[1] bringt?

13 Der Straußin Flügel schwingt sich lustig,
   . . . .[2]
14 der Erde überläßt sie ihre Eier
   und läßt sie warm werden im Sand;
15 vergißt, daß sie ein Fuß zerdrücken,
   des Feldes Wild zertreten kann.
16 Behandelt ihre Jungen hart ,wie'[1] fremde;
   wär' ihre Müh' umsonst, sie kümmert's nicht.
17 Denn Gott ließ Weisheit sie vergessen,
   gab an Verstand ihr keinen Teil.
18 Fährt sie dann aber in die Höh',
   so lacht sie Roß und Reiter aus.
19 Gibst du dem Roß die Heldenstärke,
   zierst mit der Mähne seinen Hals?
20 Läßt du es wie ein Heupferd springen?
   Furchtbar ist seines Schnaubens Pracht.
21 ,Es scharrt'[1] im Talesgrund und freut sich;
   mit Macht[3] zieht es dem Kampf entgegen.

---

[1] s. BH.
[2] Der Sinn ist dunkel; die Übersetzung könnte etwa lauten: Ist die Schwinge fromm und das Gefieder? oder: Ist es die Schwinge ('ebrat) des Storches und (sein) Gefieder? (s. BH.) oder: sie hat ('em) liebliche Schwingen und Federn (Dhorme). Die alten Übersetzungen denken an Vogelnamen.
[3] Gegen den Akzent zum zweiten Halbvers zu ziehen.

22 Es lacht der Furcht und zittert nicht
und kehrt nicht vor dem Schwerte um.
23 Der Köcher klirret über ihm,
die Lanze blitzet und der Speer,
24 mit Donnerbeben schlürft's den Boden,
läßt sich nicht halten, wenn das Horn ertönt.
25 Bei der Trompete Schall wiehert es: „Hui!"
und wittert schon von fern die Schlacht,
Kommandorufen und des Kampfes Lärm.

26 Fliegt denn der Falke auf nach deiner Weisheit,
breitet die Flügel gegen Süden aus?
27 Schwingt sich auf dein Geheiß der Adler auf,
daß er sich baue hoch sein Nest?
28 Auf Felsen horstet er und nächtigt
auf Felsenzahn und steiler Klippe.
29 Von dort erspähet er die Beute,
ins Weite schauen seine Augen aus.
30 Nach Blut schon gieren seine Jungen,
und wo Erschlag'ne sind, da ist auch er.

Kapitel 40

1 Da antwortete Jahwe dem Hiob und sprach:
2 Mit dem Allmächt'gen will der Tadler rechten?
Der Gott anklagt, antworte drauf!
3 Da antwortete Hiob dem Jahwe und sprach:
4 Sieh, ich bin zu gering, was kann ich dir erwidern?
Ich lege meine Hand auf meinen Mund.
5 Ein Mal hab' ich geredet, tu's nicht wieder,
ein zweites Mal, doch nun nicht mehr.

Mit der Theophanie in Kapitel 38 ff. erreicht die Hiobdichtung ihren Höhepunkt. Dies gilt nicht nur in dem Sinn, daß der dramatische Aufbau der Dichtung nach der Analogie der Bundeskulttradition in der Theophanie gipfelt, worauf auch der „Wettersturm" als Begleiterscheinung der Epiphanie und der Gebrauch des bis dahin vermiedenen Gottesnamens Jahwe hinweisen, sondern viel mehr noch in der theologisch bedeutsamen Sicht, daß Gott es ist, der die Entscheidung fällt. Hier wird nun vollends deutlich, daß die „Lösung" der Hiobfrage nicht auf der gedanklichen Ebene intellektueller Erkenntnis erfolgt, die sich in einen irgendwie geformten theologischen Lehrsatz fassen ließe, sondern durch ein Geschehen, in das Gott den Hiob mit hineinnimmt. Die Gottesreden sind wirkendes Gotteswort; und in den kurzen Antworten des Hiob spiegelt sich die zusammengeballte dramatische Wucht des Eingriffs Gottes in dieses Menschenleben. In diesem Handeln Gottes mit Hiob vollendet sich das seelische Geschehen, das sich durch die ganze Dichtung hindurchzieht. Und auch hier dürften eigene Glaubenserfahrungen dem Dichter die Feder geführt haben[1].

---

[1] Zu den formalen Beziehungen zwischen dem Dialog und den Gottesreden vgl. Dhorme S. LXXV.

Aber Gott erscheint dabei nicht etwa als der deus ex machina, um durch einen Machtspruch von oben herab eine Frage zu entscheiden, an der das Gespräch der Menschen steckengeblieben ist; die Erscheinung Gottes ist äußerlich und innerlich vorbereitet und notwendig. In 31, 35 ff. hat Hiob Gott zur Antwort herausgefordert; in Kapitel 38 ff. gibt Gott nun Antwort. Beides gehört eng zusammen, wie denn auch in 38, 2 ff. und 40, 2 die Schlußrede des Hiob als unmittelbar vorausgehend gedacht ist. Es wird also auch von da aus noch einmal deutlich, daß die Elihureden, die gegen die künstlerische Gestaltungskraft der Sprache und Gedanken der Gottesreden stark abfallen und nirgends mehr erwähnt werden, als Einschub von späterer Hand zu beurteilen sind.

Freilich sind die Gottesreden alles andere als die Fortsetzung der Linie, auf der sich der Dialog zwischen Hiob und den Freunden bewegt hat. Die Erwartungen, die Hiob auf seine Begegnung mit Gott gesetzt hatte, werden durch die Gottesreden ent-täuscht; aber gerade darin zeigt sich ihre innere Notwendigkeit: Hiob muß erst von der Täuschung befreit werden, die ihn gefangenhält (vgl. 13, 22), als ob der Mensch sich selbst den Absprung verschaffen könnte, um in der Frage nach Gott zum Ziel zu kommen. Weder Hiobs Rückgriff auf die Erinnerung an seine Vergangenheit (Kap. 29), noch seine Klage über die trostlose Gegenwart (Kap. 30) noch auch seine Selbstrechtfertigung (Kap. 31) sind das Sprungbrett hinüber zu Gott. Darum ist die „Antwort", die Gott gibt, nicht die vom Menschen erwartete oder erzwungene Antwort. Die Situation in Kapitel 38 ff. ist vielmehr genau umgekehrt: Gott ist es, der hier von sich aus das Gesetz des Handelns bestimmt; er ist nicht der Gefragte, der dem Hiob über sein Verhalten Rechenschaft geben müßte, sondern der Frager, der mit seinen Fragen[1] den Menschen „in Frage stellt". Auf Hiobs Leiden und Klagen geht Gott gar nicht ein; und was der Dulder eben noch als seine stärkste Waffe fest in der Hand zu halten glaubte, seine Selbstrechtfertigung, wird von Gott einfach ignoriert. Der Mensch muß erst auch diesen letzten Halt verlieren, ehe er in jener großen Einsamkeit vor Gott steht, wo der Blick, nicht mehr getrübt durch eigenes Wollen, sich auftut in Gottes Geheimnisse, in denen er den Pulsschlag seines Herzens fühlt. Denn das ist das Eigenartige der Gottesreden, worin sich das Wesen der Offenbarung widerspiegelt, daß sie das Ecce homo und das Ecce Deus in sich vereinigen: Indem sie vom Menschen reden, reden sie von Gott; und umgekehrt: Wo die Wahrheit über Gottes Wesen kund wird, da geschieht es nur durch die Erkenntnis hindurch, die zugleich die letzte Wahrheit über das Wesen des Menschen enthält. Beides aber vollzieht sich in einem Akt Gottes, in dessen Verlauf Hiob an die Grenzen seiner menschlichen Vernunft und Weisheit geführt wird bis zu dem Punkt, von dem aus ihm ein

---

[1] Auf die Berührungen der Stilform der ironischen rhetorischen Fragen mit dem aus dem 13. Jahrhundert v. Chr. stammenden ägyptischen Papyrus Anastasi I und ihre Herkunft aus der Weisheitsschule hat v. Rad (VT Suppl. Vol. III [Festschrift für Rowley] 1955, S. 293 ff.) hingewiesen und die sachlichen Beziehungen von Teilen der Gottesrede Hi. 38, 12 ff. (sowie Sir. 43, 1 ff.; Ps. 148; Dan. 3, 52—90 G) mit dem enzyklopädischen Onomastikon des Amenope (Gardiner, Ancient Egyptian Onomastica [1947]) verglichen. Zu letzterem vgl. folgende Seite Anm. 1.

Blick vergönnt ist in den Bereich Gottes jenseits aller Gegensätze von Gut und Böse, von Nützlich und Schädlich, wo aller Widerspruch zwischen Weisheit und Vernunft, Macht und Recht, unter dem Hiob leidet, aufgehoben und zur Ruhe gekommen ist: in der complexio oppositorum bei Gott. Nach der Analogie der alttestamentlichen Tradition vollzieht sich hier in der Theophanie das Gericht Gottes an Hiob, und zwar in doppelter Weise: als Niederbeugung und Aufrichtung zugleich; ein Gericht, das nach beiden Seiten im Grunde ein Akt seiner Gnade ist.

Diesen beiden Seiten des im weitesten und tiefsten Sinne verstandenen Gerichts entspricht die Aufteilung der Gottesreden in zwei Teile, die jeweils durch eine entsprechende Antwort Hiobs abgeschlossen werden. Die erste Rede 38, 1—40, 5 weist durch Beispiele aus der Wunderwelt der göttlichen Schöpfung, die sich den Maßstäben menschlicher Vernunft und Nützlichkeitserwägungen entziehen, den Hiob in die Schranken seiner menschlichen Unzulänglichkeit zurück, daß er vor Gott kapituliert und schweigend sich beugt unter das unentschleierte Geheimnis des göttlichen Mysteriums, das von jeher die Atmosphäre des Heiligen ist[1]. Durch die zweite Gottesrede 40, 6—42, 6 wird Hiob zur Erkenntnis seiner Schuld und zur Buße geführt und mitten in diesem Gericht über sich selbst zugleich aufgerichtet in der Aufhebung der Distanz von Gott her durch die innere Befreiung, die ihm in der lebendigen Begegnung mit Gott geschenkt ist.

1

38, 1—3 **Einleitung**. Jetzt erst, wo Gott selbst in Erscheinung tritt, wird er mit dem Namen Jahwe genannt, unter dem er nach der Tradition des alttestamentlichen Bundeskults als der Herr des Gottesvolks sich zu offenbaren pflegte. Das hat insofern Bedeutung, als erst jetzt das wahre Wesen Gottes, um das im Dialog der Streit der Meinungen ging, enthüllt wird; nur wo Gott sich selbst offenbart, gibt es eine gültige Antwort auf die Gottesfrage. Auch die Wettersturmwolke, die Gott bei seiner Epiphanie verhüllt, ist ein stehender Zug der alttestamentlichen Theophanietradition (vgl. Nah. 1, 3; Ez. 1, 4; Sach. 9,

2-3 14; 1. Kö. 19, 11 f.; 2. Kö. 2, 11; Ps. 50, 3). Hiob hat am Ende seiner Selbstrechtfertigung die Antwort Gottes herausgefordert 31, 35 ff.; sie lautet und wirkt jedoch anders, als er erwartet hat. Als seine Krone wollte er stolz die Anklageschrift seines Gegners sich ums Haupt winden; nun trifft ihn die

---

[1] Die poetischen Naturbeschreibungen in Hi. 38 ff. stellt Alt (Kl. Schriften zur Geschichte des Volkes Israel II [1953] S. 91 ff.) zusammen mit der Notiz 1. Kön. 5, 13 über die Naturweisheit Salomos, für die er die Vorbilder in der babylonischen und ägyptischen „Listenwissenschaft" vermutet. Wenn schon, wie Alt zeigt, mit der Übernahme der fremden Vorbilder durch Salomo eine formale Umgestaltung und Überbietung der altorientalischen Versuche einer Enzyklopädie des Wissens über die Natur verbunden war, so ist es nicht verwunderlich, daß der Hiobdichter diese Gattung seinen Zwecken dienstbar gemacht hat, die den ursprünglichen Intensionen dieser Gattung entgegengesetzt sind. Waren jene Listen entsprungen und getragen von dem Machtgefühl des die Natur beherrschenden menschlichen Wissens, so hat der Hiobdichter jene Gattung ganz im Geist des Alten Testaments umgeformt, daß sie ihm zum Erweis der Grenzen menschlicher Erkenntnis gegenüber der überragenden göttlichen Schöpfermacht und =weisheit in der Natur dient. Vgl. auch Stier, S. 248 f.

Anklage Gottes in einer Weise, die ihm alle Waffen aus der Hand schlägt. Nicht Gott, sondern Hiob ist's, der in den Anklagezustand versetzt ist. Hiob glaubte Gott auf den Widerspruch seines Verhaltens anreden zu können; nun erfährt er aus Gottes Mund, daß eben dies seine eigene Sünde und Unvernunft ist, die den Rat Gottes, seine Weltregierung, verdunkelt und verhüllt. Am Menschen liegt es, wenn ihm Gottes sinnvolles Handeln als willkürlich und sinnwidrig erscheint, weil ihm die „Einsicht" in Gottes Weisheit fehlt. Zwar wird von Hiobs Leiden nicht gesprochen[1]; aber da dies der Ausgangspunkt seiner Anklage gegen Gott war, so ist es auch mit in den „Rat" Gottes einbezogen, der, der menschlichen Einsicht entzogen, das unangreifbare und unbegreifbare Mysterium Gottes bleibt. Hiob steht vor Gottes Gericht; nun mag er sich wappnen für die Entscheidung, die er im Gefühl seiner Selbstsicherheit herbeigewünscht hat (vgl. 9, 34 f.; 13, 3. 13 ff.; 23, 3 ff.; 31, 35 ff.). In der Aufforderung V. 3b, die auf 13, 22 anspielt, klingt die Ironie der göttlichen Überlegenheit durch und läßt den kommenden Zusammenbruch der menschlichen Selbstgewißheit des Hiob vorausahnen.

38, 4—7 **Die Erschaffung der Erde.** Gottes Art, den menschlichen Hochmut niederzuringen, ist ganz anders als die der Menschen. Die Freunde versuchten es mit Spott und Tadel (vgl. 15, 2 ff), Gott überwindet den Menschen durch die hingegebene Bewunderung vor der Größe und Tiefe seiner Schöpfung. Und alle Fragen der Gottesrede, die den Blick öffnen sollen für den vielfältigen Reichtum der Schöpfungswerke in ihrer besonderen Art, sind ausgerichtet auf das eine Ziel, die staunend ehrfürchtige Anerkennung Gottes, des Herrn der Schöpfung, zu wecken, dessen Werke den Meister loben im vielstimmigen Zusammenklang der Schöpfungssymphonie. Schon frühzeitig hatte — was noch aus den alttestamentlichen Kulthymnen und der heilsgeschichtlichen Überlieferung der Genesisquellen zu ersehen ist (vgl. Weiser, Psalmen[8], S. 27 f., 40) — die Überlieferung von der Schöpfung der Welt ihren festen Platz neben der Theophanietradition im Rahmen des alttestamentlichen Bundesfestkultes; und vielleicht weist noch der „Jubel der Morgensterne" V. 7 auf den Zusammenhang von Schöpfung und Neujahrsfeier hin. In verschiedenen Formen, z. T. unter Beibehaltung der alten mythologischen Farben (vgl. V. 7), hat sich diese Tradition im Alten Testament erhalten. Hier ist die Welt als ein großes Bauwerk gedacht, das der göttliche Baumeister nach wohldurchdachtem Plan errichtet, nach Maß und Zahl geordnet hat (V. 5), dessen Fundamente in der „Tiefe" eingesenkt sind, und dessen „Schlußstein" wie beim Gewölbe den festgefügten Bau in der Höhe zusammenhält (V. 6). Aber, was weiß der Mensch von den Gesetzen der Statik dieses gigantischen Bauwerks? Er war weder dabei, als Gott allein es schuf, noch bringt seine Einsicht in die letzten Tiefen und fernsten Höhen der geschaffenen Welt. Ihr Anfang und Ende bleibt das unentschleierte Geheimnis Gottes, das er allein in seinen Händen hält (V. 4). Nur in dem Echo der Schöpfung klingt jener ferne Hymnus nach, mit dem die himmlische Welt der

---

[1] Diese Beobachtung hat manche Forscher — m. E. zu Unrecht — zur literarischen Abtrennung der Gottesreden vom Dialog veranlaßt.

„Morgensterne" und „Gottessöhne", die vor der Erde geschaffen sind, ihren Schöpfer jubelnd begrüßt (vgl. Jes. 6, 3; Ps. 19, 2 ff.; 148, 2 ff.; zum kultischen Hintergrund dieser Vorstellung vgl. Weiser, Psalmen⁸, S. 27.40). Hier ist in poetische Form gekleidet, was in der Schöpfungserzählung am Anfang der Bibel in der nüchternen Sprache alter Priesterweisheit gesagt ist: Siehe, es war sehr gut (1. Mose 1, 4. 10 usw. 31); das optimistische Ja Gottes zur Welt, aus dem die Liebe des Schöpfers zu seinem Werk spricht, weckt das jubelnde Echo, mit dem die Geschöpfe ihren Schöpfer preisen.

8-11

38, 8—11 **Das Meer.** Auch in den Worten über die Entstehung des Meers schimmert noch schwach der alte Mythus vom Chaosgötterkampf durch, in dem der Urmeerdrache vom Schöpfergott besiegt und in Fesseln gelegt wurde (vgl. 7, 12; Ps. 46, 4; 104, 7). Aber was ist hier daraus geworden! Für Gott ist dieses Chaosungeheuer nicht der ebenbürtige Gegner, mit dem er zu kämpfen hat, sondern das Riesenkind, das er wie einen „hilflosen Säugling" in die Wolken als seine Windeln hüllt (V. 9) und ihm gleich bei der Geburt an den Küsten (V. 10) die Grenzen setzt, die es wie Tor und Riegel gefangenhalten (V. 8. 10b). In dem prächtigen V. 11 tritt die Erhabenheit Gottes auch aus diesem Bild hervor: Ein Wort von ihm genügt, um des Meeres Ungestüm in Gehorsam zu bannen.

12-15

38, 12—15 **Das Licht.** Der dritte Abschnitt greift über die erste Schöpfung hinaus; er redet von dem Licht, das jeden Morgen von Gott neu „entboten" wird und den Tag im Schein des Frührots heraufführt (V. 12). Das Wunder der Schöpfung wiederholt sich Tag für Tag (vgl. Ps. 19, 3). Mit feinem Empfinden, das nur aus der liebevoll hingegebenen Einfühlung in Gottes Schöpfung entspringt, wird das Erwachen des Tages dargestellt, wenn das Licht die Säume der Erde ergreift und ihr Bild wandelt wie das Siegel, das dem Ton aufgedrückt wird, daß aus dem gestaltlosen Dunkel der Nacht im rötlichen Schimmer des Morgenlichts die Umrisse, Formen und Farben der Landschaft allmählich hervortreten, bis sie im lichten Gewand des neuen Tages strahlend dem bewundernd trunkenen Blick sich breitet. Aber auch diese Darstellung verliert sich nicht im ästhetischen Genuß der Schönheit der Erde; in V. 13b. 15 wird — wahrscheinlich mit Bezug auf 24, 13 ff. — der verborgene Zusammenhang des göttlichen Willens zum Guten und Schönen als die von ihm gesetzte Harmonie der Welt aufgedeckt. Die gelegentlich vorgeschlagene Streichung der betr. Sätze verkennt nicht nur die religiöse Tiefe der Betrachtung, sondern beraubt sie auch ihrer Verankerung im Rahmen des Hiobproblems, das die Frage nach der Gerechtigkeit Gottes nie aus den Augen verliert.

16-21

38, 16—21 **Die Weiten der Welt.** Ganz klein wird der Mensch, wenn sich vor seinen Gedanken die Weite der Welt auftut; in jeder Richtung stößt er auf unerforschtes, unzugängliches Gebiet: des Meeres Grund, der Erde Tiefe, wo man den Eingang zur dunklen Welt der Toten suchte, des Erdrunds „Breiten", über dessen Horizont das Licht des Tages und das Dunkel der Nacht heraufsteigt, erst recht der Wohnort und Weg von Licht und Finsternis, die hier wie in 1. Mose 1, 3 f. als selbständige Materie gedacht sind, sind dem

Überblick und der Macht des Menschen entzogen. Vor solchen Dimensionen schrumpft das stolzeste Selbstbewußtsein zusammen, das in V. 18b. 21 mit bitter ironischer Reminiszenz an 15, 7 gedämpft wird.

38, 22—30 Die Wettererscheinungen. Nicht anders ist es mit den Erscheinungen des Wetters, die der Mensch zwar aus Erfahrung zu kennen glaubt, und aus denen er für sein Leben Nutzen zieht. Aber neben dem fruchtbaren Regen und Gewitter und dem reichlichen Tau, denen der orientalische Bauer seine Lebensmöglichkeiten verdankt, stehen Schnee, Hagel, die Zerstörungswaffen in der Hand Gottes (vgl. Ri. 5, 20 f., Jos. 10, 11 f.; Jes. 28, 17; 30, 30; Ps. 68, 15), steht ferner die Tatsache, daß Gott auch auf die unbewohnte, menschenleere Wüste regnen und dort Grün wachsen läßt, so daß es dem Menschen verwehrt ist, die Rationalität der göttlichen Schöpfung nur auf sich zu beziehen und unter den Gesichtspunkt der Nützlichkeit zu stellen. Die anthropozentrische Schöpfungsbetrachtung wird hier von der theozentrischen Sicht aus den Angeln gehoben. Gottes Schaffen reicht weit über alle engenden Schranken der Nützlichkeitserwägungen des Menschen hinaus. Dieser kennt weder den Ursprung, noch den Weg, noch das Ziel der mannigfachen Naturerscheinungen, und auch mit seinen Fragen nach dem Warum und Wozu ist er sehr bald am Ende. Und doch sind gerade die dem Menschen als nutzlos erscheinenden Naturphänomene wie der Wüstenregen, Reif und Eis, die das Bild der Landschaft verändern, der Beweis für den überlegenen Reichtum der Spielarten des göttlichen Schöpferwaltens, das der Mensch nur immer wieder staunend bewundern kann.

38, 31—38 Die Himmelswelt. Von der Erde erhebt sich der Blick zum Himmel. Da sind es zunächst (V. 31—33) die Wunder des Sternhimmels und seiner Ordnungen, die von jeher den Menschen zur Ehrfurcht und Anbetung gestimmt haben (vgl. 9, 7 ff.; Jes. 40, 26; Ps. 8, 4): Das „Brillantgeschmeide" des Sternhaufens der Plejaden, das Gott „zusammengebunden" hat, damit es nicht auseinanderfällt, der „entfesselte" Orion — vermutlich eine mythologisch gefärbte Ausdeutung des Wandels seiner Stellung am Himmel — und die Bärin (?) mit ihren Jungen sind als bekannte Sternbilder auch in 9, 9 genannt (s. dort). Das vierte Sternbild (mazzārôt) wird verschieden gedeutet; vom Targum auf den Tierkreis, von der Vulgata auf die Venus, vom Syrer auf den Wagen, von anderen auf den Aldebaran und die Hyaden[1]. Die in V. 33 erwähnte Vorstellung von der „Herrschaft" des (Stern-)Himmels auf der Erde, die auch in 1. Mose 1, 16 und Hos. 2, 23 gestreift wird, ist ursprünglich auf mythologischem Untergrund erwachsen und hat sich in der Astrologie bis auf den heutigen Tag erhalten. An unserer Stelle ist sie wie bei den anderen alttestamentlichen Belegen ihrer mythologischen Färbung entkleidet und dient dazu, die Himmel und Erde umfassende Schöpfungsordnung Gottes zu illustrieren. Wie die Ordnung des Sternhimmels so unterstehen auch des Himmels Wolken der alleinigen Befehlsgewalt Gottes. Nur er, nicht der Mensch, hat die Macht, über sie zu gebieten, daß ihm die Blitze

---

[1] Vgl. dazu Werner, Naturwissenschaftl. Rundschau, H. 10 (1951), S. 438.

gehorchen wie der Soldat dem Befehl, und nur er hat Sterne und Wolken nach Zahl und Maß bestimmt, daß sie den Regen wie aus Schläuchen strömen lassen; und es ist Gottes Weisheit allein, daß dadurch das sommertrockene zusammengeballte Erdreich zu neuer Aussaat aufgeweicht wird. Auch das, wovon der Mensch lebt, ist im letzten Grunde seiner Kontrolle und seinem Einfluß entzogen.

39-41 38, 39—41 **Löwe und Rabe.** Mit V. 39 beginnt der zweite Teil der Gottesrede, der sich mit Bildern aus der Tierwelt befaßt. Als erste werden Löwe und Rabe genannt, die auch sonst als Beispiel der Fürsorge Gottes für diese gefräßigen und gierigen Tiere beliebt sind (vgl. Ps. 104, 21; 147, 9; Mt. 6, 26; 10, 29; Lk. 12, 24). Besonders liebevolle Einfühlung und ein in ungewöhnliche Tiefen dringendes Verstehen spricht aus dem rührenden Zug in V. 41b, wo das Krächzen der Raben als ihr Gebet zu Gott gedeutet wird (vgl. Ps. 104, 21; 147, 9). Es gibt auch außerhalb des menschlichen Lebensbereichs eine gegenseitige Wechselbeziehung zwischen Gott und seiner Kreatur (vgl. Röm. 8, 19 ff.).

Kapitel 39

1-4 39, 1—4 **Der Steinbock und die Gazelle.** Nach der Frage der Ernährung der wilden Tiere wird nun am Beispiel des Steinbocks und der Gazelle ihre Fortpflanzung ins Auge gefaßt. Das Urgeheimnis der Entstehung des Lebens vollzieht sich bei diesen scheuen Tieren ohne Kenntnis und Mitwirkung des Menschen nach Gottes Ordnung spielend; spielend, als ob gar nichts Besonderes dabei wäre, kommen die Jungen zur Welt und wachsen spielend heran, bis sie die Mutter verlassen und hinauslaufen in ein eigenes Leben, das sich wieder einreiht in die Wunderordnung des göttlichen Schöpfungssegens von Geschlecht zu Geschlecht (vgl. 1. Mose 1, 22), dem auch sie ihr Dasein verdanken.

5-8 39, 5—8 **Der Wildesel.** Ein prächtiges Bild unbändiger Lebenslust bietet das Beispiel des Wildesels. Mag es dem Menschen gelingen, seinen zahmen wenn auch störrischen Vetter mit Schlägen und Schreien zu nützlicher Arbeit zu zwingen, dem wilden Gesellen hat Gott die Freiheit geschenkt und die Steppe zur Wohnung gegeben, daß er in seiner ungezügelten Freiheitslust den Lärm der Stadt verlacht und keines Treibers Schelten vernimmt. Er hat es nicht nötig, für den Menschen zu arbeiten um kärgliches Futter; die Armut der Wüste ist „sein Reichtum", wenn er auf den Bergen sich Grünfutter sucht; das Grauen der Steppe ist ihm wohnliche Heimat, die Lebensluft, in der er nach Gottes Willen seiner Freiheit sich freut. Was weiß der armselige Mensch, der nur sich selber kennt, von der Freude des Schöpfers an einem Geschöpf, dem er die Freiheit zur Lebensordnung bestimmt hat!

9-12 39, 9—12 **Der Wildochs.** In die gleiche Richtung weist das Beispiel vom Wildochs. Zwar möchte der Mensch versucht sein, die ungefüge Kraft dieses Tieres sich dienstbar zu machen, daß er ihm die Furchen ziehe vor dem Pflug und die Ernte einfahre; aber ihm fällt es nicht ein, dem Menschen zu dienen und wie das zahme Hausrind still an der Krippe im Stall zu stehen. Seiner ungebändigten Kraft ist nicht zu trauen, und seine unberechenbare Wildheit flößt dem Menschen nur beschämende Furcht ein. Wenn schon an dem naturhaften Eigenwillen dieses Tieres der menschliche Wille sich bricht, wieviel mehr an Gott, von dem das Tier seinen Willen und seine Kraft hat!

39, 13—18 **Der Strauß.** In dem folgenden Abschnitt über den Strauß, der textlich und formal nicht ohne Schwierigkeiten ist und deshalb von manchen Forschern für einen späteren Einschub gehalten wird, tritt die übliche Frageform zurück; ob mit Absicht oder infolge schlechter Textüberlieferung, läßt sich nicht ausmachen. Auch inhaltlich hat er seine besondere Eigenart. Zwar sind die Federn des Straußes schön und geschätzt; aber, was man sonst von diesem merkwürdigen Vertreter der Vogelwelt weiß, scheint alles andere zu sein als ein Beweis für die Größe und Weisheit seines Schöpfers. Der Vogel Strauß schlägt wohl mit seinen Flügeln, aber er fliegt nicht wie andere Vögel, ein lustiger Anblick! Sein kleiner, plattgedrückter Kopf auf dem langgestreckten Hals läßt keinen Zweifel darüber aufkommen, daß Klugheit nicht seine Stärke ist; galt doch die Dummheit des Straußes als sprichwörtlich. Und so wird es hier unverblümt ausgesprochen, daß der Schöpfer ihm keinen Verstand zugeteilt habe. Auch sonst scheint der Strauß zu kurz gekommen zu sein: Gott ließ die „Weisheit" ihn vergessen; gedankenlos läßt die Straußenhenne ihre Eier auf der Erde liegen, wo sie ungeschützt der Gefahr ausgesetzt sind; und gefühllos überläßt sie der Sonne das Geschäft des Brütens. Man sollte meinen, daß dieser Vogel, der sich so wenig um seine Nachkommen kümmert und dazu noch seine Jungen hart behandelt, sich nicht lange im Daseinskampf werde halten können; und doch ist dafür gesorgt, daß auch seine Art nicht ausstirbt. Die Weisheit des Schöpfers ersetzt, was sie dem Tier vorenthalten hat. Daß der Strauß aber trotz seiner Mängel von Gott nicht vernachlässigt ist, das zeigt sich erst, wenn er aufgestört wird; dann zieht er mit seinen starken Beinen davon und verlacht auf der Flucht Roß und Reiter. 13-18

39, 19—25 **Das Pferd.** Von geradezu klassischer Schönheit ist die herrliche Schilderung des edelsten der Tiere, die jedes Reiterherz höher schlagen läßt. Der rassige Adel des Streitrosses, der edlen Verkörperung von Schönheit, Kraft und heldischem Mut, hat es dem Dichter besonders angetan. Er sieht es im stolzen Schmuck seiner flatternden Mähne, hört das „prächtig furchtbare" Schnauben seiner Nüstern, wenn es sich schnellt in leichtem Sprung, dem Heupferd vergleichbar (vgl. Jo 2, 4); oder wenn es mit verhaltener Ungeduld kampfesfroh den Boden scharrt, wenn es furchtlos in den Kampf stürmt, angefeuert vom Klirren und Blitzen der Waffen seines Reiters, daß der Boden unter den Hufen dröhnt wie fernes Donnergrollen. Sobald das Signal ertönt, ist es nicht mehr zu halten[1]; mit freudig hellem Wiehern prescht es davon, im gestreckten Galopp „den Boden schlürfend". Von ferne schon wittert es die Schlacht, vom 19-25

---

[1] Vgl. Jer 8, 6; Hertzberg meint das Gegenteil aus V. 24b herauslesen zu müssen. Aber das von ihm bevorzugte Bild des frommen Schwadronspferdes, das auf das Signal hin von selbst sofort stehenbleibt, ist weder vom Text noch vom Gesamtcharakter der Darstellung her zu halten.

Kampflärm und Kommandorufen wie von unsichtbarer Gewalt angezogen. Man spürt dieser prächtigen Darstellung die Liebe ab, mit der dieses dem Menschen vertrauteste Tier bis in die kleinsten Einzelzüge hinein bewundernd beobachtet und gezeichnet ist, und wird an das arabische Sprichwort erinnert: Alles Glück der Erde liegt auf dem Rücken der Pferde. Und doch liegt über dem Ganzen eine geheime Majestät, die in sich geschlossene Eigenart eines überlegenen Adels, den der Mensch so nie erreicht; ein unausgesprochener Hinweis auf die unerreichte Majestät des Schöpfers selbst!

26-30 **39, 26—30 Falke und Adler.** Den Abschluß bilden zwei Beispiele aus der Welt der Raubvögel. Die Deutung der Vogelnamen ist nicht ganz sicher; doch weist der Zusammenhang auf Falken und Adler hin. Bei ersterem ist es wahrscheinlich der von jeher bewunderte Instinkt des winterlichen Vogelzugs nach dem Süden, worauf V. 26 die Aufmerksamkeit lenkt (vgl. Jer. 8, 7), weil darin die wunderbare Weisheit der Schöpfungsordnung Gottes sich kundtut. Und dann der stolze Adler, der seinen Horst auf unzugänglichen Zacken steiler Felswände baut und mit scharfem Auge aus schwindelnder Höhe seine Beute erspäht! Er hat seine eigenen, dem Menschen unerreichbaren und unverständlichen Lebensgesetze: Schon die jungen Adler gieren nach Blut; und wo ein Aas ist, da ist auch er, der König der Lüfte! Mit kurzen Strichen ist die besondere Art dieser Geschöpfe getroffen, denen der Mensch mit ungestillter Sehnsucht nachschaut, und von denen er sich doch wieder abwendet mit Ekel. Aber beides umspannt der freie Schöpferwille Gottes, und in der Vereinigung solcher Gegensätze, die alles menschliche Empfinden und Begreifen souverän übersteigen, tut sich noch einmal der ganze Reichtum von Gottes Macht, seiner Weisheit und seiner — Güte auf. Zugleich werden aber auch die Schranken sichtbar, die dem Menschen in seinem Erkennen, Denken, Fühlen und Wollen gesetzt sind.

Alle Fragen der Gottesrede haben das eine gemeinsam, daß hier der Mensch, der sich als Krone der Schöpfung fühlt und sie nach seinem Verstand und Nutzen zu deuten und meistern versucht, sich aus dem Mittelpunkt der Schöpfung herausgerückt und die Frage seiner Existenz in einem neuen anderen Licht sieht, dadurch daß sie von Gott ihm neu gestellt wird. Alle Schöpfung ist von Gott her bestimmt und nur von ihm aus zu verstehen; aber indem der Mensch etwas ahnt von der überragenden Fülle der schöpferischen Macht und Weisheit Gottes, die ihm da und dort enthüllt wird, steht er doch zugleich vor unbegreiflichen Rätseln, die ihm Gottes Wesen und Willen mit der Schöpfung verhüllen, weil seine eigenen Kategorien nicht hinreichen, das göttliche Mysterium zu entschleiern. Der heilige Gott läßt sich sein Geheimnis nicht entreißen; auch in der Natur ist er im Grunde immer nur als der verborgene Gott offenbar. Das ist alles, was der Mensch von Gott aussagen kann; aber in diesem Widerspruch Gott gegenüber liegt gleichzeitig die letzte Wahrheit über den Menschen selbst: Es ist sein eigener Widerspruch, vor dem er hier steht, daß er Gott verstehen, d.h. an seine Stelle stehen will und doch erkennen muß, daß er das nicht kann. Der heilige Gott bleibt in der Distanz unzugänglicher Erhabenheit. Aber in den wundervollen Tierskizzen von Kapitel 38—39 schwingt noch ein anderer, dem feineren Ohr unüberhörbare Ton mit: Die staunende Freude an der reichen Vielgestalt der Schöpfung, die sich äußert in der einfühlenden Liebe und andächtigen Bewunderung, mit der die Schöpfungswerke gesehen und die verschiedenen Bilder in ihren Einzelzügen gezeichnet sind. Und diese an Gottes Werke hingegebene Freude des Dichters ist im Grunde nichts anderes als der Reflex der Freude und Liebe, mit der Gott selbst seine Schöpfung umfängt und trägt. Hier hat der Hiobdichter seine Hand am Puls der Welt und darf etwas vernehmen von dem Herzschlag der wundersamen Liebe Gottes, von der alle seine Geschöpfe leben.

Kapitel 40

40,1—5 Hiobs erste Antwort. Hiob hatte Gott zur Antwort herausgefordert (31, 35 ff.). Die Lage hat sich gewandelt; jetzt ist es Gott, der von ihm die Antwort verlangt. Mit einer neuen Einleitungsformel ist dieser entscheidende Punkt der dramatischen Entwicklung vom Dichter hervorgehoben, vielleicht auch deshalb, weil Hiob in V. 2 nicht einmal mit Namen genannt wird. Kurz und wuchtig lautet die Anklage des allmächtigen Richters; unter der Beweislast der Gottesfragen von Kap. 38 f. ist der Ankläger zum Angeklagten geworden; und die Frage an den „Tadler", ob er jetzt noch, auf dem Standpunkt seiner stolzen Selbstrechtfertigung verharrend, mit dem Allmächtigen in einen Rechtsstreit eintreten wolle, ist schon beantwortet, ehe Hiob den Mund auftut. Hiob kapituliert vor Gott. Stammelnd steht er vor ihm und weiß nichts anderes zu sagen als das, was in solcher Situation dem Menschen allein noch übrigbleibt, und was die Männer des Glaubens vor ihm haben erkennen müssen, wenn sie dem wirklichen Gott begegneten: Siehe, ich bin zu gering! (vgl. 1. Mose 32, 11; 2. Mose 3, 11; Jes. 6, 5; Jer. 1, 6). Vor der erdrückenden Wirklichkeit Gottes wird der Mensch seiner eigenen Wirklichkeit in ihrer ganzen erbärmlichen Ohnmacht bewußt. Wenn Gott redet, verstummt der Mensch. Als Zeichen des Schweigens legt Hiob seine Hand auf den Mund. Nun ist es mit ihm so weit gekommen, wie er es unbewußt ahnungsvoll in 9, 3 vorausgesagt hat: „Hätt' einer Lust mit Gott zu rechten, wüßt' er auf tausend nicht ein Wort." Dabei drängt sich die Frage auf, worin der Unterschied besteht zwischen jener früheren Aussage des Hiob und der Situation von Kap. 38 ff., um so mehr, als ja auch Hiob und seine Freunde von den unbegreiflichen Wundern der göttlichen Schöpfung früher schon gesprochen haben. Biegt die Hiobdichtung hier nicht wieder zu jenen Anfängen zurück, weil ihr Dichter sich in einem unlösbaren Problem verfangen hat und nun einfach die aussichtslose Diskussion durch einen Machtspruch des Deus ex machina abschneidet? Oder, was ist das Neue in den Gottesreden? Der Unterschied besteht darin, daß dort die Erkenntnis der menschlichen Ohnmacht gegenüber der absoluten Erhabenheit Gottes, das letzte Wort des Menschen, ein Ergebnis seines theologischen Denkens ist, während das Neue in Kap. 38 ff. die Tatsache ist, daß es jetzt Gott selbst sagt. Als Gottes Wort aber ist es zugleich wirksames Handeln Gottes in seinem

Gericht über Hiob; und darum ist es eben nicht letztes Wort, nicht ein Ende, sondern ein neuer Anfang: Das Ende der Wege des Menschen ist immer der Anfang des Weges Gottes. In der lebendigen Begegnung mit Gott steht zwar Hiob in jener Grenzsituation des Menschen, die er schon früher ins Auge gefaßt hatte; aber unter dem Zugriff Gottes wird diese Grenzsituation zum Einsatz- und Ausgangspunkt eines Geschehens, das Gott jetzt allein in die Hand genommen hat, einer Divina Commedia, die erst jenseits dieser Grenzen zu ihrem Ziel kommt. Hier ist es im Unterschied zu den vermeintlichen Parallelen des Dialogs Gott selbst, der den Hiob an seine menschlichen Grenzen führt, aber nicht um ihn dort hilflos stehenzulassen, sondern um diese Grenzen von oben her niederzulegen und ihn auf seine Weise hinüber zu geleiten in seinen Bereich. In dem göttlichen Drama zwischen Hiob und Gott ist an dieser Stelle das letzte Wort noch nicht gesprochen; die Handlung geht weiter zu einem anderen

5 Ende und Ziel. Im Gefühl seiner eigenen Ohnmacht vor Gott wird dem Hiob nun erst bewußt, daß er bisher auf einem Irrweg gegangen ist; sein Blick war durch den Willen, der nur das Eigene sucht, irregeleitet. Jetzt ist er entschlossen, diesen Weg nicht mehr weiterzugehen. Als erste Wirkung des göttlichen Gerichts ist in ihm die Erkenntnis seiner Sünde erwacht zunächst als Absonderung von Gott, als die absolute Distanz zwischen dem ohnmächtigen Menschen und dem allmächtigen Gott, die zur Folge hat, daß er seinem Irrtum absagt und seine bisherige Selbstsicherheit Gott gegenüber aufgibt. Doch dies ist nur ein erster Schritt; Sünde ist mehr als Irrtum; und es ist von vornherein zu erwarten, daß die Dramatik des letzten Aktes der Hiobdichtung nicht bei diesem negativen Ergebnis enden kann. Das Negativum fordert eine positive Ergänzung. In diese Richtung führt die zweite Gottesrede und die darauf erfolgende Antwort des Hiob.

Kapitel 40,6—42,6. Die zweite Gottesrede

6 Da antwortete Jahwe dem Hiob aus der Wetterwolke und sprach:
7 Gürte doch deine Lenden wie ein Mann,
  ich will dich fragen, du belehre mich!
8 Willst wirklich du mein Recht zerbrechen,
  mich schuldig sprechen, daß du recht behältst?
9 Hast du denn einen Arm wie Gott,
  und donnerst du mit einer Stimme gleich wie er?
10 So schmück' dich doch mit Stolz und Hoheit
   und kleide dich in Glanz und Pracht!
11 Laß deine Zornausbrüche sich ergießen,
   wirf jeden Stolzen nieder mit dem Blick!
12 Mit einem Blick demüt'ge alle Stolzen,
   die Frevler schlage nieder auf der Stelle!
13 Verbirg sie allesamt im Staub,
   bind' sie leibhaftig[1] im Verborgnen fest!
14 Dann will auch ich dich anerkennen[2],
   daß deine Rechte dir geholfen hat.

---

[1] Wörtlich: ihr Angesicht = ihre Person.   [2] Wörtlich: (lobend) bekennen.

15 Sieh doch den Behemot, den ich wie dich erschuf!
 Gras frißt er wie ein Rind.
16 Sieh doch die Kraft in seinen Lenden
 und seine Stärke in den Muskeln seines Bauchs!
17 Wie eine Zeder steift er seinen Schwanz.
 Dicht sind geflochten seiner Schenkel Sehnen.
18 Röhren von Erz sind seine Knochen;
 wie Eisenstangen sein Gebein.
19 Er ist der Wege Gottes Anfang[1];
 ‚gemacht zum Vogt seiner Genossen'[2].
20 Denn Berge liefern ihm Tribut
 und alle wilden Tiere, die dort spielen.
21 Er lagert unter Lotusbüschen
 in dem Versteck von Schilf und Schlamm.
22 Ihn deckt der Lotusbüsche Schatten;
 des Baches Pappeln bergen ihn.
23 Schwillt an der Strom, er zittert nicht;
 bleibt still, ob auch die Flut[3] ihm dringt ins Maul.
24 ‚Wer'[4] wird ihm nach den Augen greifen,
 mit Pflöcken ihm durchbohr'n die Nase?

25 Ziehst du den Lewjatan am Angelhaken,
 drückst ihm die Zunge nieder mit dem Seil?
26 Legst du ein Binsenseil ihm an die Nase,
 bohrst mit dem Hacken ihm die Backe durch?
27 Wird er dich viel um Gnade bitten
 oder dir gute Worte geben?
28 Schließt er einen Vertrag mit dir,
 daß du ihn dauernd nimmst zum Knecht?
29 Spielst mit ihm wie mit einem Vöglein;
 bindst ihn für deine Mädchen an?
30 Treiben die Zunftgenossen mit ihm Handel;
 teilen ihn stückweis unter Händlern aus?
31 Spickst du ihm seine Haut mit Spießen
 und mit der Fischharpune seinen Kopf?
32 Leg' nur einmal die Hand an ihn!
 Denk an den Kampf! Du tust's nicht mehr.

Kapitel 41

1 Siehe, die Hoffnung, ihn zu fangen[5], trügt.
 Sein bloßer Anblick bringt zu Fall.
2 So kühn ist keiner, ihn zu reizen.
 Wer wollte wohl vor mir besteh'n?
3 Wer hieß mich (ihm) begegnen, daß ich's tat?[6]
 — Unter dem ganzen Himmel — er ist mein. —

---

[1] Meist gedeutet als „Erstlingswerk der Schöpfung"; doch siehe die Erklärung.
[2] MT: der ihn macht, nähere sein Schwert; der Sinn ist dunkel; Rekonstruktionsversuch teilweise nach G.; siehe BH.
[3] MT: der Jordan.   [4] s. BH.
[5] Wörtlich: seine Hoffnung; das Pronomen vertritt das Objekt.
[6] Oder: daß ich (ihm) Heil schuf.

4 Ich bring' ‚ihm'¹ sein Geschwätz zum Schweigen
und seiner Heldentaten Wort und seiner Haltung ‚Gunst'².

5 Wer öffnete die Hülle seines Kleids;
wer drang in seinen Doppel‚panzer'¹ ein?

6 Wer hat geöffnet seines Rachens Tor?
Schrecken liegt rings um seine Zähne.

7 ‚Sein Rücken'¹: ganze Reihen Schilde,
(wie) durch ein Siegel dicht geschlossen;

8 sie fügen sich eines ans andere;
kein Hauch kommt zwischen ihnen durch.

9 Fest haftet jedes an dem andern,
halten zusammen untrennbar.

10 Sein Niesen lässet Licht aufglänzen,
und seine Augen sind wie Frührots Wimpern.

11 Aus seinem Maule schießen Fackeln,
feurige Funken sprühn hervor.

12 Aus seinen Nüstern qualmt der Dampf
wie aus geheiztem Kessel auf ....³.

13 Sein Hauch entflammet Kohlenglut,
und Flammen fahr'n aus seinem Rachen.

14 In seinem Nacken wohnet Stärke,
und vor ihm her hüpft bange Furcht.

15 Fest kleben seines Fleisches Wampen
wie angegossen, unbewegt.

16 Sein Herz ist wie ein Stein so fest
und wie der untre Mühlstein unbeweglich.

17 Erhebt er sich, erzittern (selbst) die Götter,
weichen zurück ‚des Meeres Wellen'¹.

18 Trifft man ihn, hält das Schwert nicht stand,
nicht Lanze, noch Geschoß und Pfeil.

19 Das Eisen achtet er für Stroh,
das Erz für wurmstichiges Holz.

20 Kein Bogenpfeil bringt ihn zum Fliehen;
wie Häcksel sind ihm Schleudersteine.

21 Die Keule ‚dünkt ihm'¹ wie ein Strohhalm;
und prallt der Speer an, lacht er nur.

22 Auf seiner Unterseite hat er spitze Scherben,
ein Dreschbrett drückt er in den Schlamm.

23 Die Tiefe macht er brodeln wie den Kessel,
rührt auf das Meer wie einen Salbentopf.

24 Er hinterläßt leuchtenden Pfad;
man meint, die Flut sei Greisenhaar.

25 Auf Erden gibt es seinesgleichen nicht,
geschaffen, ohne Furcht zu sein.

26 Auf alles Hohe blickt er (nieder),
ein König über alles stolz Getier!

---

¹ s. BH.
² Die Bedeutung des vorletzten Wortes ist dunkel; lies entweder hīn = Hohlmaß oder hēn = Gunst (siehe die Erklärung).   ³ weʾagmôn = und Binsen?

Kapitel 42

1 Da antwortete Hiob dem Jahwe und sprach:
2 Ich hab ‚erkannt‘[1], daß du alles vermagst;
 und kein Gedanke ist dir unausführbar.
3 „Wer ist's, der ohn' Einsicht den Rat verdunkelt?"
 So hab' ich denn geredet ohne Einsicht
 Dinge zu wunderbar und unerkannt.
4 „Hör' doch und laß mich reden,
 ich will dich fragen, du belehre mich!"
5 Vom Hörensagen hatte ich von dir vernommen;
 nun aber hat mein Auge dich geschaut!
6 Darum bekenne ich mich schuldig[2]
 und ich bereu' in Staub und Asche.

Die erste Gottesrede war auf die persönlichen Anliegen des Hiob nicht eingegangen. Sie hat ihm das Rätsel seines Leidens nicht gelöst, sondern ihm an den Beispielen der Schöpfung zum Bewußtsein gebracht, daß Gottes Walten überhaupt ein dem Menschen unergründliches Geheimnis ist und bleibt. Die Folgerung daraus, daß auch das Leiden des Hiob in seinem göttlichen Grund und Ziel zu jenem unentschleierten Mysterium Gottes gehört, bleibt ihm selbst überlassen. So steht er nun allein da in seinem Widerspruch gegen Gott als der, der den Griff Gottes nach ihm in seinem Leiden als den Angriff eines ihm feindlichen Gegners beargwöhnt hat und durch dieses sein Mißtrauen selbst zum Gegner Gottes geworden ist. Sein Schreien nach Gottes „Gerechtigkeit" war nichts anderes als der Schrei nach seinem eigenen Rechthabenwollen, und sein Glaubensringen, Gott zu verstehen, war der Versuch des Menschen, sich an Gottes Stelle zu setzen und ihn in die Schranken menschlicher Denkgesetze herabzuzwingen. Trotz gelegentlich auftauchender Bedenken ist Hiob an diesem Punkte der herkömmlichen, nur zu verständlichen Rationalität der ethisch religiösen Denkweise verhaftet geblieben, aus der er das Recht seines guten Gewissens hergeleitet hat. Von da aus gesehen ergaben sich seiner kasuistischen Selbstprüfung keine moralischen Verfehlungen und einzelne konkrete „Sünden". Aber in jene letzte Tiefe der Erkenntnis der Urschuld des Menschen, die sich als seine Grundhaltung Gott gegenüber auftut, ist Hiob bis dahin noch nicht hinabgedrungen. Diese wird ihm erst jetzt durch die Begegnung mit Gott aufgetan. Er muß sein eigenes bisheriges Gottsuchen und -habenwollen, sein Unschuldsbewußtsein, das im guten Glauben seine Rechtfertigung von Gott fordert, als die „fromme Sünde" erkennen, die ihn von Gott getrennt hat, weil sie aus einem letzten Urwiderspruch des Menschen gegen Gott stammt, der mit Gott als Gott nicht ernst machen und ihm die volle Souveränität und Freiheit seines Handelns nicht zugestehen will. Erst in dem Augenblick, als Hiob ein letztes Mal — diesmal von Gott selbst — in die verborgenen Tiefen menschlichen Wesens und Leidens hinabgeführt ist, wo er seinen Widerspruch zu Gott nicht nur als Irrtum, sondern als Schuld erkennen muß (s. o.), wird ihm das Gericht Gottes, das sich auf diese Weise an ihm vollzieht, zum Durchbruch der Gnade Gottes,

---
[1] s. BH.   [2] Wörtlich: ich verwerfe.

die wirksam wird, indem er sich dem Gottesgericht unterwirft. Noch enger als in Kapitel 38 f. liegt hier das ecce Deus und das ecce homo ineinander verschlungen. Der niederschmetternde Tiefblick in den dunklen Abgrund des eigenen Herzens wird zum erhebenden Aufblick in das Herz Gottes, dessen „Gerechtigkeit" seine abgrundtiefe — Gnade ist. Erst am Ende des Gespräches ist der Höhepunkt der Hiobdramatik erreicht. In der durch die zweite Gottesrede bewirkten Antwort Hiobs klingt das zum ersten Mal auf, was der Dichter als letztes Wort zur Hiobfrage zu sagen hat; ein Wort, das zeigt, daß jener unselige Widerspruch, unter dem Hiob bis in seine Begegnung mit dem lebendigen Gott hinein gelitten hat, in Gott aufgehoben ist. Es ist das Wort von Gottes Gericht und Heil, von seiner richtenden und aufrichtenden Gnade als dem Weg, auf dem Gott seinen leidenden Knecht Hiob hineinnimmt in das letzte Geheimnis seines unbegreiflichen Waltens.

Auf den ersten Blick scheint nur die Einleitung der zweiten Gottesrede 40, 6—14 und das Schlußwort des Hiob 42, 1—6 sich mit dem Hiobproblem zu befassen. Dazwischen stehen ausführliche Betrachtungen über Behemot und Lewjatan im Stil der in Kapitel 38 f. genannten Beispiele von Gottes Schöpfung. Viele Ausleger wollen deshalb den Abschnitt 40, 15—41, 26 als späteren Einschub ansehen, wenn auch allgemein zugestanden wird, daß er an dichterischer Kraft der ersten Gottesrede nicht nachsteht. Der Fall liegt hier also anders als bei den Elihureden. So erhebt sich die Frage nach dem Zusammenhang der Partien über Behemot und Lewjatan mit der ersten Gottesrede im besonderen und der Hiobfrage im allgemeinen. Wären Behemot und Lewjatan lediglich zwei weitere Beispiele aus der Tierwelt, dann läge die Annahme einer nachholenden Ergänzung durch spätere Hand nahe. Aber Verschiedenes deutet darauf hin, daß es sich hier nicht nur, wie vielfach angenommen, um die Beschreibung des Nilpferds (Wasserbüffels) und des Krokodils handelt. Gewiß scheinen die Farben der beiden Bilder in den Einzelzügen vom Nilpferd und Krokodil her genommen zu sein; aber gelegentlich läßt der Dichter doch durchblicken, daß er in Behemot und Lewjatan mehr sieht als nur diese Vertreter der Tierwelt. Mit Absicht wird in 41, 25 f. vom Lewjatan gesagt, daß es „auf Erden nichts seinesgleichen gibt", und die Stellung des Lewjatan aller anderen Kreatur gegenüber herausgehoben, wie auch in 40, 19 der Behemot durch die Bezeichnung als „Anfang der Wege Gottes" nicht mit den übrigen Tieren auf die gleiche Ebene gestellt zu sein scheint. Nicht mit Unrecht hat daher Luther die hebräischen Namen der beiden Tiere unübersetzt gelassen. Wenn in 41, 17 vom Lewjatan weiter gesagt wird, daß die Götter zittern, wenn er sich erhebt, und des Meeres Wellen zurückweichen, wenn in 41, 10 ff. die Darstellung die Farben des Mythus annimmt, und eine Reihe von Zügen, die man nicht einfach als Übertreibungen abtun kann, überdimensionalen Charakter hat, dann dürften diese Andeutungen, die der Beschreibung ihr geheimnisvoll schillerndes Gepräge geben, nicht nur als Reste alter mythologischer Vorstellungsformen[1] aufzufassen

---

[1] Über den mythologischen Hintergrund der Vorstellung von den beiden Chaostieren Behemot und Lewjatan, denen in der babylonischen Kosmogonie Kingu und Tiamat

sein, die unbewältigt stehengeblieben sind, sondern angesichts der unverkennbaren Fähigkeiten des Dichters als absichtliche Hinweise darauf, daß es ihm hier um mehr geht, als die Tierskizzen von Kapitel 38 f. um zwei weitere ausführlichere zu vermehren. Die alte mythologisch gefärbte Schöpfungstradition, die von dem Kampf Jahwes gegen die gottfeindlichen Urmächte zu sagen wußte, der der Schöpfung vorausging, hat sich in der alttestamentlichen Kultüberlieferung im Zusammenhang mit den Vorstellungen von der Theophanie, der Schöpfung und dem Gericht Jahwes über die Götter (der Völker) erhalten (vgl. Pf. 46,4; 74,13f.; 68,31; 89,10f.; 58; 82). Gerade in dieser traditionellen Verbindung der genannten drei Vorstellungsreihen ist das zu suchen, was die Ausführungen über Behemot und Lewjatan mit der Theophanie und der Schöpfung in Kapitel 38 f. einerseits und anderseits der Gedankenverbindung von Theophanie (40,6) und Gericht mit den in Kapitel 40, 7—14 und 42, 1—6 hervortretenden Grundgedanken der Hiobdichtung im allgemeinen und besonderen verknüpft. Von diesem aus der alttestamentlichen Bundestradition entnommenen und vom Dichter angedeuteten Zusammenhang zwischen dieser Tradition und dem Hiobproblem[1] her ist auch das Verständnis der zweiten Gottesrede zu gewinnen: Das Gericht Gottes, das Hiob herausfordern und auf die rational-ethische Ebene menschlicher Selbstrechtfertigung herabziehen wollte, vollzieht sich ebenso wie die Schöpfung in dem überdimensionalen Bereich der vom Urgeheimnis umwobenen göttlichen Erhabenheit, zu der es für den Menschen keinen Zugang gibt. Damit ist auch das, was in der Dramatik des Hiobbuches als Gericht Gottes an Hiob sich auswirkt, dem denkenden Erkennen des Menschen entzogen. Alles dies spielt sich in einer anderen, überdimensionalen Sphäre gott-menschlicher Wirklichkeit ab und ist dem Menschen nur auf der Ebene der Erkenntnis des Glaubens zugänglich, der im letzten Grund aus der lebendigen Begegnung mit Gott als dessen Geschenk erwächst.

---

entsprechen, ist Gunkel, Schöpfung und Chaos in Urzeit und Endzeit, S. 41—114, zu vergleichen. Wenn auch im einzelnen zu weitgehend, sind dort die weiteren alttestamentlichen Parallelen unter diesem Gesichtspunkt besprochen. Zu Lewjatan, dem Urmeerdrachen, vgl. Hi. 3,8; 7,12; 26,12f.; Pf. 104,7f. 25f.; Jef. 27,1; zu Behemot, der in Jef. 30,6ff. mit Rahab gleichgesetzt zu sein scheint, vgl. Hen. 60,7ff.; 4.Esr. 6,49ff.; ferner die aus Ras Schamra bekannt gewordene kanaanäische Tradition des Drachenkampfmythus. Übersetzung bei Gordon, Ugaritic Literature, 1949, S. 38 und Pritchard ANET[2], 1955, S. 137f. Besonderes Licht auf die vom Hiobdichter verwendeten Vorstellungen wirft ein dramatisierter Mythos von Edfu, von dem Roeder (Volksglaube im Pharaonenreich [1952] S.214) berichtet: Der Götterkampfmythos von dem Sonnengott Behedti, der dem Schiff des über den Himmelsozean fahrenden Allherrn Re-Hor-achti den Weg freimacht, ist auf die Erde verlegt, wobei aus den Wolken und dem Gewitterdrachen Apophis, die die Sonne verdunkeln wollen, Flußpferde und Krokodile im Nil geworden sind, die Horus Behedti immer wieder mit seinem Speer ersticht. Vgl. dazu die Abbildung des Seth auf einem Tempelrelief von Medinet Habu, wie er, am Bug der Sonnenbarke stehend die Apophisschlange ersticht (Spiegel, Die Erzählung vom Streite des Horus und Seth als Literaturwerk, Leipziger Ägyptologische Studien 9 [1937] Abb. 1).

[1] Daß der Hiobdichter schon in 7,12 diese Tradition verwendet, kann neben anderem als weitere Stütze der obigen Interpretation gewertet werden.

Anderseits ist das Bemühen des Dichters nicht zu verkennen, die beiden Chaostiere ihres ursprünglich polytheistischen Charakters zu entkleiden, indem er sie ausdrücklich als Jahwes Geschöpfe kennzeichnet (z. B. 40, 15) und in dieser Hinsicht mit Hiob auf ein und dieselbe Ebene stellt. In dieser Entmythisierung drückt sich nicht nur wie auch sonst im Alten Testament die erhabene Schöpfergewalt Gottes als des Herrn der Welt aus, sondern ähnlich wie in 38, 8 ff. wird auch hier der Gedanke der einstigen Gegnerschaft zwischen Gott und den Chaostieren überlagert durch den Gedanken der Freude Gottes an seinem Geschöpf, die sich auch in dem unverhohlenen Humor widerspiegelt, mit dem der Dichter einzelne Partien zeichnet, und der den schweren mythischen Untergrund in jenes Schweben freudiger Beschwingtheit erhebt, das der Darstellung ihren unnachahmlichen Reiz verleiht. Und wenn Hiob gleich zu Beginn dieser Darstellung als Geschöpf Gottes mit dem Behemot in die gleiche Perspektive gerückt wird, so liegt auch darin die den Gottesreden eigentümliche Transparenz in der Richtung, daß auch Hiob, während über ihn Gottes Gericht ergeht (40, 6—14), als Gottes Geschöpf in ähnlicher Weise Gegenstand der Freude und Liebe Gottes ist, mit der er seine Geschöpfe umfängt. **Das Ineinander von Gottes Gericht und Gnade ist jenes Urgeheimnis göttlichen Wesens und Wirkens, das dem Hiob durch die zweite Gottesrede enthüllt und in der Begegnung der Theophanie als Aufhebung des Widerspruchs zwischen Gott als Feind und Gott als Freund an ihm beseligende Wirklichkeit wird.**

40, 6—14 **Einleitung.** Die zweite Gottesrede ist analog der ersten aufgebaut. Ihre Einleitung V. 6—14 beginnt wörtlich gleichlautend (40, 6 = 38, 1; 40, 7 = 38, 3) und bringt ähnlich wie 38, 1—3 das Thema des zweiten Akts des göttlichen Gerichts in der Theophanie. Dort war es der Vorwurf, daß Hiob den göttlichen „Rat" verdunkle, weil ihm die Einsicht fehlt; hier ist es der Zweifel, den Hiob in die Gerechtigkeit Gottes gesetzt hat, und die Überhebung, daß er Gott zum Rechtsstreit herausfordert und, auf seine Selbstrechtfertigung pochend, gegen Gott sein Recht durchsetzen will. Handelt es sich bei der ersten Gottesrede um die Erkenntnis und Überwindung des Irrtums, in dem sich Hiob Gott gegenüber befunden hat, so läuft die zweite Gottesrede zunächst darauf hinaus, den Hiob gerade an dem Punkt in die Erkenntnis seiner Schuld hineinzuführen, wo er seine Unschuld behauptet. In diesem Zusammenhang hat die mit dem Anfang von Kapitel 38 gleichlautende Einleitung den Zweck, diese innere Bezogenheit der beiden Reden auch nach der formalen Seite hin kenntlich zu machen, so daß kein Grund besteht, sie als späteren Zusatz zu beurteilen.

6-7 V. 6 unterstreicht noch einmal die traditionelle Verbindung von Theophanie- und Gerichtsvorstellung, die dem Schluß der Hiobdichtung zugrunde liegt und die entscheidende Bedeutung ins Gedächtnis zurückruft, die der Gottesbegegnung für die Lösung der Hiobfrage zukommt. Wieder ist Hiob der Gefragte; und ohne auf seinen Reinigungseid einzugehen, zieht ihn Gott auf seine Weise zur Rechenschaft, die ihm die Erkenntnis der Grundverkehrtheit seiner Haltung und das

Bekenntnis seiner Schuld und Reue abgewinnt. Aber indem Gott ihn so niederbeugt, richtet er ihn zugleich wieder auf durch seine persönliche Gegenwart. Kurz, 8
aber mit unmißverständlicher Schärfe und Deutlichkeit ruft Gott den Hiob
zu einer letzten Selbstbesinnung: Die Selbstrechtfertigung, auf die Hiob seine
Herausforderung Gottes mit gutem Gewissen zu stützen glaubte, ist in Gottes
Augen nichts anderes als ein „Zerbrechen des göttlichen Rechts", ein Angriff
auf seine Gerechtigkeit, der dahin zielt, daß Gott schuldig sein soll, damit der
Mensch recht behalte. Es bedarf auch hier nur der prägnanten Formulierung des
Tatbestands, um nun den Hiob von der grotesken Unmöglichkeit eines derartigen Unterfangens zu überzeugen. Nach dem, was in der ersten Gottesrede
vorausgegangen ist, wird er sich doppelt überlegen müssen, ob er jetzt, da er Gott
selbst gegenübersteht, diesen seinen Standpunkt wird aufrechterhalten können.
In der Richtung dieser Überlegung gehen die folgenden Verse; sie nehmen un- 9-13
mittelbar auf die traditionelle Vorstellung von der Theophanie Bezug, deren
Zeuge Hiob ist. Ironisch überlegen klingen die Zumutungen an Hiob, es Gott
gleichzutun, wenn er mit ihm in einen Rechtsstreit sich einlassen wolle. So tritt
noch einmal — man beachte die künstlerische Feinheit, die in dieser indirekten
Vergegenwärtigung Gottes liegt — die ganze erhabene Heiligkeit und Gerechtigkeit Gottes dem Hiob vor Augen, doppelt niederdrückend dadurch, daß sie
wenn auch nur ironisch — von ihm selbst gefordert wird: Der Donnerhall der
Stimme Jahwes (vgl. 2. Mose 19,16; Ps. 29), die Gewalt seines Armes,
die sich in den göttlichen Machttaten der Geschichte immer wieder erweist (V. 9;
vgl. V. 14b; ferner 2. Mose 6,6; 5. Mose 4,34 u. ö.; Jes. 30,30; 40,10; Ps.
44,4; 71,18; 89,11), die Majestät seiner Gegenwart, wenn er im himmlischen
Lichtglanz, umkleidet von „Stolz und Hoheit", „Glanz und Pracht" zu erscheinen pflegt (vgl. Ps. 21,6; 96,6; 111,3; 104,1), und dann vor allem,
worauf es hier besonders ankommt, sein „Zorn" gegen allen Eigenstolz und
Selbstüberhebung, die Macht seiner Gerechtigkeit, die schon mit einem Blick den
Frevler niederwirft und vernichtet (V. 11—13). Nicht ohne Absicht ist auf
diesen Punkt der Nachdruck gelegt: Muß doch Hiob hinter aller Ironie den
Ernst des Gottesgerichts heraushören, das über ihn selbst kommt in dem Augenblick, da Gott ihm die richterliche Verantwortung für die Durchführung der
göttlichen Gerechtigkeit zuschiebt, so daß dieser Augenblick für Hiob zum Selbstgericht wird! Muß ihm nicht in diesem auf ihn zulaufenden „Augenblick"
Gottes das eritis sicut Deus (1. Mose 3,5), jene Urschuld alles Menschlichen,
das neben oder gar gegen Gott selbst etwas sein und gelten will, gerade als seine
eigene tiefste Schuld vor Gott aufgehen, angesichts derer Gott durchaus im
Recht wäre, wenn er ihn mit allen anderen „Stolzen" vernichten würde? Wo
bleibt da das „gute Gewissen", wenn Gott mit ihm auf solche Weise ins 14
Gericht geht, daß er sich selbst nicht mehr ausweichen kann? Vollends dann, wenn
Gott ihm das eritis sicut Deus selbst zumutet und in bedeutsamer Selbstironie
zum Schlusse auf die gleiche Ebene zum Menschen heraksteigt und ihm — tief be-
schämend für Hiob und doch, wie sich zeigen wird, geheimnisvoll verheißend —

seine Anerkennung und Rechtfertigung in Aussicht stellt[1]! Man würde den merkwürdigen Tenor des Ganzen verkennen, wollte man aus den Worten Gottes nur bissigen Spott heraushören, der den Hiob der Vernichtung durch Lächerlichkeit preisgeben soll. Gottes Art ist anders als Menschenart; hinter der Ironie seiner Worte steht zwar der ganze Ernst seiner Heiligkeit und die Unausweichlichkeit seines Gerichts; aber durch die ungewöhnliche Art dieser Ironie, in der Gott sich selbst erniedrigt und dem Hiob göttliche Funktionen zuschiebt, daß dieser zum Richter seiner selbst werden muß, leuchtet etwas durch von einer verborgenen Güte Gottes, die nicht daran Gefallen hat, den Menschen niederzuschmettern mit giftigem Spott, sondern ihn von innen heraus zu überwinden im Selbstgericht der Umkehr zu Gott und Buße, auf der die Verheißung ruht. Die „Gerechtigkeit" Gottes, die sich hier an Hiob zunächst darin auswirkt, daß er in die letzte Tiefe der Erkenntnis seiner Schuld hinabgeführt wird, ist etwas anderes, als was sich der Mensch gewöhnlich unter Gerechtigkeit vorstellt, und was auch in dem Gespräch zwischen Hiob und den Freunden immer wieder vorausgesetzt wurde; sie ist keine kalte rechnerische Vergeltung, sondern jene verborgene souveräne persönliche Güte Gottes, mit der er seinen Gegner überwindet, um ihm aus freier Liebe zu schenken, was dieser von sich aus nicht zu erreichen vermag.

40, 15—24 **Der Behemot.** In diese Richtung weisen auch die beiden Urtiere Behemot und Lewjatan, auf die Gott jetzt Hiobs Aufmerksamkeit lenkt.

15 Der Name Behemot ist der Plural von b°hema = Vieh und soll vielleicht das Vieh kat'exochen, das „Urvieh" bezeichnen. Jedenfalls ist die Darstellung, auch wenn sie das Tier als Geschöpf Gottes auffaßt, „das Gras frißt wie ein Rind", bemüht, daneben das Absonderliche zu betonen, das dieses Tier unter den andern heraushebt. Über der gesamten Beschreibung lagert der Hauch des Urgeschichtlichen, des ins Gigantische Gesteigerten, das alle menschlichen Maße überschattet und sie gerade deshalb wie der Mythus, der hier im Hintergrund steht, mit einschließt. Und wenn Hiob mit dem Behemot als Gottes Geschöpf in einem Zuge genannt wird, so geschieht dies in der gleichen Perspektive, mit der die alttestamentliche Kultgemeinde die Schöpfungstradition vom Kampf Jahwes mit den Urmächten auf ihre Gegenwart als Gottes Kampf mit den historischen Feinden des Volkes gedeutet und miterlebt hat als Gottes Entscheidung über ihr eigenes Heil (vgl. etwa Ps. 46; 68, 31; 89, 10). M. a. W. von dem urgeschichtlichen Aspekt, der sich hier auftut, fällt auch Licht auf das Ver-

16 18 hältnis zwischen Gott und Hiob. Gleich die Beschreibung des Körpers des Behemot V. 16—18 geht über alle Vergleichsmaßstäbe hinaus: „Seine Knochen sind Röhren von Erz" und seine Rippen Eisengestänge; ein Urbild unüberwindlicher Kraft! noch ganz anders als das Nilpferd, das für diese

---

[1] Die Wendung „deine Rechte hat dir geholfen" erinnert an den alttestamentlichen Bundesfestkult, wo sie von Gottes siegreichem Kampf gegen seine Feinde gebraucht wurde; vgl. 2. Mose 15, 6; Ps. 98, 1; 20, 7 u. ö.

Beschreibung Modell gestanden hat[1]. Bedeutsam sagt V. 19: Er ist „der Anfang der Wege Gottes"; das ist mehr als nur „das Erstlingswerk der Geschöpfe Gottes"; denn der Ausdruck „die Wege Gottes" umspannt das ganze göttliche Heilshandeln von der Schöpfung bis zur Gegenwart, wie es die kultische Überlieferung festgehalten und als jeweilig gegenwärtiges Heilsgeschehen gefeiert hat. In der alttestamentlichen Überlieferung über die Chaostiere kreuzen sich zwei Wege, auf denen der Gottesglauben des Alten Testaments den altorientalischen Mythus vom Chaosgötterkampf sich angeglichen und ihn seines mythologisch-polytheistischen Charakters entkleidet hat: Auf dem Weg der sog. Historifizierung wurde diese Tradition zum Bestandteil der alttestamentlichen Heilsgeschichte als Urtypus der Auseinandersetzung Jahwes mit den Völkern und ihren Göttern in der eben angedeuteten Vorstellung vom Gericht Jahwes über seine Feinde; der andere Weg ist die Aufnahme der ursprünglich gottfeindlichen urweltlichen Chaosungeheuer in den Gedanken ihrer Erschaffung durch Jahwe (vgl. 1. Mose 3, 1), wobei ihnen zwar ihre einstige Sonderstellung nicht völlig genommen, aber unter den Gesichtspunkt der alleinigen Gewalt und Herrschaft des Schöpfers gestellt wurde. Erst von diesem doppelten Hintergrund der Kultüberlieferung des urgeschichtlichen Geschehens wird der Zusammenhang mit der Hiobsituation deutlich: Eine Auseinandersetzung mit Gott, auf die Hiobs Herausforderung Jahwes zum Rechtsstreit hinauswollte, setzt ganz andere Dimensionen und Kräfte voraus als die, welche dem Hiob zu Gebote stehen; es ist dem Menschen schlechthin unmöglich, mit Gott ins Gericht zu gehen. Aber das ist nur die eine Seite; „der Anfang der Wege Gottes" steht noch in einem weiteren Bezug zu der konkreten Situation, in der sich Hiob jetzt vor Gott befindet: Das Gericht Gottes, das sich in der Bändigung der feindlichen Chaosmächte vollzog, und die „Gerechtigkeit" seiner Weltregierung, die mit der Einordnung der Chaosungeheuer in die göttliche Schöpfungsordnung ihren Anfang nahm, ist nicht nur der Ausfluß seiner alles überragenden Macht, sondern zugleich seiner Freude, seiner frohen Güte, die durch die Betrachtung der Urtiere als Gottes Geschöpfe immer wieder hindurchklingt. Die Gottesfreude an seinen Geschöpfen steht als das Prinzip seiner Weltordnung am „Anfang der Wege Gottes" und ist damit auch das Fundament der heilsgeschichtlichen Tradition des Alten Testaments. Mit Recht verweist Vischer in diesem Zusammenhang auf die Auslegung Calvins zu Ps. 104, 31: status mundi in Dei laetitia fundatus est. Im Bereich Gottes sind Macht und Recht nicht Gegensätze, wie sie der Mensch in seinem Widerspruch empfindet und darunter leidet wie Hiob, sondern ein und dasselbe: Gottes Gerechtigkeit ist seine freie überströmende Güte als der Urgrund der Welt und die Garantie ihres Bestands. Indem sich die Gerechtigkeit Gottes an Hiob als Gericht über die menschliche Urschuld auswirkt, ist gerade diese überströmende Güte Gottes an ihm wirksam. Was als Anfang der Wege

---

[1] Zu dem auf das Nilpferd nicht zutreffenden Bild „er steift seinen Schwanz wie eine Zeder" ist die Darstellung des siebenköpfigen Ungeheuers auf dem Siegelzylinder von Tell Asmar zu vergleichen (The Biblical Archaeologist, XI, 3, 1948, S. 64).

Gottes aus dem Urgeschehen der Welt sichtbar ist, das ist das Gleiche, was jetzt am Ende seines Leidensweges an Hiob Wirklichkeit wird: Gottes „Gerechtigkeit" als ein Akt, in dem sein Gericht und seine Gnade zusammenfallen.

20-23 Der Gedanke der ursprünglichen Sonderstellung der Chaosungeheuer blickt noch in V. 19b und 20 durch, wo Natur und Tierwelt dem Urtier als ihrem Herrscher zu Diensten stehen. Aber dies ist nicht mehr wie im Mythus die Folge seiner eigenständigen Gewalt, sondern seine königliche Stellung (vgl. 41, 25) verdankt der Behemot der Güte seines Schöpfers, der sich mit ihm freut am Spiel der Geschöpfe und ihm die behagliche Ruhe im Schatten von Schilf und Rohr gönnt, daß selbst die brausenden Wasser der Überschwemmung ihn **24** nicht aus seiner geruhsamen Sicherheit aufzustören vermögen. Wie könnte der Mensch es wagen, dies Ungeheuer in seine Gewalt zu bekommen, und wieviel weniger ist dies erst Gott gegenüber möglich, der es allein in seine Gewalt gebracht und ihm seine Sonderstellung in der Welt der Tiere eingeräumt hat!

40, 25—41, 26 **Der Lewjatan.** Noch deutlicher sind diese Gedankengänge bei dem Lewjatan erfaßbar, da der mythologische Hintergrund bei der Gestalt dieses Urmeerdrachens (vgl. die Grundbedeutung der Wurzel lwj = „gewunden" und ὁ δράκων) im Alten Testament mehrfach hervortritt (vgl. 3, 8; 26, 12 f. und S. 191 f.) und die ausführliche Darstellung diesen Hintergrund der Überlieferung klarer erkennen läßt als bei dem Behemot. Im **25-26** Anschluß an V. 24 wird zunächst auch von dem Lewjatan behauptet, daß es dem Menschen unmöglich ist, ihn zu fangen und in seine Gewalt zu bringen. Der Lewjatan ist also nicht einfach dem Krokodil gleichzusetzen, von dem Herodot **27-29** (II 7) berichtet, wie es die Ägypter gefangen haben. Mit köstlicher Ironie wird der Gedanke abgewiesen, dieses Urtier zähmen und zur Arbeit heranziehen (vgl. 39, 9 ff.) oder gar zu Spaß und Spiel der kleinen Mädchen es anbinden zu wollen. Der Gedanke an das Riesenspielzeug, der an das Spatzenlied Catulls (passer deliciae meae puellae quicum ludere) erinnern könnte, ist mehr als ein humorvoller Einfall, wenn wir danebenhalten, daß die alttestamentliche Schöpfungstradition in Ps. 104, 26 davon weiß, daß Gott „den Lewjatan schuf, um mit ihm zu spielen"[1]: Die Freude Gottes an seinem Geschöpf übersteigt alle menschlichen Analogien; auch die Güte des Schöpfers gehört dem überdimensionalen Bereich seiner Wirklichkeit an, an den keine menschliche **30-31** Erkenntnis heranreicht. Ebensowenig wie die Nützlichkeitserwägungen des Menschen: Das wäre ein glänzendes Geschäft für die Fischerzunft, das Seeungeheuer zur Handelsware zu machen und es auf dem Markt stückweise an die Händler zu verkaufen, wenn man es fangen könnte wie einen großen Fisch! Doch diesem „Wenn" steht ein unüberwindliches „Aber" entgegen, das alle phantastischen Gelüste des Menschen zerschlägt. Die Mahnung Gottes „erinnere dich an den Kampf!" eröffnet eine ganz andere Perspektive, in der der Dichter die alte Tradition vom urgeschichtlichen Kampf Jahwes mit dem Drachen durchblicken läßt (Der Wortlaut spricht gegen die übliche Auffassung, daß es sich

---

[1] Der Gedanke, daß der Mensch Gottes Spielzeug sei, findet sich auch bei Platon, Leg. 644D. 803Ce.

um den bevorstehenden Kampf des Menschen mit dem Krokodil handle). Nur Einer ist der Gewalt des Chaosungeheuers gewachsen: Gott allein hat es besiegt und gebändigt! Auch bei diesen Gedankengängen sieht sich Hiob wieder vor die unbegreifliche Größe der Macht Gottes gestellt, daß ihm alle Lust vergeht, sie weiter ergründen zu wollen.

Kapitel 41

Woher sollte auch der Mensch den Mut und die Hoffnung aufbringen, den gigantischen Kampf mit dem Chaosungeheuer erfolgreich aufzunehmen? Wieviel weniger — und hier zeigt sich der Zusammenhang mit der Hiobsituation V. 2b — mit Gott selbst, dem Bezwinger des Urtiers und Herrn der ganzen Welt! Die Verse 3—4 gehen auf die konkrete Lage Hiobs Gott gegenüber ein und lassen den Zusammenhang zwischen der Darstellung der Urtiere und der Hiobdramatik deutlicher werden; sie streichen oder abändern zu wollen, hieße die zweite Gottesrede ihres Kerns berauben. Die übliche Übersetzung, die sich an die aus dem Zusammenhang genommene freie Wiedergabe durch Paulus (Röm. 11, 35) anschließt: „Wer hat ihm zuvor gegeben, auf daß ihm vergolten würde?" trifft den eigentlichen Sinn nicht. Die wörtliche Übersetzung: „Wer hat mich zur Begegnung veranlaßt, daß ich es erfüllte", zeigt vielmehr, daß der Vers auf die Herausforderung Gottes durch Hiob anspielt, mit der er die Gottesbegegnung und seine Rechtfertigung zu erzwingen versuchte. Mit dem Wort „unter dem ganzen Himmel, er ist mein" wird Hiob in die Schranken seiner Geschöpflichkeit gewiesen. Sein Unterfangen ist nichts anderes als die Hybris der Empörung des Geschöpfs gegen seinen Schöpfer, vergleichbar mit der Empörung des Urmeerdrachens gegen den Schöpfergott, der ihn im Kampf seinem Gericht unterwarf. So kann auch Hiob nichts anderes von Gott erwarten, als daß er ihn wie Rahab „zum Schweigen bringt" (V. 4; vgl. Jes. 30, 7). Hiobs Selbstrechtfertigung erscheint im Urteil Gottes als leeres „Geschwätz", als Selbstüberhebung, die sich mit „Heldentaten" brüstet, als eine Haltung (ʿerkô = Bau, Ausrüstung), die die Hohlheit seiner Position oder seinen leichtfertigen Optimismus vor Gott offenbar macht (je nachdem man das Wort hîn mit hîn = Hohlmaß oder mit hen = Gunst in Verbindung bringt). Die Grundverkehrtheit der Einstellung des Hiob wird hier durch Gottes Urteil richtiggestellt und damit auch die dramatische Seite des Hiobschlusses ins rechte Licht gerückt: Die Bewegungsrichtung der Handlung geht nicht vom Menschen aus, der Gott herausfordern könnte, daß er ihm nun erscheine und Rechenschaft ablege, wie Hiob gemeint hat, sondern umgekehrt, die Theophanie und das sich in ihr vollziehende Gotteshandeln an Hiob ist primäre Aktivität Gottes, seine freie schöpferische Tat; das Gesetz des Handelns liegt jetzt bei Gott und nicht bei Hiob. Und das Gesetz dieses Handelns ist so wunderbar, daß es alle Widersprüche umspannt und aufhebt. Es ist Gottes „Gerechtigkeit", in der Gericht und Gnade, sein „Zorn" und seine Güte in gleicher Weise gegenwärtig und wirksam sind, so daß Hiob in demselben Gott, dessen Zorn er auf sich gezogen hat, zugleich seinen Schöpfer und Freund erkennen darf, der ihn aufrichtet,

5-26 indem er ihn niederbeugt. Dies soll an dem Lewjatan deutlich werden, der als Gegner des Schöpfergottes von ihm im Kampf bezwungen und doch als sein Geschöpf zum König der Tiere von dem gleichen Gott erhoben wurde. Unter diesem Gesichtswinkel steht die ausführliche Beschreibung der besonderen Eigenart dieses Tieres, die alle gewohnten Maßstäbe hinter sich läßt und im Grunde die wunderbare Größe der Macht und der Güte seines Schöpfers widerspiegelt: Der undurchdringliche Schuppenpanzer, den Gott ihm verliehen, macht ihn unverwundbar V. 5—9; der Eindruck seiner Erscheinung erweckt bange Furcht V. 10—14, wobei die Darstellung ins Mythologische hinüberspielt und Züge der göttlichen Epiphanie verwendet V. 14 (der Wagen des Ares ist von $\Delta\varepsilon\tilde{\imath}\mu o\varsigma$ und $\Phi\delta\beta o\varsigma$, die Pallas von terror und metus begleitet); selbst fest und unbeweglich mit einem Herzen von Stein wie der untere Mühlstein der Handmühle V. 15—16, bringt er die Götter zum Erzittern und des Meeres Wellen zum Weichen, wenn er sich erhebt V. 17; keine Waffe ist hart und scharf genug, um ihm gefährlich zu werden V. 18—21; selbst auf der Bauchseite ist er mit zackigen Schuppen gepanzert, so daß sie im Schlamm ähnliche Spuren hinterläßt wie ein mit spitzen Steinen besetztes Dreschbrett V. 22 (auch hier geht die Beschreibung über das Vorbild des Krokodils hinaus, dessen Bauchseite bekanntlich glatt ist); das Meer rührt er auf wie einen brodelnden Topf, in dem die Salbe gekocht wird, und die Schaumspur, die er hinterläßt, leuchtet weiß wie Greisenhaar V. 23—24[1]. Im Gegensatz zu aller anderen Kreatur ist er geschaffen, „ohne Furcht zu sein"; auf Erden gibt es seinesgleichen nicht; da hat er niemand über sich, sondern alles unter sich, worauf er — der König aller Tiere — herabschaut. Und gerade diese königliche Stellung des Lewjatan unter Gottes Geschöpfen ist der Beweis der Erhabenheit überlegener Macht und großzügiger Güte des Schöpfergottes, der, alles überragend, vor Hiob steht.

Kapitel 42

1-2 **42,1—6 Hiobs zweite Antwort.** Dies ist auch der Eindruck der Gottesrede auf Hiob, den der erste Satz seiner Antwort wiedergibt: Der Macht und den Möglichkeiten Gottes sind keine Schranken gesetzt; mag auch dem Menschen mancher Gedanke widerspruchsvoll und unmöglich erscheinen, für Gott gibt es nichts, was unausführbar wäre. Hiob ist überwältigt von der wunderbaren Allmacht, die kein „unmöglich" kennt. Staunend steht er vor den tausend Rätseln göttlichen Schöpferwaltens, auf die der Mensch keine Antwort weiß, hinter denen er aber ahnend die Sinnfülle göttlicher „Gedanken" erspürt. Gottes Walten bleibt als Rätsel bestehen; und auch über dem göttlichen Mysterium, das über dem Leiden des Hiob gebreitet ist, lüftet sich nicht der Schleier des Geheimnisses; es bleibt jenseits der Grenzen menschlicher Einsicht und Vernunft. Aber damit, daß Hiob sich in diese Grenzen zurückverwiesen sieht und Gott die Ehre gibt, die ihm als dem Herrn der Welt gebührt, ist nicht alles und nicht einmal das Wesentliche gesagt. Die Dramatik der Hiobdichtung ist nicht dadurch beendet, daß die unüberschreitbare Schranke zwischen Gott und

---

[1] Auch hierbei scheinen die Einzelzüge der mythologischen Tradition des Drachenkampfs entlehnt zu sein.

Mensch von Gott erneut und endgültig aufgerichtet und von Hiob anerkannt wird. Sie setzt vielmehr gerade an diesem Punkt ein, wo der für Hiob in unendliche Ferne erhobene Gott nach ihm greift und ihn nicht losläßt im unmittelbaren persönlichen Anruf der Begegnung. Das kommt darin zum Ausdruck, daß Hiob die an ihn gerichteten Gottesworte von 38,2 f. und 40,7 am Anfang von V. 3 und 4 noch einmal wiederholt. Die verkehrte Situation des Hiob vor den Gottesreden ist durch die Theophanie zurechtgerückt (vgl. 41,3); nicht Hiob ist der Herausforderer, sondern Gott, der den Hiob vor sich stellt, damit dieser ihm Rede und Antwort stehe. Indem Hiob Gott das Recht dazu zugesteht, unterwirft er sich dem Urteil Gottes, das in seiner Frage 38,2 und in seiner Aufforderung 38,3; 40,7 enthalten war. Das doppelte „darum" V. 3.6 schließt das Eingeständnis des Hiob mit ein, daß Gott es ist, der ihn in die letzte Tiefe der Selbsterkenntnis hinabführt, wo ihm die Hybris, Gott mit den Mitteln der Menschenweisheit begreifen zu wollen, nicht nur als Irrtum, sondern als Urschuld des Menschen bewußt wird, der im Widerspruch zu Gott steht und ihn in diesen seinen Widerspruch mit hineinziehen möchte. Mag auch seine gewissenhafte Selbstprüfung keine einzelnen Verfehlungen auf religiösem und moralischem Gebiet ergeben haben, und sein Gewissen über die Korrektheit seiner Gedanken, Worte und Taten beruhigt sein — bezeichnenderweise ist von alledem hier nicht mehr die Rede —, jetzt erkennt Hiob, daß seine Grundhaltung Gott gegenüber, die sich gerade in seinem Unschuldigseinwollen, in seinem Rechthabenwollen und in dem Versuch, Gott verstehen zu wollen, äußerte, so daß er den Griff Gottes nach ihm in seinem Leiden als den Angriff seines Gegners beargwöhnte, jene Urschuld eines ungetilgten Restes von Mißtrauen gegen Gott darstellt, das den Menschen zum heimlichen Feind Gottes macht und ihn selbst dazu anstachelt, die ihm von Gott gesetzten Grenzen zu überspringen und in den Bereich Gottes einzudringen. In V. 5 deutet Hiob diesen Zusammenhang an: „Vom Hörensagen hatte ich von dir vernommen"; es ist der überlieferte Gottesbegriff, der auch seine Gedanken bestimmt hat und durch eine Tradition, in der menschliche Wünsche und Weisheit dominieren, verfälscht wurde, die eher von Gott weg als zu ihm hinführt. Es gibt in des Menschen Hand keinen theologischen Schlüssel, der nicht in der Tür zum wirklichen Gott zerbrechen würde. Denn erst in der lebendigen Begegnung mit der Wirklichkeit Gottes wird der Mensch zur Erkenntnis dessen geführt, was Sünde im eigentlichen Sinn bedeutet als ein Leben in der Absonderung von Gott, in der Gottesferne. Die Gottesnähe hat den Hiob bis in die letzten Wurzeln seiner Existenz erschüttert; er sieht sich belastet mit einer Grundschuld, der gegenüber alle menschlichen Begriffe von Recht und Gerechtigkeit versagen, und hat erkennen müssen, daß Gott im Recht wäre, wenn er ihn wie alle „stolzen Frevler" im Zorn vernichten würde (40,11 ff.). In dieser Selbsterkenntnis des Hiob und in seinem Entschluß, auf den letzten Rest von Eigengeltung vor Gott zu verzichten — auch sein „gutes Gewissen", an dem er bis zum Schluß festhalten zu müssen glaubte, ist darin einbezogen —, vollzieht sich an ihm Gottes Gericht im Bekenntnis der Schuld, der Reue und im Widerruf.

Doch das Gericht ist nur die eine Seite der göttlichen Gerechtigkeit, die sich in der Theophanie an Hiob auswirkt. In das Schuldbekenntnis des Hiob, das ihn an dem tiefsten Punkt seines Leidens zeigt, ist noch ein anderes Wort hineinverwoben, aus dem erfüllte Hoffnung (vgl. 19, 27) und die Lösung der Spannung herausklingt: „Nun aber hat mein Auge dich geschaut!" Das Unbegreifliche, hier wirds Ereignis: Der erhabene Gott, den Hiob in der Maske seines Feindes zu sehen glaubte, und der ihn niederbeugt im Gericht, ist es, der ihn wieder aufrichtet, indem er sich zu ihm herabneigt und ihn seiner Gegenwart würdigt und von sich aus die Verbindung zu ihm wiederherstellt im gleichen Augenblick, wo Hiob sie von seiner Seite her zerrissen sehen muß. Der Weg der Hiobdramatik geht hier von oben nach unten, nicht umgekehrt. Gott ist es, der die Brücke schlägt, wo der Mensch die Kluft sieht zwischen sich und ihm; Gott allein ist der pontifex (siehe S. 75). Von da aus fällt ein Licht auf das innerste Motiv des Gotteshandelns, das auch in dem unentschleierten Mysterium des Hiobleidens am Werke war: Die verborgene Güte Gottes gibt mehr, als Hiob selbst im kühnsten Aufschwung seiner Glaubenshoffnung zu erwarten wagte (19, 25 ff.); er erscheint ihm noch zu seinen Lebzeiten und gönnt ihm den Blick in sein eigenes Herz, in dem alle Widersprüche, unter denen der Mensch leidet, aufgehoben sind. Bei Gott ist die coincidentia oppositorum lebendige und Leben schaffende Wirklichkeit; in seinem Gericht über Hiob wird seine Gnade sichtbar. Das „darum" V. 6 läßt keinen Zweifel darüber, daß Gottes Güte es ist, die den Sünder zur Buße leitet (Röm. 2, 4), indem sie ihm die Sünde vergibt. Denn für Hiob bedeutet das Gericht, das Gott an ihm vollzieht, die Befreiung von jenem unseligen Widerspruch und Selbstanspruch, unter dem er gelitten hat, und die Beseitigung dieser letzten Hemmung, die trennend zwischen ihm und Gott stand. Er erlebt das Gericht als den Akt der göttlichen Gnade: sola gratia! Der Weg des Leidens, der im Verzicht des Hiob auf eigene Geltung vor Gott seinen tiefsten Punkt erreicht, ist Gottes verborgener Weg zum Heil. Hier ist die Stelle, wo in der Hiobdramatik die Entscheidung fällt: Der Tiefpunkt des Menschenleids ist der Höhepunkt der göttlichen Gnade; das Ende der Wege des Hiob ist der „Anfang der Wege Gottes". Der Widerspruch menschlicher Begriffe und Dimensionen ist in Gott aufgehoben; das ist das Wunder des göttlichen Mysteriums von Menschenleid und Gottesgnade. Und wenn Hiob nach diesen letzten Worten verstummt, so ist das nicht mehr nur das Schweigen eines Menschen vor Gott, weil er angesichts der Größe Gottes und seiner eigenen Ohnmacht nicht mehr reden kann (40, 4 f.), sondern es ist zum Schweigen des Menschen zu Gott geworden, zu einem seligen Zur-Ruhe-Kommen, indem der Mensch sich Gott ganz und allein hingibt. In diesem seligen Schweigen des Hiob ist die Antwort nun endgültig gegeben auf die Frage des Hiobproblems „Ist Hiob umsonst gottesfürchtig?"; Gott ist gerechtfertigt gegen des Satans Zweifel; und er ist's, der den Hiob „umsonst" rechtfertigt an dem Punkt, da dieser wirklich nichts anderes mehr im Auge hat als Gott allein.

Der Epilog
Kapitel 42,7—17

Kapitel 42,7—10. Hiobs Rechtfertigung und Fürbitte für die Freunde

7 Nachdem Jahwe diese Worte zu Hiob geredet hatte, sprach Jahwe zu Eliphas dem Temanit: Mein Zorn ist entbrannt gegen dich und deine beiden Freunde, denn ihr habt nicht recht über mich geredet wie mein Knecht Hiob. 8 So nehmt nun sieben Stiere und sieben Widder und geht hin zu meinem Knecht Hiob und bringt ein Brandopfer für euch dar. Hiob aber, mein Knecht, soll für euch beten, denn nur auf ihn werde ich Rücksicht nehmen[1], um euch nicht eure Schändlichkeit entgelten zu lassen[2], denn ihr habt nicht recht über mich geredet wie mein Knecht Hiob. 9 Da gingen Eliphas, der Temanit, Bildad, der Schuchit, und Sophar, der Naamatit, hin und taten, wie Jahwe ihnen gesagt hatte; Jahwe nahm Rücksicht auf Hiob.

10 Jahwe aber wandte Hiobs Geschick, als er für seinen Nächsten Fürbitte einlegte; und Jahwe mehrte den ganzen Besitz des Hiob auf das Doppelte.

Kapitel 42,11—17. Hiobs gesegnetes Ende

11 Da kamen zu ihm alle seine Brüder und Schwestern und alle seine früheren Bekannten und speisten bei ihm in seinem Hause. Sie bezeigten ihm ihr Beileid und trösteten ihn ob all des Unglücks, das Jahwe über ihn gebracht hatte; und jeder schenkte ihm eine Keschita[3] und jeder einen goldenen Ring[4].

12 Jahwe aber segnete das Ende des Hiob mehr als seinen Anfang. Er kam in den Besitz von vierzehntausend Schafen und sechstausend Kamelen, tausend Joch Rindern und tausend Eselinnen. 13 Und er bekam sieben[5] Söhne und drei Töchter. 14 Die Eine nannte er Jemima (= Täubchen), die Zweite Kesia (= Zimmetblüte), die Dritte Keren-happuch (= Schminkhörnchen). 15 Im ganzen Lande fand man keine so schöne Frauen wie die Töchter des Hiob. Und ihr Vater gab ihnen ein Erbteil unter ihren Brüdern. 16 Hiob lebte danach noch einhundertundvierzig Jahre und sah seine Kinder und Kindeskinder, vier Geschlechter. 17 Dann starb Hiob alt und lebenssatt.

Nachdem die Dramatik der Hiobdichtung mit der Theophanie ihren Höhepunkt erreicht hat, und die Entscheidung im Verhältnis zwischen Gott und Hiob auf der inneren Linie von Gott her gefallen ist, werden die Fäden des Geschehens nach außen hin in einer kurzen Prosaerzählung aufgenommen und zu Ende geführt im Epilog, der, entsprechend dem Prolog, den Rahmen des Ganzen abrundet. Der Satan und ebenso die Frau des Hiob haben ihre Rolle ausgespielt und werden deshalb vom Dichter nicht mehr erwähnt. Daß Elihu im Epilog nicht genannt ist, hängt mit der nachträglichen literarischen Einschaltung der Elihureden zusammen (siehe zu Kap. 32—37). Auch im Epilog ist Hiob die Hauptfigur neben Gott; um seine Rechtfertigung nach außen dreht sich die Erzählung; und zwar nicht nur in ihrem zweiten Teil, der von der

---

[1] Wörtlich: sein Angesicht erheben.
[2] Wörtlich: um an euch nichts Schändliches (= was euch in Schande bringt) zu tun.
[3] Vgl. 1. Mose 33,19; Jos. 24,32; ursprünglich vielleicht ein Lamm (vgl. G und pecus-pecunia) als Zahlungsmittel.
[4] Nasen- oder Ohrring.   [5] s. BH.

Wiederherstellung seines Glücksstandes berichtet (V. 11—17), sondern auch in dem ersten Teil V. 7—10, dem an die Freunde gerichteten Worte Jahwes. Gerade das Gespräch Jahwes mit den Freunden zeigt, daß der Epilog mehr sein soll als ein Zugeständnis an den Geschmack der Leser, indem er das Ganze in ein happy end ausklingen läßt, oder an die volkstümliche Tradition von Hiob, die der Dichter hier einfach übernommen habe, ohne sich mit ihrem Inhalt zu identifizieren. Was im einzelnen beim Epilog der alten Hiobüberlieferung entstammt, und was auf den Dichter selbst zurückgeht, läßt sich ebensowenig entscheiden wie beim Prolog. Jedenfalls stehen seine beiden Szenen in engem Zusammenhang mit dem Inhalt der Hiobdichtung und lassen die bewußt gestaltende Hand des Dichters spüren, auch wenn sich in 42,11 Spuren einer älteren Version der Hiobüberlieferung vermuten lassen.

7-9   42,7—10 **Hiobs Rechtfertigung und Fürbitte für seine Freunde.** Besonders die erste Szene V. 7—10 erweist sich als notwendige Abrundung des Dialogs, indem sie das Mißverständnis abwehrt, als ob die Buße des Hiob im Sinne der verschiedenen Bußmahnungen der Freunde zu verstehen sei, und ihre Auffassung von Hiobs Leiden als Strafe Gottes am Ende doch noch rechtfertige. Demgegenüber erscheint in den Worten Gottes an die Freunde Hiob als der Gerechtfertigte und nicht die Freunde; und dieser Zug ergibt sich mit Notwendigkeit aus dem, was bei der Theophanie zwischen Gott und Hiob vor sich gegangen ist. Die dort begonnene Linie des Gotteshandelns wird hier fortgesetzt; Gott behält nach wie vor die Dinge allein in seiner Hand. Denn in der Rechtfertigung des Hiob vor seinen Freunden geht es immer noch um die Rechtfertigung Gottes, um seine Ehre, die über das ganze Geschehen des Hiobdramas auf dem Spiel stand. Und G o t t e s E h r e i s t s e i n e G n a d e, sowohl gegen Hiob wie auch gegen die Freunde. Das Motiv des Gotteshandelns ist auch am Schluß der Erzählung das gleiche, das bei der Theophanie offenbar wurde. Und so wenig Hiobs Leiden als die Strafe Gottes verstanden werden darf, so wenig seine Rechtfertigung und sein Glück als Lohn, auf den er Anspruch erheben könnte. Das sola gratia besteht darin, daß G o t t d e n S ü n d e r g e r e c h t s p r i c h t und darüber hinaus ihn in den Dienst seiner vergebenden Gnade stellt, die er nun auch den Freunden zuwendet. Die geflissentliche Hervorhebung der Bezeichnung „mein Knecht Hiob" (vgl. 1, 8; 2, 3) läßt keinen Zweifel darüber, daß Hiob von Gott nun auch als Tatzeuge seiner Ehre und Gnade gewürdigt ist. Darum steht das Urteil Gottes über Hiob, auch wenn es der Form nach nur beiläufig genannt wird, im Brennpunkt der Szene. Es ist deshalb auch müßig, nach den Gründen des Gottesurteils über Hiob, daß er „recht geredet" habe, zu fragen, ob damit etwa die moralische Unschuld (doch vgl. Hiobs eigenes Urteil 42, 3 ff.) oder die beiden Hiobworte des Prologs 1, 21; 2, 10 oder das Bußbekenntnis 42, 2 ff. oder die durch die gesamten Hiobreden des Dialogs hindurchklingende „Aufrichtigkeit" des Gottsuchens gemeint oder auf verlorengegangene Redestücke Bezug genommen (Lindblom) sei. Gemeint ist doch wohl der ganze Hiob, der Mensch mit all seinem Widerspruch. Aber es handelt sich nicht um die Rechtfertigung des sich selbst rechtfertigenden Menschen als nachträgliche Bestätigung Gottes, daß Hiob da oder dort ihm gegenüber „recht gehabt" habe in seinen Reden, sondern um die Rechtfertigung des Sünders als ein Geschenk Gottes, das ihm jetzt umsonst, d. h. aus freier Gnade von Gott zugesprochen wird. Die Gerechtsprechung des Hiob hat keinen anderen Grund als eben diese Gnade Gottes, die dem Sünder, den er durch sein Gericht hindurch zur Buße geführt hat, das Recht verleiht, Gott zu lieben und ihm zu vertrauen. In diesem Zusammenhang steht auch das Recht der Fürbitte, das ihm Gott überträgt, daß der, den seine Freunde als den von Gott Gestraften erachteten, nun zum Mitarbeiter Gottes und zum Helfer seiner Gnade für diese seine Gegner werden darf.

Die Rechtfertigung des Hiob bildet die Voraussetzung für das Verständnis von Gottes Verhalten gegenüber den Freunden. Auch ihnen bleibt das Gericht Gottes nicht erspart; sie müssen, wie Hiob bei der Theophanie, aus Gottes Mund ihr Urteil entgegennehmen. Ihre traditionelle dogmatische Theologie und krampfhaft verteidigte rationale Lehre von der doppelten Gerechtigkeit Gottes entspricht nicht der Wahrheit über Gott; sie ist der Versuch mit untauglichen Mitteln menschlicher Weisheit, der überragenden Wirklichkeit Gottes habhaft zu werden, und zieht deshalb den „Zorn" Gottes auf sich, weil sie nicht bereit ist, an das alles Menschenmaß übersteigende Geheimnis der Weisheit und Liebe Gottes zu glauben und sich ihm zu beugen, wie es Hiob schließlich getan hat. Auch hier ist die Sünde als eine verkehrte Grundeinstellung des Menschen zu Gott gesehen, die bei aller subjektiv gutgläubigen Frömmigkeit einer letzten Ehrfurcht vor dem Geheimnis göttlicher Wirklichkeit, aber auch des freimütigen Wagnisses vertrauenden Glaubens ermangelt und darum an Gott vorbeiredet, wo sie seine Sache mit menschlichen Begriffen zu verteidigen wähnt. Aber darin zeigt sich nun das wahre Wesen Gottes, daß er auch den Freunden gegenüber seinen Zorn überwindet durch die Liebe (vgl. zu 14, 13; 16, 19 ff.). Gottes „Gerechtigkeit" besteht nicht darin, daß er das Verhalten der Freunde mit „Schändlichem" vergilt, sondern in der „Versöhnung", die er anbietet. Von sich aus schlägt Gott die Brücke zu den Freunden; und wie bei Hiob geht auch bei ihnen Gottes Weg durch Gericht zur Versöhnung, wobei der Ernst seiner Heiligkeit und die Erhabenheit seiner Liebe gleichzeitig wirksam sind. Im Ineinander von beidem ist Gott als Gott gerechtfertigt. Zur Darstellung dieses Versöhnungsaktes verwendet der Dichter die rituelle Vorstellung des Sühneopfers. Daß er hernach auf dieses Opfer nicht weiter eingeht, zeigt, daß er das Hauptgewicht jedoch nicht auf das Opfer, sondern auf die Fürbitte des Hiob „für seinen Nächsten" (V. 8. 10) legt, dem Gott die Rolle des „Mittlers" (vgl. 33, 23 f.) zugedacht hat. Auch dies ist ein Zeichen der wunderbaren Weisheit und Liebe Gottes, die am Schluß des Hiobbuches immer heller aufstrahlt, daß er den von den Freunden als von Gott geschlagenen Sünder erachteten und von ihm selbst gerechtfertigten Dulder zum Werkzeug seiner Gnade macht, damit er das, was er selber von Gott erfahren durfte, nun aktiviere, indem er bittet für die, die ihn beleidigt haben. Was der Satan ($\delta\iota\acute{\alpha}\beta o\lambda o\varsigma$) in mancherlei Gestalt „durcheinandergebracht" hatte, das bringt Gott selber aus dem Reichtum seiner unendlichen Güte wieder in Ordnung, indem er den, der unter des Satans Anfechtungen zu Gott hindurchgelitten hat, zum Boten und Stifter des Friedens macht! In dieser Funktion als Gottes εἰρηνοποιός wächst die Gestalt des leidenden Gottesknechts Hiob über sich selbst hinaus und wird in der Gesamtperspektive der Bibel zum Zeugen Jesu Christi, zum Hinweis auf den leidenden Gottesknecht der neutestamentlichen Botschaft von Gottes Frieden und Heil.

10 Bis zum Ende bleibt die Initiative des Handelns bei Gott; und erst nachdem die alleinige Gnade Gottes als das Grundmotiv alles Geschehens in voller Deutlichkeit in Erscheinung getreten ist, spricht der Dichter von der Wiederherstellung und Mehrung des einstigen Glücks des Hiob. Er hat damit einem naheliegenden Mißverständnis des Abschlusses der Hiobgeschichte vorgebeugt. Denn daß Gott „das Geschick des Hiob wandte" — der Ausdruck scheint der Tradition des Bundeskults zu entstammen (vgl. Ps. 85, 2; 126, 4; 5. Mose 30, 3; Hos. 6, 11; Jer. 31, 23 u. ö.)[1] —, kann in diesem Zusammenhang nun nicht mehr besagen, daß die von den Freunden vertretene Theorie der Vergeltung schließlich doch wieder zu ihrem Recht komme und Hiob am Ende für seine Haltung „belohnt" werde. So mag vielleicht in der volkstümlichen Hiobüberlieferung der glückliche Ausgang der Hiobgeschichte verstanden worden sein. Der Dichter aber betont ausdrücklich, daß die Wendung des Schicksals des Hiob zusammenfällt mit der Tatsache, daß sich Hiob in der Fürbitte „für den Nächsten" zum Werkzeug der göttlichen Gnade hat machen lassen (wörtlich: indem er Fürbitte tat)[2]. Die Segnung des Hiob mit den Gütern irdischen Glücks geschieht also im Zuge der gleichen Aktion göttlicher Güte, der Hiob seine Rechtfertigung und die Freunde durch Hiobs Vermittlung ihre Versöhnung verdanken; sie ist Geschenk der Gnade Gottes, nicht Lohn oder Vergeltung irgendwelcher menschlicher Ansprüche.

42, 11—17 **Hiobs gesegnetes Ende.** Mit der Ausmalung des glücklichen Endes des Hiob schließt sich formal und inhaltlich der erzählende Rahmen, der die Geschichte des Dulders Hiob umspannt. Es hat den Anschein, daß sich der Dichter hierbei auf die volkstümliche Überlieferung der Hioberzählung stützt.

11 Der Beileidsbesuch der Verwandten und Bekannten des Hiob, der ursprünglich vielleicht im Zusammenhang mit dem Tod seiner Kinder gestanden hat (Alt, ZAW 1937, S. 265 ff.), erscheint jetzt im Licht der Wiederherstellung des Ansehens und der Ehre des in seiner Not vereinsamten Dulders (vgl. 6, 15 ff.; 12, 5 f.; 19, 13 ff. 19; 30, 10). Der Satz entbehrt dadurch nicht eines ironischen Einschlags: Die mit Hiobs Glück verschwanden, kommen jetzt mit diesem zurück!

---

[1] Auch die Bezeichnung „mein Knecht" und die Funktion der Fürbitte neben dem Opfer dürften auf die alte Kulttradition zurückgehen, vgl. Nyberg, Svensk Exegetisk Aarsbok 1942, S. 75 ff.

[2] Wer diesen Gedanken als heterogenes Motiv empfindet und V. 10 aus seinem Zusammenhang herausnimmt (so z. B. wieder Kuhl, a. a. O. S. 199 f.), löst die innere Verbindung zwischen Gedicht und Epilog und ist zu entsprechenden literarkritischen Folgerungen gezwungen.

Nun sitzen sie wieder an Hiobs gastfreiem Tisch[1] und haben es leicht, ihn über sein Unglück zu trösten! Ihre kleinen Gastgeschenke, ursprünglich wohl als Gabe zum Grundstock eines neuen Wohlstandes gedacht, dienen jetzt als Folie, auf deren Hintergrund erst die ganze Fülle des reichen Gottessegens zur Geltung kommen soll, den V. 12—17 in behaglicher Breite ausführlich beschreiben. V. 12 bindet Anfang und Ende der Hioberzählung zusammen und zählt nun im Anschluß an 1,3 den verdoppelten Herdenbesitz im einzelnen auf. Der Verlust der Kinder wird dem Hiob nicht doppelt ersetzt; mit den Menschen verhält es sich anders als mit der Habe! Die lieblichen Namen und die Hervorhebung der Schönheit von Hiobs Töchtern als der besonderen Freude seines Alters sind wohl Züge, die auf die dichtende Phantasie der volkstümlichen Überlieferung zurückgehen. Die besondere Bemerkung V. 15b, daß die Töchter „ein Erbteil unter ihren Brüdern" erhielten — nach 4. Mose 27, 8 erbten die Töchter nur, wenn kein Sohn vorhanden war —, soll wahrscheinlich das Ideal des Familienfriedens hervorheben, in dem alle Kinder beieinander wohnen (vgl. Ps. 133). In der Harmonie dieses Friedens klingt das Leben und die Geschichte des Hiob aus. Ein hohes patriarchalisches Alter von 140 Jahren (= 2 × 70; vgl. Ps. 90, 10) läßt ihn vier Generationen erleben im Schoß einer glücklichen Großfamilie. Geleitet vom Segen Gottes stirbt er „alt und lebenssatt" (vgl. 5, 26; 1. Mose 25, 8; 35, 29) und tritt damit ein in die Reihe der Väter, der Träger des Segens und der Verheißung Gottes.

12-17

---

[1] Die Behauptung von Kuhl (a. a. O. S. 200), daß es sich hierbei um den Trauerbrauch des sog. „Trauerbrotes" im Sinne von Hos. 9, 4; Jer. 16, 7; Ez. 24, 17 handle, findet im jetzigen Wortlaut des Textes keine Stütze.

Literatur

Kommentare (in der Erklärung nur mit dem Namen des Verfassers zitiert): Hitzig 1874; Delitzsch² 1876; Volck² 1905; Dillmann⁴ 1891; Duhm 1897; Budde² 1913; Friedr. Delitzsch 1902; Jastrow 1920; Driver-Gray 1921,² 1950; Ball 1922; Gibson 1926; Steuernagel (bei Kautzsch) 1923; Volz (in Schriften des A. T.)² 1921; Dhorme 1926; Peters 1928; Ricciotti 1924; Buttenwieser 1925; Szczygiel 1931; Bleeker 1929,² 1935; Thilo 1925; Bertie 1929; Hölscher 1937,² 1952; König 1929; Wutz 1939; Bückers 1939; Lindblom 1940; Torczyner 1941; Ders. 1957; Reichert 1946; Kissane 1946; Weber 1947; Robin 1949; Hertzberg 1949; Larcher 1950; Junker 1951; Lamparter 1951; Hanson 1953; Stier 1954; Terrien, Scherer 1954; Steinmann 1955; Horst 1960ff. Kroeze 1960; Terrien 1963; Fohrer 1963.

Einzelabhandlungen:

Budde, Beiträge zur Kritik des Buches Hiob, 1876; Grill, Zur Kritik der Komposition des Buches Hiob, 1890; Laue, Die Komposition des Buches Hiob, 1895; Beer, Der Text des Buches Hiob, 1897; Kautzsch, Das sog. Volksbuch von Hiob, 1900; Ehrlich, Randglossen Bd. 6, 1913, S. 180ff.; Richter, Erläuterungen zu dunklen Stellen des Buches Hiob, 1912; Ders., Textstudien zum Buche Hiob, 1927; Sellin, Das Problem des Hiobbuches, 1919; Weiser, Das Problem der sittlichen Weltordnung im Buch Hiob, Theol. Blätter 1923, Sp. 157ff.; Sp. 157ff. = Glaube u. Geschichte im Alten Testament, 1961, S. 9ff.; Fullerton, The Original Conclusion of Job, ZAW. 1924, S. 116ff.; Torczyner, Das Buch Hiob, eine kritische Analyse des Hiobtextes, 1920; Ders., Hiobdichtung und Hiobsage, Monatsschrift f. Gesch. und Wissensch. d. Judentums 1925, S. 234ff.; Hans Schmidt Hiob 1927; Hempel, Das theol. Problem des Hiob, Ztschr. f. Syst. Theol. 1929, S. 621ff.; Sellin, Das Hiobproblem, 1931; Baumgärtel, Der Hiobdialog 1933; Lods, Recherches récentes sur le livre de Job, Revue d'histoire et de philosophie réligieuses, 1934, S. 501ff.; Vischer, Hiob, ein Zeuge Jesu Christi, 1934, ⁶ 1947; Kraeling, The Book of the Ways of God, 1938; H. Wheeler Robinson, The Cross of Job,² 1938; Irvin, The Elihu Speeches in the Criticisme of the Book of Job (Journal of Religion 1937, S. 37ff.); Ders., Job and Prometheus, ebda. 1950, S. 90ff.; Eerdmans, Studies in Job, 1939; Lindblom, La composition du livre de Job, 1945; Steinmann, Job, 1946; Stamm, Das Leiden des Unschuldigen in Babylon und Israel, 1946; Stevenson, The Poem of Job, 1947; Hertzberg, Der Aufbau des Buches Hiob, Festschr. f. Bertholet 1950, S. 233ff.; Kuhl, Neuere Literarkritik des Buches Hiob, ThR 21 (1953), S. 163—205. 257—317; Ders., Vom Hiobbuch und seinen Problemen, ThR 22 (1954), S. 261—316 (hier weitere Literatur); Möller, Sinn und Aufbau des Buches Hiob, 1955; Driver, Problems in the Hebrew Text of Job (VT Suppl. Vol. III [1955]), S. 72ff.; Humbert, Le modernisme de Job, ebd., S. 150ff.; Knight, Job, Scottish Journal of Theology 9 (1956), S. 63ff.; Westermann, Der Aufbau des Buches Hiob, 1956; Richter, Die Naturweisheit d. AT im Buche Hiob, ZAW 70 (1958), S. 1ff.; Gese, Lehre und Wirklichkeit in der alten Weisheit, Studien zu den Sprüchen Salomos u. zu dem Buch Hiob, 1958; Rowley, The Book of Job and its Meaning, BJRL, 41 (1958); Richter, Erwägungen zum Hiobproblem, EvTh 1958, S. 302ff.; Fohrer, Nun aber hat mein Auge dich geschaut, Der innere Aufbau des Buches Hiob, ThZ 15 (1959), S. 1ff.; Ders., Die Weisheit des Elihu, A.f.O. 19 (1959/60), S. 83ff.; Richter, Studien zu Hiob, Theol. Arbeiten (o. J.). Gordis, The Book of God and Man, A Study of Job 1965; Karl Barth, Hiob, hrsg. von Helmut Gollwitzer, 1966. Tsevat, The Meaning of the Book of Job, HUCA 37 (1966), S. 73ff.; Würthwein, Gott und Mensch in Dialog und Gottesreden des Buches Hiob, Wort und Existenz 1970, S. 217ff.; O. Kaiser, Leid und Gott, Ein Beitrag zur Theologie des Buches Hiob, „Sichtbare Kirche", 1973; Guillaume, Studies in the Book of Job, hrsg. v. J. Macdonald, 1968.

Abkürzungen

1.—5. Mose	Pf. = Psalmen	Am. = Amos
Jos. = Josua	Spr. = Sprüche	Ob. = Obadja
Ri. = Richter	Pred. = Prediger	Jon. = Jona
Rt. = Ruth	HL. = Hohes Lied	Mi. = Micha
Sam. = Samuel	Jes. = Jesaja	Nah. = Nahum
Kö. = Könige	Jer. = Jeremia	Hab. = Habakuk
Chr. = Chronik	Klgl. = Klagelieder	Zeph. = Zephanja
Esr. = Esra	Ez. = Ezechiel	Hag. = Haggai
Neh. = Nehemia	Dan. = Daniel	Sach. = Sacharja
Esth. = Esther	Hos. = Hosea	Mal. = Maleachi
Hi. = Hiob	Jo. = Joel	

Mt.	Apg.	Gal.	1. Thess.	2. Tim.	1. Petr.	3. Joh.
Mk.	Röm.	Eph.	2. Thess.	Tit.	2. Petr.	Jud.
Lk.	1. Kor.	Phil.	Philem.	Hebr.	1. Joh.	Offb.
Joh.	2. Kor.	Kol.	1. Tim.	Jak.	2. Joh.	

BH	= Biblia Hebraica, 3. Aufl., von Rud. Kittel, hrgb. von A. Alt und O. Eißfeldt, 1952.
MT	= Masoretischer Text.
A.f.O	= Archiv für Orientforschung.
A.N.E.T.	= Pritchard, Ancient Near Eastern Texts relating to The Old Testament², 1955.
A.O.	= Der alte Orient.
A.O.B.	= Greßmann, Altorientalische Bilder zum Alten Testament,² 1927.
A.O.T.	= Greßmann, Altorientalische Texte zum Alten Testament,² 1926.
BJRL	= Bulletin of the John Rylands Library, Manchester.
E.Th.	= Evang. Theologie.
G	= Griechische Übersetzung des A.T. (Septuaginta).
JBL	= Journal of Biblical Literature.
Hier	= Latein. Übersetzung des Hieronymus.
HUCA	= Hebrew Union College Annual.
S	= Syrische Übersetzung des A.T. (Peschittha).
Symm	= Griech. Übersetzung des Symmachus.
T	= Targum.
Th.L.Z.	= Theologische Literaturzeitung.
Th.R.	= Theologische Rundschau.
ThZ	= Theologische Zeitschrift.
VT	= Vetus Testamentum.
Z.A.W.	= Zeitschrift für die alttestamentliche Wissenschaft.